Carel van Schaik & Kai Michel

MENSCH SEIN

VON DER EVOLUTION FÜR DIE ZUKUNFT LERNEN

Rowohlt

2. Auflage Dezember 2023
Originalausgabe
Veröffentlicht im Rowohlt Verlag, Hamburg, November 2023

Satz aus der Guardi bei CPI books GmbH, Leck
Druck und Bindung GGP Media GmbH, Pößneck
ISBN 978-3-498-00327-2

Die Rowohlt Verlage haben sich zu einer nachhaltigen Buchproduktion verpflichtet. Gemeinsam mit unseren Partnern und Lieferanten setzen wir uns für eine klimaneutrale Buchproduktion ein, die den Erwerb von Klimazertifikaten zur Kompensation des CO_2-Ausstoßes einschließt.
www.klimaneutralerverlag.de

FSC www.fsc.org
MIX
Papier | Fördert gute Waldnutzung
FSC® C014496

INHALT

WIR SIND NICHT SCHULD

Mit dem Leben stimmt etwas nicht. Die meisten kennen das Gefühl. Die Welt scheint nicht so, wie sie sein sollte. Nicht selten regt sich die Sehnsucht, dass da doch mehr im Leben sein müsste als das, was der Alltag zu bieten hat. In der Regel schieben wir solche Empfindungen beiseite und kehren zu dem zurück, was wir für die Normalität halten. Ein Fehler.

Wir müssen unseren Gefühlen vertrauen. Philosophen klagen seit jeher über die «Absurdität des Lebens» (Camus) und die «Entfremdung des Menschen» (Marx), diagnostizieren ein «Unbehagen in der Kultur» (Freud) und fragen, ob nicht vielleicht ein «ursprünglicher Fluch» auf dem Heute laste (de Beauvoir). Im Kern meinen sie alle dasselbe: Die Menschen und ihr Leben passen nicht zueinander. Doch eine allgemein akzeptierte Erklärung, woraus das existenzielle Ungenügen resultiert, fehlt bisher.

Das ist fatal. Es ist ja nicht nur, dass uns das eigene Leben fremd erscheint und sich immer mehr Menschen zu Depressionen und Angststörungen bekennen. Nein, die Welt selbst ist aus den Fugen. Aktuell stellt sie das besonders dramatisch unter Beweis: Kriege, Klima, Flüchtlinge, Pandemien – es herrscht Krise in Permanenz. Doch während die Erde dem Kollaps entgegentaumelt, flüchten wir in unsere kleine Alltagswelt. Ratlos sehen wir zu, wie die Reichen immer reicher werden und die Ungerechtigkeit in schwindelerregende Höhen schießt.

Sicher werden einzelne Aspekte der Misere diskutiert. Der grassierende Konsumwahn, die Schieflage der sozialen Verhältnisse und Geschlechterrollen, die katastrophalen Folgen für die

Umwelt, die Klimakrise. Das große Ganze indes kommt kaum in den Blick. Die Grundsatzfrage, ob am Anbeginn des 21. Jahrhunderts etwas grundverkehrt mit dem Menschsein sein könnte, steht nicht zur Debatte. Mit verhängnisvollen Folgen.

Wenn es nicht am Leben selbst liegt, muss der Fehler ja bei uns zu finden sein. Was angesichts der existenziellen Zumutungen als berechtigter Weltschmerz durchgehen könnte, wird zunehmend als Hypersensibilität oder Depression diagnostiziert und zu behandlungswürdigen Krankheiten erklärt. Die Frage, ob es sich nicht schlicht um normale Reaktionen auf merk-, wenn nicht sogar unwürdige Lebensbedingungen handeln könnte, wird selten gestellt, geschweige denn beantwortet. «Lebensekel» ist ein Wort, das sich nur noch im Lexikon verschwundener Wörter findet. Vergessen auch die Gräfin Orsina, die noch in Lessings *Emilia Galotti* seufzen konnte: «Wer über gewisse Dinge den Verstand nicht verlieret, der hat keinen zu verlieren.»

Stattdessen feiert ein altes Phantasma sein Comeback, das uns zu Sündenböcken macht. Jahrhundertelang hatte die Kirche gepredigt, die existenzielle Unzufriedenheit wie alles andere irdische Übel auch wurzelten in der sündhaften Natur der Menschen. Heute sitzen wir wieder als Schuldige auf der Armesünderbank. Quält uns der Verdacht, die Welt sei nicht bei Sinnen, verlangt eine ganze Industrie, wir müssten uns optimieren – und alles werde gut. Therapien, Coachings und Selbsthilfeseminare boomen, Ratgeber dominieren die Bestsellerlisten. Gehorchten wir nur brav ihren Anweisungen, lösten sich alle Probleme wie von selbst. Das ist das Heilsversprechen des 21. Jahrhunderts.

Die Vorwürfe sind vielfältig: Wir seien undiszipliniert, fehlerhaft, schwach oder einfach zu empfindlich, um glückliche Menschen zu werden. Entsprechend trichtert man uns ein, wacher und achtsamer zu werden, Resilienz zu trainieren oder auf das Kind in uns zu hören. Wir sollen uns selbst ermächtigen und endlich herausfinden, was der Sinn des Lebens, das Zentrum unseres Seins, unser Zweck der Existenz oder der uns gemäße Platz im Kosmos sei. Dann erkennen wir das Licht in uns. Längst ist «Mental Health» zum Multimilliarden-Markt geworden, dessen gebetsmühlenartig vorgetragenes Mantra lautet: «Gib alles, um die beste Version deiner Selbst zu werden.»

Wir sind *Lost in Perfection*, um den Titel eines aktuellen soziologischen Sammelbands zu zitieren. «Wer in der zeitgenössischen, von Beschleunigung und Wettbewerb geprägten Welt nicht abgehängt werden will, hat kaum eine andere Wahl, als Leistung und Produktivität unaufhörlich zu steigern», heißt es in der Einleitung. «Sich um Selbstverbesserung und Effizienzsteigerung zu bemühen, erscheint den meisten als selbstverständlich. Optimierungsimperative in sämtlichen Lebensbereichen sind habituell und normativ mehr oder weniger verinnerlicht.» Die Optimierung kennt jedoch kein Ziel, sondern immer nur ein Mehr. Während der Mythos des ewigen Wachstums dank technischen Fortschritts kultische Züge annimmt, taumelt die Welt dem Abgrund entgegen. Was läuft da schief? Vor allem: Warum fallen wir darauf herein?

—

Die Zeit drängt, wir wollen gar nicht viele Worte verlieren. Die These dieses Buchs lautet: Es liegt nicht an uns. Wir sind nicht schuld! Camus und Co. hatten recht. Mit dem Menschsein stimmt etwas nicht – und zwar grundsätzlich. Doch sie kamen zu früh, ihnen fehlte das nötige Wissen, sie stocherten im Nebel. Heute haben wir das Glück, erstmals in der Menschheitsgeschichte auf wissenschaftlicher Basis erklären zu können, was mit dem Menschsein schiefläuft. Wir führen eine Existenz im Ausnahmezustand.

Wir werden zeigen, wie die Menschen in eine Situation geraten konnten, deren Brisanz nicht hoch genug einzuschätzen ist. Dafür stützen wir uns auf ein breites Feld moderner anthropologischer Forschungen, aber auch auf eine Reihe eigener Vorarbeiten. Gemeinsam analysierten wir die Bibel aus einer evolutionären Perspektive, um zu zeigen, dass ihre Schriften einem *Tagebuch der Menschheit* gleich die Versuche der Menschen dokumentieren, in einer Welt zu überleben, für deren Herausforderungen sie nur ungenügend gerüstet waren. In *Die Wahrheit über Eva* rekonstruierten wir, wie es über Jahrtausende gelang, eine solche Ungerechtigkeit wie die Unterdrückung von Frauen als Normalität erscheinen zu lassen, und welche evolutionären Strategien diesen unwürdigen Zustand ins Wanken brachten.

Carel hat zudem die Wurzeln menschlichen Verhaltens bei Affen erforscht und als Erster durch seine jahrelangen Beobachtungen im Dschungel Indonesiens nachgewiesen, dass auch Orang-Utans Kultur besitzen. Mit *The Primate Origins of Human Nature* legte er eine Bibel der menschlichen Natur vor. Kai spürte in seinen Büchern mit dem Archäologen Harald Meller menschheitsgeschichtlichen Umbrüchen nach, sei es dem Entstehen von Herrschaft und Despotie in den Werken zur Himmelsscheibe von Nebra, sei es dem Auftauchen erster religiös-spiritueller Spezialisten in *Das Rätsel der Schamanin*.

Unser Ziel ist immer dasselbe: Wir möchten ergründen, was Menschen wirklich sind und wie sie in die Bredouille geraten konnten, in der wir uns alle befinden. Dazu müssen wir der angeblichen Wirklichkeit den Schein der Normalität nehmen. Insofern ist dieses Buch auch eine Quintessenz unserer bisherigen Analysen. Doch das ist längst nicht alles. Wir werden das moderne Leben evolutionär sezieren und einen Kompass liefern, der uns durch die Fährnisse des menschlichen Alltags navigieren kann. Mehr noch: Wir hoffen dabei, Wege zu entdecken, die zu einem Menschsein führen, das sich durch mehr auszeichnet, als Ungerechtigkeiten zu produzieren und die Erde zu ruinieren.

Bringen wir es auf den Punkt: Wir leben in einer Welt, für die wir nicht gemacht sind. Unsere Evolution vollzog sich unter gänzlich anderen Bedingungen als den heutigen. Das erst vor wenigen Jahrtausenden erfolgte Sesshaftwerden des *Homo sapiens*, das mit der Erfindung der Landwirtschaft einherging, stellt einen noch viel zu wenig verstandenen Gamechanger dar. Es revolutionierte die Spielregeln des menschlichen Zusammenlebens. Die Folge war jener kulturelle Urknall, der zur modernen Welt mit all ihren technischen Wunderwerken führte, die aber immer wieder im offenen Widerspruch zu unseren evolutionär erworbenen Intuitionen steht.

Wer herausfinden möchte, was mit dem Leben nicht stimmt, muss in die Tiefen unserer Vergangenheit eintauchen. Wenn auch gewiss ist, dass kein Weg zum ursprünglichen Dasein zurückführt (das in vielerlei Hinsicht auch gar nicht erstrebenswert erscheint), müssen wir dieses vergangene Menschsein kennen, um wirklich Mensch zu sein.

Dafür ist wichtig, das raffinierte Zusammenspiel von biologischer und kultureller Evolution zu verstehen, um herauszufinden, wo etwas grundsätzlich schiefläuft. Tatsächlich leiden wir alle an einer multiplen Persönlichkeitsstörung. Goethes Faust hatte es leicht: Nur zwei Seelen stritten in seiner Brust. Bei uns sind es derer gleich drei. Unterschiedlicher Herkunft, vertragen sie sich eher selten gut.

Wir wollen keine Lektionen erteilen. Wir überlassen es jedem selbst, die nötigen Schlüsse zu ziehen. Und schon gar nicht treffen wir essenzielle Aussagen über das Wesen des Menschen oder darüber, wie richtiges Leben auszusehen hat. Das sind antiquierte Konzepte, wie sie typisch waren für den Biologismus und Evolutionismus des 19. und 20.Jahrhunderts. Ebenso wenig betreiben wir genetischen Determinismus, möchten die wahre Natur des Menschen enthüllen oder das romantische Ideal einer idyllischen Urzeit beschwören, in der unsere Vorfahren als Jäger und Sammler durchs Paradies flanierten.

Was wir dann tun? Wir betreiben evolutionäre Aufklärung. Viele der Schwierigkeiten, die wir traditionell als persönliche wahrnehmen, liegen nicht in unserer individuellen Verantwortung. Sie sind unser evolutionäres Erbe. Wir alle haben mit ihnen zu kämpfen – sei es Treue, die Suche nach dem Sinn des Lebens, die Empörung über die Ungerechtigkeit der Welt oder die Angst vorm Tod. Wir sind überzeugt, dass die Erkenntnisse «Es ist nicht mein Fehler!» und «Ich bin nicht allein damit!» die Last von den Einzelnen nehmen und den Raum eröffnen, gemeinsam Probleme anzugehen, Antworten zu finden und die kulturellen Rahmenbedingungen so zu gestalten, dass sie uns deutlich weniger Schwierigkeiten bereiten, als das heute der Fall ist.

Menschen existieren in keinem Vakuum. Deshalb lässt sich auch nichts über «Menschen an sich» sagen, sondern immer nur über das Mensch-*Sein* in einer konkreten Umgebung. Entscheidend ist deshalb die Erkenntnis, dass unsere Existenzbedingungen fragwürdig sind. Wir leben in einer nahezu komplett menschengemachten, mithin künstlichen Umwelt. Und diese ist eben nicht, wie viele annehmen, das Produkt einer unaufhaltsamen Höherentwicklung und damit keinesfalls die beste aller Welten.

Nicht weniges kollidiert mit unserer evolutionär erworbenen psychologischen Grundausstattung. Diese erweist sich zuweilen als biologische Altlast, die uns das Leben schwer macht. Bedeutend heikler sind indes die kulturellen Altlasten, die es ebenfalls gibt. Es ist wichtig zu verstehen, dass unsere Normalität mit ihren Institutionen und Diskursen, Mentalitäten und Praktiken in wesentlichen Teilen das Ergebnis kontingenter, also historisch zufälliger Prozesse ist, hinter denen häufig schiere Machtinteressen steckten.

Tatsächlich ist die Kultur das eigentliche Problem, nicht die Biologie. Und das ist eine gute Nachricht. Denn Kultur ist veränderbar. In den letzten Jahren ist überzeugend herausgearbeitet worden: Neue kulturelle Lösungen für existenzielle Probleme zu finden, ist das größte Talent der Primatenart *Homo sapiens*. Allein die Kultur kann uns retten.

Dafür müssen wir das sogenannte normale Leben auf den Prüfstand stellen und eine Archäologie unserer selbst wie der modernen Welt betreiben. Wir werden in diesem Buch immer wieder zeigen, wo uns veraltetes Denken daran hindert, die eigentlichen Zusammenhänge zu erkennen. Allzu oft versperrt kultureller Schutt den Blick und zwingt uns auf Abwege. Wollen wir den Dingen auf den Grund gehen, müssen wir ihn beiseite räumen.

—

Wir begreifen die evolutionäre Aufklärung als Beitrag zur gesellschaftlichen Emanzipation. Es geht um bedeutend mehr als nur um individuelles Wohlbefinden. Es braucht die evolutionäre Perspektive, um die Aufklärung zu vollenden und damit auch die Welt in Sachen Freiheit, Gleichheit und Solidarität voranzubringen. Das berühmte Diktum Immanuel Kants, Aufklärung sei «der Ausgang des Menschen aus seiner selbstverschuldeten Unmündigkeit», basiert auf einem Irrtum und ist einer der Gründe dafür, warum die Aufklärung heute in der Kritik steht. Die Unmündigkeit war nicht selbst verschuldet.

Es war den Menschen damals, Kant inklusive, schlicht unmöglich zu wissen, wo die wirklichen Probleme lagen. Da sind wir heute in einer glücklicheren Situation. Wissenschaften wie Evolutionäre Anthropologie, Verhaltensbiologie, Primatologie, Genetik, Ethnografie und Archäologie liefern fundierte Einblicke in die Vorgeschichte der Menschen und die Eigenart ihrer Kultur.

Erst in der evolutionär geweiteten Perspektive zeigt sich, dass die großen Herausforderungen unserer Zeit alle auf dieselbe Wurzel zurückzuführen sind. Wir denken dabei auf der individuellen Ebene an Probleme wie Depressionen, Angststörungen, Hypersensibilitäten. Auf der gesellschaftlichen Ebene gehören fehlende Gleichberechtigung, Identitätskonflikte und soziale Ungleichheit in diesen Kontext. Und auf der globalen Ebene sind es Kriege, Klimakrise, Pandemien und die Vernichtung des unvorstellbaren Reichtums der Natur durch Raubbau und Umweltzerstörung.

Solange diese nicht in einer umfassenden Perspektive wahrgenommen werden, behandelt man sie als Einzelprobleme. Ein Teil von ihnen wird personalisiert, also den Individuen die Schuld zugeschoben. Die gesellschaftlichen Probleme dagegen werden segmentiert und zum Problem von Minderheiten erklärt, was zahllose Identitätskonflikte nach sich zieht. Und die globalen Probleme erscheinen ohne evolutionäre Perspektive als unvermeidbar und unabänderlich, weil suggeriert wird, sie entsprängen der nun mal mängelbehafteten Conditio humana. Wir seien hoffnungslose Egoisten und als Gewinnmaximierer dem ewigen Mehr! Mehr! Mehr! verfallen. Konkurrenz, Gewalt und Krieg werden als typisch menschlich ausgegeben. In allen Fällen gilt: Nichts könnte verkehrter sein.

Indem das *eine* universelle Problem seiner evolutionären Dimensionen entkleidet und in zahllose einzelne Probleme aufgespalten wird, erscheint es unmöglich, effektive Problemlösung zu betreiben. Das isoliert die Menschen, schürt Fatalismus und Verzweiflung und verewigt die menschliche Misere.

Deshalb ist evolutionäre Aufklärung das Gebot der Stunde. Der Vorwurf, mit uns persönlich stimme etwas nicht, verschleiert die tatsächlichen Zusammenhänge und lässt uns an Symptomen herumdoktern. Es ist Zeit für die korrekte Diagnose. Wir müssen uns endlich selbst verstehen, um die Gesellschaft menschenwürdiger zu gestalten.

Kultur- oder Zivilisationskritik wird nur zu gerne als Kulturpessimismus abgetan. Das Gegenteil gilt für den hier vorgestellten Ansatz: Unsere Kritik setzt die Annahme voraus, dass man es anders machen kann. Wir sind Kulturoptimisten und fest davon überzeugt, dass wir von der Evolution für die Zukunft lernen können, um endlich auf eine Weise Mensch zu sein, die uns nicht unangenehm sein muss. Wir können es definitiv besser.

TEIL 1
BLIND FÜR DIE WAHRHEIT

Die Idee, dass wir in einer verkehrten Welt leben, die uns Schwierigkeiten bereitet, ist uralt. Die Sentenz des Philosophen Theodor W. Adorno, es könne kein richtiges Leben im falschen geben, mag zwar zum Kernbestand moderner Gesellschaftskritik gehören, ist aber auch nur eine Variation der biblischen Adam-und-Eva-Geschichte. Deren Grundbotschaft lautet: Eigentlich waren die Menschen für das Paradies geschaffen, doch nach der Vertreibung müssen sie jenseits von Eden leben, wo sie von Mord und Totschlag, Krieg, Krankheiten und Katastrophen heimgesucht werden. Die Bibel benennt ausdrücklich den Brudermörder Kain als Urvater aller Kultur. Mit ihm setzt sich eine Spirale der Gewalt in Bewegung.

Aus dem gleichen Empfinden entspringt die verbreitete Vorstellung, die Welt um uns herum sei nichts als eine Vorspiegelung falscher Tatsachen – «Fake Reality» sozusagen. Arthur Schopenhauer war es, der den Westen mit dem Gedanken der indischen Philosophie vertraut machte, dass eine nicht persönliche Schöpfungskraft des Weltganzen, die Maya, die Wahrheit mit ihrem Schleier verhülle. Legendär ist auch Platons Gleichnis, die Menschen säßen angekettet in einer Höhle, an deren Wand sie nichts als die Schatten der eigentlichen Dinge sähen.

Der Filmklassiker *The Matrix* hat die Idee, wir seien in einer universellen Illusion gefangen, in der modernen Popkultur verankert. Unser letztes Buch beendeten wir mit einem *Matrix*-Zitat; es scheint keine schlechte Idee, dieses damit zu beginnen: «Du hast dein ganzes Leben lang gespürt, dass mit der Welt etwas nicht stimmt. Du weißt nicht, was es ist, aber du weißt, es ist da, wie ein Splitter in deinem Verstand, der dich zum Wahnsinn treibt.» So erklärt Morpheus dem unwissenden Neo, dass die Realität nicht die Realität sei, sondern eine computergenerierte Scheinwelt, die Matrix. Diese Simulation werde den Menschen vorgegaukelt, um es Maschinen zu ermöglichen, ihre Körper auszubeuten. «Die Matrix ist die Welt, die über deine Augen gestülpt wurde», sagt Morpheus zu Neo, «damit du blind für die Wahrheit bist.» Die Szene endet damit, dass Morpheus Neo eine blaue und eine rote Pille anbietet: Die blaue lässt Neo die Matrix weiterhin als Wirklichkeit akzeptieren, die rote führt zum Erwachen aus der Scheinwelt.

Wir haben nun die Wahl, zu welcher Metapher wir greifen: Neigen wir dazu, den Schleier der Maya zu lüften? Wollen wir martialisch die Ketten zerreißen und endlich die Höhle verlassen? Oder schlucken wir prosaisch die rote Pille? Merken sollten wir uns auf jeden Fall den Splitter im Verstand, ein starkes Bild für das Gefühl, dass mit dem Leben etwas nicht stimmt. Ansonsten ist unser Auftrag bekannt: die Normalität in ihrem Nicht-normal-Sein enthüllen.

Das ist leichter gesagt als getan. Bevor wir uns den eigentlichen Betrachtungen widmen können, was die Existenzbedingungen des *Homo sapiens* heute so brisant macht wie nie zuvor in den 300 000 Jahren seiner Existenz, müssen wir unser Denken von einer Reihe von Vorurteilen und Missverständnissen befreien. Sie vernebeln unsere Sinne und ketten uns an die falsche Normalität. Auch sind viele Begriffe und Theorien ideologisch belastet oder werden nur allzu leicht – und mitunter nur allzu gerne – missverstanden. Das liegt nicht zuletzt daran, dass wir es mit zentralen Fragen zu tun haben, deren Beantwortung durchaus politische Sprengkraft besitzt.

Drei Punkte sind für den Anfang wichtig: Wir müssen zunächst durchschauen, wieso uns überhaupt die Schuld in die Schuhe geschoben werden konnte, für das Leiden an der Welt verantwortlich zu sein. Anschließend ist es nötig, sich bewusst zu machen, warum die Evolution lange Zeit durchaus zu Recht auf der Fahndungsliste wenig menschenfreundlicher Theorien stand – und wie sie es von dort wie ein Phönix aus der Asche zu unserer Hoffnungsträgerin schaffte. Dann verstehen wir auch, warum wir am Anbeginn des dritten Jahrtausends bisher immer noch nicht in der Lage sind, unser Schicksal selbst in die Hand zu nehmen. Begutachten wir also zunächst die Schleier der Maya genauer, bevor wir die rote Pille schlucken, die Ketten zerreißen und die Höhle verlassen.

1 Wie wir Sünder wurden

Eigentlich ist das kurios: Warum suchen wir die Schuld bei uns persönlich? Oder lassen uns das zumindest so leicht einreden? Diese Fragen führen uns tief in das Verständnis der menschlichen Psychologie. Ohne zu sehr vorgreifen zu wollen: Es hängt damit zusammen, dass ungewöhnliche Zustände nach Erklärungen verlangen. Und die werden auch dann produziert, wenn nicht genügend Wissen für eine korrekte Beurteilung der Situation vorliegt. Menschen stellten also immer schon Theorien auf, was die Ursache für Krankheiten, Katastrophen oder dramatische Wetterereignisse gewesen sein könnte – und das über Jahrhunderttausende hinweg ohne jegliche wissenschaftliche Kenntnisse. Und da gehört es zu einer der ältesten, aus der Eigenart unserer Psychologie resultierenden Vermutungen, dass wir selbst an jenem Unheil Schuld tragen, das über uns kommt. Dieses sei nichts als eine Strafe der Geister, Götter oder des Schicksals für unser eigenes Fehlverhalten.

Das offerierte die Option, dass unsere Vorfahren darüber räsonieren konnten, wie es sich in Zukunft vermeiden ließe, dass übersinnliche Mächte sie mit Unheil plagten. Es handelte sich um eine List der Evolution, die uns motivierte, nach Strategien zu suchen, selbst wenn die tatsächlichen noch gar nicht zu finden waren. Wie hätte der *Homo sapiens* sonst überleben können? Deshalb müssen wir mit Nachsicht auf die Menschen vor uns schauen. Sie konnten es die längste Zeit nicht besser wissen.

Zu den weißen Flecken auf der Landkarte des Wissens gehörte bis vor nicht allzu langer Zeit auch die Frage, wie die jeweiligen Lebensumstände zustande gekommen waren. All jenen, die bis in die jüngere Vergangenheit versuchten, die Welt und das Wesen der Menschen zu erklären, mangelte es an Kenntnissen der evolutionären Geschichte der Menschheit. Ging es um Fragen, was Menschen ausmacht und wie das Leben zu führen sei, dominierte in aller Regel eine verkürzte Perspektive, die den Blick allein auf das eigene Hier und Heute richtete und allenfalls die nähere Vergangenheit mit einbezog. Man hielt die jeweils aktuellen Lebensbedingungen für den menschlichen Normalfall.

In dieser Hinsicht haben wir uns nicht allzu sehr gebessert. Geht es um die großen Fragen, wie die nach Krieg, Religion, Liebe, dem Verhältnis der Geschlechter oder dem Sinn des Lebens, werden noch heute erstaunlich oft allenfalls die letzten drei- bis fünftausend Jahre unserer Geschichte berücksichtigt. Das ist die Zeit der sogenannten Zivilisationen oder Hochkulturen, aus denen uns schriftliche Quellen vorliegen. Einschlägige Abhandlungen setzen also oft erst bei den Griechen oder im alten Ägypten an. Hier lebt ein Vorurteil des 19. Jahrhunderts fort: Kulturen ohne Schrift – und damit die gesamte Vorgeschichte – galten als primitiv und barbarisch, als aus zeitlichen oder räumlichen Regionen stammend, in denen die Menschen sich kaum über das Tiersein erhoben hatten. Nichts also, was der Beschäftigung wert wäre.

Die Betrachtung des Menschseins war dominiert von dem, was wir Kulturblindheit nennen: Man ignoriert die kulturelle Gewordenheit der jeweiligen Lebensbedingungen, der Institutionen und sozialen Verhältnisse. Die eigene Welt wird mehr oder minder für normal, wenn nicht sogar für den menschlichen Idealzustand gehalten. Auch heute tendieren wir dazu, unsere Lebenswelt als selbstverständlich und nicht grundsätzlich hinterfragbar zu verabsolutieren.

Doch selbst wenn man sich auf die angeblich «zivilisierten» Zeiten konzentriert und damit traditionellerweise jene gut 5000

Jahre in den Blick nimmt, in denen Menschen angefangen haben, vermehrt in Staaten zu leben, bedeutet das eine extreme Reduktion. Es wird allein ein einziges Prozent der Menschheitsgeschichte berücksichtigt.

Wir pflegen damit nicht nur ein falsches Bild unserer Vergangenheit. Wir beschränken uns ausgerechnet auf jenes mickrige Prozent, in dem ein Großteil der Menschen, wie wir zeigen werden, bereits unter anomalen, zutiefst krisenhaften Umständen lebte. In solch einer radikal verzerrten Perspektive avanciert der Ausnahmezustand zur Normalität, wird die Misere zur Regel. Unberücksichtigt bleiben sage und schreibe 99 Prozent der Menschheitsgeschichte. Das sind 2,5 Millionen Jahre, wenn man die Gattung *Homo* berücksichtigt, oder immerhin noch 300 000 Jahre, in denen der *Homo sapiens* existiert. Wir sind damit blind für die Wahrheit.

Diese 99 Prozent aber sind unverzichtbar. Sie stellen jenen gewaltigen evolutionären Zeitraum dar, der nicht nur unsere Körper, sondern auch unsere Psychologie formte. In dieser Zeit herrschten Bedingungen, wie sie nicht gegensätzlicher sein konnten zum restlichen einen Prozent. In diesen 99 Prozent lebten Menschen in kleinen, egalitären und höchst solidarischen Gruppen, die jagend und sammelnd umherzogen und sich von dem ernährten, was sie in der Natur fanden. Das soll nicht verherrlicht werden (auf die negativen Aspekte kommen wir zurück), aber die Menschen waren mit ihrer Psychologie bestens an ihre Umwelt angepasst, was dem Leben eine große Selbstverständlichkeit gab.

Wie also sollen wir uns selbst verstehen, wenn uns die eigentliche Zeit des Menschseins unbekannt ist? Erst in der evolutionsgeschichtlich geweiteten Perspektive können wir erkennen, was menschliches Leben ausmacht und warum uns das mehr als berechtigte Gefühl plagt, damit stünde es nicht zum Besten. Deshalb können wir allein aus der bisherigen Geschichte, also im engen Sinne aus der Zeit, in der Schrift vorliegt, kaum etwas lernen über uns, wohl aber aus der Totalität der menschlichen Evolution. Wir brauchen das komplette Bild. Öffnen wir die Augen.

—

Ein eklatantes Beispiel für die Perspektivverkürzung haben wir in unserem Buch *Die Wahrheit über Eva* vorgestellt: Konzentriert man sich auf die letzten 5000 Jahre, erscheint die Unterdrückung von Frauen als Normalzustand, und Misogynie scheint Teil der männlichen Natur zu sein.

Warum das Beispiel von zentraler Bedeutung ist: Obwohl die Menschen damals in patriarchalen Gesellschaften lebten, erschien ihnen der Umstand, dass Frauen in ihrem Alltag das nachgeordnete Geschlecht waren, erklärungsbedürftig. Das heißt, es war nicht einmal den Männern selbstverständlich. Sie suchten nach Ursachen für die Schlechterstellung der Frauen. Im alten Israel schoben die Bibelautoren den Frauen die Schuld selbst in die Schuhe, indem sie die Geschichte über Eva und die Schlange erfanden. In Griechenland glaubte man den Grund in der angeblich minderen weiblichen Physis identifiziert zu haben. Mal war also Gott, mal die Natur dafür verantwortlich, dass Frauen unterdrückt wurden. Beide Narrative lieferten eine Erklärung und damit auch eine Rechtfertigung für die Schlechterstellung, indem sie behaupteten, diese bestünde mehr oder minder vom Anfang aller Tage, und schrieben sie so als Normalität fest.

Was für ein Fehler! Weitet man nämlich den Blick evolutionär, zeigt sich: Starke Frauenrollen waren nicht die Ausnahme, sondern die Regel. Gleichberechtigung stellte während besagter 99 Prozent der Menschheitsgeschichte kein Problem dar. Im Gegenteil, ausgeglichene Geschlechterbeziehungen waren ein Erfolgsgeheimnis unserer Spezies.

Wir haben die Wahl: In der eingeschränkten Perspektive erscheint die Emanzipation als Aufstand gegen die Ordnung der Natur. In der evolutionären Perspektive dagegen wird die Emanzipation zur überfälligen Rückkehr zu einer bewährten Menschheitspraxis. Kurz: Wir sollten einen Schritt zurücktreten und den gesamten Zeitraum betrachten und nicht lediglich einen isolierten, alles andere als repräsentativen Ausschnitt. Früher war Kulturblindheit mangelndem Wissen geschuldet, heute dagegen entspränge sie bewusster Ignoranz.

—

Erinnern wir uns an die Passage aus dem *Matrix*-Film: Das Gefühl, in der falschen Welt zu leben, sei wie ein «Splitter im Verstand». Das gilt auch fürs Leben im Ausnahmezustand der Zivilisation, da dieser in vielen Belangen im Widerspruch zu unserer evolutionär erworbenen psychologischen Grundausstattung steht. Der Zustand der Welt ist in den letzten 5000 Jahren unübersehbar durch Ungerechtigkeit, Plackerei, Leiden, Krieg, Seuchen, Vereinsamung und vieles mehr charakterisiert.

Auch wenn die Menschen nicht wussten, dass das Leben, das sie führten, im menschheitsgeschichtlich betrachteten Rahmen eine Anomalie war, spürten sie doch immer, metaphorisch gesprochen, den Splitter im Verstand. Ihrem Leben ging das Gefühl absoluter Selbstverständlichkeit ab. Keine Frage, auch an den Ausnahmezustand gewöhnen sich Menschen, unsere kulturelle Flexibilität ist enorm. Doch in bestimmten Situationen oder bei starkem Nachsinnen über den abstrusen Zustand der Welt im Allgemeinen und des Lebens im Besonderen, piesackt der Splitter den Verstand doch. Entsprechend verlangte das Gefühl, dass mit dieser Welt nicht alles in Ordnung war, stets nach Erklärungen.

Da aber das Wissen um die tatsächlichen Ursachen fehlte, versuchen sich die Menschen seit Jahrtausenden an eigenen Theorien. Bereits die alten Mythen trachteten, den merkwürdig miserablen Zustand der Welt zu erhellen. In Mesopotamien schoben sie die Schuld den Göttern zu, die sich die Menschen erschaffen hatten, damit diese für sie Sklavendienste verrichteten. Was war von solch einer Existenz schon Gutes zu erwarten? Auch andernorts machte man böse oder rachsüchtige Götter dafür verantwortlich, dass die Menschen von Unglück geplagt wurden. Das prominenteste Beispiel stammt aus dem alten Griechenland, wo die vom Göttervater Zeus unter die Menschen gebrachte Büchse der Pandora alles Übel in die Welt entließ.

Hier zeigt sich, wie der menschliche Geist funktioniert. Er setzt intuitiv auf soziale Kausalität. Für jegliches Geschehen sind Akteure als Verursacher zuständig – also auch für den schlechten Zustand der Welt. Entsprechend suchte, besser gesagt, erfand man in der Vergangenheit Ereignisse, unter deren Folgen man zu leiden hatte: Jemand musste die Schuld tragen.

Im Land der Bibel entstand der in dieser Hinsicht folgenreichste Mythos. Zur Strafe, weil unsere Ureltern Adam und Eva gegen das göttliche Gebot, nicht vom Baum der Erkenntnis zu essen, verstoßen hatten, müssen die Nachgeborenen im Schweiße ihres Angesichts schuften, anstatt sich weiterhin selig im Garten Eden zu verlustieren. Entsprechend ist das menschliche Leben alles andere als paradiesisch.

Das Besondere dabei: In der monotheistischen Logik der Bibel war ein einziger Gott für die komplette Schöpfung verantwortlich – und der hatte die Welt gut und planvoll eingerichtet. Reales Übel konnte also nur aus menschlichen Handlungen resultieren, weil ansonsten Gott selbst die Schuld hätte tragen müssen. Die monotheistische Logik der Tora, der Fünf Bücher Mose, unterscheidet sich damit radikal von der Welt der vielen Götter.

Bei vielen Göttern gibt es immer auch böse oder zumindest dunkle Gottheiten, denen die Menschen die Urheberschaft für irdisches Unglück zuschreiben konnten. Überdies bestand in einer polytheistischen Vorstellungswelt die Option, Unheil als Kollateralschaden göttlicher Zwietracht zu interpretieren. Das berühmteste Beispiel ist der Krieg um Troja, der aus dem Streit der Göttinnen Hera, Athene und Aphrodite resultierte.

Solch eine Option kommt bei einem einzigen Gott nicht infrage. Gott schickte keine Katastrophen aus Versehen oder schlechter Laune, sondern allein als Strafen; daran lassen Genesis und Co. keinen Zweifel. Er musste also jeweils einen Grund gehabt haben. Folglich war jeder Krankheit oder Katastrophe ein menschliches Fehlverhalten vorausgegangen, das Gott sanktionierte. Ohne Delikt keine Strafe! Da Gott für alles Übel zuständig war, das über die damalige Welt hereinbrach, ist es kein Wunder, dass er im Alten Testament so schrecklich zornig daherkommt – und die Menschen so schrecklich sündig erscheinen. Der Aufstieg des biblischen Jahwes zum einzigen Gott hatte den Sündenfall der Menschen zur Folge.

Entsprach das Leben nicht den Ansprüchen an einen guten Gott, konnte das nur eine Strafe für irdische Sünden sein. In diesem Fall waren die Menschen aus dem Paradies vertrieben worden, weil Eva sich nicht an das göttliche Gebot gehalten hatte. Das Christentum wird Evas Fehlgriff erst zur Ur-, dann zur Erbsünde machen: Von Geburt an sind die Menschen mit Schuld belastet. Nur Kirche und göttliche Gnade können vor der ewigen Verdammnis retten. Die Kirche wird von den Menschen verlangen, regelmäßig ihre Sünden zu beichten, um in ihnen das Schuldbewusstsein Tag für Tag am Leben zu erhalten.

Hier also ist das Narrativ vollendet, das für Jahrtausende den Menschen eingebläut wird: Es ist gar nicht das Leben, das absonderlich ist. Es liegt an ihnen. Sie sind schuld! Und der Splitter im Verstand? Der wird den Menschen als Versuchung des Teufels verkauft, der danach trachtet, über sie Macht zu gewinnen. Die Religion ist eine Normalisierungsmaschine. Sie adelt den Ausnahmezustand zum Normalfall.

Bevor wir fortfahren: Manche mögen zweifeln, ob Menschen tatsächlich immer den metaphorischen Splitter spürten, das

Gefühl, dass die Welt schlecht und ungerecht eingerichtet sei. Ist das nicht nur eine Projektion unserer modernen Befindlichkeiten? Ein Tribut an den «woken» Zeitgeist? Nein, nicht nur die Vielzahl an Erklärungsmythen, von denen wir hier lediglich eine Handvoll genannt haben, stützt unsere These. Wir können als Beweis das bereits vorgestellte Beispiel männlicher Dominanz anführen. Der Frauenprotest gegen diese ist ein eindrucksvoller Beleg dafür, dass Menschen stets den Splitter spürten. Wäre da nämlich kein biologisch verankertes Gerechtigkeitsgefühl, wäre also alles nur Kultur und damit Sache von Sozialisation, hätten sich Frauen nach 5000 Jahren Patriarchat längst in ihr Schicksal gefügt. Sie hätten es zu hundert Prozent verinnerlicht und wären den Herren der Schöpfung treu ergeben; da regte sich kein Gefühl des Widerstandes mehr. Aber nein, trotz Jahrtausenden, in denen Männerherrschaft als gott- oder naturgegeben galt, spürten Frauen zu allen Zeiten die Empörung über die Ungerechtigkeit ihrer Situation.

—

Wie konnte die Unterstellung, wir seien schuldbeladen und leichte Beute des Bösen, so erfolgreich werden? Nun haben wir da, wie kurz angedeutet aus evolutionärer Notwendigkeit einen wunden Punkt und suchen nur zu leicht die Schuld bei uns. Doch es kam mehr hinzu. Zum einen handelte es sich um einen negativen Gottesbeweis: Wenn Menschen den Splitter spüren und diesen in christlicher Tradition als Werk des Teufels deuten, spüren sie die Wahrhaftigkeit des Glaubens: Denn wo es den Herrn des Bösen gibt, muss schließlich auch Gott existieren.

Zum anderen haben wir es mit einem perfekten Unterdrückungsinstrument zu tun, geschaffen und propagiert in Diensten der Herrschaft. Der römische Kaiser Konstantin war vom Christentum nicht etwa wegen dessen Barmherzigkeit begeistert. Er erkannte darin die ideale Stütze weltlicher Macht, indem er sich zum irdischen Stellvertreter des einzigen und allmächtigen Gottes erklärte. Damit ebnete er den Weg zu jener unheiligen Allianz von Thron und Altar, die das christliche Abendland dominieren wird.

Sind nämlich Menschen von Natur aus böse und sündhaft, wie es die Kirche spätestens seit Augustinus von Hippo (354–430) lehrte, braucht es die harte Hand kirchlicher und staatlicher Autoritäten, um die Welt vorm Schlimmsten zu bewahren. In dieser Tradition wird noch die Reformation Martin Luthers stehen. Zugleich legitimiert das Narrativ nicht nur Herrschaft, es verschleiert sie auch: Das eigentliche Problem nämlich, das anomale Leben, wird unsichtbar gemacht, indem es in unzählige Einzelphänomene aufgelöst und in die individuelle Verantwortung der Menschen gelegt wird. Um es in aller Deutlichkeit zu sagen: Die Behauptung, wir als Individuen seien schuld am desolaten Zustand der Welt, ist ein uraltes Narrativ der Unterdrückung.

—

Hier zeigt sich die politische Dimension, die nur aus heutiger Perspektive überraschen kann. Denn bei den offiziellen Religionen handelt es sich, wie wir noch sehen werden, um Herrschaftsreligionen, die der Legitimation weltlicher Macht dienten. Entsprechend erwies sich die Frage, ob Menschen nun sündhaft sind oder nicht, als Kristallisationspunkt politischer Debatten der Neuzeit, und zwar seitdem die wissenschaftlichen Revolutionen die Glaubwürdigkeit der biblischen Erzählungen zerrüttet hatten.

In den letzten 500 Jahren spekulierten Philosophen mit Vorliebe über den «Naturzustand» der Menschen. Auf der einen Seite betonten Denker wie John Locke und Jean-Jacques Rousseau, dass die Menschen ursprünglich in einer herrschaftsfreien Welt lebten, und begründeten damit eine Vorstellung von Menschenrechten, die sie gegen staatliche wie kirchliche

Willkürherrschaft in Stellung brachten. Auf der anderen Seite standen Philosophen wie Thomas Hobbes, der postulierte, «dass die Menschen während der Zeit, in der sie ohne eine allgemeine, sie im Zaum haltende Macht leben, sich in ... einem Krieg eines jeden gegen jeden befinden». Im Naturzustand habe «beständige Furcht und Gefahr eines gewaltsamen Todes» geherrscht. Das menschliche Leben sei «einsam, armselig, ekelhaft, tierisch und kurz» gewesen. Deshalb sei staatliche Autorität unverzichtbar.

Die Theoretiker einte eine Tatsache: Sie alle hatten nicht die geringste Ahnung, wie sich die Urgeschichte des *Homo sapiens* wirklich darstellte. Ihnen ging es allein darum, mittels eines imaginierten Naturzustands ihre jeweiligen politischen Positionen zu legitimieren. Tatsächlich wird fortan die Frage nach dem Wesen des Menschen zur politischen Demarkationslinie: Konservative und rechte Kräfte betonen in der Regel die Schlechtigkeit der menschlichen Natur, schließlich sind sie Apologeten der Macht, des Staates oder der Nation und müssen deren Herrschaftsansprüche begründen. Progressive und Linke setzen dagegen auf ein positives Menschenbild.

Diese Auseinandersetzung dominierte noch den Kalten Krieg. Protagonisten des Neoliberalismus wie der Ökonom und Nobelpreisträger Friedrich August Hayek werden dem Marxismus vorwerfen, auf der falschen Maxime zu gründen, dass der Mensch gut sei, und der kapitalistische Westen in der Systemkonkurrenz den sozialistischen Mächten des Ostens überlegen sei, weil er auf einem realistischeren, nämlich egoistischen Menschenbild basiere.

Auch dies ein Grund, warum die Frage nach der menschlichen Evolution die Gemüter erhitzt. Es geht die Furcht um, dass wissenschaftliche Erkenntnisse die eigene politische Position gefährden. Doch das ist in doppelter Hinsicht ein Irrtum. Einmal lauert hier der naturalistische Fehlschluss, die verkehrte Annahme, dass als «natürlich» identifizierten Verhältnissen die

Macht zukäme, festzulegen, wie Menschen leben sollten. Und wir begegnen hier der ebenso falschen Annahme, dass sich Menschen als gut oder böse beschreiben ließen.

Solcher Essenzialismus, die Annahme, wir besäßen ein festes Wesen und eine fixe moralische Qualität, ist ein Relikt religiösen Denkens. Er entspringt der Auffassung, Menschen seien von einem Schöpfer oder der Natur erschaffen und mit Sinn und Zweck ausgestattet worden. Diese Vorstellung hat die Religion nicht nur überlebt, sie ist fälschlicherweise sogar auf die Evolution übertragen worden. Diese wurde in Augen vieler zu einer Art Gott. Doch das ist unaufgeklärtes religiöses Erbe. Aus dem Gut-Böse-Narrativ und den daraus resultierenden Schuldzuweisungen müssen wir uns befreien.

—

Mit dem Fall der Mauer 1989 scheint der Kapitalismus alternativlos geworden zu sein. Tatsächlich liegt sein Erfolg nicht zuletzt darin begründet, dass er die aus dem Christentum stammende Unterstellung, wir seien schuldige Wesen, kultivierte – uns aber Absolution erteilte. Zwar basiert der Kapitalismus auf dem negativen Menschenbild, Menschen seien selbstsüchtige Wesen, die an der Verwirklichung ihres Eigennutzes arbeiteten (*Homo oeconomicus*). Doch dem Markt gelänge das Wunder, im freien Spiel der Kräfte die Einzelegoismen ins Beste des Allgemeinwohls zu verwandeln und sie so zum Motor des Fortschritts zu machen. «Sei ruhig egoistisch», lautet die frohe Botschaft des Kapitalismus, «du wirkst damit nur zum Wohle aller.» Man kann es das Mephisto-Prinzip nennen. Der Leibhaftige behauptete auch, dass er, obwohl er stets das Böse wolle, stets das Gute schaffe.

Zugleich beweist der Kapitalismus sein Geschick, noch unser Unwohlsein auszubeuten, indem er darauf ein Businessmodell aufbaut. Spüren wir einmal den Splitter im Verstand, verspricht er, wir müssten nur an unserer Resilienz arbeiten und unser

Leben optimieren, und schon werde alles gut. Der Markt der Ratgeber, des Coachings, der Therapien, ja, des Biohackings ist unüberschaubar und verkauft uns Angebote jeglicher Couleur, die uns in körperlicher wie mentaler Hinsicht verbessern wollen, um endlich den Herausforderungen der modernen Welt gerecht werden zu können.

Doch das Ziel des Marktes ist nun mal die perfekte Kommerzialisierung – und sei es die der menschlichen Misere. Es geht ihm eben nicht darum, Menschen zu helfen. Folglich liegt bis heute keine ultimative Gebrauchsanleitung für die menschliche Existenz vor, die alle anderen überflüssig macht. Stattdessen ertrinken wir in einer Flut von Optimierungsangeboten, mögen die auch noch so widersprüchlich sein. Das macht die Ratgeberbranche unwiderstehlich: Weil kein Ratgeber die Lösung liefert, braucht es immer neue. Der chronische Misserfolg stellt das eigentliche Erfolgsgeheimnis dar.

Was die Nachfrage angeht, ist der Markt schließlich riesig: Auf der einen Seite sind jene, die in der Konkurrenz auf der Strecke bleiben, die sich dem Hamsterrad verweigern oder mit Depressionen auf die Zumutungen des modernen Wirtschaftens reagieren. Auf der anderen stehen alle, die den Wettbewerb annehmen und zur besten Version ihrer selbst werden möchten, um sich in der Konkurrenz durchzusetzen. Selbstoptimierung ohne Ende – das Perpetuum mobile des Kapitalismus.

Das soll nicht heißen, hier seien nur Zyniker am Werk. Im Gegenteil, die allermeisten sind ehrlich bemüht, Menschen zu helfen. Und es gelingt ihnen auch im Einzelfall innerhalb des Systems. Doch damit halten sie es am Laufen und zementieren den Mythos, Konkurrenz sei der menschliche Normalzustand. Zeit für die rote Pille! Wir haben uns viel zu lange die Schuld einreden lassen.

2 Das Tabu

Da können wir im mittlerweile recht fortgeschrittenen 21. Jahrhundert die diffizilsten Spezialfragen beantworten, in der wohl wichtigsten Frage indes tappen wir noch reichlich im Dunkeln. Was ist der Mensch? Zwar hegt kaum jemand mehr ernsthafte Zweifel an der evolutionären Herkunft des *Homo sapiens*, doch was Menschsein an sich ausmacht, ob es etwas wie das menschliche Wesen überhaupt gibt, das ist eine offene Frage. Eine allgemein akzeptierte Antwort fehlt noch immer.

Wir begeben uns auf vermintes Gelände. Hier tobten weltanschauliche Kämpfe, die nie wirklich befriedet worden sind. Die Frontlinie markiert die Frage, wie sehr Menschen durch ihre Biologie bestimmt sind. Tatsächlich stehen Ansätze, die mit Natur, Genen und Evolution operieren, unter Verdacht, essenzialistische Aussagen über Menschen und ihre Gesellschaften zu machen und damit ideologische Begründungen für soziale und globale Ungleichheit zu liefern, indem sie diese als biologisch determiniert begründet ausgeben. Die Konsequenz: Über die M-Frage wird der Mantel des Schweigens gehüllt.

In unserem letzten Buch sprachen wir vom «Eva-Tabu». Damit meinten wir die Aversion gegenüber der Frage, was die Biologie zum Thema der gesellschaftlichen Schlechterstellung von Frauen zu sagen habe. Tatsächlich können wir das Eva-Tabu auch auf Adam und damit die gesamte Evolution ausdehnen und von einem «Evo-Tabu» sprechen, wenn es um den Punkt geht, ob der *Homo sapiens* eine ebenso artspezifische Natur besitzt wie all die anderen Tiere auch und, wenn ja, wie diese aussehen könnte.

Wann immer gegen das Evolutionstabu verstoßen wurde, flammte der Verdacht auf, soziale Ungerechtigkeiten zu rechtfertigen oder sogar Rassismus zu befördern. Nichts könnte, zumindest heute, verkehrter sein. Durch die Evolution lässt sich rein gar nichts rechtfertigen. Abgesehen davon, dass wir den grundlegenden Lebensbedürfnissen wie Essen oder Schlafen nachkommen sollten. Aber sogar da gilt: Wer sich zu Tode hungern möchte, ist, zumindest was die Evolution angeht, frei, das zu tun. Selbst wenn die Menschheit ausstirbt, kümmert sie das kein bisschen.

Bevor wir uns an die eigentliche Arbeit machen, müssen wir uns deshalb anschauen, was zur Ächtung der Evolution führte. Wir haben es mit kulturellen Altlasten zu tun, die wir kennen sollten, da sie ansonsten unser Denken weiterhin vergiften und uns auf der Anklagebank festhalten. Denn das Evolutionstabu spielt den Mächtigen dieser Welt in die Hände.

—

Was also ist der Mensch? Noch bis ins 20.Jahrhundert, also bis in die Generation unserer Groß- und Urgroßeltern hinein, repräsentierten die Aussagen der Bibel über die Menschen als von Gott geschaffene Geschöpfe die ultimative Quelle der Wahrheit. Allein das schon stand evolutionären Erklärungen im Wege. Doch die Angelegenheit ist deutlich vertrackter.

Die von der Kirche mit größter Macht über fast zwei Jahrtausende propagierte Sicht auf den Sündenfall der Menschen hat mindestens vier besonders verhängnisvolle Narrative in der Kultur des Westens verankert. Sie entfalten eine solch toxische Wirkung, dass sie selbst nicht religiöse Diskurse kontaminieren. Höchste Zeit, unser Denken davon zu befreien.

Da ist erstens die Idee, hinter der Welt stecke eine Absicht, eine Bestimmung, weil diese der biblischen Genesis zufolge von einem Schöpfer erschaffen worden sei, der einen Plan mit ihr verfolgte, mag der auch den Menschen verborgen sein.

Zweitens ist da die Behauptung, dass wir Menschen die Krone der Schöpfung seien, deshalb grundsätzlich von der Tierwelt unterschieden sind und uns möglichst stark vermehren und die Welt untertan machen sollen. Drittens ist da die bereits behandelte Unterstellung, dass der mangelhafte Zustand der Welt in der Sündhaftigkeit der Menschen, nicht zuletzt jener der Frauen begründet liegt. Viertens schließlich ist das Phantasma zu nennen, dass alle Menschen, die nicht dem christlichen Kulturkreis angehören, des Teufels sind.

Es ist eine wahrlich tragische Ironie der Geschichte, dass es ausgerechnet die Aufklärung war, die diese vier Narrative aus der religiösen Sphäre in das säkulare Denken verpflanzte, wo sie seither weiter ihr Unwesen treiben konnten.

Die Aufklärung hat in den letzten Jahren viel Kritik einstecken müssen, wenn auch teils aus den falschen Gründen. Insbesondere ihr Universalismus ist unter Beschuss geraten. Zu Unrecht. Denn aus einer evolutionären Perspektive ist die Einheit des Menschengeschlechts zu betonen. Es ist absurd anzunehmen, dass die Annahme einer universellen Würde eines jeden Menschen bedenklich sei. Das Problem liegt an anderer Stelle: Problematisch ist der von der Aufklärung propagierte Mythos vom Menschen als reinem Vernunftwesen, wie er sich auch in unserer Artbezeichnung als *Homo sapiens*, also «vernünftiger», «einsichtiger» Mensch, niedergeschlagen hat.

Der Vernunftmythos gründet in der griechischen Antike und hat schon das Alte, aber vor allem das Neue Testament und damit das Christentum massiv beeinflusst: Gott wurde zum «Logos», zur Weltvernunft – die auch seine Schöpfung durchwirkt. Den Glauben an den Schöpfer der Bibel drängte die Aufklärung zwar zurück, nicht aber den des «vernünftigen Plans» der Natur. Hier lebt Narrativ 1 in neuer Gestalt weiter. Seit Augustinus von Hippo versuchte die frühe Wissenschaft in Gottes zweitem Buch, dem «Buch der Natur», zu lesen. Sie wollte die göttlichen Gesetze seiner Schöpfung enthüllen und die *Scala Naturae* rekonstruieren, die Stufenleiter der Natur, die jedem Wesen Sinn und Zweck in der göttlichen Ordnung allen Lebens verleiht. Die Naturgesetze avancierten zur Grammatik einer neuen Vernunftreligion.

Entsprechend galt die «Geschichte der Menschengattung», wie es Immanuel Kant formulierte, als «Vollziehung eines verborgenen Plans der Natur». Die Natur tritt an die Stelle Gottes, sie wird vergöttlicht und mit Intentionen ausgestattet, als sei sie eine Person, ein Schöpfer. So finden sich, um bei Kant als Ikone der Aufklärung zu bleiben, Formulierungen wie «Die Natur hat gewollt» oder Aussagen, in der «Absicht» der Natur sei es begründet, dass der Mensch durch die «Vernunft» den «Übergang aus der Rohigkeit eines bloß tierischen Geschöpfes in die Menschheit» vollziehe. Das ist Narrativ 2, der Anthropozentrismus, der uns Menschen über alle anderen Lebewesen erhöht.

Wenn die menschliche Geschichte also dem Plan der Natur zufolge die Bestimmung hat, die Entfaltung der Vernunft zu vollziehen, erhält die Natur göttliche Autorität. Die Konsequenz ist der naturalistische Fehlschluss. Den Zusammenhängen der Natur wird eine normative Macht zugeschrieben, sie gibt die Werte vor. In diesem Fall die teleologische Verpflichtung auf ein Ziel hin. Bis heute geistern Vorstellungen herum, die Natur oder die Evolution habe dieses oder jenes so oder so eingerichtet, und deshalb sei das maßgeblich für Menschen (etwa die auf männlicher Stärke beruhende Geschlechterordnung oder die Familie). Was als «natürlich» gilt, wird automatisch als gut und erstrebenswert erachtet – und das «Widernatürliche» als schlecht und sündig. Doch das ist eine religiöse Altlast: Es gibt keine evolutionären Werte, denen wir folgen müssen. Die Evolution hat keinen Plan mit uns.

Um nicht missverstanden zu werden: Das soll nicht heißen, dass «natürlich» nie zu bevorzugen sei. Das kann sehr wohl der Fall sein, aber das ist aufgrund von messbaren Indikatoren wie Wohlbefinden, Gesundheit oder Lebenserwartung, aber auch

Gerechtigkeit zu entscheiden, und nicht einfach auf dem Umstand, dass die Evolution dafür verantwortlich zeichnet.

Und hier nun kommt Bibel-Narrativ 3 ins Spiel, das die Menschen auf die Anklagebank setzt. Lauschen wir noch einmal Kant: «Der Mensch ist durch seine Vernunft bestimmt, in einer Gesellschaft mit Menschen zu sein, und in ihr sich durch Kunst und Wissenschaft zu kultivieren, zu zivilisieren und zu moralisieren; wie groß auch sein tierischer Hang sein mag, sich den Anreizen der Gemächlichkeit und des Wohllebens, die er Glückseligkeit nennt, passiv zu überlassen, sondern vielmehr tätig, im Kampf mit den Hindernissen, die ihm von der Rohigkeit seiner Natur anhängen, sich der Menschheit würdig zu machen.»

Statt Sündhaftigkeit wird nun die Disziplinlosigkeit, genauer gesagt die damit einhergehende vernunftlose Unmündigkeit für den desolaten Zustand der Erde verantwortlich gemacht. Kants neues Glaubensbekenntnis können heute noch viele nachbeten: «Selbstverschuldet ist diese Unmündigkeit, wenn die Ursache derselben nicht am Mangel des Verstandes, sondern der Entschließung und des Muthes liegt, sich seiner ohne Leitung eines anderen zu bedienen. Sapere aude! Habe Muth, dich deines eigenen Verstandes zu bedienen! ist also der Wahlspruch der Aufklärung.»

«Selbstverschuldet» – wieder wird die Sündhaftigkeit den Menschen zugeschoben («sein tierischer Hang»). Warum fehlt es manchen an der allein selig machenden Vernunft? «Faulheit und Feigheit» seien die Ursachen, so lautet Kants Antwort, «warum ein so großer Teil der Menschen ... gern zeitlebens unmündig bleiben». Und auch hier werden die Frauen besonders angeklagt: «darunter das ganze schöne Geschlecht». Die Schuld liegt also bei all jenen, die seiner Ansicht nach nicht dem Licht der Vernunft folgen. Damit torpediert Immanuel Kant seinen eigenen Universalismus und installiert eine Hierarchie der Menschen.

Entsprechend lauert hier Narrativ 4: die Abwertung der nichtwestlichen Welt (und eben auch der Frauen). Denn was sich nicht auf der Höhe des Plans der Natur befindet, nicht der «Herrlichkeit und Weisheit der Schöpfung» folge, die, so Kant, «auf die vollkommene bürgerliche Vereinigung in der Menschengattung» ausgelegt ist, also dem westlichen Maßstab der Vernunft nicht entspricht, ist auf niederen Stufen des Menschseins zu verorten.

Das ist das ideelle Fundament dessen, was sich im Lauf des 19. Jahrhunderts zum «Evolutionismus» entwickeln wird: dem Fortschrittsglauben, der die ständige Höherentwicklung der Menschheit behauptet, die gesetzmäßig bestimmte Stufen erklimme. Und dies wiederum ist die Grundlage für den westlichen Überlegenheitswahn, in dem die christliche Verachtung alles Fremden und «Heidnischen» im angeblichen wissenschaftlichen Gewand weiterlebt.

Schließlich ist das auch die Basis für den damit einhergehenden Rassismus. Die Frage, die sich daraus aufdrängte, war ja: Warum befanden sich andere Kulturen auf «tieferen», «primitiveren» Stufen? Daran konnten diese nur selbst Schuld tragen. «Faulheit und Feigheit» seien eine der Ursachen, so Kant, klimatische Gründe, die dazu führten, eine andere. Es sollte nicht lange dauern, dass man glaubte, biologische Gründe identifizieren zu können, schließlich waren die noch nicht «entwickelten» Völker in dieser Logik den Tieren näher.

Der Universalismus der Aufklärung wird erst dort zum Problem, wo er sich in Gestalt des evolutionistischen Phantasmas der angeblich allein der Vernunft verpflichteten männlichen Europäer zum Goldstandard des Globus erhebt. Das ist aber gerade das nicht aufgeklärte Erbe der Religion, der Fortschrittsglaube, der kaum etwas anderes ist als die vorgestellte teleologische Annahme, dass die Menschheit eine lineare Entwicklung durchlaufe, dass es einen Fortschritt im Grad der Vernunft gebe, demzufolge sich die Geschichte der Menschen in Entwicklungsstufen vollziehe.

Was zur Genüge kritisiert wurde: die alleinige Identifikation des Menschen mit der Vernunft, als deren Maßstab vor allem der technologische Fortschritt gewertet wird. Angesichts der klaren Trennung zwischen Natur und Kultur wird die Natur als ausbeutbar herabgewürdigt, und die Menschen werden auf den instrumentellen Verstand reduziert. Alles, was der westlichen Rationalität nicht entsprach, wurde diskriminiert. Alle Kulturen, die keine Schrift, keinen Staat besaßen, die an Geister oder viele Götter glaubten und für die Tiere verwandte Wesen waren, galten als «Naturvölker» oder «Urvölker», die entweder starrsinnig auf der Kindheitsstufe der Menschen verharrten oder sie wegen ihrer Primitivität nicht verlassen konnten.

Aus dieser Annahme heraus galt die menschliche Vorgeschichte als nicht der Beschäftigung wert. Alles nur «Troglodyten», um eines von Kapitän Haddocks Lieblingsschimpfwörtern aus *Tim und Struppi* zu gebrauchen: tumbe Höhlenbewohner, die sich mit Keulen die Schädel einschlugen, wenn sie nicht gerade ihre Frauen an den Haaren in die Höhle zogen (Spoilerwarnung: Nichts könnte falscher sein). Allein die «Kulturvölker», «Zivilisationen», «Hochkulturen» lohnten der Auseinandersetzung, sie werden zum Maßstab jener Normalität, die der Menschen würdig wäre. Geschichte wurde folglich nur jenen Kulturen zugestanden, die über Schrift verfügten.

—

Mit Sigmund Freud und Charles Darwin gab es Dämpfer für den Glauben an die reine menschliche Vernunft. Freud zerrte das dunkle Reich des Unbewussten und die verdrängte Sexualität ans Tageslicht. Er war überzeugt, die Zivilisation bedecke lediglich wie ein dünner Firnis die animalischen Triebe der Menschen. Darwin stellte die Menschen den Tieren gleich: Der Unterschied zwischen uns und den anderen Tieren sei nur ein gradueller und kein grundsätzlicher.

Eine ganze Anzahl von Darwins Epigonen missinterpretierte das Postulat vom *Survival of the Fittest* als neues Universalgesetz, welches die Evolution und damit auch die Menschheitsgeschichte beherrschte, die sich in den drei Stufen «Wildheit», «Barbarei» und «Zivilisation» vollzogen habe. Sie verliehen dem Fortschrittsglauben ein biologistisches Gütesiegel. Die göttliche Stufenleiter der Natur verwandelte sich in den evolutionären Stammbaum, eine stolze Eiche, in deren höchstem Wipfel der zivilisierte Mensch als Krone der Schöpfung hockte. Genau betrachtet, saß dort jener, den schon Kant da gesehen hatte: der einer instrumentellen Vernunft verpflichtete weiße Mann des Westens.

Damit erhielt der Rassismus ein scheinbar wissenschaftliches Fundament. Wir haben es mit der Grundlage von Sozialdarwinismus und Eugenik zu tun. Das angeblich von der Natur installierte Recht des Stärkeren wurde auf menschliche Gesellschaften übertragen. Der «Kampf ums Überleben» verpflichte jeden Menschen zu egoistischem Verhalten, Helfen und Mitleid würden der Evolution zuwiderlaufen.

Denn wo die Menschen sich nicht «zivilisieren» ließen, konnte das nur am minderwertigen Erbgut liegen. Das galt für ferne Völker genauso wie für jene Menschen am Rande der bürgerlichen Gesellschaft. Alkoholismus, soziales Elend oder Verbrechen: Es lag alles in degenerierten Genen begründet. Seinem vorbestimmten Schicksal konnte niemand entkommen. Deshalb glaubten die Eugeniker, der Evolution zur Hand gehen und drastische Mittel zum Wohle der «Volksgesundheit» ergreifen zu müssen: Sterilisierung oder Eliminierung der «Volksschädlinge».

Es handelte sich um die perfekte Ideologie für Kolonialismus und Imperialismus, behauptete sie doch Ausbeutung, Versklavung und Völkermord wissenschaftlich zu rechtfertigen. Tatsächlich ist es nur ein klassischer Fall von Kulturblindheit: Die eigene Ausnahmesituation des 19. Jahrhunderts, in welcher der Westen die Welt zu unterjochen versuchte, wird zum Normalzustand menschlicher Existenz erklärt. Es war eine Zeit, in der tatsächlich das Recht des Stärkeren herrschte, und dieses wurde nun auf Natur und Evolution projiziert.

Da der Sozialdarwinismus gemeinsam mit einem biologistisch begründeten Rassismus zur Basis der Verbrechen des Nationalsozialismus wurde, avancierte es nach 1945 zum Pflichtprogramm der Entnazifizierung, alle Ansprüche der Biologie, das Zusammenleben von Menschen erklären zu wollen, zurückzuweisen. Das Evo-Tabu gehörte fortan zum guten Ton.

—

In einer verständlichen Überreaktion galten Menschen fortan als ausschließliche Geschöpfe ihrer Umwelt, reine Kulturprodukte. Sie kämen als unbeschriebenes Blatt zur Welt, erst Erziehung und Sozialisation würden es kulturell füllen. Spätestens seit den 1960er-Jahren machten sich vereinzelte Stimmen daran, die biologische Sicht auf den Menschen zu rehabilitieren. Versuche, der genbasierten Seite der menschlichen Persönlichkeit die nötige Aufmerksamkeit zu verschaffen, stießen in der Öffentlichkeit durchaus auf Interesse. Oft aber wohnte ihnen noch ein biologistischer Impetus inne, was wiederum das Evolutionstabu verfestigte.

Da waren Paläoanthropologen, die unsere frühen Vorfahren gerne als Killeraffen darstellten. Das inspirierte Stanley Kubrick zur berühmten Eingangsszene von *2001: A Space Odyssey*: Die Entdeckung, einen Knochen als Totschläger benutzen zu können, habe uns überhaupt erst zu Menschen gemacht. Eine perfekte Kalte-Kriegs-Ideologie. Da waren auch Vertreter der Verhaltensforschung wie der Nobelpreisträger Konrad Lorenz, der in *Die acht Todsünden der Menschheit* vermutete, dass die moderne Jugendkriminalität Symptom eines allgemeinen genetischen Verfalls sei. Da war in den 1970ern die Soziobiologie E.O. Wilsons, der die Kultur- und Sozialwissenschaften überflüssig machen wollte. Menschliche Gesellschaften, so seine Behauptung, basierten letztlich nur auf genetisch determinierten Mechanismen, wie sie auch das Leben der Ameisen regelten. Wir seien nichts als von unseren Genen gesteuerte Marionetten. Dann war da Richard Dawkins mit seinem Buch *Das egoistische Gen*, der den Eindruck erweckte, die biologische Legitimation des Kapitalismus und des auf den eigenen Profit bedachten *Homo oeconomicus* zu liefern. «Gier ist gut», wird das 1987 Michael Douglas in der Gestalt des Finanzhais Gordon Gekko im Filmklassiker *Wall Street* auf den Punkt bringen, der Egoismus, das Immer-mehr-haben-Wollen stelle die «Essenz des evolutionären Geistes» dar.

Und schließlich war da die populäre evolutionäre Psychologie, kurz Pop EP, die mit Bestsellern wie *Warum Männer nicht zuhören und Frauen schlecht einparken* Erfolge feierte, dabei doch nur traditionelle Geschlechterrollen als angeblich natürliche ausgab. Gerade die Irrtümer der Pop EP sind aufschlussreich: Diese betonte zwar zu Recht, dass wesentliche Teile unserer Psychologie als Anpassungen an Herausforderungen der menschlichen Evolution entstanden sind und wir diese auch in der modernen Welt noch herumtragen. Doch auch die evolutionären Psychologen waren kulturblind und vernachlässigten die immense Bedeutung der kulturellen Dimensionen unserer Persönlichkeit und unserer Umwelt. Sie nahmen nur einen Teil des Menschseins wahr. Letztlich postulierte die Pop EP, wir modernen Menschen seien wie in den Zoo versetzte Wildtiere, die gezwungen sind, ein nicht «artgerechtes» Leben zu führen. Und hier droht einmal mehr die Gefahr des Biologismus: die Vorstellung, dass es biologisch definierbares «artgerechtes» und deshalb «richtiges» Leben geben könnte.

Auch suggeriert dieses Bild eine viel zu simple Dichotomie: wir als Naturwesen mit einer speziellen Biologie und determinierten Verhaltensweisen auf der einen Seite, dort die kulturelle Umwelt, die gesellschaftlichen Rahmenbedingungen auf der anderen Seite. Das führte zu Klischees wie dem, wir seien «Schimpansen im Anzug» oder «Neandertaler mit der Atombombe», und der Vorstellung, direkt unter der Oberfläche schlummere noch immer der Wilde in uns. Wieder wurde die kulturelle Dimension unseres Wesens negiert.

—

Das als Reaktion auf bedenklich biologistische Konzepte etablierte Evolutionstabu verhindert teils bis heute eine fundierte gesellschaftliche Auseinandersetzung darüber, wie sehr Menschen evolutionär geprägt sind. Dahinter verbirgt sich die Furcht, bestimmte Phänomene lägen in unserer Natur begründet, und jeder Versuch, sie zu ändern, sei damit «wider die Natur». Das prominenteste Beispiel: die Aversion, über biologische Unterschiede zwischen den Geschlechtern zu sprechen, weil die Angst besteht, diese könnten eine «natürliche» Rollenverteilung begründen. Einmal mehr ist das der naturalistische Fehlschluss, der fälschlicherweise beansprucht, aus in der Natur oder Evolution beobachtbaren Phänomenen (Männer sind stärker als Frauen) gesellschaftliche Normen abzuleiten (Männer müssen dominieren). Das ist, wie wir zu zeigen versucht haben, ein im weltlichen Gewand getarntes religiöses Denken, das Natur und Evolution mit Gott verwechselt.

In jedem Fall hat das Evo-Tabu verhindert zu registrieren, was sich alles in der Evolutionsforschung getan hat. Kaum jemand glaubt mehr an Determinismus. Es wurde enorm viel Forschung betrieben, die Eigenarten menschlicher Kultur zu verstehen und ihre Wurzeln bis weit ins Tierreich freizulegen. Paradoxerweise führt das Evolutionstabu dazu, dass in der Gesellschaft weiterhin veraltete biologische Theorien kursieren.

Denn die neuen wissenschaftlichen Erkenntnisse konnten ihren Weg nur selten in die Öffentlichkeit finden.

So arbeitete sich geisteswissenschaftliche Kritik noch lange an obsoleten Positionen des 19. und 20.Jahrhunderts ab. Und selbst in den populären Ratgebern unserer Tage wird vom «Plan» der Evolution und dem «evolutionären Sinn des Lebens» orakelt, die Angst als mächtigstes Movens der Evolution beschworen, Frauen unterstellt, wegen ihrer Kinder instinktiv nach einem «starken Versorger» Ausschau zu halten, und Männern empfohlen, sich die Hunderte von Millionen Jahre alten Strategien von Hummern zum Vorbild zu nehmen.

Man kann es nicht oft genug sagen: Es gibt weder einen Plan der Evolution, noch gibt sie verbindliche Lehren vor. Trotzdem sind wir durch die Evolution geprägt, und dieses Erbe müssen wir kennen, um uns selbst besser zu verstehen und die Aufklärung endlich zu vollenden.

Es braucht jetzt noch einen letzten kleinen Schritt, bevor wir uns der Frage stellen können, was die Evolution denn nun tatsächlich mit uns angestellt hat.

3 Schleier der Maya

Wir können die Konsequenzen des Evolutionstabus nicht überschätzen. Es führte zu einem Vakuum an wissenschaftlich gesichertem anthropologischem Wissen in der Gesellschaft. Dieses Vakuum will aber gefüllt sein. Wir sagten es bereits: Auch wo Wissen fehlt, wuchern die Theorien. Deshalb kursiert eine Unmenge oft wenig reflektierter Annahmen, Vorstellungen, Meinungen über das, was Menschen eigentlich sind, ohne dass allzu genau geklärt wird, woher diese Weisheiten stammen und wie sie zu begründen sind.

Das bedeutet: In der wohl wichtigsten Frage haben die meisten Leute mal mehr, mal weniger stringente Ideen im Kopf, wie «Menschen nun mal sind». Nicht selten sind sie rein intuitiv. Und wenn sie doch evolutionäre Inhalte transportieren, sind diese oft veraltet oder tendieren zu bedenklichen Schlussfolgerungen. Dennoch beeinflussen solche Überzeugungen unsere Wahrnehmung und Deutung der Welt und damit auch unsere Handlungen. Sie sind das Gewebe der Matrix, der Schleier der Maya. Um sie zu durchschauen, sollten wir sie inspizieren. Bemerkenswerterweise liegt ihnen allen derselbe Kardinalfehler zugrunde.

—

Machen wir einen kleinen Check: Wenn also nicht die menschliche Evolution – was sind dann die Quellen des Wissens über das Menschsein? Wir konzentrieren uns auf die populären Auswüchse, die den öffentlichen Diskurs prägen. Dass es in den angesprochenen Disziplinen immer wohltuende Ausnahmen gibt, versteht sich von selbst. Leider bleiben diese viel zu oft ungehört.

Tatsächlich thematisieren die allermeisten Ratgeber auf den Bestsellerlisten kaum je allzu deutlich, auf welcher Grundlage sie überhaupt Rat erteilen. Es sind in der Hauptsache drei Optionen, die ihnen zur Verfügung stehen:

Immer wieder zu finden sind die Lebenserfahrungen eines Menschen. Hat die entsprechende Person ein gewisses Alter erreicht, lässt sich das als Lebensweisheit verkaufen. Doch so klug und authentisch die aus dem individuellen Dasein gezogenen Lektionen erscheinen mögen, so beschränkt ist ihre Allgemeingültigkeit. Was kann die eintagsfliegenhafte Existenz eines Menschen an einem spezifischen Ort über 300 000 Jahre *Homo sapiens* oder gar 2 500 000 Jahre der Gattung *Homo* aussagen?

Der Klassiker unter den Quellen der Lebensratgeber ist immer noch die Philosophie, und zwar mit besonderer Vorliebe jene der Antike. Zwar zerbrach man sich in den Philosophenschulen des alten Griechenlands mit großem Eifer den Kopf darüber, wie die Kunst des guten Lebens aussehen könnte. Trotzdem sei die Frage gestattet, wie sehr wir im Hinblick auf unser eigenes Leben auf die Vorstellungen männlicher Philosophen vertrauen können, die zur Elite sklavenbasierter Gesellschaften gehörten. Gesellschaften, die Frauen und Fremde verachteten und ohne jegliches Wissen über die tatsächliche Geschichte der Menschheit waren? Würden wir uns heute noch bei einer Krankheit einem antiken Arzt wie Hippokrates und seiner Vier-Säfte-Theorie anvertrauen? Warum also bei etwas so Existenziellem wie unserem eigenen Lebensglück?

Als zuständige Wissenschaft stellt die Psychologie, in den letzten Jahrzehnten ergänzt durch die Neurowissenschaften, die verlässlichste Quelle dar. Sie ist sicher die erste und beste Wahl, insbesondere wenn es darum geht, Menschen als Individuen Lebenshilfe zu spenden. Trotzdem hat die Psychologie mit dem einen oder anderen Manko zu kämpfen, dreht es sich um das Menschsein als solches. Da ist einmal ausgerechnet die genannte Stärke, der psychologische Fokus auf das Individuum und die Besonderheiten seiner persönlichen Lebensgeschichte. Denn diese impliziert eine Beschränkung auf die Gegenwart, auch wenn in den letzten Jahren dem Einbezug vorheriger Generationen der Familiengeschichte stärkeres Gewicht beigemessen wird. Diese reicht aber allenfalls wenige Jahrzehnte zurück – und nicht Jahrhunderttausende, wie es sein müsste. Die Psychologie konzentriert sich damit auf das Leben von Menschen wie uns, die wir alle Ausnahmegestalten sind. Dass aber die Außerordentlichkeit unserer Welt krank machen kann, ist nicht erst seit Ophelias Flucht in den Wahnsinn bekannt.

Zur zeitlichen Einschränkung kommt die räumliche: Die Psychologie hat mit dem Mangel zu kämpfen, dass ein Großteil ihres Wissens an im Weltmaßstab «seltsamen», WEIRD, Menschen gewonnen wurde. Das vor allem von dem Anthropologen Joseph Henrich popularisierte Akronym steht für: «western» (westlich), «educated» (gebildet), «industrialized» (industrialisiert), «rich» (reich) und «democratic» (demokratisch). Es bezeichnet den Umstand, dass in der Hauptsache Personen aus diesem Segment der Psychologie als Auskunfts- und Versuchspersonen dienten. Sie können aber nicht als repräsentativ für die Menschheit gelten. Das ist ein eindrückliches Beispiel, wie durch Verzerrung – die Ausnahme wird zum Allgemeinzustand erklärt – Normalität konstruiert, wenn nicht erfunden wird.

Halten wir fest: Ob Lebensweisheit, antike Philosophie oder westliche Psychologie, all diese Ansätze zeichnet derselbe systematische Fehler aus. Sie neigen zu dem, was wir Kulturblindheit nennen. Sie verkennen die kulturelle Gewordenheit ihrer jeweiligen sehr speziell ausgeformten Welt, sie halten ihre Lebensbedingungen für die Norm und nicht die menschheitsgeschichtliche Ausnahmesituation, die sie sind. Damit betonieren sie ein radikal verzerrtes Welt- und Menschenbild.

Provokativ formuliert, betreiben alle Ansätze, die auf das Big Picture der biologischen und kulturellen Evolution verzichten, narzisstische Bauchnabelschau. Sie diskriminieren den größten Teil der Menschheit, unsere eigenen Vorfahren inklusive. Stattdessen halten sie die privilegierte Sicht einiger Gegenwartsvertreter für das A und O des Menschseins. Wie soll auf einer solch schmalen Basis ein echtes Verständnis des *Homo sapiens* möglich sein? Früher wusste man es nicht besser, heute steht uns das Wissen zur Verfügung. Warum nutzen wir es nicht endlich?

—

Fassen wir zusammen: Das Evolutionstabu verabsolutiert ungewollt und unerkannt den Ausnahmezustand zur Normalität und kettet uns als Individuen auf der Anklagebank fest. Ohne die Kenntnis der tiefen Vergangenheit bleibt die Unterstellung virulent, wir wären selbst schuld und hegten falsche Ansprüche, wenn wir viele Aspekte unseres Daseins als skandalös und nicht menschengemäß empfinden.

Die evolutionäre Aufklärung dagegen ist das Mittel zur Emanzipation. Sie kann uns aus den ständigen Schuldvorwürfen befreien und verhindern, dass unser völlig berechtigtes Gefühl, dass mit dem Leben etwas nicht stimmt, ausgebeutet wird. Die Zeit des «Victim Blaming» ist vorbei. Wir sollten uns endlich selbst verstehen.

TEIL 2
DIE DREI NATUREN DES MENSCHEN

So, Schweiß abwischen, der Schutt ist beiseitegeräumt. Wir haben nun freie Sicht, um zu bestaunen, wie uns die Evolution zu merkwürdig komplizierten Wesen gemacht hat. Und damit stoßen wir schon auf ein weiteres Problem. Menschen neigen zu Personifizierungen. Unsere Sprachwahl – «Die Evolution hat uns gemacht», «Von der Evolution für die Zukunft lernen» – suggeriert, bei der Evolution handle es sich um ein Wesen, eine Schöpferin oder Lehrerin. In diese Falle tappen wir besonders leicht, wenn wir uns um eine möglichst prägnante Ausdrucksweise bemühen. Eine solche ist aktiv und personenzentriert.

Wer sagt: «Der Wind bläst», personifiziert. Er macht aus einem physikalischen Phänomen ein «aktives, substanzielles und permanentes Wesen», konstatierte schon der Entwicklungspsychologe Jean Piaget. Und wer sagt: «Die Sonne versucht den Nebel zu vertreiben», konstruiert im Sprechakt eine Geschichte. «Wir wissen, dass der menschliche Geist ein narrativer oder literarischer Geist ist», schreibt der Psychologe Pascal Boyer. Selbst die unbedeutendsten Ereignisse versuchen wir, «als kausal zusammenhängende Geschichten darzustellen», die das Produkt handelnder Personen sind.

Sprache «dramatisiert», das ist ein altbekannter Umstand der Sprachwissenschaft – und ein Charakteristikum menschlichen Denkens, ein Kernelement unserer evolutionär erworbenen Grundausstattung, die wir in diesem Teil unseres Buchs vorstellen werden. Das ist auch der Grund, warum uns lebendige Sprache gefällt: Das menschliche Denken ist ein soziales. Aktive Akteure sind dessen Grundbausteine, nicht passiv erscheinende, kaum fassbare Entwicklungen. Der Sprach- und Religionswissenschaftler Max Müller stellte bereits im 19. Jahrhundert die These auf, dass es sich bei Mythologie und Religion letztlich um «Krankheiten der Sprache» handelt. Es sei schlicht die Art, wie Menschen sprechen, die alles im Universum beseelt, personalisiert und mit Sinn und Intentionen ausstattet.

Wir wenden uns dieser menschlichen Eigenart später noch genauer zu und zeigen, dass es nicht die Sprache, wohl aber unser Denken ist, das dramatisiert. Hier mussten wir vorgreifen, um auf die Gefahr hinzuweisen, dass uns das Evolutionstabu ein Schnippchen schlägt: Da es verhinderte, dass Wissen über die Evolution in dem Maße in der Gesellschaft kursiert, wie es wünschenswert wäre, tendieren viele dazu, die Evolution etwa als «Mutter Natur» zu personifizieren, die Ziele verfolgt und die Welt mit Sinn und ihre «Geschöpfe» mit Intentionen ausgestattet hat. Das ist einerseits religiöses Erbe, aber andererseits, wie Piaget oder auch die Psychologin Deborah Keleman zeigten, neigen wir alle von Kindheit an zu solch finalistischem Denken: Wir vermuten intuitiv, dass die Dinge der Welt gemacht wurden, um einen bestimmten Zweck zu erfüllen.

Doch die Evolution ist kein Wesen, sie ist nicht einmal eine Entität, also etwas, dem im strengen Sinn ein konkretes Sein zugesprochen werden kann. Auch wenn wir nicht umhinkommen, sie sprachlich zu personifizieren, ist immer zu berücksichtigen, dass sie weder Ziele noch Absichten verfolgt oder einen Zweck kennt. Insofern ist sie auch nicht normativ: Sie gibt uns weder Normen, Werte noch Regeln vor. Auch einen Sinn des Lebens hält sie nicht für uns bereit.

Schauen wir uns also in einem ersten Schritt in aller Kürze an, womit wir es tatsächlich zu tun haben, wenn wir von Evolution sprechen, um anschließend zu erfahren, wie wir als Menschen sehr besondere Wesen wurden, die gleich drei Naturen ihr Eigen nennen.

4 Evolution im Schnelldurchgang

Wie alle anderen Organismen auch sind Menschen das Produkt der Evolution. Ob es nun dem Umstand geschuldet ist, dass uns das Christentum Jahrhunderte einredete, die Krone der Schöpfung zu sein, oder wir Menschen schlicht mit einem übergroßen Narzissmus ausgestattet sind, sei an dieser Stelle dahingestellt. In jedem Fall tendieren wir dazu, anzunehmen, dass die Evolution zu echtem Fortschritt führt. Sind wir nicht der beste Beweis dafür? Menschen sind doch nun einmal der unvermeidliche Endpunkt, das Meisterwerk der Evolution, geschaffen, um sich die Welt zu untertan zu machen, nicht wahr? Ähnliches könnten die Dinosaurier gedacht haben am Tag, bevor der Komet einschlug.

Da wir in diesem Buch nicht nur das Wirken der Evolution als Tatsache akzeptieren, sondern sie auch als Schlüssel zum Verständnis unserer Existenz präsentieren, möchten wir in aller Kürze erklären, was die Evolution eigentlich ist, was sie wirklich macht und was nicht. Dann verstehen wir, warum wir uns nicht zu viel einbilden sollten, was unsere eigene Stellung im evolutionären Gesamtkontext angeht, und warum die Berufung auf die Evolution nicht dazu taugt, unser Handeln zu rechtfertigen.

—

Eigentlich ist die Grundlage einfach: Leben basiert auf dem Vorhandensein einer Reihe von Informationen, Anweisungen, die in reale Prozesse oder Strukturen umgesetzt und an die nächste Generation weitergegeben werden. Die Frage, wie dieser Prozess einst begonnen hat und damit das Leben entstanden ist, harrt noch immer ihrer ultimativen Beantwortung. Diese Anweisungen, die Gene genannt werden und in Sequenzen eines raffinierten Makromoleküls namens DNA verschlüsselt sind, sorgen dafür, dass Proteine produziert werden, die wiederum den Aufbau aller Strukturen wie Zellen und Organe und die vielfältigen physiologischen Prozesse regulieren.

Seit das Leben einmal in Gang kam, wandelt es sich ständig von Generation zu Generation. Dazu sind zwei Hauptschritte nötig: Erstens haben sich die genetischen Anweisungen zu verändern, und zweitens müssen diese Anweisungen erfolgreich sein. Der erste Schritt wird als Mutation bezeichnet, der zweite als natürliche Selektion.

Genetische Mutationen treten spontan und zufällig im Vererbungsprozess auf. In den meisten Fällen sind sie nachteilig; entsprechend setzen sie sich nicht durch. Gelegentlich jedoch machen Veränderungen im Stoffwechsel, Aussehen oder Verhalten den Organismus erfolgreicher: Sie erhöhen seine Fitness. Das ist der kombinierte Effekt aus dem Überleben eines Individuums und seinem Fortpflanzungserfolg. Solche Mutationen verbreiten sich in der Population. Es ist also ganz einfach: Jede Änderung in den genetischen Anweisungen, die dem Organismus in einer bestimmten Umgebung ein besseres Überleben oder eine effektivere Fortpflanzung ermöglicht als andere, bewirkt eine Vervielfältigung der entsprechenden Anweisungen, da sie auf Dauer mehr Nachkommen produziert. Dieser Prozess der Auswahl ist die natürliche Selektion, sie ist der Hauptmotor der Evolution. Als Auslesemechanismus funktioniert sie in Hinblick auf die ständig auftretenden Mutationen à la Aschenputtels Täubchen: «Die guten ins Töpfchen, die schlechten ins Kröpfchen.»

Das so selektierte verbesserte Merkmal wird als Anpassung, als Adaption, bezeichnet, weil es einen Organismus an dessen Lebenswelt anpasst. Um ein Beispiel zu geben: Zufällige Mutationen, die in einer Zeit der Klimaerwärmung für eine größere

Hitzetoleranz von Pflanzen sorgen, setzen sich durch, weil sie helfen, dass diese auch noch in einer wärmeren Welt gedeihen und sich vermehren. Dass auch die sexuelle Selektion eine Rolle spielt – die Verbreitung von bestimmten Merkmalen, die Individuen erfolgreicher in der Paarung machen –, sei hier nur der Vollständigkeit halber erwähnt. Wir werden das in Hinblick auf Menschen noch unter die Lupe nehmen.

Im Laufe der Zeit sorgen die Adaptionen dafür, dass die Organismen immer besser zu ihrer spezifischen ökologischen Nische passen. Es sei denn, die Umweltbedingungen ändern sich zu rasch, was in der Erdgeschichte wiederholt geschehen ist, und eine andere Eigenschaft wird entscheidender. Im Extremfall ist das Aussterben einer Art die Konsequenz. Die Grundbestandteile eines jeden Systems mit Evolution sind also: Variation durch zufällige Mutation, Vererbung – die Fähigkeit, die Anweisungen an künftige Generationen weiterzugeben – und Selektion dessen, was in einer bestimmten Umwelt vorteilhaft ist und zur besseren Anpassung der Organismen führt.

—

Für die meisten Organismen geht diese Rechnung gut auf. Doch je komplexer die Lebewesen sind, umso wichtiger wird eine weitere Kraft der Evolution. Jeder einzelne Organismus muss sich erst einmal entwickeln. Die mehr als 37 Billionen Zellen in einem menschlichen Körper zum Beispiel sind alle aus einer einzelnen Zelle entstanden. Dabei kommt es zu einem ungeheuer komplizierten Zusammenspiel von genetischen Anweisungen und lokalen Bedingungen, wobei ganz bestimmte Gene zu ganz bestimmten Zeitpunkten und an ganz bestimmten Orten im Körper ein- und ausgeschaltet werden. Faktoren wie die Ernährung der Mutter, Umgebungstemperatur oder Populationsdichte können den Entwicklungsprozess beeinflussen und helfen, die Merkmale des Organismus an die lokalen Bedingungen anzupassen. Man spricht deshalb von Plastizität.

Der springende Punkt: Wie ausgeprägt diese Plastizität ist, wird auch wieder von der Selektion bestimmt. Für gewisse Körpermerkmale darf die Variationsbreite nicht zu groß sein (die Dimensionen von Organen etwa), für andere jedoch gibt es kaum Grenzen, vorausgesetzt, die Varianten bringen Vorteile. Manchmal nimmt die Plastizität erstaunliche Züge an. Es gibt zum Beispiel Heuschreckenarten, die keine Flügel besitzen, denen aber welche wachsen, wenn sie inmitten riesiger Mengen anderer Artgenossen groß werden, und die dann in Schwärmen von biblischen Ausmaßen herumziehen und ganze Landstriche verwüsten. Sie entwickeln also eine andere Physiognomie, obwohl sich ihr Erbgut nicht von ihren flügellosen Artgenossen unterscheidet.

Die Plastizität im Verhalten ist meistens noch viel größer als im Aussehen, denn genau dafür ist das Verhalten ja da. Es ist fast nie rein instinktiv; selbst Fadenwürmer und Taufliegen lernen. Bei den komplexeren Tieren ist es sogar notgedrungen so: Gehirne sind zu kompliziert, als dass Gene eine perfekte Blaupause liefern könnten, in der jede mögliche Verhaltensreaktion vorprogrammiert wäre. Deshalb werden in der Hirnrinde zunächst viel mehr Neuronenverbindungen – Synapsen – gebildet, die dann unter Einfluss der jeweiligen Erfahrungen eines Individuums allmählich zurückgeschnitten werden. Diese Lernprozesse führen unabwendbar zu Variationen von Gehirnen, die sich unabhängig von genetischen Instruktionen den jeweiligen Bedingungen anpassen. Festzuhalten ist also: Die Gene determinieren ein Merkmal nicht eins zu eins, sondern geben den Rahmen vor, innerhalb dessen sich das Merkmal entsprechend der jeweiligen Umwelteinflüsse tatsächlich manifestiert.

—

Sobald Gelerntes zuverlässig an die Vertreter der nächsten Generation weitergegeben wird, sprechen Biologen von Kultur.

Es handelt sich also um Wandel im Laufe der Zeit, ohne dass dieser mit genetischen Veränderungen einhergeht. Artgenossen spielen dabei eine entscheidende Rolle. Denn kulturelles Verhalten ist sozial erworben. Es stellt sich immer mehr heraus, dass Kultur in der Natur viel häufiger vorkommt, als Biologen bisher annahmen. Sie bietet Tieren einen weiteren Weg zur Anpassung – und ist damit auch ein Ausdruck von Plastizität.

Kultur kann sogar die biologische Evolution beeinflussen: Ein findiger Vogel zum Beispiel entdeckt, dass ein einfaches Werkzeug wie ein Stöckchen hilft, um Insektenlarven aus einer Baumhöhle zu fischen. Eine solche Erfindung ist gut für die Fitness des Tieres, aber sie kann nicht direkt vererbt werden, weil sie mit keiner genetischen Veränderung einhergeht. Wenn jedoch andere Vögel diese Innovation lernen, indem sie den ursprünglichen Erfinder beobachten, verbreitet sich das neue Verhalten in der Population.

Nehmen wir nun an, es taucht eine zufällige Mutation auf, die dazu führt, dass neugeborene Vögel mit größerer Wahrscheinlichkeit von sich aus Stöckchen nehmen, um damit in Löchern herumzustochern. Bevor die Erfindung gemacht wurde, wäre eine solche Mutation nicht selektiert worden, sondern wieder verschwunden. In unserem Fall aber setzt sie sich durch, da sie dank der zuvor erfolgten kulturell tradierten Innovation in Sachen Nahrungssuche einen zuverlässigen Überlebensvorteil bringt. Kulturelles Verhalten ist also ein wichtiger Motor der Evolution.

Damit sollte deutlich geworden sein, dass der alte Dualismus Kultur versus Natur, bei dem Kultur als das verstanden wird, was nur Menschen besitzen, hoffnungslos veraltet ist. Kultur taugt nicht als grundsätzliches Unterscheidungsmerkmal von Tier und Mensch. Kultur sollte nicht einmal mehr in Gegenüberstellung zur Biologie verstanden werden. Kultur ist, wie die adaptive Bedeutung der Plastizität zeigt, eine Funktion der Biologie. Damit dürfte der Anspruch, den viele Kulturwissenschaftler noch im 20. Jahrhundert vertraten, dass nur sie allein sich um kulturelle Phänomene kümmern dürften, endgültig hinfällig geworden sein.

—

Doch Tierkultur neigt dazu, einfach zu bleiben. Allein bei unseren eigenen Vorfahren sehen wir die wachsende Komplexität von Innovationen im Bereich von Technologie und Zusammenleben, also echte kumulative, sich anreichernde kulturelle Evolution. Nach mehreren Milliarden Jahren biologischer Evolution ist es vor rund zwei Millionen Jahren zu einem völlig neuen Prozess gekommen, der nur in unserer eigenen Entwicklungslinie wirklich ausgeprägt ist. Warum die kulturelle Evolution bei den anderen Tieren nicht die Rolle wie bei uns spielt, bleibt umstritten. Doch es spricht sehr viel dafür, dass das Lehren, die aktive Weitergabe von Erfindungen, und die Sprache weitgehend dafür verantwortlich sind.

Der beste Beleg dafür sind wohl Menschenaffenkinder, die wie Menschenkinder aufgezogen wurden und eine für Menschenaffen unerhörte Menge an Fertigkeiten und Kognitionsleistungen erwarben – bis hin zu einem erstaunlich guten Verständnis menschlicher Sprache. In beiden Fällen, dem Lehren und der Sprache, handelt es sich um Formen gegenseitiger Hilfe, wie sie nur in einer höchst sozialen Art wie der unseren zu finden sind. Die Vorteile sind immens: Neue Fähigkeiten werden rasch an andere Individuen und spätere Generationen weitergegeben. Sie können gezielt modifiziert oder erweitert werden. Vor allem ergibt sich so erstmals die Chance, gemeinsam nach Lösungen zu suchen und Probleme kreativ zu lösen.

Im Laufe der Zeit interagierten biologische und kulturelle Evolution zunehmend und lösten gegenseitige Veränderungen aus. So wandelten sich unsere Hände parallel zu den erhöhten Präzisionsanforderungen, die aus der Herstellung und dem Gebrauch von Werkzeugen resultierten. Der durch die Sprache beförderte Zuwachs kultureller Techniken formte wiederum unser Gehirn, was zu komplexeren Innovationen führte. Eine solche kontinuierliche Veränderung der Anatomie und der kognitiven Fähigkeiten über im evolutionären Maßstab relativ kurze Zeiträume ist in der Natur einzigartig.

—

Damit haben wir alle Elemente beisammen, die es zum Verständnis der Evolution braucht. Der Rest lässt sich daraus ableiten. Vor allem bedeutet es, dass alle lebenden Organismen, von Viren über einzellige Bakterien bis hin zu mehrzelligen Pflanzen, Pilzen und Tieren (Menschen inklusive) miteinander verwandt sind, weil sie auf einen gemeinsamen Vorfahren zurückgehen und den gleichen evolutionären Mechanismen unterworfen sind. Wir sollten jetzt in der Lage sein, einige hartnäckige Missverständnisse zu korrigieren.

Die häufigste Annahme, die mit dem Konzept der natürlichen Selektion verbunden ist, stellt die uns bereits begegnete Annahme eines unvermeidlichen Fortschritts dar, der gewöhnlich als Zunahme von Komplexität verstanden wird. Natürlich ist die Evolution bis zu einem gewissen Grad zwangsläufig kumulativ. Die frühesten Organismen waren einfach und bestanden aus einer einzigen, winzigen Zelle. Im Laufe der Zeit entwickelte sich ein Teil der Organismen hin zu größerer Komplexität, wenn man diese als eine höhere Anzahl von interagierenden Teilen definiert (z.B. die Anzahl der Proteine oder die Anzahl der Zelltypen in großen Organismen). Und wenn genügend Zeit verstreicht, werden die komplexesten Organismen tendenziell noch komplexer, was oft heißt, dass sie größer werden. Dieser Trend ist unbestreitbar: Die größten Pflanzen und Tiere entstanden nach einigen Milliarden Jahren der Evolution.

Daraus lässt sich jedoch nicht schließen, dass die natürliche Auslese immer das Größere oder Komplexere bevorzugt. Wäre das der Fall, wären all die äußerst vielfältigen und erfolgreichen

Viren und Bakterien schon längst von der Erde verschwunden (und spätestens seit SARS-CoV-2 wissen wir, wie sehr wir unserer eigenen Komplexität zum Trotz einfachen Lebewesen ausgeliefert sein können). Ebenso würden keine «lebenden Fossilien» wie Quastenflosser oder Hufeisenkrebse existieren, die sich seit Hunderten von Millionen Jahren nicht verändert haben. Was sind dagegen schon die 300 000 Jahre *Homo sapiens*?

Eine statistische Tendenz Richtung Komplexität ist also nicht dasselbe wie eine notwendige Ausrichtung auf ein Ziel hin, kein unaufhaltsamer Fortschritt, zumal es immer auch evolutionäre Sackgassen gab. Die natürliche Selektion agiert im jeweiligen Hier und Jetzt. Sie ist völlig kurzsichtig, sie kann nur in die nächste Generation hineinwirken und wird dann erneut reagieren. Das ist ein Mechanismus, hinter dem kein Akteur mit Absichten oder visionären Zielen steckt. Die biologische Evolution geschieht einfach. Sie lässt sich in einem Meer der Möglichkeiten treiben, ohne Ahnung, wohin die Reise geht.

In der kulturellen Evolution dagegen werden Erfindungen in der Regel gezielt gemacht, um bestimmte Probleme zu lösen. Insofern wohnt ihr ein Impuls zu mehr Komplexität inne, greift doch der menschliche Verstand gezielt ein. Aber auch sie kennt Irrwege und Sackgassen, und manchmal ist das Einfachere dem Komplizierteren überlegen.

—

Ein weiteres Missverständnis in Sachen natürliche Selektion lautet, sie fördere zwangsläufig Egoismus und Wettbewerb: Da alle Konkurrenten im Kampf ums Überleben seien, fiele die Auslese in der Natur immer zugunsten von Egoismus und Brutalität aus. Kapitalismus und Kommerzialisierung erscheinen in dieser Perspektive als logische evolutionäre Konsequenzen. Doch eine solche Sichtweise ignoriert, dass Organismen auch durch Kooperation erfolgreicher sein können als die Konkurrenz. Oder um es technisch auszudrücken: Gene, die unter bestimmten Bedingungen zu mehr Kooperation führen, werden gegenüber Genen, die Egoismus fördern, bevorzugt. Gene können im übertragenen Sinne als egoistisch bezeichnet werden, da sie sich nur dann vermehren, wenn ihre Träger im Spiel des Lebens erfolgreich sind. Doch eine gängige Methode, dies zu erreichen, besteht darin, ihre Träger sozialer und eben nicht egoistischer zu machen. Auch Empathie, Fürsorge, Liebe, Solidarität oder Altruismus sind Produkte der Evolution.

Direkt damit zusammen hängt der bereits angesprochene Irrtum, dass die biologische Evolution darauf zielte, Menschen hervorzubringen: Von der Krone der Schöpfung wurden wir zur höchsten Sprosse der *Scala naturae*, der Stufenleiter der Natur, erklärt. Aber daran ist nichts vorbestimmt, wir sind Zufallsprodukte – ein besonderer Dank gilt jenem Kometen, der die Dinosaurier ausmerzte und unsere kleinen Säugetiervorfahren in die evolutionäre Pole Position katapultierte.

Wenn die Evolution von vorne beginnen würde, weil alles Leben auf der Erde ausgelöscht wurde, würde sich aller Wahrscheinlichkeit nach nicht noch einmal so etwas wie wir entwickeln. Es waren unvorstellbar viele zufällige Ereignisse im Spiel, die Merkmale hervorbrachten, welche die Grundlage für spätere Merkmale bildeten, die schließlich uns den Weg bereiteten. Zufälle, und dazu gehören auch Katastrophen, treten aber selten zum richtigen Zeitpunkt erneut auf. Deshalb ist es unwahrscheinlich, dass intelligentes Leben anderswo im Universum (vorausgesetzt, es hat sich entwickelt) uns in irgendeiner Weise ähnlich sähe.

Der wichtigste Grund für die traditionelle Ablehnung evolutionärer Ansätze ist, dass nicht wenige Menschen, hören sie das Wort Genetik, annehmen, dass das Erbgut das Verhalten eines Lebewesens so kodiert, wie das Gene etwa bei der Bildung eines Proteins tun. Doch praktisch alle relevanten Verhaltensweisen sind plastisch: Sie haben allenfalls eine sehr lose Verbindung zu den Genen. Das gilt besonders bei langlebigen, sich langsam entwickelnden Tierarten wie dem Menschen. Da beeinflussen die persönlichen Erfahrungen, die kulturellen Prägungen und das Vorbild anderer das individuelle Verhalten massiv und drängen den Einfluss der Gene zurück.

Das gilt sicher auch für unsere Kognitionsleistungen. Wie intelligent eine Person wird, ist alles andere als festgelegt. Es hängt von einer Vielzahl äußerer Einflüsse ab. Tatsächlich werden die genetischen Veranlagungen oft zu sehr betont, und das, obwohl sie gar nicht so genau zu messen sind. Die größte Überraschung der neuen Erkenntnisse ist vielleicht, wie indirekt die genetische Untermauerung vieler Verhaltensmerkmale ist. Oft ist eine Vielzahl von Erbinformationen an der Konstruktion bestimmter Merkmale beteiligt, sodass ein einzelnes Gen maximal ein bis zwei Prozent der Variation eines Merkmals erklären kann. Wenn wir die Relevanz der Evolution für Menschen diskutieren, kann also von Determinismus – dem großen Schreckgespenst der Geisteswissenschaften – keine Rede sein. Gene prädisponieren, sie determinieren nicht. Es ist an der Zeit, das Evo-Tabu zu begraben.

Entsprechend ist festzustellen, dass Verhaltensunterschiede zwischen Individuen, insbesondere zwischen Gruppen von Menschen, einschließlich Ethnien, so gut wie nie genetische Unterschiede widerspiegeln, sondern fast immer kulturelle. Das auch deshalb, weil die genetische Variationsbreite bei Menschen im Vergleich zu anderen Arten, wie auch unseren nächsten lebenden Verwandten, den Menschenaffen, bemerkenswert gering ist.

Aus genetischen Daten lässt sich berechnen, dass unsere Vorfahren vor rund 70 000 Jahren beinahe ausgestorben wären, die Population sich danach aber geradezu explosionsartig vermehrt hat, parallel zur weltweiten Ausbreitung des *Homo sapiens*. Welche Katastrophe dahintersteckt, ist noch nicht geklärt. Der Ausbruch des Toba-Vulkans auf Sumatra wird als Kandidat gehandelt. Diese Flaschenhals-Verengung hat unsere Art genetisch homogenisiert. Es ist seither schlicht zu wenig Zeit verstrichen, um so große Differenzen zu erreichen, wie wir sie bei den Menschenaffen finden. Die Konsequenz: Die Variationsbreite ist innerhalb von Populationen und Regionen fast genauso groß wie in der gesamten Art *Homo sapiens*. Deshalb sind sich Biologen auf Basis der Genetik heute einig: Es gibt keine Grundlage, auf der sich Menschen in Rassen einteilen lassen.

—

Der Mensch, die Krone der Schöpfung? Die Vollendung der Evolution? Oder doch eher ein unwahrscheinlicher Zufall der Erdgeschichte?

5 Die kürzeste Geschichte der Menschheit

Tatsächlich sind wir nur eine weitere Art afrikanischer Menschenaffen, sehr eng verwandt mit Schimpansen und Bonobos, und etwas weniger mit Gorillas. Dieses Ergebnis der modernen Genetik war für viele Menschen ein Schock. Aber für Schimpansen dürfte es noch bedeutend schockierender sein, zu erfahren, dass ihre nächsten Verwandten nicht die Gorillas sind, obwohl die ihnen sehr viel ähnlicher sehen, sondern wir, die nackten Affen.

Wie es zu unserer raschen Abweichung vom allgemeinen Körperbau der Menschenaffen kam (vom Mindset ganz zu schweigen), ist verständlicherweise Gegenstand zahlreicher Forschungen. In der jüngeren Vergangenheit hat sich das Bild geschärft. Lassen wir die Jahrmillionen einmal wie im Fluge vorbeiziehen, um die Besonderheiten zu verstehen. Einzelne Aspekte, die für unser heutiges Leben wichtig sind, werden in späteren Kapiteln vertieft. Obwohl der Veränderungsprozess unmerklich verlief, sind entscheidende Schritte zu erkennen.

Der erste war buchstäblich ein Schritt: Vor etwa 8 Millionen Jahren begannen einige afrikanische Menschenaffen auf den Hinterbeinen zu laufen. Die Entwicklung zum aufrechten Gang war unerwartet. Schließlich ist die Anatomie von Menschenaffen auf ein Leben in den Bäumen ausgerichtet, wo sie sich mit ihren langen Armen von Ast zu Ast schwingen und mit Händen und Füßen festhalten, wenn sie durch die Baumkronen klettern. Paläoanthropologen spekulieren, dass dies mit der effizienteren Fortbewegung in jenen Wäldern zu tun hatte, in denen die Bäume so weit auseinander standen, dass der direkte Verkehr von Krone zu Krone kaum mehr möglich war.

Das unmittelbare Ergebnis: Die frühesten *Homininen* – so nennt man die zweibeinigen Menschenaffen – konnten größere Entfernungen am Boden zurücklegen. Ansonsten taten sie weiterhin das, was ihre Vorfahren schon ewig praktiziert hatten: Sie aßen Früchte, meist in den Bäumen, knabberten am frischen Grün, fingen Insekten wie Termiten und Ameisen und jagten gelegentlich kleine Affen oder waldlebende Antilopen. Auf längere Zeit bewirkte die zunehmende Zweibeinigkeit jedoch etwas noch viel Bemerkenswerteres: Die Hände waren frei geworden, um Dinge herumzutragen und Werkzeuge zu benutzen. Die langen, gekrümmten Finger und winzigen Daumen der baumlebenden Menschenaffen sind dafür nämlich alles andere als ideal.

Der zweite Schritt war ebenso entscheidend wie dramatisch. Vor etwa 2,5 Millionen Jahren verdrängte eine Klimaveränderung die Wälder im östlichen Afrika. Savannen dominierten nun die Landschaft. Die meisten Affenmenschenpopulationen waren nicht in der Lage, sich anzupassen und starben aus. Einige zogen sich in verbliebene Waldstreifen an Fluss- und Seeufern zurück. Doch manche Populationen versuchten ihr Glück in der Savanne.

Diejenigen, denen das gelang, entwickelten einen völlig neuen Lebensstil, der sich fundamental von dem anderer Menschenaffen unterschied: Sie zogen in großen Gruppen umher, wobei Männchen – einst Konkurrenten – sich gemeinsam gegen die großen Raubkatzen wehrten. Und sie stellten ihre Ernährung um. Sie wurden zu opportunistischen Fleischfressern, ähnlich wie Löwen oder Hyänen, obwohl sie keine der anatomischen Anpassungen besaßen wie massive Eckzähne, scharfe Krallen oder hohe Geschwindigkeit. Auch gruben sie unterirdische Knollen mit Werkzeugen aus. Das führte vor etwa zwei Millionen Jahren zum *Homo erectus*. Dessen Vertreter sahen uns so ähnlich, dass sie als die ersten Menschen betrachtet werden, obwohl ihr Gehirn noch etwa 30 Prozent kleiner war als das unsere.

Das neue Habitat erzwang neues Verhalten. Da ist zunächst die Zunahme der Größe und des Zusammenhalts der Gruppen zu nennen. Angesichts der tödlichen Bedrohungen war aktive Kooperation gefragt, und wenn es das Fleisch und fettreiche Knochenmark großer Säugetiere gab, kam das in solchen Mengen, dass es problemlos zu teilen war. Unsere Vorfahren wurden sozialer. Zudem setzte die bis heute währende Abhängigkeit von Technologie ein. Es brauchte sie – anfangs vor allem in Gestalt von Steinen und Stöcken, später auch von Feuer –, sowohl um sich zu schützen als auch um Nahrung zu beschaffen und zu verarbeiten.

Die sozialen Bindungen nahmen zu: Zwischen den Männern, die zusammenarbeiten mussten, um die Gruppe zu verteidigen und später zu jagen. Zwischen den Frauen, die gemeinsam auf Nahrungssuche gingen und sich um die Kinder kümmerten. Und auch zwischen Männern und Frauen, die begannen, engere Bindungen als Paare zu bilden (das ist einzigartig unter Menschenaffen).

Die getrennte Nahrungssuche der beiden Geschlechter verwandelte sich so in einen lukrativen Austausch und ein System der gegenseitigen Absicherung für den Fall, dass die einen oder anderen ohne Erfolg blieben. Im Laufe der Zeit führte das zur geschlechtlichen Arbeitsteilung, die wir heute noch bei mobil lebenden Jägern und Sammlern beobachten können. Wobei die Aufteilung bei Bedarf immer auch flexibel gehandhabt wurde.

—

Die neue Nische war alles andere als einfach. Das Überleben hing von aktiver Zusammenarbeit und geschickter Koordination ab, aber auch von genauem Beobachten und klugem Verständnis der Landschaft und des Verhaltens der Tiere. Die fossilen Relikte unserer Vorfahren belegen, wie die Gehirne an Volumen zulegten.

Ein größeres Hirn führt aber zwangsläufig zu einer längeren Abhängigkeit der Kinder. Diese Verlangsamung des Selbstständigwerdens hätte den demografischen Ruin zur Folge gehabt, wenn es nicht durch ein längeres Leben oder mehr Nachkommen kompensiert worden wäre. Bei jenen, die unsere Vorfahren werden sollten, trat eine Innovation von nicht zu überschätzender Bedeutung auf: die gemeinsame Kinderbetreuung. Sie erhöhte die Überlebenschancen der Kinder und ermöglichte höhere Geburtenraten, wodurch das Aussterben vermieden wurde. Es halfen nicht nur ältere Geschwister und andere Frauen, sondern auch Männer, den Nachwuchs aufzuziehen. So trugen alle dazu bei, dass wachsende Intelligenz sich nicht als evolutionäre Sackgasse erwies.

Das neue Erfolgsrezept war für den Export bereit. Vor etwa 1,8 Millionen Jahren breitete sich *Homo erectus* über Afrika hinaus aus und besiedelte bald weite Teile Asiens, zweifellos begünstigt durch ein passendes Klima mit Savannen und Wäldern. Wo auch immer die Frühmenschen hinkamen, erlernten sie rasch, wie sie sich von der neuen Flora und Fauna ernähren konnten. Nach Europa zu gelangen, war schwierig, da die Eiszeiten den Norden immer wieder unbewohnbar machten.

Gut eine Million Jahre lang passierte danach auffällig wenig, zumindest was Veränderungen angeht, die fossile Spuren hinterlassen haben. Wir sehen die gleiche Technologie: Die tropfenförmigen Faustkeile, die vor rund 1,7 Millionen Jahren erfunden wurden, waren mehr als eine Million Jahre lang die komplexesten Steinwerkzeuge mit allenfalls minimalen Verbesserungen. Auch die Gehirngröße änderte sich kaum.

Der dritte Schritt vollzog sich vor etwa 500000 Jahren, als das Tempo der Veränderungen wieder Fahrt aufnahm. Die Herstellung von Werkzeugen wurde komplexer und verlangte gründlichere Vorbereitung und Planung. Nun ist auch die regelmäßige und kontrollierte Nutzung des Feuers nachweisbar. Und die Gehirne wuchsen wieder.

Es gibt viele Spekulationen, was diese mittelpleistozäne Revolution auslöste; sicherlich zwangen Klimaveränderungen zu neuen Anpassungsleistungen. Ein weiterer Faktor: Paarbindungen können enger geworden sein, und die Männer engagierten sich stärker in der Versorgung der Kinder. Ein dritter Faktor: Großmütter! Die Wechseljahre waren entstanden. Dass ältere Frauen nicht mehr schwanger werden, lange bevor ihre Körper dem Sterben nahe sind, ist im Tierreich ein höchst ungewöhnliches Phänomen. Sie konnten nun ihre Familien unterstützen.

Und der vierte Faktor: Die Sprache eröffnete neue Möglichkeiten zur Nutzung von Ressourcen. Sprache ist eine fantastische Form der kooperativen Kommunikation. Sie ermöglicht es nicht nur, Handlungen zu koordinieren, sondern auch, andere zu informieren und Erfahrungen auszutauschen. Wir können gemeinsam über neue Ideen beratschlagen, Probleme lösen und Dinge erfinden, und zwar viel besser, als wenn wir es allein versuchen. Auch lädt die Sprache zur aktiven Unterweisung durch sachkundige Ältere ein: das aktive Lehren und interaktive Lernen wurden erfunden. Das ist unter Tieren einzigartig. Sprache und kumulative Kultur sind wie füreinander geschaffen.

Mit der Zeit waren die Gruppenmitglieder völlig voneinander abhängig. Alle, wie talentiert oder stark sie im Einzelfall sein mochten, waren auf die anderen angewiesen. Das langfristige Überleben hing vom reibungslosen Funktionieren des Kollektivs ab. Kooperation und Intelligenz entwickelten sich also Hand in Hand. Außerdem ist jeder mal krank oder verletzt und muss sich auf die anderen verlassen können, um gepflegt und ernährt zu werden.

Nur um uns daran zu erinnern, wie ungewöhnlich das ist: Während viele andere intelligente Tierarten Kultur besitzen, nimmt diese mit der Zeit nicht nennenswert an Komplexität und Vielfalt zu. Sie führt zu einem Gleichgewicht, wie es typisch für die biologische Evolution ist. Stattdessen sehen wir bei unseren Vorfahren einen unbestreitbaren Trend zu größeren Gehirnen, größerer Komplexität und Vielfalt von Technologie und sozialer Organisation – ein Trend, der vor etwa 500 000 Jahren sich langsam steigernd einsetzte und, was die Kultur angeht, bis zum schwindelerregenden Tempo unserer Tage beschleunigte.

Die biologische Evolution kann seither kaum mithalten (von der Immunität gegen neue Seuchen etwa einmal abgesehen). Die kulturelle Evolution ist hauptverantwortlich für die kontinuierlichen Veränderungen, die wir in der menschlichen Evolution beobachten. Sie ist in dieser Hinsicht grundsätzlich anders als die biologische. Zum ersten Mal in der Geschichte des Lebens ist auf diesem Planeten Fortschritt im tatsächlichen Sinn zu beobachten: Das Neue ist viel häufiger auch aus Sicht des Erfinders besser und in der Regel komplexer, wie die alternative Bezeichnung «kumulative Kultur» andeutet.

—

Ungefähr zu dieser Zeit, also vor einer halben Million Jahren, begannen sich verschiedene menschliche Populationen in Aussehen und Genetik zu unterscheiden: eine Linie in Afrika (aus der wir später hervorgingen: *Homo sapiens*), eine Linie im Nahen Osten und in Europa (die Neandertaler) und eine in Ostasien (die Denisovaner). Sie alle haben wahrscheinlich Sprache verwendet, wenn auch auf unterschiedliche Weise. Aus bisher nicht endgültig geklärten Gründen setzte sich unsere Linie durch und absorbierte die Reste der beiden anderen (es kam zu Vermischungen), als einzelne Gruppen vor 60 000 bis 70 000 Jahren Afrika verließen und alle Kontinente mit Ausnahme der Antarktis besiedelten.

Die Ausbreitung führte zum Aussterben vieler großer Tierarten in den von Menschen neu besiedelten Regionen, direkt durch die Jagd, indirekt durch die Zerstörung der Habitate, etwa durch das gezielte Entfachen von Bränden. Seitdem ist unsere Welt eine andere: kaum mehr Megafauna und viel offenere Landschaften. Diese Umgestaltung der Erde ist zu verantworten von einer erstaunlich winzigen Anzahl in kleinen Gruppen lebenden, anatomisch unscheinbaren, aber rücksichtslos effizienten und sozial kohärenten, aufrecht gehenden Affen.

Als unsere Vorfahren begannen, sich auszubreiten, sahen sie aus wie wir und verhielten sich wie unsereins: Sie benutzten Symbole, waren technikaffin, künstlerisch veranlagt, erzählten Geschichten, hatten Moralvorstellungen und waren untereinander äußerst kooperative, teilende und fürsorgliche Wesen. Sie konnten fast so lang leben wie wir heute, und das ohne medizinische Versorgung. Auch waren sie größer und gesünder als die späteren Bauern. Würde einer dieser Menschen heute aufwachsen, spräche nichts dagegen, dass sie oder er ein Buch wie dieses schreiben könnte.

Vor rund 40 000 Jahren gelang es unseren Vorfahren, in Europa Fuß zu fassen. Sie waren in der Lage, selbst den widrigsten Umweltbedingungen der Eiszeit die Stirn zu bieten und sich an wenig lebensfreundliche Habitate anzupassen. Entsprechend erfanden sie neue Technologien, um die Herausforderungen zu meistern. So waren im eiszeitlichen Europa Speerschleudern die Waffe der Wahl, mit der auch auf große Entfernung Beute gemacht werden konnte. Spätestens als die Gletscher verschwanden und sich ein Urwald in Europa ausbreitete, avancierten Pfeil und Bogen zu höchst effektiven Präzisionswaffen.

Viele große Höhlen Europas gewähren aufgrund ihrer guten Erhaltungsbedingungen einen Einblick in die Kreativität dieser Menschen: Sie hinterließen grandiose Kunstwerke an den Wänden, hinreißende Elfenbeinskulpturen von Tieren und mythischen Mischwesen und filigrane Flöten aus Schwanen- oder Geierknochen. Lange nahmen Paläoanthropologen an, das sei ein Alleinstellungsmerkmal der europäischen Vertreter des *Homo sapiens*, doch mittlerweile werden auch aus Asien und Afrika ähnliche Entdeckungen vermeldet.

—

An günstigen Orten experimentierten die Menschen mit neuen Lebensweisen. Warum immer herumziehen, wenn an einem Ort zumindest zeitweise Nahrung im Überfluss vorhanden ist? An Seeufern, Küsten und Flüssen, aber auch dort, wo reiche Nussernten zu erwarten waren, verweilten Menschen länger als gewöhnlich. Spätestens, als sich vor rund 12000 Jahren das Klima stabilisierte und die bis heute andauernde Warmzeit begann, fingen die Menschen in einzelnen Regionen an, sich auf die lokalen Ressourcen zu spezialisieren und dauerhaft zu bleiben. Sie halfen der Natur auf die Sprünge und sorgten dafür, dass nahrhafte Pflanzen sich effektiver verbreiteten.

An verschiedenen Orten der Welt, zuerst in jenen Regionen Vorderasiens, die wir den Fruchtbaren Halbmond nennen, wurden die entscheidenden Schritte zur immer größeren Kontrolle über die genutzten Samen, Früchte und Knollen und zur Lagerung von Nahrungsmitteln gemacht: Der Ackerbau wurde erfunden. Die Anfänge waren einfach, man spricht von Gartenbauern («Horticulturalists»). Sie pflügen nicht und verwenden auch keinen Dünger, aber sie bauen Pflanzen an, oft auch Bäume, und betreiben Wanderfeldbau, bei dem die holzige Vegetation mit Äxten und Feuer gerodet und das Land nach einigen Jahren aufgegeben wird, um es wieder fruchtbar werden zu lassen. Das war die Domäne von Frauen. Männer halfen, aber jagten und fischten weiterhin. Bald intensivierten die Menschen die Kultivierung von Getreide und begannen, Tiere wie Ziegen, Schafe und Rinder zu domestizieren. Die Folgen der sogenannten neolithischen Revolution wirken bis heute nach. Sie stellten das Leben auf den Kopf. Wir werden in diesem Buch immer wieder auf diesen fundamentalen Wandel und seine Konsequenzen zurückkommen.

Mit der Zeit stießen die Ackerbauern auf eine Reihe ebenso massiver wie unvorhergesehener Probleme. Das neue Dasein kam den Bestrafungen der Bibel für den Sündenfall nahe: Die Landwirtschaft war Knochenarbeit. Die Menschen mussten fortan unter Mühen den Acker bestellen und im Schweiße ihres Angesichts das Brot essen. Anthropologen und Archäologen haben aufgezeigt, die Bauern schufteten länger, um auf die gleiche Menge Kalorien zu kommen wie Jäger und Sammler.

Bauern sind an ihr Land, die Häuser und Vorräte gebunden. Da sie von den langen Wanderungen befreit waren und über verlässliche stärkehaltige Nahrung verfügten, bekamen die Frauen häufiger Kinder, nämlich alle ein bis zwei Jahre, im Gegensatz zu den gut vier Jahren bei ihren umherziehenden Vorfahrinnen. Damit wurde jene Dynamik in Gang gesetzt, die innerhalb von nur zwölf Jahrtausenden die Weltbevölkerung von vier Millionen auf die heutigen acht Milliarden anschwellen ließ.

Die Populationen wuchsen, aber die gesundheitliche Verfassung wurde schlechter. Die Skelette zeigen: Die frühen Bauern waren kleiner und starben früher. Das lag an einer ganzen Reihe von Faktoren. Die neue stärkebasierte Ernährung war einseitiger und machte Karies zur neuen Geißel der Menschheit. Frauen litten unter den vielen Geburten. Hinzu kamen hygienische Probleme: Über das Verrichten der Notdurft hatten sich Jäger und Sammler nie den Kopf zerbrechen müssen. Die Bauern litten unter Darmparasiten. Durch das enge Zusammenleben mit domestizierten Tieren überwanden immer mehr Erreger die Artengrenze. Krankheiten traten auf, die sich zu verheerenden Epidemien entwickeln konnten. Das Leben in größeren Gemeinschaften mit Austausch und Handel über weite Entfernung begünstigte die rasche Ausbreitung von Seuchen.

Das neue Dasein erhöhte die Verwundbarkeit durch Katastrophen. Menschen, die ihr Land nicht einfach verlassen können, werden von Fluten viel existenzieller getroffen als Jäger und Sammler, die einfach weiterziehen können. Gleiches gilt für Dürren, Hungersnöte oder Plagen wie Heuschrecken. Hinzu kamen soziale Katastrophen. Jenseits von Eden entfaltete die neue Erfindung des Eigentums an Land und Vorräten ihre Dynamik. Die alten Gruppen, die einst den Egoismus Einzelner unter Kontrolle hielten, hatten sich aufgelöst. Soziale Ungleichheit breitete sich aus, Konkurrenz hatte Konjunktur, Gewalt grassierte, Männer begannen Frauen zu unterdrücken. Herrschaft, Reichtum und Hierarchie gehörten ebenfalls zu den Charakteristika des neuen Lebensstils. Quantitativ war das neue Dasein für die Art *Homo sapiens* ein Erfolg, qualitativ aber stellte es für die einzelnen Menschen eine Daseinsverschlechterung dar.

Erst auf diese Zeit trifft die berüchtigte Aussage Thomas Hobbes' über unsere Urzeit zu: Das Leben war brutal und kurz geworden. Weitere Konsequenzen waren rückblickend mindestens ebenso vorhersehbar wie im wahrsten Sinne des Wortes verheerend. Die Vorräte weckten Begierden. Überfälle und Konflikte standen auf der Tagesordnung. Männlich dominierte Stämme formierten sich zur Verteidigung – oder zu Angriff und Kopfjagd.

Auf guten Böden, vor allem in fruchtbaren Flusstälern, wo die Landwirtschaft intensiv werden konnte, entstanden Städte. Die Gesellschaften wurden noch anonymer und hierarchischer – und, wie später zu zeigen sein wird, patriarchal. Gewalt existierte zwar schon immer in der Menschheitsgeschichte, aber erst jetzt finden wir sie in jener systematisch organisierten Form, die wir Krieg nennen. In den produktivsten Regionen übernahmen vor rund 5000 Jahren bewaffnete Eliten die Macht, mit Königen an der Spitze und Bauern und Sklaven an der unteren Basis der neuen sozialen Pyramide. Es ist die Geburtsstunde der ersten Staaten, dessen, was bis vor Kurzem noch als Zivilisation gefeiert wurde.

In diesen Regionen war das Leben zu jenem «Krieg eines jeden gegen jeden» geworden, den sich Hobbes als menschlichen Naturzustand ausgemalt hatte. Das aber ist eine Errungenschaft der Zivilisation, ebenso wie der Umstand, dass fortan das Recht des Stärkeren galt. Der Soziologe Max Weber hat den «Erzwingungsstab» als Charakteristikum der frühen Staaten ausgemacht: Die Wenigen an der Spitze herrschten fortan über die Vielen, weil sie über das Gewaltmonopol verfügten.

Allein dort, wo Menschen in entlegene oder dünn besiedelte Gebiete flüchten konnten, wo die Landwirtschaft nicht produktiv genug und man weit genug von Staaten entfernt war, lebten Menschen weiterhin in egalitären Gemeinschaften, in denen auch Männer und Frauen gleichberechtigt blieben.

Damit sind wir an jenem Punkt angelangt, an dem wir wirklich behaupten können, dass der Rest Geschichte sei. Denn Geschichte, so die traditionelle Definition, beginnt mit der Erfindung der Schrift, und die Schrift ist ein Produkt der Staatenbildung. Sie wurde aus der bürokratischen Notwendigkeit erfunden, Listen von Lagerbeständen, Steuern, Arbeitseinsätzen, Löhnen, Besitz und Kriegsabgaben zu führen. Der Ethnologe Claude Lévi-Strauss spitzte es so zu: Aufgabe der Schrift sei es zunächst gewesen, «Versklavung zu erleichtern», sie begünstigte «die Ausbeutung der Menschen …, lange bevor sie ihren Geist erleuchtet».

Staaten haben seither die Geschichte dominiert und unsere Sichtweise geprägt. Die Herrscher stützten ihre Macht auf den Unterdrückungsdiskurs, dass Menschen schwache, mangelhafte, wenn nicht bösartige Wesen seien. Die frühen Könige beanspruchten für sich die Rolle des Hirten, der sein Volk beschützt – nicht zuletzt vor sich selbst. Denn wo der Mensch des Menschen Wolf ist, auch das schrieb Thomas Hobbes, ist das Überleben ohne einen starken Hirten ausgeschlossen.

—

Folgendes sollten wir uns merken: In diesem Kapitel haben wir acht Millionen Jahre menschlicher Evolution im Schnelldurchlauf betrachtet. Stellen wir uns diese Zeit als einen Tag von 24 Stunden vor, entsprechen jene 5000 Jahre, in denen Menschen zunehmend in Staaten lebten, gerade einmal 54 Sekunden. Selbst wenn wir uns allein auf die 300 000 Jahre des *Homo sapiens* beziehen, machen Zivilisationen allein 24 Minuten aus. Sie stellen den Ausnahmezustand dar. 23 Stunden und 36 Minuten dieses Menschheitstages lebten wir nicht als Untertanen, denen ihre Knechtschaft als menschlicher Normalzustand verkauft wurde.

6 Archäologie unserer selbst

Nun haben wir alles beisammen, um uns der entscheidenden Frage zu widmen: Wer sind wir wirklich? Ohne dass dies esoterisch klingen soll, lautet die Antwort: Wir sind prismatische Persönlichkeiten. Es verhält sich mit uns ähnlich wie mit dem Sonnenlicht. Das scheint auf den ersten Blick homogen weiß. Bis es auf Regentropfen trifft oder ein Prisma. Dann fächert sich das Licht nach seinen Wellenlängen auf und enthüllt ein Spektrum an Farben. Immer wieder stehen wir sprachlos vor der Farbfülle eines Regenbogens.

Mit Menschen ist es ähnlich. Mögen sie auch wie aus einem Guss erscheinen, stecken in ihnen überaus disparate Dimensionen, verschiedene Sphären des Menschseins. Mittels unserer Analyse werden wir sie wie durch ein Prisma auffächern. Denn – und das sollte nach unseren bisherigen Ausführungen nicht mehr kryptisch klingen: Wir sind Produkte der biologischen und kulturellen Evolution, Geschöpfe eines sich immer weiter anreichernden Prozesses.

Vereinfacht gesagt, wurzeln diese Schichten in unterschiedlichen Zeiten. Um das zu veranschaulichen, haben wir das idealtypische Modell der drei Naturen entwickelt. Es hat sich als gut geeignet erwiesen, um die Probleme des modernen Lebens zu sezieren und ein Bewusstsein für die prekären Grundlagen unseres Seins zu schaffen. Das Modell versucht veraltete Dualismen wie Natur versus Kultur, Biologie versus Umwelt, Evolution versus Geschichte zu überwinden und das herauszuarbeiten, was man mit einem Begriff des Philosophen Ernst Bloch die «Gleichzeitigkeit des Ungleichzeitigen» nennen kann.

Die Annahme, wir würden allein in der Spanne unseres Lebens existieren, könnte kaum verkehrter sein.

Zudem – und das darf nicht vernachlässigt werden – leben wir in Umwelten, die ebenfalls von der Gleichzeitigkeit des Ungleichzeitigen, also von der Existenz verschiedener Zeitebenen, geprägt sind. Unsere Smartphones sind neu, die Allgemeinbildung, die uns die Schule vermittelte, ist teils Jahrzehnte alt, das Haus, in dem wir wohnen, vielleicht 1952 oder 1893 erbaut, und in der gotischen Kirche einige Straßen weiter, die aus dem Mittelalter stammt, wird ein Glauben gepredigt, der aus der Antike kommt.

Menschsein ist deshalb nur im Zusammenspiel der drei Naturen mit der jeweils nicht minder vielschichtigen Lebenswelt zu verstehen. Manche dieser Interaktionen zwischen den drei Naturen selbst wie auch mit unserer Umwelt gelingen reibungslos, bei anderen knirscht es ganz gewaltig, und manche sorgen für nichts als Ärger.

Wir erheben weder Anspruch auf höchste wissenschaftliche Finesse noch darauf, das menschliche Verhalten in Gänze zu erklären. Wohl aber hat sich die Unterscheidung der drei Naturen auch in unseren bisherigen Arbeiten als produktiv erwiesen. Damit besitzen wir ein Instrumentarium, um zu analysieren, worin die meisten unserer Schwierigkeiten gründen. Wir müssen uns selbst kein Rätsel mehr sein. Starten wir mit unserer ersten Natur.

Erste Natur

Jede Tierart lebt in einer besonderen ökologischen Nische und einem bestimmten sozialen System. Und irgendwie weiß jedes Tier, wie es sich zu den Dingen seiner Welt zu verhalten hat. Das liegt daran, dass seine Psychologie eine genetische Grundlage hat. Sie entstand in einer schier unendlichen Folge der

Generationen als Produkt der Anpassung an den jeweiligen Lebensraum, die Art der Nahrung, die Fortpflanzungs- und Überlebensbedingungen. Diese Psychologie ist das Ergebnis der biologischen Selektion und das, was wir im Allgemeinen die «Natur» eines Tieres nennen.

Bei einfachen Tieren ist das Verhalten eher instinktiv, in dem Sinne, dass es sich bei jungen Individuen ziemlich unabhängig von der Umwelt entwickelt. Die genetischen Anlagen reichen, um unter den meisten Bedingungen den gesamten Lebensstil hervorzubringen. Das zeigt sich, wenn von Menschen aufgezogene Tiere, etwa Jungfische, in die Wildnis entlassen werden, um natürliche Populationen aufzubauen. Die genetisch verankerten Verhaltensdispositionen sind daher eine solide Grundlage für das gesamte Verhaltensrepertoire einer Art.

Bei komplexeren Tieren wie den meisten Vögeln und Säugetieren sieht es anders aus. Neugeborene sind dort von erwachsenen Tieren umringt, ohne die sie nicht überleben könnten. Deshalb ist nicht jeder Schritt der Verhaltensentwicklung genetisch bis ins Detail festgelegt. Jungtiere reagieren stattdessen auf Verhaltensimpulse der Eltern, etwa indem sie diesen folgen und so lernen, was sie fressen können und wie sie auf Raubfeinde reagieren. Das ermöglicht die Plastizität des Verhaltens, also die flexiblere Anpassung an lokale Bedingungen. Bei solchen Arten ist das Auswildern von bei Menschen aufgewachsenen Individuen eine Herausforderung, weil diese sich nicht einfach allein auf ihre genetischen Veranlagungen verlassen können. Doch auch bei ihnen spielt ihre Natur eine wichtige Rolle, denn die Plastizität dient der Feinabstimmung und zaubert nicht ein neues Tier aus dem Hut.

Das gilt erst recht für Tiere mit großen Gehirnen wie Primaten, und deshalb auch für uns, die heutigen Vertreter der Primatenart *Homo sapiens*. Wir besitzen ebenso eine in den Genen angelegte Natur, eine Reihe von veranlagten Vorlieben, Denk-, Wahrnehmungs- und Verhaltensmustern, die vorhanden sind, bevor Erfahrungen sie in andere Richtungen lenken können. Zwar müssen auch wir fast alles lernen, vom Gehen und Sprechen bis zur Liebe oder der Babypflege. Doch auch bei uns stößt das Lernen eher an, als dass es uns in ganz andere Richtungen lenken könnte. Nur ist bei uns die Plastizität noch bedeutend größer als bei anderen Arten: Das gleiche Kind kann, je nachdem wo es aufwächst, Jäger-Sammler, Ackerbauer oder Astronaut werden.

Diese grundlegenden biologischen Dispositionen nennen wir die erste Natur des Menschen. Sie ist angeboren und damit genetisch im Erbgut verankert. Bei ihren Ausprägungen handelt es sich um menschliche Universalien. Die psychologischen Prädispositionen und Präferenzen der ersten Natur sind bei allen Menschen rund um den Globus gleich, auch wenn sie sich entsprechend der genetischen Variabilität und abhängig von der jeweiligen kulturellen Umgebung individuell unterschiedlich ausprägen. Zudem gibt es geschlechtsspezifische Unterschiede; schließlich sind die Reproduktionsinteressen von Frauen und Männern verschieden.

Um es aber noch einmal zu betonen: Auch hier gibt es keinen genetischen Determinismus. Unser Erbgut funktioniert nicht wie ein Computercode, der unabänderliche Verhaltensabläufe programmiert. Die Evolution setzt auf Plastizität des Verhaltens. Wir sind flexibel, keine Roboter.

—

Zur ersten Natur rechnen wir unsere Intuitionen, das Bauchgefühl, spontane Vorlieben und Gefühlsreaktionen wie Angst oder Ekel, aber auch bestimmte Wahrnehmungskategorien und Handlungsoptionen. Die erste Natur meldet sich nahezu automatisch, wenn sie getriggert wird. Aber sie zwingt uns zu keiner bestimmten Reaktion, sondern eröffnet einen Handlungsspielraum. Sie gibt nur die Grenzen vor. Alles, was zur ersten Natur gehört, muss nicht oder allenfalls in geringen

Maßen erlernt werden. Da sie angeboren ist, ist sie einfach da und völlig selbstverständlich. Dass sie auf diese oder jene Weise kultiviert, aber auch unterdrückt werden kann, versteht sich von selbst.

Wir werden in den nächsten Kapiteln einige ihrer wichtigsten Eigenschaften anhand konkreter Beispiele vorstellen. Zu unserer ersten Natur gehören ein Sinn für Fairness und Gemeinschaft, Empathie, eine Art natürliche Moral, die das zwischenmenschliche Miteinander reguliert, das Streben nach einer guten Reputation, die Liebe zwischen Eltern und ihren Kindern, die Annahme, dass hinter den Geschehnissen der Welt soziale Akteure stehen, aber auch ein ausgeprägtes Gruppendenken, das mitunter erschreckend schnell bereit ist, andere zu verteufeln. Und Blut ist für uns nun mal dicker als Wasser – wir bevorzugen Verwandte, mit denen wir das Erbgut teilen. Aber nichts davon determiniert ein starres Verhalten: Menschen sind von ihrer ersten Natur her Karnivoren, fleischessende Wesen. Trotzdem entscheiden sich heute immer mehr, als Vegetarier oder Veganer zu leben. Wir sind keine Sklaven der Biologie.

Vieles der ersten Natur wurzelt tief in unserer äffischen Vergangenheit und findet sich auch bei anderen Primaten. Ihre spezifische Ausprägung aber erfuhr sie in jenen 99 Prozent der Menschheitsgeschichte, in denen wir in kleinen Gruppen als mobile Jäger und Sammler lebten. Diese Lebensweise hat die erste Natur am nachhaltigsten geprägt. «Unsere Evolutionsgeschichte hat unsere Erkenntnissysteme als Reaktion auf Probleme ausgebildet, die unter den Lebensbedingungen unserer Vorfahren immer wiederkehrten», bringt es der Psychologe Pascal Boyer auf den Punkt. Die erste Natur gewährleistet ein fast reibungsloses Funktionieren der Menschen in ihrer für sie typischen sozialen wie ökologischen Umwelt.

Die späteren Formen der menschlichen Subsistenz, der landwirtschaftlichen Daseinsfürsorge, die erst in den letzten

Jahrtausenden das Leben vieler Menschen bestimmten, sind evolutionsgeschichtlich betrachtet zu neu, als dass sie sich in unsere erste Natur hätten einschreiben können. Deshalb fürchten wir uns heute nicht vor Autos, wohl aber noch vor Spinnen. Auch führten sie zu kulturellen Innovationen, die der natürlichen Selektion zuvorkamen. Die erste Natur ist also ein Produkt der sich über riesige Zeiträume hinziehenden biologischen Evolution – und damit sehr, sehr träge. Sie verschwindet nicht einfach, wir tragen sie alle mit uns herum.

Zweite Natur

Bei sozialen Tieren aber ist nicht alles nur eine Frage der ersten Natur. Überall dort, wo sich Generationen überschneiden, wachsen Jungtiere umgeben von Artgenossen verschiedenen Alters auf. Dann kann sich die Evolution komplexe Anweisungen ersparen und stattdessen das, was verlässlich an sozialem Input vorhanden ist, als Auslöser oder Stellschraube im Entwicklungsprozess nutzen. Junge Orang-Utans zum Beispiel sind unglaublich interessiert an den Aktivitäten der ihnen vertrauten Älteren, insbesondere der Mutter. Vor allem, wenn diese Handlungen für sie neu oder zumindest so komplex sind, dass sie nicht genau wissen, wie sie etwas tun sollen – vom Nestbau über das, was sie fressen können und wie sie es fressen sollen, bis hin zur Herstellung und Verwendung einfacher Werkzeuge. Soziale Interaktionen sind ein Magnet für ihre Aufmerksamkeit, denn auch Sozialverhalten muss gelernt werden.

Instinkte, welche immer und ohne Einwirkung zuverlässig und robust da sind, gibt es bei Tieren mit größeren Gehirnen kaum. Ganz eindringlich haben das Mitte des 20.Jahrhunderts die berüchtigten Experimente von Harry Harlow mit Rhesusaffen gezeigt. Er ließ Affenbabys gut ernährt, aber ohne jegliche soziale Betreuung (also ohne Mutter und Gefährten) aufwachsen. Als die Tiere größer wurden, waren sie sozial spektakulär inkompetent: Sie hatten enorme Angst vor anderen oder griffen wüst an und wussten nicht, wie sich paaren oder eigene Kinder versorgen. Ohne sozialen Input geht nichts.

Seitdem ist klar, dass heranwachsende Tiere eine Reihe von Fähigkeiten, Kenntnissen und Routinen aufbauen, die auf den Wechselwirkungen beruhen zwischen ihren bei der Geburt vorhandenen Präferenzen und Handlungstendenzen und der Umwelt sowie den sozialen Einflüssen, denen sie nach der Geburt begegnen. Der große Vorteil dieser Prozesse ist, dass sie es solchen Arten erlauben, sich an unterschiedliche Bedingungen anzupassen.

Dass auch andere Tierarten Erfindergeist zeigen und etwa Werkzeuge herstellen, haben wir erwähnt. Aber sie geben diese nicht gezielt weiter. Insofern werden Innovationen abgeschaut, wie etwa eine besondere Art, mit Stacheln bewehrte Früchte zu öffnen. Doch das war es auch schon. Hier sind Menschen die große Ausnahme. Wir bringen anderen neue Dinge bei, geben das aktiv an unsere Kinder weiter und kombinieren es mit anderen Techniken. Wir arbeiten gemeinsam an Erfindungen, tüfteln daran herum, ergänzen und verbessern sie.

Diese kulturelle Evolution ist, wie gezeigt, das Geheimnis unseres Erfolgs. Sie erlaubt es uns, schnell und gezielt Lösungen für neue Probleme zu entwickeln und uns von der biologischen Evolution zu emanzipieren. Wo ein rascher Klimawandel andere Arten zum Abwandern zwang, wenn nicht gar zum Aussterben verdammte, weil die nötigen biologischen Anpassungen zu viel Zeit benötigten, konnten wir uns kulturell anpassen. Ein gutes Beispiel ist die Erfindung von Kleidung, die es unseren Vorfahren ermöglichte, in kälteren Umwelten zu überleben.

Wir verdanken das neben unseren kognitiven Fähigkeiten dem enormen Talent zur Kooperation. Ohne Sprache und ein gemeinsames Aufziehen des Nachwuchses, das für jede Menge

Input sorgt und zahllose Lern- und Interaktionssituationen schafft, läge das außerhalb unserer Möglichkeiten.

Als Erfindungen bezeichnen wir alles, was kulturell bedingt ist: Sie wurden in der Vergangenheit zufällig oder gezielt gemacht und leben seither durch soziale Weitergabe fort. Die Gene spielen nur bei den Veranlagungen eine Rolle, welche die Erfindung hervorgebracht haben und die Kinder zum sozialen Lernen anregen. Aber was genau sozial gelernt wird, kann variieren – wenn auch nicht völlig willkürlich aufgrund von Zwängen, die uns durch die erste Natur auferlegt werden. Das bedeutet, dass ein Kind, das an einem Ort geboren wird, ganz anders spricht als sein genetisch identischer Zwilling, der irgendwo anders aufwächst, und ganz andere Kleidung und ethnische Kennzeichen trägt, ganz andere Dinge weiß und zu anderen Göttern betet. Diese Unterschiede können so groß sein, dass es den Anschein hat, als seien die verschiedenen Gruppen genetisch verschieden. Dafür aber gibt es überhaupt keine Grundlage. Ebenso kann sich ein und dieselbe Gruppe von Menschen innerhalb weniger Generationen so stark verändern, dass die Urgroßeltern sie nicht mehr als derselben Kultur zugehörig erkennen würden. Heute gilt das mitunter schon fast nach einer Generation.

Die variablen, kulturell erworbenen Fähigkeiten, Überzeugungen und Einstellungen nennen wir zweite Natur. Zweite Natur, weil sie sich so natürlich anfühlt, dass wir uns nicht einmal der Tatsache bewusst sind, dass das meiste davon erlernt ist. Dazu gehören neben Formen der Nahrungsbeschaffung und Technologie Traditionen aller Art, Sitten, Gebräuche, Mentalitäten, Normen, Werte, Konventionen und Stereotype, auch kulturelle Geschlechterrollen (Gender). Alles, was wir von klein auf durch Sozialisation verinnerlicht haben; alles, von dem wir genau wissen, ob es sich gehört oder nicht, ist uns zur völlig selbstverständlichen zweiten Natur geworden. Eine Metapher übrigens, die seit der Antike Verwendung findet.

Zweite Natur ist folglich das, was der Soziologe Pierre Bourdieu den Habitus nennt: «Als einverleibte, zur Natur gewordene und damit als solche vergessene Geschichte ist der Habitus wirkende Präsenz der gesamten Vergangenheit, die ihn erzeugt hat.» Ihre Inhalte können jahrhundertealt sein, aber auch gerade erst jenem Zeithorizont entstammen, in dem die Sozialisation der Individuen stattfindet. Die Inhalte der zweiten Natur speisen sich in der Regel aus den herrschenden Werten einer Gesellschaft. Und wie auch Kultur und Normen in der Vergangenheit auf keine sonderlich demokratische Weise zustande gekommen sind, gehört viel Aufgezwungenes zur zweiten Natur. Dabei gilt jedoch oft: Umso intensiver der Zwang, umso weniger gut schreibt es sich den Menschen ein.

Betrachten wir einige Beispiele. Menschen verlieben sich. Das ist die erste Natur. Paarbindungen werden geknüpft. Immer noch erste Natur. Aber dann schreiben ihnen die gesellschaftlichen Maximen vor, dass sie als Paar exklusiv zusammenbleiben sollen und nicht als Ménage-à-trois oder in anderen Konstellationen und dass sie das so lange machen müssen, bis der Tod sie scheidet. Jetzt haben wir es mit der zweiten Natur zu tun. In einer bestimmten Gesellschaft fühlen sich diese Arrangements normal, sogar natürlich an. Doch sie sind Erfindungen, die sich durchgesetzt haben und zu Normen geworden sind, an deren Umsetzung es jedoch mitunter hapert.

Nehmen wir ein anderes Beispiel: persönliche Besitztümer. Sie sind überall zu finden, aber ursprünglich hatten die mobilen Jäger und Sammler nur sehr wenig davon, und was sie besaßen, trugen sie am Körper oder hatten es in ihrer Nähe. Land war Gemeinschaftseigentum, Großgeräte gab es keine. Noch heute gehen kleine Kinder spontan in Häuser anderer Leute und glauben, sie könnten sich nehmen, was sie möchten. Das ist die erste Natur. Die Kleinen müssen erst Achtung vor dem Besitz anderer lernen und dass sie selbst dann nicht zugreifen dürfen, wenn der Besitzer abwesend ist. Hat man diese

Regeln einmal als zweite Natur verinnerlicht, kann man sich nicht mehr vorstellen, dass es anders sein könnte.

Anthropologen haben unzählige Beispiele für diese Art von Regulierungen in allen Lebensbereichen gefunden. Sie betreffen die Art, wie wir unsere Kinder erziehen, in welchen Wohnungen wir leben, was wir anziehen dürfen und was nicht, auf welche Weise wir unsere Notdurft verrichten, wie wir arbeiten, was sich für Frauen und Männer gehört, ja, wie viele Geschlechter existieren, was wir glauben und wie wir um unsere Toten trauern. All diese Dinge variieren von Ort zu Ort und im Laufe der Zeit, und doch kommt uns das alles völlig normal vor, wenn wir mittendrin leben. Wir stellen diese Normalität kaum je infrage. Und wenn wir doch einmal nicht mit ihr übereinstimmen, suchen wir die Schuld bei uns und fragen: «Was stimmt nicht mit mir?»

Die Variabilität menschlicher Lebensformen – und damit der zweiten Naturen – ist enorm. Ein Blick rund um den Globus illustriert eine unvorstellbare Fülle verschiedenster Lebenspraktiken. Selbst in so existenziellen Bereichen wie Ernährung und Sexualität: Was wird da nicht alles gegessen! Wer oder was nicht alles geliebt! Um ein extremes Beispiel zu geben: «Knabenliebe» war für die hochgerühmten Griechen nicht im Geringsten «widernatürlich». Und noch im 19. Jahrhundert kaufte sich Fürst Pückler-Muskau auf dem Sklavenmarkt in Kairo ein zwölfjähriges Mädchen und nahm sie als Mätresse mit nach Europa. Heute ruft das Empörung, zuweilen sogar Ekel hervor und wird juristisch geahndet. Das sind kulturelle Reaktionen und Beispiele für die zweite Natur des Menschen.

Um zu vermeiden, dass hier der Fortschrittsgedanke ins Spiel kommt: Die Entwicklungen können hin- und hergehen. In der Antike hatten die Griechen kein Problem mit Homosexualität unter Soldaten, im Gegenteil, mancherorts bestand die Elitetruppe aus in Liebe verbundenen Männerpaaren. Bis vor nicht allzu langer Zeit galt das dann in aufgeklärten Gesellschaften als strafwürdig, mittlerweile wird es als normal angesehen, wenn auch manche Menschen (und Kulturen) noch immer ihre Probleme damit haben.

Es ist verblüffend: Was wir von Kindheit an kulturell erworben haben, fühlt sich oft nicht anders an als das, was wir erste Natur nennen, als die angeborenen Dispositionen des Menschen – doch es wird deutlich vehementer verteidigt. Elemente der zweiten Natur besitzen eine penetrante Hartnäckigkeit. Sie sind auch konfliktträchtig. Da unsere angeborene Grundausstattung universell, also bei allen Menschen weitgehend gleich ist, bietet sie kaum Potenzial zu Streit oder Auseinandersetzungen. Im Gegenteil: Die erste Natur ist die Grundlage, auf der immer ein Dialog über alle Grenzen hinweg möglich ist. Da aber die zweite Natur sehr verschieden sein kann, sich teils diametral unterscheidet, ist sie es, die für Ärger unter den Menschen sorgt. So gut wie alle Auseinandersetzungen drehen sich um kulturelle Phänomene.

Auch innerhalb moderner Gesellschaften differiert die zweite Natur – und zwar nach Alter, Geschlecht, sozialer, kultureller und ethnischer Herkunft. Viele der heute heftig geführten Debatten sind in erster Linie keine Sachkonflikte, sondern reine Zweite-Natur-Auseinandersetzungen – und deshalb oft Generationendebatten. Mag es um Klima, Genderfragen oder Identitätsthemen gehen, längst sind die Argumente zweitrangig geworden, stehen sich verfestigte Fraktionen im Grabenkrieg gegenüber. Wo beklagt wird, dass kaum wirklicher Austausch und konstruktiver Streit möglich seien, haben wir es mit Angelegenheiten der zweiten Natur zu tun.

Erstaunlich ist die Vehemenz, mit der Zweite-Natur-Positionen verteidigt oder angegriffen werden. Dabei könnten sie leicht aufgegeben werden, da sie ja nur erlernter und damit durchaus zufälliger Natur sind. Das liegt nicht zuletzt daran, dass wir meistens schon als Kinder ganz aktiv die lokalen Normen und Traditionen ausloten und sie dann so sehr verinnerlichen, als wären sie angeboren. In Konflikten jedoch darauf hinzuweisen, dass es keine ewig gültigen Wahrheiten sind, kommt einem Sakrileg gleich. Zweite Natur ist vergessene Geschichte, geleugnete Kultur – und trägt damit auch Verantwortung für die schon mehrfach von uns diagnostizierte Kulturblindheit.

Um es plakativ auf den Punkt zu bringen: Die Kultur ist unser Problem. Nicht die Biologie. Die Natur ermöglicht all die Praktiken, die wir auf der Welt und zu allen Zeiten finden. Es ist die Kultur, die selektiert und wertet. Youval Noah Harari formulierte prägnant: «Die Natur erlaubt, die Kultur verbietet.»

Die zweite Natur akquiriert – oder sollen wir sagen: parasitiert – dazu Mechanismen unserer ersten Natur. Sie nutzt ererbte Gefühlsreaktionen für die eigenen Zwecke: Menschen reagieren mit Ekel (erste Natur) auf die Speisegewohnheiten anderer (zweite Natur): «Wie kann man nur Hunde/Schweine/Kühe/Tiere essen?» Woher diese Treue gegenüber bloß erlernten Inhalten stammt, werden wir in unserem Kapitel zum Konformismus thematisieren.

Dritte Natur

Wenn also die erste Natur unsere natürliche Natur ist und die zweite die kulturelle Natur, dann ist die dritte unsere rationale, die Vernunftnatur. Sie greift nicht auf interne, fest etablierte, also biologisch oder kulturell vorprogrammierte Reaktionsmuster zurück. Sie ist unser unmittelbares Problemlösungsinstrument und bedient sich der Logik (oder was wir gerade dafür halten) und Argumente.

Es handelt sich auch hier durchweg um kulturelle Erfindungen. Zu unserer dritten Natur gehören jene Maximen, Praktiken, Institutionen, denen wir aufgrund einer weitgehend bewussten Rationalität folgen – etwa nach genauem Abwägen einer Problemlage. Das bedeutet nicht, dass Regeln durch und durch rational sein müssten, um befolgt zu werden (oder dies aus wirklicher Überzeugung geschieht). Vielmehr scheint es vernünftig zu sein, ihnen zu folgen, weil sie gerade Common Sense sind oder Schwierigkeiten drohen, wenn man sie missachtet.

Beispiele für die dritte Natur sind all jene Dinge, die wir nur widerstrebend tun, obwohl wir wissen, dass sie gut für uns sind oder zumindest vernünftig wären: sich gesund ernähren, die Treppen nehmen, Alkohol meiden, regelmäßig Sport treiben, uns an Geschwindigkeitsbegrenzungen halten, nicht über Witze lachen, die politisch inkorrekt sind, Arbeiten schon vor dem Nahen der Deadline erledigen. Auch die guten Vorsätze, die wir jedes Jahr aufs Neue fassen, sind typische Produkte der dritten Natur. Warum ihre Umsetzung immer wieder scheitert? Sie sind eben nur vernünftig und stehen im Widerspruch zu den Bedürfnissen unserer ersten Natur oder den Gewohnheiten der zweiten Natur. Es braucht Disziplin, sie zu befolgen.

Viele Aspekte aus dem Reich der Vernunftnatur bleiben nur äußerlich. Das liegt an ihrer Neuheit oder dem Umstand, dass sie den angeborenen Neigungen unserer ersten Natur zuwiderlaufen und folglich Gefühle der Unlust provozieren. Ebenso stehen ihnen zuweilen die Vorgaben der zweiten Natur im Wege. Auch können sie kognitiv sperrig sein, also nicht unmittelbar einleuchten.

Viele Zweite-Natur-Bräuche haben ihre Karriere als dritte Natur begonnen (manche sind aber auch durch Zufall entstanden und bewährten sich so, dass sie beibehalten wurden). Neue Dritte-Natur-Lösungen, die sich als hilfreich erweisen und nicht zu sehr in Opposition zu unserer ersten Natur stehen, können mit der Zeit zur zweiten Natur werden. Oder sie werden mit Zwang von oben durchgesetzt – um nicht zu sagen: eingeprügelt. Der Prozess der Habitualisierung, der Verinnerlichung, bis Dinge zur selbstverständlichen Gewohnheit werden, benötigt Zeit. Vollendet ist er erst dann, wenn das Wissen um die Erworbenheit verschwunden ist.

Entsprechend ist die Grenze zwischen zweiter und dritter Natur nicht scharf: Manche von uns haben Gewohnheiten der dritten Natur vielleicht schon so verinnerlicht, dass sie sich wie zweite Natur anfühlen, und zweifeln nie daran, während andere das viel lockerer nehmen. Ein banales Beispiel: Das Warten bei roter Fußgängerampel ist für die einen absolut selbstverständlich, sogar nachts, wenn niemand in der Nähe ist und kein Auto kommt. Für andere ist das lediglich eine Konvention, der man vernünftigerweise nur Folge leistet, wenn Kinder in der Nähe sind oder die Polizei.

Die Zeitebene der dritten Natur ist mehr oder minder die der Gegenwart, weil sie mit einer bewussten Entscheidung einhergeht. Sie kommt vor allem zum Tragen angesichts neuer Herausforderungen, für die es noch keine funktionierenden biologischen oder kulturellen Lösungen gibt. Aber auch in Konfliktsituationen, in denen verschiedene Standpunkte aufeinandertreffen und begründet werden müssen. Entsprechend ist sie in ungewohnten Situationen gefragt, wenn wir mit überraschenden Ansprüchen oder neuen Positionen konfrontiert werden. Tatsächlich geschieht das in der heutigen, sich schnell wandelnden Welt immer öfter. Deshalb sollten wir uns nun ansehen, warum die drei Naturen vermehrt aneinandergeraten und uns das Leben schwermachen.

7 Es ist kompliziert

Die längste Zeit der Menschheitsgeschichte sorgte unsere prismatische Persönlichkeit für keine größeren Probleme. Das Spektrum der drei Naturen war nicht zu weit. Die meisten Handlungen wurden von der ersten Natur reguliert. Wie geschildert, zogen die Menschen als Jäger und Sammler in überschaubaren Gruppen umher, die egalitär waren. Solchen Umständen entsprechend haben sich über Jahrhunderttausende die menschlichen Präferenzen, Emotionen und Intuitionen geformt. Die erste Natur passte zur Lebenswelt. Beide waren mehr oder minder kongruent, deckungsgleich. Das Leben besaß damit eine Selbstverständlichkeit, die uns heute fremd ist.

Da die Jäger und Sammler bestens angepasst an ihre Umwelt waren, war die Zahl der kulturellen Erfindungen relativ gering – nur selten war es notwendig, sich Neues einfallen zu lassen. Innerhalb der Lebensspanne eines Menschen traten in der Regel keine nennenswerten Veränderungen auf. Entsprechend stabil war auch die Sphäre der zweiten Natur, die sich am ehesten nach regionalen Anforderungen auffächerte. Der jeweilige Schatz an mündlichen Traditionen, Technologien, Gebräuchen und rituellen Praktiken differenzierte sich von Gruppe zu Gruppe aus. Die Unterschiede gerieten aber nie zu groß, da sich die fundamentalen Lebensgrundlagen überall glichen.

Die dritte Natur war nur gelegentlich in besonderen Situationen gefragt, wenn die Menschen sich vor ungewohnte Herausforderungen gestellt sahen. Häufiger war sie gefordert, wenn Streit ausbrach, Diskussionen oder ein Abwägen verschiedener

Positionen nötig waren. 99 Prozent der Menschheitsgeschichte lang sorgte die gedeihliche Aufgabenverteilung der drei Naturen für das menschliche Auskommen.

—

Doch dann trat das ein, was als der entscheidende Wendepunkt der Menschheitsgeschichte angesehen werden muss, ohne dessen Kenntnis wir weder die moderne Welt verstehen noch die Probleme, die uns seither plagen. Wir sprechen vom Sesshaftwerden und der daraus folgenden neolithischen Revolution. Wir haben die dramatischen Änderungen vorgestellt. Trotzdem sollten wir deren Konsequenzen etwas genauer betrachten, sind sie es doch, die dem *Homo sapiens* in relativ kurzer Zeit eine neue Umwelt bescherten.

Der oft dafür verwendete Terminus «Revolution» führt in die Irre, genauso wie jener von der «Erfindung von Ackerbau und Viehzucht». Sicher haben wir es mit einer radikalen Veränderung des menschlichen Verhaltens und unserer Lebensumstände zu tun. Das aber war keine bewusste Entscheidung und keine schnelle Umwälzung, sondern ein langer Weg der vielen kleinen Schritte, der sich über einige Jahrtausende erstreckte und am Anfang das Leben sicher einfacher machte, weil man nicht mehr so oft und weit herumziehen musste. Als sich aber die Nachteile immer stärker offenbarten, gab es keine Umkehrmöglichkeiten mehr.

Was bis vor Kurzem als glorreicher Zivilisationsschritt dargestellt wurde, stürzte die Menschen in enorme Schwierigkeiten. Schon Jared Diamond betonte provokativ, dass es sich um den «schlimmsten Fehler der Menschheit» handelte. Yuval Noah Harari hat diesen Gedanken in den letzten Jahren weiter popularisiert. Auch wir haben die Bedeutung dieser Wegscheide immer wieder herausgestellt.

Das Sesshaftwerden war ein Gamechanger, es wirbelte die Bedingungen und Spielregeln des menschlichen Zusammenlebens durcheinander. Damals wurde die bisherige Arbeitsteilung unserer drei Naturen auf den Kopf gestellt. Die neuen Herausforderungen besaßen eine solche Brisanz, dass sie die Menschen zu Reaktionen zwangen. Um sie zu bewältigen, mussten die Menschen erfinderisch werden. Die dritte Natur war gefragt.

Die von der Innovativkraft der dritten Natur vorangetriebene kulturelle Evolution gab unseren Vorfahren die Mittel in die Hand, mit denen sie in den neuen Umwelten bestehen konnten. Bewährten sich diese, etablierten sie sich als fester Bestandteil der zweiten Natur. Dieser Mechanismus ersetzte immer mehr die biologische Anpassung. Das nennen wir gemeinhin Fortschritt. Besser wäre wohl: Krisenbewältigung.

Vorher war die Kultur geprägt gewesen von dem, was schon die Urmütter und Vorväter seit Ewigkeiten so gemacht hatten. Es brauchte keine Rechtfertigung. Das änderte sich nun und gleich doppelt. Erstens gab es eine Flut verschiedenster sozialer und technologischer Erfindungen, die aufgrund ihrer Neuartigkeit nach Begründungen verlangten, gerade wenn sie in Konkurrenz zueinander standen oder gar der ersten Natur widersprachen. Das schuf Diskussionsbedarf. Zweitens waren da die Ansprüche einzelner Individuen, mehr besitzen zu wollen als andere und damit über diesen zu stehen. Auch das verlangte nach Argumenten. Eine Primatenart wie die unsere, die sich über Jahrhunderttausende dadurch ausgezeichnet hatte, jedes Bully- und Alphatum zu verhindern, unterwirft sich nicht einfach so Möchtegernpotentaten. Zunächst ging das nur mit blanker Macht. Weil Herrschaft aber kaum dauerhaft auf Gewalt gegründet werden kann, suchten selbst Despoten nach Rechtfertigung. Auch deshalb hatte die Stunde der dritten Natur geschlagen; sie musste den willkürlich erscheinenden neuen Zustand der Welt erklären.

—

Nun gibt es da den einen oder anderen Schönheitsfehler. Kulturelle Lösungen räumen die Probleme in den meisten Fällen nicht aus dem Weg. Sie produzieren Hilfsmittel, um diese handhabbar zu machen. Völlig selbstverständlich werden wir mit ihren Lösungen aber nicht leben. Eine Brille kuriert nicht die Fehlsichtigkeit der Augen. Verlieren wir sie, sind wir aufgeschmissen. Oft schaffen die Hilfsmittel selbst Probleme, für die es wiederum neue Lösungen braucht. Dadurch wohnt der Kultur ein Zug zu immer mehr Komplexität und Expertentum inne.

Das ist der grundlegende Unterschied zwischen der biologischen und der kulturellen Evolution. Erstere führte dazu, dass wir körperlich wie psychologisch mehr oder minder zu unserer Umwelt passten – zumindest solange diese sich nicht zu schnell änderte. Letztere dagegen produziert eine Kluft zwischen uns und unserer Lebenswelt. Und diese wird nicht geschlossen. Die wenigen Jahrtausende sind viel zu kurz gewesen, als dass sich unsere genetisch basierten Intuitionen und Präferenzen unserer ersten Natur hätten daran gewöhnen können. Menschen passen also nicht mehr recht in ihre Welt. Das ist die tatsächliche Quelle für das Unbehagen und die Absurditätserfahrungen, für die Entfremdungserlebnisse und Resonanzbedürfnisse – also für all das, was modernen Menschen zu schaffen macht. Wir haben diese Diskrepanz zwischen unserer alten Psychologie und der neuen Welt, die fehlende Anpassung in Ermangelung eines prägnanten deutschen Begriffs «Mismatch» genannt.

Am augenscheinlichsten sind Mismatch-Phänomene im Bereich des Körpers. Unsere biologische Grundausstattung ist bestens ausgelegt für ein aktives und bewegungsreiches Leben, wie wir es als Jäger und Sammler führten. Der moderne Lebensstil mit seinem Überfluss an Salz, Fett und Zucker gekoppelt mit einem massiven Bewegungsdefizit macht uns entsprechend schwer zu schaffen. Übergewicht, Herz-Kreislauf-Krankheiten und Rückenprobleme sind typische Mismatch-Phänomene.

Bedeutend schwerer wiegt der viel weniger bekannte Mismatch in psychologischen und zwischenmenschlichen Bereichen, um den es uns in diesem Buch vor allem gehen wird. Was den Körper betrifft, können wir als Individuen durch viel Bewegung und eine abwechslungsreiche Ernährung die alten Lebensbedingungen ansatzweise simulieren. Unsere soziale Lebenswelt dagegen, geschweige denn die gesellschaftlichen Rahmenbedingungen haben wir als Einzelne nicht im Griff. Deshalb taugen individuelle Optimierungsangebote à la Self Care oder Achtsamkeit höchstens als Coping-Strategien: Sie machen die Probleme erträglicher, beseitigen sie aber nicht.

Das Problem wird verschärft durch einen weiteren Schönheitsfehler der Kultur: Sie ist konservativ. Sie spiegelt die gesellschaftlichen Verhältnisse wider und zementiert diese. Kultur, in Gestalt von Bildern und Monumenten, später vor allem mit Schrift und Institutionen, ist das, was auch außerhalb der Köpfe der Menschen existieren und damit die individuelle Lebenszeit überschreiten kann. Sie entfaltet ein Eigenleben. Erfindungen werden durch die Weitergabe an die nächste Generation zu Traditionen. Damit reicht immer ein Stück Vergangenheit in die Gegenwart hinein.

Lange waren es allein die sozialen Eliten, die über die Möglichkeiten und Ressourcen verfügten, Kultur zu prägen und voranzutreiben. Es reichte also, wenn sich neue Lösungen für jene bewährten, in deren Händen sich die Hebel der Macht befanden. Insofern war Kultur in weiten Teilen auch ein Instrument, das der Reproduktion gesellschaftlicher Ungleichheiten diente – und es das, wie wir immer wieder sehen werden, bis heute tut.

Entsprechend ist den Untertanen viel von oben eingetrichtert worden. Menschen wurden indoktriniert, gezwungen, ihnen fremde Dinge zu verinnerlichen. Manche identifizierten sich leichter mit solch einer diktierten zweiten Natur, bei anderen regte sich der Widerstand dagegen ein Leben lang.

In Institutionen gegossen versteinert die zweite Natur. Sie existiert unabhängig von den Individuen, ist Vergangenheit, die nicht vergeht. Sie gibt die Richtung für die Zukunft vor und reguliert noch das Leben der Nachgeborenen. Institutionalisierte zweite Natur führt zu jener Art von Zwängen und Gewalt, die heute gerne als «systemisch» oder «strukturell» bezeichnet werden. Es handelt sich um die «herrschenden Verhältnisse» und «Diskurse der Macht», die Individuen auf mal subtile, mal brachiale Weise maßregeln und ihnen ihre Normalität aufzwingen. Sie werden uns durchgängig beschäftigen.

—

Die skizzierten historischen Entwicklungen haben massiven Einfluss auf das, was wir unsere prismatische Persönlichkeit nennen. Nicht nur das ursprünglich enge Spektrum der drei Naturen wird nun viel weiter und disparater, die Gewichtung verändert sich – und das mit zunehmender Rasanz. Seit dem Sesshaftwerden haben sich aufgrund der kulturellen Revolutionierung der Lebensbereiche die Anteile der zweiten und dritten Natur immens erhöht. Die erste Natur dagegen gerät immer mehr in die Defensive. Sie veraltet. Ihr gerät die alte Umwelt abhanden, an die sie einst als Anpassung entstanden ist. Unser Dilemma: Die erste Natur ist genetisch verankert, wir können sie nicht einfach ablegen. Ebenso wenig ist es möglich, in die alte Welt zurückzukehren.

Das Konfliktpotenzial ist groß, entstammen doch unsere drei Naturen unterschiedlichen Zeithorizonten und passen deshalb nicht mehr sonderlich gut zueinander. Die erste Natur konserviert, vereinfacht gesagt, unsere Jahrhunderttausende alte Steinzeitpsychologie. Die zweite Natur repräsentiert die Zeit unserer Kindheit und frühen Jugend, also die durch Erziehung in den ersten Lebensjahren verinnerlichte Kultur (deren Inhalte aber bedeutend älter sein können). Die dritte Natur operiert in der Gegenwart (wenn auch hier gilt, sie kann älteres Material zum Gegenstand haben). Unser Leben ist durch diese Gleichzeitigkeit des Ungleichzeitigen geprägt. Und ebendeshalb ist eine Archäologie unserer selbst unabdingbar, um uns endlich selbst zu verstehen.

Noch einmal radikalisiert hat sich diese Entwicklung in den letzten dreißig, vierzig Jahren. In vielen Bereichen verändert sich die Welt innerhalb der Spanne eines Lebens total. Und das Tempo der Veränderungen führt dazu, dass die Diskrepanzen zwischen den einzelnen Generationen immer größer werden, ja, dass es sogar schon zu bedeutenden Differenzen zwischen Menschen der gleichen Gesellschaftssphäre kommen kann, die im Alter nur zehn, zwanzig Jahre auseinanderliegen.

Zwei Beispiele von heute: der Generationen-Gap zwischen den sogenannten Digital Natives, bei denen das Smartphone auf den Schnuller folgte und deren Kindheit live auf Social Media stattfand, und jenen, die sich erinnern, zum Umschalten der drei Fernsehprogramme noch zum TV-Gerät laufen zu müssen. Oder die Kluft zwischen jungen karriereorientierten Frauen, für die Gleichberechtigung eine absolute Selbstverständlichkeit ist, und «alten weißen Männern», in deren Kindheit es ein Statussymbol war, dass ihre Mütter eben gerade nicht zur Arbeit gehen mussten, weil der Vater so viel verdiente.

Hinzu kommt, dass auch unsere kulturellen Umwelten vergangene Zeiten fossilisiert haben. Institutionen, Diskurse, Mentalitäten hinken der Gegenwart hinterher. Es handelt sich um «Cultural Lag», um eine kulturelle Verspätung. So wie beim Jetlag einem Flugreisenden, der über den Atlantik fliegt, immer noch die Heimatzeit in den Knochen steckt, leben in Traditionen die Inhalte ihrer Entstehungszeit fort. Umso schneller sich Gesellschaften ändern, umso bedeutsamer die Gefahr des Cultural Lags, umso größer das Risiko, dass uns kulturelle Altlasten das Leben schwer machen.

—

Weil uns diese Problematik durch das Buch hindurch verfolgen wird, wollen wir sie noch einmal veranschaulichen: Stellen Sie sich die drei Naturen in unserer Brust als eine WG vor. Deren Bewohner kommen nicht nur aus gänzlich unterschiedlichen Zeiten, sie pflegen auch sehr eigene Kommunikationsformen. Dass sie gut miteinander harmonierten, lässt sich nicht behaupten.

Da ist die Steinzeitfrau, unsere erste Natur, durch und durch Jäger und Sammler. Sie ruht in sich und ist alles andere als gesprächig, ihre Handlungen haben eine große Selbstverständlichkeit. Argumentationen zu führen, ist ihr fremd. Doch in manchen Situationen entfaltet sie eine Impulsivität, die erschrecken kann. Mr. Zweite Kultur dagegen ist Konformist und Blockwart in einem: «Wir haben das immer so gemacht», ist sein Leitspruch. Er will, dass keiner ausschert. Und dann ist da die Streberin, ein zeitgeistiger Nerd, die Inkarnation der dritten Natur. Spitzfindig, autoritätskritisch, durchaus woke und fürchterlich rechthaberisch, will sie stets alles bis zum Letzten ausdiskutieren.

Egal, worum es geht, die drei reagieren auf ihre spezifische Weise: ganz gleich, ob es sich nun darum dreht, was sie essen, wen sie lieben, worüber sie lachen, was sie glauben. Selten sind sie einer Meinung. Und sie haben nicht die geringste gemeinsame Diskussionskultur; schlimmer noch, sie argumentieren (wenn man das überhaupt so nennen kann) auf drei verschiedenen Ebenen.

Und natürlich spielt da auch die Umgebung, die Situation, in der sie sich befinden, eine Rolle. Surfen die drei – zwangsläufig gemeinsam – durch die sozialen Medien, ist die dritte Natur auf Twitter absolut in ihrem Element, mahnt die zweite Natur, dass man doch mit dem neumodischen Zeug nur wieder prokrastiniere, während die erste Natur vor dem Smartphone schlechte Laune bekommt, weil für sie «sozial» etwas aus Fleisch und Blut ist. Geht es hingegen einmal raus in die

Wildnis, ist die erste selig, mahnt die zweite an, nur auf den Wanderwegen zu bleiben, und nervt die dritte nicht nur damit, endlich die Sonnencreme mit Lichtschutzfaktor 50 aufzutragen, sondern auch mit der Nörgelei, warum man noch immer keine Zeckenschutzimpfung gemacht hat.

Kein Wunder also, dass wir uns zerrissen fühlen. Man kann es den Dreien nur schwer zur gleichen Zeit recht machen.

—

Das führt aber nicht nur zu Konflikten in uns selbst. Das schürt auch Konflikte zwischen Menschen. Unsere Gesellschaften werden an vielen Orten immer diverser: Wir sehen es in den Städten, in denen Individuen aus aller Welt, aber auch aus unterschiedlichsten sozialen Milieus eng zusammenleben. Hier stoßen die verschiedensten kulturellen Prägungen aufeinander. Wir haben betont, dass die zweite Natur die unerquickliche Neigung hat, zu leugnen, dass ihre Inhalte nur kulturelle Erfindungen sind, sie sich also tendenziell zufälligen historischen Entwicklungen verdanken – und ihnen damit stets ein gehöriges Maß Willkür innewohnt. Deshalb wächst hier das Konfrontationsrisiko.

Umso nötiger ist evolutionäre Aufklärung. Dazu gehört das, was man im Sinne Walter Benjamins als «Archäologie der Moderne» oder mit Michel Foucault als «Genealogie» oder als «Entmythologisierung» nach Roland Barthes bezeichnen könnte. Wir müssen zeigen, dass die miteinander kollidierenden Zweite-Natur-Positionen alle weder natürlich sind noch allein aufgrund ihres Alters eine höhere Berechtigung beanspruchen dürfen. Barthes nannte die zweite Natur eine «Pseudonatur», die mittels «Mythen des Alltags» verzweifelt versuchte, «Zufall als Ewigkeit» auszugeben. Wir sollten ihr nicht mehr auf den Leim gehen.

Solange es an evolutionärer Aufklärung fehlt, lauert die Gefahr, dass kulturelle Differenzen verabsolutiert werden. Denn nichts ist unserer zweiten Natur mehr zuwider, als in ihrer Fabriziertheit entlarvt zu werden. Sie behauptet stur und steif, unumstößliche Fakten zu repräsentieren, und schafft so eine *Fake Reality*. Religionen etwa tun das, indem sie ihre historisch erfundenen Lehren als göttliche Wahrheiten ausgeben. Rassisten wiederum naturalisieren solche kulturellen Differenzen, indem sie behaupten, diese seien in der biologischen Natur begründet.

—

Die Gleichzeitigkeit des Ungleichzeitigen potenziert sich in unserer modernen Welt. Sie findet auf immer mehr Ebenen statt: in uns selbst; zwischen uns und unseren Mitmenschen; zwischen uns und der Gesellschaft; zwischen verschiedenen Gesellschaften. Die digitalen Welten spiegeln das noch einmal wie ein Kaleidoskop auf mannigfaltige Weise. Alles wird disparater. Weil vieles nicht sonderlich gut harmoniert und manches absolut nicht zusammenpasst, führt das zu Reibungen, Knirschen, Friktionen ohne Ende.

Das müssen wir aushalten. Es gibt keinen Weg zurück. Alles andere wären totalitäre Träume, die auf eine gewaltsame Homogenisierung der Gesellschaft setzen. Die hat es gegeben: Der Nationalsozialismus trachtete alle Mismatch-Erfahrungen aus der Welt zu schaffen, indem er der Moderne den Krieg erklärte und durch Genozid und Vernichtungskrieg eine imaginierte «Volksgemeinschaft» herbeimorden wollte. Die stalinistischen Strömungen des 20. Jahrhunderts dagegen wollten mit tödlichem Totalitarismus Mismatch-Phänomene wie Privateigentum und Klassengesellschaft eliminieren, um das angebliche Paradies des «Urkommunismus» auferstehen zu lassen.

Pluralismus ist unser Schicksal geworden. Das offeriert grenzenlose Chancen. Trotzdem bedeutet das nicht, dass wir die Normalität komplett als solche akzeptieren müssten; da haben wir mit genügend Ballast zu kämpfen. Immerhin lautet die

Lehre der evolutionären Aufklärung: Das Geheimnis unseres Erfolges war und ist die Kultur. Und Kultur ist veränderbar.

Folgen wir unseren Analysen, bietet sich folgendes Handlungsrezept an: Die erste Natur der Menschen ist auf absehbare Zeit hin unabänderlich. Sie hat, wie wir noch sehen werden, ihre dunklen Seiten, die nicht in unsere heutige Welt passen. Solche biologischen Altlasten müssen wir erkennen und in die Schranken weisen. Doch die anderen Bereiche der ersten Natur, die bei allen Menschen ziemlich identisch sind, taugen als Grundlage für konstruktiven Austausch über alle Grenzen hinweg. Sie können Gemeinschaft schaffen.

Ebenso wichtig ist, die inakzeptabel gewordenen kulturellen Altlasten zu identifizieren. Von ihnen müssen wir uns befreien. Wir sollten also erkennen, wo wir von toxischer zweiter Natur geplagt werden, etwa solchen Elementen, die uns von oben aufgezwungen wurden. Deshalb ist das, was wir den Splitter im Verstand nennen, so wertvoll: Es handelt sich um den Protest unserer ersten Natur gegen ungerechte Verhältnisse.

In einem letzten Schritt können wir dann über menschengerechtere Lösungen nachdenken. Die erste Natur kann da in vielen Fällen als Kompass die Richtung vorgeben: Kulturelle Lösungen, die mit der biologischen Natur des *Homo sapiens* harmonieren, haben einen gewaltigen Vorteil. Sie fühlen sich für alle selbstverständlich an. Dafür sollten wir uns selbst besser kennen.

Einen Fehler dürfen wir nicht begehen: Aus der «Ursprünglichkeit» eines Verhaltens können wir, wie gesagt, nicht auf seine Richtigkeit schließen. Bestimmte Verhaltensweisen oder soziale Konstellationen mögen zwar besser zu uns passen. Aber daraus zu folgern, dass sie allein deshalb auch wünschens- oder förderungswert wären, ist eben ein Fehlschluss. Zum Beispiel ist das Ausgrenzen, das «Othering» jener, die nicht zu unserer Wir-Gruppe gehören, tief in unserer ersten Natur verwurzelt. Das war adaptiv, weil es beim Überleben half. Doch das geschah in kleinen Gruppen, wo immer die Möglichkeit des persönlichen Kontakts zu den anderen bestand – und damit die Option, sich überzeugen zu lassen, dass es sich bei diesen eben doch um vertrauenswürdige Menschen handelte. In den anonymen Gesellschaften von heute dagegen ist die Tendenz unserer ersten Natur, andere vorschnell auszugrenzen, brandgefährlich geworden. Die «Natürlichkeit» eines Verhaltens macht es noch nicht moralisch empfehlenswert. Dazu braucht es erst überzeugende Argumente.

Und da ist unsere dritte Natur gefordert. Deren Job ist es, jene Erste-Natur-Charakteristika zu identifizieren, welche noch in die heutige Welt passen. Wo die erste Natur dagegen hoffnungslos veraltet ist, braucht es neue Lösungen, die sich an der Maxime orientieren, eine möglichst gerechte und herrschaftsfreie Welt zu schaffen, welche die Würde aller Menschen schützt und in der sich unsere Empathie nicht allein auf Menschen beschränkt, sondern auch die Welt um uns herum einbezieht. Diese haben es dann verdient, zur neuen zweiten Natur zu werden. Klingt doch nach einer vernünftigen Arbeitsteilung unserer drei Naturen. Sollten die drei damit nicht alle glücklich sein?

TEIL 3
UNSERE SOZIALE ADER

Geht es ums Menschsein, ist ein Aspekt für das Verständnis absolut unverzichtbar: Wir sind hypersoziale Wesen. Unsere Vorfahren lebten Jahrhunderttausende lang in Gruppen, die durchschnittlich 20 bis 30 Menschen stark waren. Das hat unsere erste Natur geprägt wie wenig anderes. Wir haben das Thema bereits gestreift: Unsere Psychologie ist eine durch und durch soziale.

In dieser Hinsicht haben sich unsere Lebensbedingungen radikal verändert – was zu Fehlanpassungen, Mismatch-Phänomenen führte. Statt ein ganzes Leben lang in überschaubaren Gemeinschaften, die einem zutiefst vertraut sind, leben die meisten Menschen heute in großen anonymen Gesellschaften; nicht selten verbringen sie viel Zeit unter Fremden.

Nichts liegt uns als Autoren ferner, als hier das Hohelied in Sachen Gemeinschaft anzustimmen. Persönlich schätzen wir die hoch individualisierte Welt der großen Städte. Die Aussicht, das ganze Leben in kleinen Gruppen zu verbringen, erscheint vielen alles andere als reizvoll. Auch das ein Beispiel, wie plastisch menschliche Vorlieben sind und wie groß die Bandbreite unserer zweiten Natur. Dennoch ist es von nicht hoch genug einzuschätzender Bedeutung zu realisieren, welche Konsequenzen der Verlust der alten Gruppenbeziehungen nach sich zieht. Wir leiden alle unter den daraus resultierenden Phantomschmerzen – mit Konsequenzen für die Zukunft der Menschheit und des Planeten.

Das Phänomen ist oft beschrieben worden. Existenzialisten wie Albert Camus verorteten darin eine moderne Grunderfahrung. Das Gefühl des Absurden, das so viele Menschen plage, entspränge aus «der Gegenüberstellung des Menschen, der fragt, und der Welt, die vernunftwidrig schweigt». Wir verlangen nach Signalen, dass wir nicht allein sind. Obwohl die Welt immer lauter geworden ist, sind die für uns existenziell wichtigen Stimmen verstummt.

Der Soziologe Hartmut Rosa wiederum spricht von «Resonanzbedürfnis». Eine Reaktion auf die «Entfremdung im Sinne stummer, kalter oder scheiternder Weltbeziehung». Die Ressourcenfixierung des modernen Lebens und deren Beschleunigungsimperativ, ein «zielloser und unabschließbarer Steigerungszwang», führe «zu einer problematischen, ja gestörten oder pathologischen Weltbeziehung der Subjekte und der Gesellschaft als Ganzes». Insbesondere die Beziehung zur sozialen Welt sei gestört, «eine Pathologie im subjektiven Selbstbildnis» die Folge. Rosa diagnostiziert eine «Psychokrise». Und der französische Anthropologe Emmanuel Todd ist sogar überzeugt, dass Menschen sich «mehr vor der Einsamkeit» fürchten «als vor dem Tod».

Wir haben einen sozialen Horror Vacui. Eine Aussage, die nicht abwegig erscheint, nimmt man den von immer mehr Studien gestützten Befund, dass mangelnde soziale Bindungen ein Hauptfaktor für Depressionen und viele Krankheiten sind. Manche Menschen wählen tatsächlich den Suizid, um ihren Depressionen und damit der Einsamkeit zu entkommen. Als brauchte es eine letzte Bestätigung, sorgte während der Fertigstellung unseres Buchs eine Meldung für Schlagzeilen, die ein bereits von vielen anderen Studien gemachtes Ergebnis bestätigte: Harvard-Psychologen sind auf Basis einer 85 Jahre währenden Mehrgenerationenstudie mit einigen Tausend Probanden zum Schluss gekommen, das Geheimnis eines glücklichen Lebens entdeckt zu haben. Es lautet: gute zwischenmenschliche Beziehungen. Aus einer evolutionären Perspektive ist das alles andere als eine Überraschung.

Ergründen wir zunächst, welche fundamentalen Auswirkungen der Verlust der alten Gruppenbeziehungen auf uns und die Welt hat. Später dann werden wir die dunklen Seiten unserer sozialen Ader inspizieren.

8 Was uns wirklich fehlt

Woher wissen wir, wie groß die Gruppen unserer Vorfahren waren? Es gibt Fälle, wo eine Katastrophe eine Gruppe auslöschte und der paläoanthropologische Befund uns Hinweise liefert. Auch archäologische Spuren von paläolithischen Lagerplätzen geben Aufschluss. Historische wie moderne Beobachtungen aus Regionen, in denen Menschen noch als Jäger und Sammler leben, komplettieren das Bild: Gruppengrößen variierten von anderthalb Dutzend bis maximal fünfzig Personen. Der Durchschnitt liegt bei rund 25 Mitgliedern.

Eine solche Lagergröße scheint das Optimum darzustellen, um eine Gruppe erfolgreich zu machen. Sind es zu wenig Mitglieder, sind nicht alle Fähigkeiten versammelt, die es zum Überleben braucht. Sind es zu viele, muss die Gruppe häufig das Lager wechseln, weil die Ressourcen vor Ort zu schnell erschöpft sind. Obendrein drohten übergroße Gruppen von mangelndem Zusammenhalt und schwindender Fürsorge zerrissen zu werden.

Es waren stets mehrere Familien in einem Lager, aber auch Individuen, die mit den anderen nicht verwandt waren. Um Inzucht zu vermeiden, bestand ein Austausch zu benachbarten Gruppen. So existierte die Möglichkeit, zwischen einzelnen «Bands», wie die Anthropologen sie auch nennen, zu wechseln. Damit entstand ein loses Netzwerk. Gelegentlich fanden an besonderen Orten größere Zusammenkünfte statt; die Höhlen in Frankreich und Spanien mit ihren fantastischen Malereien aus dem Eiszeitalter bezeugen das. An solchen Plätzen kam es zum Austausch von Informationen, aber auch Menschen. Selbst wenn man manchen Personen nur nach längerer Zeit bei einem dieser Feste begegnete, kannten sich doch alle oder hatten zumindest Geschichten voneinander gehört. Es gab keine Anonymität.

Das war überlebensnotwendig. Da die Menschen mobil waren und jagend und sammelnd von dem lebten, was die Natur hergab, hatten sie abgesehen von persönlichen Dingen wie Kleidung, Schmuck oder Waffen keinen Besitz. Auch waren sie nicht an enge Territorien gebunden. Die Bevölkerungsdichten waren niedrig, die Streifgebiete riesig. Privates Eigentum an Land und Boden war unbekannt.

Abgesehen von jenen Gruppen, die in besonderen Gunstregionen lebten, wo es reiche Fischbestände oder opulente Nussernten gab, implizierte das mobile Leben, dass keine Vorräte angelegt werden konnten – von Proviant wie etwa haltbar gemachtem Fleisch einmal abgesehen. Zugespitzt formuliert, lebten Jäger und Sammler von der Hand in den Mund. Blieb das Jagdglück aus oder spielte das Wetter verrückt, führte das zu Notlagen. War eine Jagd nicht erfolgreich, verhinderte hoher Schnee das erfolgreiche Sammeln, machte ein Beinbruch jede Fortbewegung unmöglich, gab es eine einzige Option: die Hilfe der Mitmenschen.

Niemand konnte sich Unterstützung kaufen, alle waren auf die freiwillige Hilfe der anderen angewiesen. Die guten Beziehungen untereinander waren damit überlebensnotwendig. Das galt innerhalb der Gruppen wie auch zwischen einzelnen Bands. Die direkte zwischenmenschliche Solidarität stellte die einzige Lebensversicherung dar, die unsere Vorfahren besaßen. «Die Hölle, das sind die anderen», schrieb Jean-Paul Sartre in *Geschlossene Gesellschaft*. Mag das zuweilen heute der Fall sein, galt ursprünglich: «Die Rettung, das sind die anderen!»

—

Das sollte nicht überraschen: Wir haben in Kapitel 5 gesehen, dass wir die Nachfahren hochkooperativer Affen sind, die es schafften, in der offenen Savanne selbst viel stärkeren Raubtieren zu trotzen. Ebenso war das Teilen der Nahrung entscheidend: sowohl des Erjagten wie des Gesammelten. Dabei wurde stets registriert, ob Geben und Nehmen im Gleichgewicht blieben. Ein Gespür für die Reziprozität unserer Beziehungen, der gegenseitigen Entsprechung, ist fest verankerter Teil unserer ersten Natur. Wir kennen es alle: Wer immer nur gibt, aber selbst nichts erhält, ist zutiefst enttäuscht, empört und kündigt nicht selten Zusammenarbeit oder Partnerschaft auf.

Es sind vier Mechanismen, die für die Effizienz und Stabilität dieses Systems sorgen. Grundlegend ist die Emotion, die den Prozess der Reziprozität in Gang setzt: die spontane Neigung, anderen zu helfen; Anthropologen sprechen von «proaktiver Prosozialität». Sei es, weil wir spüren, dass sie Hilfe brauchen. Sei es, dass sie uns die Hilfsbedürftigkeit signalisieren und unsere Empathie wecken. Freundlich zu sein, aktiviert wiederum unser Belohnungssystem. Wir fühlen uns gut, wenn wir Gutes tun. Das zeigt den Überlebenswert. Dieses scheinbar altruistische Verhalten ist eine Investition in eine für beide Seiten vorteilhafte Zusammenarbeit.

Zweitens muss es eine Tendenz geben, freundliche Taten zu erwidern. Anthropologen sprechen von Tit-for-Tat- oder Quid-pro-quo-Mechanismen. Wenn jemand Hilfe erhält, verspürt er den Drang, sich zu revanchieren, also in annähernd gleicher Weise zu antworten. Hilfe annehmen verpflichtet. Der Soziologe Marcel Mauss hat in seinem Klassiker *Die Gabe* die uralte Logik auf den Punkt gebracht: Geschenke seien zwar «theoretisch freiwillig», in Wirklichkeit aber müssen sie «immer gegeben und erwidert werden».

Drittens müssen wir wachsam sein, um jeden Versuch des Trittbrettfahrens zu erkennen und Betrüger oder Schmarotzer zu identifizieren. Niemand möchte ausgenutzt oder im Stich gelassen werden. Trittbrettfahrerei ist der Todesstoß für jedes System der Zusammenarbeit, das nicht auf enger Verwandtschaft beruht. Deshalb ist man hier übervorsichtig; ein gewisses Misstrauen gegenüber den Absichten und Handlungen der anderen ist stets latent vorhanden.

Und schließlich viertens: der Vergebungsmechanismus. Er stellt sicher, dass wir es nicht übertreiben mit unserer Verärgerung über ausbleibende Hilfeleistung. Reagiert man zu heftig, verliert man einen Partner. Schließlich können triftige Gründe dafür vorhanden sein, dass eine Freundlichkeit unerwidert blieb.

In der Konsequenz all dessen besitzt unsere erste Natur ein Sensorium, das beständig über die zwischenmenschlichen Beziehungen wacht und Alarm schlägt, sobald diese ins Ungleichgewicht geraten oder sich als nicht stabil genug erweisen. Wir sind da sehr sensibel und registrieren jede Änderung im Verhalten der anderen, die darauf hindeuten könnte, dass nicht mehr alles im Lot ist. Egoistische Wandlungen, zu denen Menschen auch immer neigen (das ist altes Primatenerbe), werden registriert und von der Gruppe sanktioniert.

Das gesamte Leben fand sozial statt. Es gab keine Rückzugsräume, keine Ablenkung in Gestalt von Büchern, Fernsehen oder Internet. Die Menschen befanden sich im ständigen Austausch: Palaver nonstop, Geschichtenerzählen rund ums Lagerfeuer, endloser Klatsch und Tratsch. Weil also von den zwischenmenschlichen Beziehungen das Überleben abhing, war der Anpassungsdruck so enorm, dass sich das alles tief in die menschliche Psychologie einbrannte. Auf gegenseitigem Vertrauen basierende Gruppenbeziehungen spenden noch heute ein Gefühl der Geborgenheit. Jedes Anzeichen aber, dass das soziale Netz löchrig wird, verunsichert, wenn es nicht zu Verzweiflung führt. Das sollte nicht überraschen: Einsamkeit war die längste Zeit der Vorgeschichte ein sicheres Todesurteil.

—

Wir waren einst sozial reich, aber materiell arm. Heute dagegen verhält es sich umgekehrt. Wir sind materiell reich, jedoch sozial verarmt. So hat Jared Diamond eine der grundlegendsten Veränderungen der letzten 10000 Jahre auf den Punkt gebracht. Sie berührt unser aller Leben auf das Heftigste. Wir sind überzeugt, dass sich der Verlust sozialer Bindungen und die Explosion materiellen Reichtums gegenseitig bedingen und eine Spirale in Gang setzten, die uns in den Untergang führen kann, wenn wir die Zusammenhänge nicht endlich durchschauen.

Im modernen Zeitalter des Individualismus verfügen Menschen zwar über viele Bekanntschaften, aber kaum mehr über wirklich belastbare Beziehungen. Die Neolokalität nimmt zu: Menschen kehren spätestens mit dem Erwachsenwerden dem Ort ihrer Geburt den Rücken und lassen Eltern, Verwandte und Freunde hinter sich, um in der Fremde ein neues Leben zu beginnen. Und das bedeutet auch, neue soziale Kontakte zu finden, denen aber allein aufgrund ihrer kurzen Dauer oft die Intensität fehlt. Auch müssen wir heute materiell vorsorgen, um für Notfälle oder das Alter gerüstet zu sein. Werden wir krank oder gebrechlich, gibt es kaum einen anderen Weg, als uns in fremde Hände zu begeben. Das verschärft die Situation: Der Verlust tragfähiger Bindungen, die zunehmende Einsamkeit gerade in jener Zeit, in der zwischenmenschliche Unterstützung am dringendsten nötig ist, führt zu Depressionen mit entsprechenden negativen gesundheitlichen Konsequenzen.

Materieller Besitz ist evolutionsgeschichtlich betrachtet eine zu junge Erfindung, als dass sich unsere erste Natur daran gewöhnen konnte. Für sie ist das alles nur wertloser Plunder. Das hat Konsequenzen: Mögen wir über noch so großen Reichtum verfügen, finden wir doch keine Ruhe. Auch prall gefüllte Vorsorgekonten und gut dotierte Lebensversicherungen spenden kein Gefühl tatsächlicher Sicherheit. Der Volksmund weiß es längst: Geld macht nicht glücklich. Unserer ersten Natur fehlt schlicht die Resonanz tiefer sozialer Beziehungen; allein diese spenden emotionale Sicherheit. Für eine auf Besitztümern basierende Sicherheit ist unser Sensorium unempfänglich.

Privateigentum an Grund und Boden und Tieren ist erst in der Welt der Bauern entstanden. Damals wurde es möglich, Überschüsse zu produzieren und Vorräte anzulegen. Fortan war man nicht mehr auf die Nachbarn angewiesen. In Zeiten wachsender Bevölkerung stieg die Konkurrenz, und die alten Gruppenstrukturen lösten sich auf. Ein gut gefüllter Speicher war nun alles. Und eröffnete neue Möglichkeiten: Wer über größere Mittel verfügte, konnte sich Unterstützung kaufen, bald auch Truppen. Um Besitz zu verteidigen, brauchte es männliche Stärke und Gewalt. Männer bildeten Clans, Verwandte sind die zuverlässigsten Mitstreiter in der Verteidigung von Hab und Gut. Besitz avancierte zum entscheidenden Faktor für die Überlebens- und Reproduktionschancen. Denn reiche und mächtige Männer leisteten sich fortan mehrere Frauen. So wurde die neue Welt des Eigentums eine patriarchale.

Eine Wettbewerbsspirale war in Gang gesetzt, die auf Kosten der allermeisten Menschen riesige soziale Unterschiede schuf. Das Vererben von Besitz war der Grundmechanismus. Auch das eine neue Erfindung, die von patriarchalen Interessen geprägt ist: Es galt den Besitz und die Privilegien sicher in der männlichen Linie zu erhalten und auszubauen. Neu war also nicht nur, dass Eigentum monopolisiert, sondern ausschließlich an die eigenen Kinder weitergegeben wurde. In der Regel erbten die Söhne (oft sogar nur einer) den Löwenanteil. Das Erben ist die institutionalisierte Weitergabe von Ungerechtigkeit.

Tatsächlich schuf diese dreifache Innovation (Eigentum, Männerdominanz und Vererben) nicht nur gesellschaftliche Ungleichheit, sie vergrößerte und reproduzierte sie. Da das Mechanismen waren, die im Interesse der Besitzenden lagen und ihre Macht nicht nur sicherten, sondern ausbauten, wurden sie in den entsprechenden Gesellschaften auf Dauer fester Bestandteil der zweiten Natur. Basierend auf diesen Prinzipien entstanden aus Clans und Stämmen die ersten Staaten. Ihre Herrscher gossen den Schutz des Eigentums und des Erbes in Gesetze, beschworen die Götter als deren Hüter und belegten Verstöße mit drakonischen Strafen. Heute erscheint die Verfügungsgewalt über Eigentum als völlig selbstverständlicher Grundtatbestand des menschlichen Lebens. Jeder, der ihn infrage stellt, macht sich verdächtig.

Das ist ein brisantes Faktum: Privatbesitz und Vererben haben jene Egalitarität eliminiert, die 99 Prozent der Menschheitsgeschichte der Normalfall war. Es handelt sich um junge Erfindungen, die nicht in der menschlichen Natur verwurzelt sind: Kinder müssen sie erst lernen. Sie wurden mittels Gewalt etabliert und besitzen keine moralisch akzeptabel erscheinende Legitimation. Der einzige Grund wäre das Argument «Das ist schon immer so gewesen». Aber aus evolutionärer Perspektive betrachtet relativiert sich dieses «immer» auf ein «seit Kurzem». Die längste Zeit der Menschheitsgeschichte war das nämlich nicht so. Was also ist die Berechtigung? Immerhin schufen Privatbesitz und dessen Vererbbarkeit eine zutiefst ungerechte Welt, in der die überwältigende Mehrzahl der Menschen per Geburt das Nachsehen hatte. Allen demokratischen Anstrengungen der jüngeren Zeit zum Trotz sind wir gerade Zeuge, wie eine kleine Schicht Hyperreicher auf der Grundlage dieser menschheitsgeschichtlichen Ausnahmeerscheinungen eine neue Form der Aristokratie etabliert. Wir kommen darauf zurück.

—

Der Wandel von sozialem Reichtum zu sozialer Armut hat psychologische Konsequenzen, deren Relevanz bisher nicht genügend gewürdigt worden ist. Uns ist das alte mitmenschliche Gegenüber abhandengekommen. Wir sind fremd geworden in unserer Welt. Kein Wunder, dass wir nach einem Echo, nach Resonanz verlangen. Es fehlt etwas; das muss kompensiert werden. Wir versuchen deshalb unsere sozialen Defizite materiell auszugleichen. Das ist die bisher unterschätzte evolutionäre Ursache, warum Menschen heute das «ultimative Ziel» verfolgen, die «Ressourcenlage zu optimieren», um noch einmal Hartmut Rosa zu zitieren: also «seine Berufsposition zu verbessern, sein Einkommen zu erhöhen, gesünder, attraktiver, fitter zu werden, seine Kenntnisse und Fähigkeiten zu erweitern, sein Beziehungsnetz auszubauen und zu stabilisieren, Anerkennung zu finden etc.».

Wir erleben es in den Wohlstandsgesellschaften allerorten: Menschen häufen immer mehr und mehr Materielles an. Das geschieht unbewusst. Wir versuchen die fehlende soziale Unterstützung zu kompensieren, die uns mit einem beständigen Gefühl existenzieller Unsicherheit quält. Das Heikle daran: In materiellen Belangen ist nichts in uns, das signalisiert: «Genug! Es reicht, du bist abgesichert.» In unserer Evolutionsgeschichte gab es schlicht keine Notwendigkeit, eine mentale Kontrolle für Reichtum oder Gier zu entwickeln, weil wir in prähistorischen Zeiten nie dauerhaft in materiellem Überfluss lebten. Deshalb hält uns in Sachen Eigentum kein Sättigungsgefühl zurück. Stattdessen quält uns der Impetus des «Immer mehr», der das kapitalistische Wirtschaftssystem zum erfolgreichsten des Planeten machte – mit den bekannten Folgen.

In einem Experiment boten Forscher Möwen künstliche Eier verschiedener Größe zum Ausbrüten an. Die Vögel stürzten sich auf die größten Eier. Selbst als diese so riesig waren, dass sie unmöglich zu bebrüten waren. Es gab kein inneres Signal, das die Möwen vor diesem desaströsen Verhalten bewahrte. Die Evolution ist sparsam und bereitet nicht präventiv auf Luxusprobleme vor, die in der jeweiligen Gegenwart nicht vorkommen. Es ist an uns: Verhalten wir uns wie Möwen, oder benutzen wir unsere kognitiven Kapazitäten, um zu erkennen, was da schiefläuft?

Die evolutionäre Aufklärung enthüllt, wie uns die innere Unruhe in ein Hamsterrad zwingt. Wir suchen nach Kompensationsmöglichkeiten, um das soziale Defizit und das daraus resultierende Unwohlsein auszugleichen. Das macht uns anfällig für Manipulations- und Ausbeutungsversuche, die uns Pseudogemeinschaften versprechen oder mit Surrogaten abspeisen. Werfen wir einen Blick auf die wichtigsten Beispiele:

Da sind erstens all die überaus erfolgreichen Gemeinschaftsversprechen wie Volk, Nation oder Religion, mit denen die Menschen in großen anonymen Gesellschaften geködert werden. Dass es sich nur um «Imagined Communities» handelt, eingebildete Gemeinschaften, komplett mit mythischen Urahnen, die alle zu einer großen Familie machen, beschrieb bereits der Politologe Benedict Anderson. Und es herrschen in diesen keine gleichberechtigten Beziehungen. Die Forderungen von oben dominieren: Wir müssen der Nation oder dem Sektenführer dienen. Auch Verschwörungstheorien konstruieren verschworene Gemeinschaften.

Zweitens: Warum umgeben wir uns mit immer mehr Dingen, von denen es heißt, sie besäßen eine Seele? Und warum sollen wir uns mit Möbeln einrichten, die eine Geschichte zu erzählen haben? Mit Erbstücken, die eine Person repräsentieren? Flohmarktfunden, welche für soziale Ereignisse stehen? Die soziale Einöde unserer Single- oder Kleinfamilienhaushalte (zumindest im Vergleich mit Jäger- und Sammlergruppen) muss mit Leben gefüllt werden. So wird selbst unsere Wohnung zu einer Imagined Community.

Und damit erklärt sich drittens auch das enorme Suchtpotenzial der digitalen Gadgets. Wieso sind ausgerechnet die «sozialen Medien» so erfolgreich? Es handelt sich um Surrogate, mit denen wir versuchen, die fehlenden oder entfremdeten sozialen Kontakte zu kompensieren – Ersatzdrogen für soziale Sehnsüchte. Das erklärt den Boom von Social Media mit den Tausenden von virtuellen Freunden und dem Hunger nach «likes». Gerade jene Plattformen und Accounts boomen, die uns am überzeugendsten eine intime Welt des spontanen Miteinanders vorgaukeln: «Ihr Lieben», beginnen da die «Reels» und tun so, als wären sie eine fürsorgliche Botschaft an die allerbesten Freunde und nicht an Abertausende anonymer Follower. Podcastplaudereien schließlich ködern mit dem Gefühl, man säße beim Gespräch selbst am Tisch dabei.

Was bisher Stoff für dystopische Science-Fiction war, scheint bald Realität zu werden: Dank künstlicher Intelligenz erhalten wir einen virtuellen Freundeskreis, perfekt auf unsere Bedürfnisse abgestimmt. Wir reden ja jetzt schon mit unseren «intelligenten persönlichen Assistenten» wie Siri oder Alexa und lassen uns von Chatbots im Internet weiterhelfen oder beginnen, Arbeit an sie zu delegieren. Unsere erste Natur wird ihnen nur allzu leicht auf den Leim gehen. Die Matrix könnte näher sein, als wir denken.

Aber auch hier: Weil kein nur digital operierendes soziales Netzwerk wirklich dauerhaft befriedigt, lechzen wir weiter nach realer sozialer Bestätigung. Unsere Psychologie braucht analoge Resonanz. Echte Menschen! So bleibt unsere erste Natur hungrig und hält uns im Teufelskreis des Immer-Mehr gefangen. Es sind die digitalen Mega-Konzerne, die gewaltige Gewinne mit dem Dealen solcher Ersatzdrogen machen. Weder Instagram, Facebook noch Twitter (neu: X), TikTok oder YouTube stehen im Ruf, ihre Nutzer sonderlich glücklich zu machen. Besonders perfide erscheint dabei, dass das Erfolgsmodell der meisten Influencer darauf beruht, Werbung zu machen, die so tut, als sei sie eine Empfehlung unter Freunden. So wird die Kompensation der sozialen Defizite durch Konsum noch weiter angeheizt. Wir werden also doppelt ausgenutzt.

Selbstredend sind die sozialen Medien nicht nur negativ. Sie können Solidarität schaffen, Missstände aufdecken, Informationen liefern, für Unterstützung sorgen, Demokratie fördern und zu nachhaltigen Beziehungen führen. Auch gibt es

Menschen, für die soziale Medien eine enorme Bereicherung darstellen. Insbesondere geben sie jenen eine Chance, sich zu Wort zu melden und Allianzen zu schmieden, die bisher in der traditionellen Öffentlichkeit keine Chance dazu hatten. In unserem Zusammenhang gilt aber: Was für die erste Natur einzig zählt, ist, dass etwas real wirksam wird und in der Not persönlich hilft. Ansonsten schauen wir weiterhin einsam auf unsere Bildschirme.

Viertens gehört auch der Serienboom unserer Tage in diesen Kontext. Dass der Fernseher das Lagerfeuer der modernen Gesellschaft sei, ist ein Bonmot des 20. Jahrhunderts. In Zeiten von Netflix und Co. nistet sich gleich noch das Serienpersonal als enger Freundeskreis ein. Wir möchten es nicht mehr missen. Doch auch hier: keine Reziprozität. Weder Carrie Bradshaw noch Saul Goodman werden uns jemals helfen. Sie hören uns nicht einmal zu.

Selten wird so deutlich, wie sehr sich unsere Lebenswelt verändert hat. Einst saßen wir mit ein, zwei Dutzend Menschen um ein Feuer herum, lauschten und erzählten Geschichten, lachten gemeinsam, spannen sie weiter. Heute sitzt nicht selten jedes Familienmitglied in seinem Zimmer und lässt sich über ein eigenes Gadget mit Surrogaten abspeisen. Und das soll nichts mit uns machen?

Wie gesagt, wir sind auch hier keine Sklaven unserer ersten Natur. Sie zwingt uns nicht, auf unsere Handys zu starren. Wir sind frei, diese beiseitezulegen. Jedoch müssen wir die psychologischen Altlasten kennen, um zu verstehen, wo wir ihnen zum Opfer fallen, und einen adäquaten Umgang mit ihnen entwickeln. Wir werden sie nicht los. Sie sind Teil unserer evolutionär erworbenen Grundausstattung. Doch die Welt, als deren Anpassung sie entstanden sind, ist unwiderruflich verschwunden: Wir haben unser Gegenstück verloren.

—

Sehnsucht nach Heimat ist ein großes Thema in der modernen Welt. Es führt jedoch in die Irre, Heimat allein geografisch zu denken. Das ist die späte Logik der sesshaften Welt. Tatsächlich ist Heimat ein sozialer Raum. Heimat bedeutet, unter Menschen zu sein, die uns ein Gefühl des Aufgehobenseins und der Geborgenheit vermitteln. Da allein konkrete Menschen dieses existenzielle Bedürfnis befriedigen, hält unsere evolutionäre Aufklärung ausnahmsweise eine banale, aber verlässliche und eher leicht umzusetzende Lektion parat: Unsere in der Steinzeit hängen gebliebene Psychologie schätzt nichts so sehr wie dauerhafte und belastbare Beziehungen zu anderen Menschen. Das ist die einzige Profitempfehlung, die aus evolutionärer Perspektive vertretbar erscheint: Investiert in Freundschaften! Und pflegt sie. Es lohnt sich. Das meiste andere droht jenen hyperaktiven Konsumwahn zu befeuern, den unser Planet nicht mehr allzu lange erträgt. Zumal es da noch etwas gibt, das, um metaphorisch im Bild zu bleiben, Öl ins Feuer gießt.

9 Teilen macht reich

Der schottische Philosoph Adam Smith war es, der die Metapher von der unsichtbaren Hand berühmt machte. Diese sorge auf wundersame Weise dafür, dass die individuellen Kräfte des Marktes dem Wohlstand aller dienten. Smith wurde damit zum Hohepriester des Kapitalismus. Ihn trieb jedoch auch die Moralphilosophie um. Er betonte, dass Menschen überall von ihren Mitmenschen geliebt und respektiert werden wollen.

Tatsächlich waren nicht einmal die absoluten Herrscher der Welt frei von diesem Bedürfnis. Sie inszenierten sich als Wohltäter des Volkes, als Mäzene von Kunst und Wissenschaft, als Stifter in religiösen Angelegenheiten und karitative Heroen. Selbst Despoten ist ihre Reputation wichtig. Das gilt auch für Kapitalisten: Die Carnegies, Rockefellers und Gettys machten ihr Vermögen auf eine Weise, die ihnen den Ruf verschaffte, «Robber Barons» (Räuberbarone) zu sein. Sie waren vom Recht des Stärkeren so überzeugt und setzten schon mal Soldaten gegen die eigenen Arbeiter ein. Doch dank ihrer gewaltigen Stiftungen lebten sie im Andenken der USA als bewundernswerte Philanthropen fort.

Wir werten das als Beleg dafür, dass die uralten psychologischen Präferenzen noch immer ihr Werk verrichten, und das selbst bei Individuen, die sich als die größten Gewinnmaximierer der Geschichte erwiesen haben. Menschen liegt, da hat Adam Smith recht, ihre Reputation am Herzen, und die Mittel der Wahl, um wirkliche Bewunderung – und nicht nur Neid, Furcht oder Staunen – zu ernten, sind Teilen und Großzügigkeit. Selbst im eifrigsten Kapitalisten schlägt noch immer ein Jäger-und-Sammler-Herz, das nach sozialer Anerkennung lechzt.

—

Die Wertschätzung der anderen: Sie zu erhalten, liegt nicht in der eigenen Macht, das muss man sich verdienen, und das geschieht, indem man sich für andere engagiert. Es ist das universelle Prinzip der Reziprozität: Indem ich Gutes tue, erhalte ich Gutes zurück. So funktionierten Jäger-und-Sammler-Gesellschaften. Das Prestige eines Individuums, der Ruf, die Reputation, ist der Speicher, die Währung, in die gute Taten umgemünzt werden. Denn es ist nur in seltenen Fällen möglich, dass Gutes unmittelbar mit Gutem vergolten werden kann. Der Ruf eines Menschen stellte die Anreicherung seiner Taten im öffentlichen Gedächtnis dar. Er ist sein soziales Kapital.

Zu den guten Taten gehörte das Teilen von Nahrung. Es waren gerade die größten Jäger, die das am offensichtlichsten zelebrierten. Wer etwas heimlich für sich behielt, riskierte dagegen seinen Ruf. Aber auch durch andere Aktivitäten sozialer Natur verdiente man sich Reputation: durch Weisheit, Mäßigung, Freundlichkeit und Hilfsbereitschaft.

Letztlich geht es für die Gruppenmitglieder um eine Wette auf die Zukunft: Können wir einer Person vertrauen? Sicher sein, dass sie uns nicht enttäuscht oder ausnutzt, sondern an unserer Seite steht. Nicht, dass es im Notfall zu einer bösen, wenn nicht tödlichen Überraschung kommt. Solch eine Entscheidung kann nur auf Basis des bisherigen Verhaltens einer Person getroffen werden. Umso positiver dieses war, umso größer die Reputation, desto größer die Wahrscheinlichkeit, dass sie sich auch in Zukunft gut benehmen wird, desto größer das Vertrauen der anderen. Umgekehrt bedeutet das für das entsprechende Individuum: Desto sicherer kann sie oder er sich darauf verlassen, dass die anderen sich in Zeiten der Not revanchieren.

Die Evolution hat uns also zu Reputationssuchern gemacht und uns den psychologischen Antrieb verliehen, Ansehen in unserer Gemeinschaft zu erlangen. Die Anthropologin Sarah Blaffer Hrdy nannte den guten Ruf unseren «wertvollsten Besitz». In Zeiten, in denen es praktisch kein anderes Eigentum gab, garantierte er das Überleben. Und wie immer, wenn es um Leben und Tod geht, setzte die Evolution deshalb auf ein besonders effektives Wirkmittel: Emotionen. Zahlreiche Studien zeigen, dass Großzügigkeit ein warmes Gefühl des Glücks vermittelt. Beim Geber wohlgemerkt.

Reputation ist also das steinzeitliche Lebensversicherungskonto, auf das man durch Teilen und gute Taten einzahlt, um für alle Schicksalsschläge gewappnet zu sein. Nur aus unserer materialistischen Weltsicht ist das ein erstaunliches Paradox: Man wird durch Teilen reich! Nicht durch Horten. Es handelt sich um eine der bedeutendsten Errungenschaften der menschlichen Evolution. Sie hat unseren Vorfahren das «Sharing and Caring» das Teilen und die gegenseitige Fürsorge, eingeimpft. Während sich unsere Menschenaffenverwandtschaft noch durch einen gesunden Egoismus auszeichnete, wurden wir die sozialen, die netten Affen. Zumindest wenn es um die eigenen Leute ging. Trotzdem schlummert immer noch eine gehörige Portion Egoismus in uns, die Gruppen wussten das jedoch lange unter Kontrolle zu halten, indem sie entsprechende Ausbrüche sanktionierten.

—

Wir alle haben diesen Drang, uns hervorzutun, große Taten zu vollbringen und so die Bewunderung der Mitmenschen auf uns zu ziehen. Bei den Jägern und Sammlern war Prestige die beste Eintrittskarte in ein glückliches Leben. Wenn sie die talentierteste Heilerin oder der geschickteste Jäger waren, wollten alle mit ihnen in Verbindung stehen. Das ist heute nicht anders: Wir lieben es, in der Nähe von Überfliegern zu sein, in der

Hoffnung, dass wir von ihnen lernen können, etwas von ihren hervorragenden Leistungen für uns abfällt oder der Ruhm auf uns abfärbt.

Das galt in beide Richtungen. Als es keine irdischen Güter anzusammeln gab, bestand das Beste, was man tun konnte, um seine Fitness zu maximieren, darin, seinen Ruf zu verbessern. Das bedeutete, dass das Publikum, das sich um einen versammelte, tatsächlich dazu beitrug, dieses Ziel zu erreichen. Es verkörperte den eigenen Erfolg. Das war die perfekte Konstellation: Sowohl das Idol als auch die Verehrer, sowohl die Berühmten als auch die Fans, profitierten davon, bewies es doch allen: Gemeinsam befand man sich in bester Gesellschaft.

Da Jäger und Sammler penibel darauf achteten, dass sich niemand zu sehr über die anderen erhöhte, nahm das keine dramatischen Dimensionen an. Für Starallüren war nicht der geringste Raum. Auch besaßen die Gruppen im Alltag keine Anführer; wichtige Entscheidungen wurden nach langen Diskussionen gemeinsam gefällt. Sicher hatte das Wort jener größeres Gewicht, die über besonders viel Reputation als Jäger, Kräuterkundige oder spirituelle Experten verfügten. Sie besaßen etwas, von dem alle profitieren: Wissen, Erfahrung, besonderes Talent. Für die Zeiten der Jäger und Sammler galt also wirklich: Wie von unsichtbarer Hand werden die Interessen der Einzelnen mit denen der Gemeinschaft vermittelt.

—

Auch in der radikal veränderten Welt der Landwirtschaft und Staaten wirkt das Bedürfnis nach Anerkennung fort. Aber die Spielregeln haben sich geändert. Hinzu kommt ein neuer Aspekt: Status. Darunter verstehen die Sozialwissenschaften jene Art von Prestige, das aus einer gesellschaftlichen Position resultiert, die ein Akteur innerhalb eines hierarchisch aufgebauten sozialen Systems einnimmt. Der Übergang mag fließend sein, man kann Status als eine Form institutionalisierter Reputation beschreiben. Er setzt aber eine bereits bestehende soziale Ordnung voraus, die verschiedene Positionen besitzt wie etwa die Ränge in Armeen oder Bürokratien. Status wird dort nötig, wo man den Einzelnen eben nicht mehr persönlich kennt. Er verlangt gut sichtbare Rangabzeichen oder Statusobjekte und fordert Anerkennung ohne Kenntnis der tatsächlichen Reputation eines Menschen.

Jäger und Sammler, die keine Hierarchien ausbilden und Anführer allenfalls vorübergehend in Konfliktfällen dulden, besitzen keinen Status im strengen Sinn. Ihre Reputation gründet im Menschen (ist selbst verdient). In den späteren hierarchischen Gesellschaften spendet das Amt, der Rang, der soziale Status eben Reputation (ist zugewiesen). Der soziale Wert eines Individuums ist also nicht mehr das Produkt seiner Taten, sondern resultiert aus Besitz (auch ererbtem) oder Macht (auch verliehener). Mit der prekären Konsequenz, dass der Status nichts darüber sagt, ob das Individuum die damit verbundene Anerkennung auch tatsächlich *verdient* hat und die Erwartungen erfüllen kann. Entsprechend prekär sind Statuspositionen.

Diese Verdrehung sorgt für Missverständnisse. Heute richtet sich das uralte Reputationsbedürfnis nur allzu oft auf Status. Auch lassen wir uns von Statusträgern irreführen. Denn ihnen wird offiziell Anerkennung gezollt. Aber meistens nur, weil sie eine hinter ihnen stehende Macht repräsentieren. Durch die Geschichte hinweg war es nur allzu oft so, dass hoher Status bedeutete, die anderen zu dominieren und einzuschüchtern – alle machten Platz, wie Affen im Zoo vor dem launischen Alphamännchen.

Das ist es auch, was Machiavelli seinem Fürsten riet: Es ist besser, gefürchtet als geliebt zu werden. Geht es um bloße Macht, mag das ein angemessener Rat sein. Aber Menschen leben ganz anders als die allermeisten Affen. Ein Vergleich zwischen Schimpansen und Jäger-Sammler-Gesellschaften zeigt, dass offen ausgetragene aggressive Konflikte bei uns Hunderte

Male seltener auftreten. Die Erlangung roher Macht über andere war in den Tagen der gemeinsamen Nahrungssuche nicht möglich. Wer sich zu sehr aufspielte oder andere herumkommandierte, fand sich schnell allein gelassen.

—

Ein zweites Missverständnis ist weit verbreitet: Menschen glauben, Reputation könne mit dem anderen Anliegen Adam Smiths (der Titel seines berühmtesten Buchs lautet *The Wealth of Nations*) erkauft werden: dem persönlichen Reichtum. Geld scheint ein Geschenk des Himmels für die moderne Welt zu sein. Hat man genug davon, wird man als VIP behandelt, auch wenn einen niemand kennt oder weiß, woher man es hat und warum die Person denn *very important* sein soll.

Geld macht aber nicht immun gegen den Wunsch, respektiert zu werden. Menschen sorgen sich noch immer zwanghaft um ihre Reputation, vielleicht sogar mehr als um Geld, und verklagen jeden wegen Verleumdung, von dem sie glauben, dass er ihren Namen beschmutzt. Der alte Jäger und Sammler in uns scheint sich zu rühren: Der gute Ruf ist wichtiger als der Kontostand.

Im Alltag werden nur allzu oft selbst verdiente Reputation und Status, der sich aus Amt, Karriere oder digitaler Follower-Zahl speist, verwechselt. Dadurch wird das eigentliche Bedürfnis nach Anerkennung in neue Bahnen geleitet, nämlich ins Streben nach hohen gesellschaftlichen Positionen und Reichtum. Diese müssen in Habitus und Lebensstil visualisiert werden, damit andere sie identifizieren können. Ihnen wird zuweilen mit einer Unterwürfigkeit begegnet, welche die kulturelle Erblast von 5000 Jahren Herrschaft ist.

Wieder handelt es sich um einen Ersatzstoff, der verheißt, ein evolutionäres Bedürfnis zu stillen, das jedoch nicht tut und es deshalb nur noch stärker werden lässt. Denn auf sozialem Rang oder aus Reichtum resultierender Status spendet keine automatische Anerkennung durch die anderen, sondern allenfalls furchtsamen Respekt. Wie auch? Der Status ist erworben, ererbt oder von einer Autorität verliehen, nicht im eigentlichen Sinn durch gute Taten verdient – und damit für unsere Jäger-und-Sammler-Seele eine Anmaßung.

Weder Geld noch Status sorgen also für das Gefühl, dass man sicher sein kann, dass andere für einen in der Not eintreten. Sie lassen das Bedürfnis nach sozialer Geborgenheit unbefriedigt, was wiederum zu einem stärkeren Investment in die eingeschlagene Richtung und zu noch mehr materieller Absicherung führt. Einmal mehr eine sich selbst verstärkende Entwicklung. Zumindest solange die tatsächlichen Zusammenhänge nicht erkannt werden.

Das Mittel ist zum Selbstzweck geworden, das eigentliche Ziel aus den Augen geraten: soziale Sicherheit und Seelenfrieden. Glücksstudien zeigen, dass Menschen am glücklichsten sind, wenn sie sich von anderen gebraucht fühlen – ein soziales Gefühl, wenn es je eines gab –, so wie am anderen Ende des Spektrums das Gefühl, nutzlos zu sein, eine Hauptursache für Depression und Selbstmord darstellt.

—

Die Grundannahme der evolutionären Aufklärung lautet, dass unsere psychologischen Neigungen als Anpassungen an vergangene Herausforderungen entstanden sind. Verschwinden diese oder hat sich die Welt grundlegend geändert, verlieren die Anpassungen ihren Sinn und werden mitunter dysfunktional. Wenn wir sie kennen, sollten wir ihnen nicht allzu leicht zum Opfer fallen. Werfen wir einen kurzen Blick auf drei weitere Problematiken aus dem Kontext Reputation:

Menschen, die Prestige besitzen, faszinieren uns. Auch das ist erste Natur. Kinder orientieren sich an Personen, welche die Anerkennung der anderen erhalten, um von ihnen zu lernen. Menschen, denen ein guter Ruf in der alten Welt vorauseilte, hatten sich schließlich durch Verhalten ausgezeichnet, das von der Gemeinschaft honoriert wurde. Aus diesem Grund wecken Menschen, die im Zentrum der Aufmerksamkeit stehen, auch heute unweigerlich unser Interesse. Das heizt den Promi-Kult unserer Tage an.

Wie kurios dieses Mismatch-Phänomen geworden ist, zeigt sich darin, dass es mittlerweile Menschen gibt, die für nichts anderes berühmt sind, als berühmt zu sein. Der Anthropologe Joseph Henrich nannte das den «Paris-Hilton-Effekt». Ihren Celebrity-Status verdankte die Hotelerbin der Gnade der reichen Geburt. Allein dadurch, dass sie im Zentrum des medialen Interesses stand, zog sie die Menschen in den Bann.

Verstärkt wird das durch den «Matthäus-Effekt»: Wer erfolgreich ist, zieht noch mehr Erfolg auf sich (nach einem Vers aus dem Matthäus-Evangelium: «Denn wer da hat, dem wird gegeben, dass er die Fülle habe»). Den Grund dafür haben wir oben beschrieben. In der Steinzeit fehlten jedoch die Möglichkeiten des Immer-mehr-Anhäufens. Wieder einmal pervertiert sich eine alte Anpassung unter den neuen Bedingungen und führt dank der Aufmerksamkeitsökonomie unserer Tage zu mehr gesellschaftlicher Ungleichheit. Und das vererbt sich sogar, wie die viel diskutierten «Nepo Babies» unserer Tage belegen: jene, die allein deshalb im Zentrum der Aufmerksamkeit stehen, weil sie Kinder berühmter Eltern sind – Nepotismus im 21.Jahrhundert.

Der Boulevard hat längst erkannt, welches Kapital sich aus dieser biologischen Altlast schlagen lässt, und überflutet uns mit der nicht abreißenden News-Flut über selbst produzierte Reality-Stars. Wir werden abgespeist mit Vorbildern, von denen wir nichts lernen können, außer für nichts berühmt zu werden. Einmal mehr ein Fall für die Matrix: Unsere sozialen Kontakte werden nur simuliert. Glücklich macht auch das nicht.

Bemerkenswerterweise leiden oft die eigentlich Erfolgreichen selbst darunter. So sind gerade unter Influencern Depressionen immer wieder ein Thema. Das sogenannte Impostor Syndrom spielt eine Rolle: Sie haben mit massiven Selbstzweifeln zu kämpfen und glauben, ihren Erfolg nicht verdient zu haben. Die Angst setzt ihnen zu, eines Tages als Hochstapler entlarvt zu werden. Aus unserer evolutionären Perspektive liegt die Annahme nahe, dass sich da unsere erste Natur regt. Denn für diese zählt nur Reputation im alten Sinne. Sie ahnt sehr wohl, dass sich der Erfolg eben nicht der eigenen Unterstützung anderer verdankt – dass also keine Leistungen dahinterstehen, die für die Gemeinschaft einen realen Wert darstellen –, sondern allenfalls dem Talent, ein großes Publikum auf YouTube oder Instagram zu unterhalten. Selbstverständlich kann auch das Gutes bewirken.

Umgekehrt erklärt das zum Teil, warum sich in den Kommentaren der entsprechenden Kanäle so viel Hass findet. Im Schutz der Anonymität des Netzes bricht sich eine dunkle Seite der ersten Natur Bahn: Sie empört sich über die aus ihrer Sicht ungerechtfertigte Aufmerksamkeit, die prominente Personen erhalten. Weil diese wenig geleistet haben in Relation zu der Beachtung, die sie erhalten. Neid mag da eine Rolle spielen; viel spricht dafür, dass hier der Sinn für Fairness entscheidend ist: Solche Ressentiments sind eben oft bei jenen zu finden, die sich von gesellschaftlichen Entwicklungen in ihrer Position bedroht fühlen. Dann schreit die verängstigte erste Natur wie ein Kind: «Das ist unfair! Das haben die nicht verdient! Warum bekomme ich das nicht auch!»

Was die Menschen sich im realen Leben nie trauen würden – hier lassen sie ihrem Groll freien Lauf. Die Anonymität sorgt dafür, dass die Beleidigungen oder Hass-Kommentare nicht auf sie, auf ihre Reputation zurückschlagen. Möchte man, dass sich die Menschen gut benehmen, muss man die Anonymität aufheben und dadurch die Reputation als verhaltenssteuernde Kraft zurück ins Spiel bringen – anstatt jenen einen Schutzraum zu bieten, die sich nicht im Griff haben.

Unser nächstes Beispiel: FOMO! Die Angst, etwas zu verpassen («Fear Of Missing Out»). FOMO wird in Gesundheitsmedien bereits als «erste Social-Media-Krankheit» gehandelt: «Beim Scrollen durch den Newsfeed von Instagram, Snapchat & Co. kann schnell die Angst entstehen, dass man zu Hause auf dem Sofa das eigentliche Leben verpasst.» FOMO, ist da zu lesen, könne «zu Stress, Schlafstörungen und depressiven Verstimmungen führen».

Doch FOMO ist älter und gilt auch für die Furcht, nicht auf der Höhe der Zeit zu sein und einen Trend zu verpassen. Durch die Verlagerung von immer mehr Lebenszeit in die digitalen Welten, die perfekt inszenierte Leben zeigen, nimmt das neue Dimensionen an. Aber was setzt da den Menschen zu? Die schöne neue Digitalwelt suggeriert, vom eigentlichen Leben der anderen ausgeschlossen zu sein. Sie glauben, nicht mithalten zu können und ein minderwertigeres Dasein zu führen. Menschen möchten aber von ihrer Gruppe akzeptiert werden und sozial integriert sein, und jede Abweichung vom Mainstream in Sachen Aussehen, Verhalten, Aktivitäten oder Ansichten gefährdet das.

Nur sehr wenige von uns können diesen uralten Wunsch dazuzugehören unterdrücken. Er ist älter als die Menschheit. Sogar Affen und Menschenaffen versuchen alles, um sich in ihre Gesellschaft einzufügen. Ohne FOMO können Primaten, die wir alle sind, nicht einmal ansatzweise die Leiter zu Anerkennung und Reputation erklimmen. Selbst der Ausschluss aus einer nur simulierten Gemeinschaft setzt uns mental massiv zu.

Schließlich noch der wohl schwerwiegendste Faktor: Ob sich die Menschen dessen bewusst waren oder nicht, hatten die guten Taten einst immer eine doppelte Funktion. Eine großzügige Haltung in der jeweiligen Gegenwart sicherte den Erhalt von Unterstützung in der Zukunft, falls man in Not geriet. Aber sie signalisierte auch die Partnerqualität der Wohltäter, brauchte es doch Talent, Geschick, Kraft und Kooperation, um genügend zum Teilen zu haben, und das galt ebenso für Immaterielles wie lebensnotwendiges Wissen. Die Partnerwahl ist ein vergleichendes und daher wettbewerbsorientiertes Spiel: Die besten Sammlerinnen heirateten die besten Jäger. In der Vergangenheit waren beide Funktionen (Versicherung für die Not und Qualitätsmerkmal) vereinbar. Das Qualitätssignal – erlegte Beute, gesammelte Nahrung, erfolgreiche Heilung – war für alle sicht- und damit überprüfbar.

Nachdem aber Besitz und Anonymität die Oberhand gewonnen hatten, verlor die öffentliche Zurschaustellung von Großzügigkeit ihre ursprüngliche Bedeutung. Für die Funktion der Unterstützungsvorsorge spielte sie keine große Rolle mehr, trotzdem pflegten erfolgreiche Menschen – in patriarchalen Gesellschaften in aller Regel Männer – weiterhin die Praxis, ihre Qualitäten zu signalisieren. Das geschieht jetzt aber vor allem als Demonstration von Reichtum und Status, seltener von Tugenden, die der Allgemeinheit nützen. Die Konsequenz ist ein Sich-immer-mehr-Überbieten im Prunken, Protzen, Prahlen, in dem, was Thorstein Veblen «Conspicuous Consumption» nannte, was sich als Geltungs- oder Prestigekonsum bezeichnen ließe.

Wie beim Paris-Hilton-Effekt wird der ursprüngliche Zweck ad absurdum geführt: Das Investieren in teure Uhren, Autos oder Jachten sagt nichts mehr über die Partnerqualität aus, sondern nur über den jeweiligen Reichtum, der schlicht ererbt oder auch auf zwielichtige Weise erworben worden sein kann. Das ist ein weiterer Faktor, der den Hyperkonsum mit all seinen negativen Folgen anheizt. Der Einsatz von mehr Geld zwingt alle Akteure der Statuskonsequenz ihrerseits zu größeren Investitionen. Überbieten lassen möchte sich niemand.

—

Um die hier aufgedeckte Diskrepanz auf den Punkt zu bringen: Der Wechsel vom Streben nach Reputation durch Teilen und große Taten, die der lokalen Gemeinschaft zugutekamen, zum Streben nach Status durch Anhäufen von Materiellem, ohne etwas zu verschenken, stellt eine Verkehrung ins Gegenteil dar. Der Fokus liegt nun nicht mehr auf dem Wir, der Fokus liegt auf dem Ego. Es ist eine der größten mentalen Veränderungen in der menschlichen Evolution.

Die meisten von uns sind sich all dessen nicht einmal bewusst. Das alte Ziel, einen Reputationsvorteil für sich und unsere Nächsten zu erlangen, wurde sinnlos, als wir begannen, ein Leben in großen anonymen Gesellschaften mit diversifizierter Wirtschaft zu führen. Stattdessen stillten wir unseren Hunger nach Sicherheit, indem wir materiellen Reichtum anhäuften und unser soziales Leben vernachlässigten – nur um festzustellen, dass der Reichtum, nachdem der erste Rausch des Reichwerdens abgeklungen war, unsere Sehnsucht nach Beistand nicht wirklich befriedigte. Das führte zu noch mehr materiellen Investitionen und beschleunigte jenen Teufelskreis des Konsums so stark, dass er uns alle eines nicht allzu fernen Tages wirklich Richtung Hölle befördern könnte.

10 Wir Konformisten

Das Gruppenleben hat uns mehr geprägt, als uns lieb sein sollte. Es stattete uns mit Eigenschaften aus, die lange Zeit evolutionär Sinn machten, heute aber zuweilen unangenehmer Natur sind. Sie verlassen uns nicht; verstehen wir jedoch ihre Funktionsweise, sollten wir in der Lage sein, sie zu kontrollieren. Wir müssen dem alten Affen in uns nicht ständig Zucker geben.

Unsere Vorfahren waren, wie gesehen, völlig aufeinander angewiesen. Sie mussten einander in gefährlichen Situationen blind vertrauen und sicher sein, dass sie in der Not von anderen versorgt wurden. Sie konnten sogar Gegenleistungen einfordern für Hilfe, die sie viele Jahre zuvor erbracht hatten, und dies auch bei Menschen außerhalb der eigenen Gruppe. Ein feines Netz gegenseitiger Verpflichtungen verband die Gemeinschaften, nicht weniges davon in Geschichten oder Mythen gegossen und somit über Generationen hinweg belastbar. Das war fürs Überleben, für die Fitness, unerlässlich. Entsprechend haben sich die Großzügigkeit, die Gefühle der gegenseitigen Verpflichtung und der Drang, einen guten Ruf zu erlangen und aufrechtzuerhalten, tief in unsere Psychologie eingebrannt.

Wie gesagt: Nett zu sein, ist gut für uns und gibt ein wohliges Gefühl – solange alle mitspielen. Das System ist gefährdet durch jene, die bloß ihren eigenen Nutzen im Sinn haben und gerne einmal ihre Verpflichtungen gegenüber anderen vergessen (was evolutionär betrachtet durchaus eine erfolgversprechende Strategie sein kann). Folglich sind die zu Vertrauensseligen nicht unsere Vorfahren geworden.

Die Evolution setzte deshalb auf gesundes Misstrauen. Entsprechend verlangen wir nach handfesten Glaubwürdigkeitsbeweisen: Wir wollen sehen, dass wir auf Menschen wirklich zählen können. In der Forschung spricht man von CREDs, «Credibility Enhancing Displays». Taten sprechen nun mal lauter als Worte. Erzählen lässt sich viel. Mit einer engagierten, aufwendigen oder mit Kosten verbundenen Aktion sind dagegen unsere Herzen zu gewinnen. Entsprechend oft sind gefährliche Mutproben als Initiationen zu absolvieren, will man in einen exklusiven Kreis aufgenommen werden.

—

Wir wollen freundlich sein, aber nicht ausgenutzt werden. Das kennen wir aus dem Alltag. Wir beschweren uns über Faulpelze in unserem Umfeld, am bittersten über diejenigen, die uns gerade dann im Stich lassen, wenn es wirklich zählt. Bei Verwandten und Vertrauten sind wir nicht zu streng. Wir kennen sie gut und wissen, dass ihre unterlassene Hilfeleistung auf persönliche Schwächen oder fehlenden Mut zurückzuführen ist und nicht auf böse Absichten. In den kleinen Gruppen zählte jeder Kopf, entsprechend gehören auch Nachsicht und Verzeihen zu unserer ersten Natur.

Seitdem sich die Sprache entwickelt hat, verbringen die Menschen einen Großteil ihrer Zeit damit, über die guten und schlechten Taten von Verwandten und Bekannten zu diskutieren und soziale Ereignisse endlos wieder aufleben zu lassen. Funktional gesprochen läuft dies auf eine sich ständig aktualisierende Reputationsbewertung hinaus: Wer hat was wann wem angetan, und was sagt das über die Vertrauenswürdigkeit aus?

Heutzutage belächeln wir das als Klatsch und Tratsch, doch in der Welt der gegenseitigen Abhängigkeit war das lebenswichtige Informationsbeschaffung. Der beständige Austausch stellte die primäre Strategie dar, herauszufinden, wer freundlich ist, wer unberechenbar und wer betrügen könnte. Das Getuschel ermöglichte es, über die eigene direkte Erfahrung hinauszugehen, und machte so viel mehr Menschen als potenzielle Partner für Zusammenarbeit oder Austausch verfügbar.

Menschen sind nun mal die wichtigsten Interaktionspartner, deshalb ist unser Informationshunger auch heute noch maßlos. Wieder einmal hat uns die Evolution mit keinem Sättigungsgefühl ausgestattet. Der Promikult unserer Tage zehrt davon, aber auch unsere Leidenschaft für Krimis und «True Crime»-Geschichten. Da kitzelt uns nicht nur die Spannung, sondern auch das Bedürfnis, unseren zwischenmenschlichen Gefahrendetektor zu trainieren: Wir wollen alles lernen, um Scharlatane, Soziopathen und Gewalttäter verlässlich zu identifizieren.

Der Klatsch besitzt längst nicht mehr die einstige Relevanz, wir sind in viel geringerem Maße von unseren Mitmenschen abhängig. Trotzdem spielt auch seine dunkle Seite noch eine Rolle. Gezielte Desinformation gehört seit je zu unserer sozialen Klaviatur. Ein bisschen lästern, andere durch Gerüchte oder eine fallen gelassene Unterstellung manipulieren – das hatten wir stets im Repertoire, um die eigene Position zu verbessern. Die Evolution machte uns zu sozialen Genies, im Guten wie im Schlechten.

—

Die größte Herausforderung für ein vertrauensbasiertes Zusammenleben stellten schon immer Menschen dar, die man nicht persönlich kannte. Mitunter konnte das Netzwerk mit anderen Gruppen so groß werden, dass nicht alle hinreichend durch ihren Ruf vertraut waren. Immer mal wieder stießen Menschen aus entlegeneren Regionen dazu. Die Fremden sprachen zwar dieselbe Sprache und kleideten sich ähnlich – aber konnte man ihnen vertrauen?

Menschen trafen auch in Jäger-und-Sammler-Tagen auf unbekannte Personen. Besondere Objekte wie Obsidian für messerscharfe Klingen oder Schmuckmuscheln wurden schon früh über große Entfernungen herbeigeschafft. Und auch wenn es um die Partnerwahl ging, zogen unsere Vorfahren attraktive Fremde den Nachbarn und all jenen vor, die sie seit der Kindheit kannten. Auf diese Weise vermieden sie Inzucht und erhöhten die Überlebenschancen der Kinder. Erst in der sesshaften Welt begannen die Menschen, diese Tendenz, die sich auch bei anderen Tierarten findet, außer Kraft zu setzen. Die Vererbung von Privateigentum war einmal mehr der Gamechanger: Das Gleichgewicht von Kosten und Nutzen veränderte sich. Der Nutzen, den es mit sich brachte, den fitnesssteigernden Reichtum innerhalb des Kreises der Verwandten zu halten, überwog fortan die Kosten in Gestalt eines höheren Risikos für Erbkrankheiten infolge von Inzucht. Verwandtenehen werden zu einem Charakteristikum der patriarchalen Welt.

Um die Zuverlässigkeit von Fremden zu beurteilen, hat die natürliche Selektion eine Reihe von Mechanismen installiert. Wir geben es nicht gerne zu, aber jedes Mal, wenn wir einer unbekannten Person begegnen, die vom Durchschnitt abweicht, müssen wir eine Vermeidungsreaktion überwinden. Auch das ist eine biologische Altlast, die sich nicht leugnen lässt. Das wäre ein moralistischer Fehlschluss, demzufolge nicht sein kann, was nicht sein darf. Abgewöhnen kann man sie sich aber schon. Viele sozialwissenschaftliche Arbeiten zeigen, dass wir dazu neigen, unbekannten Menschen mehr zu vertrauen, wenn sie uns ähneln, etwa weil sie einen ähnlichen Dialekt sprechen oder ihr Gesicht dem Durchschnitt der jeweiligen Bevölkerung entspricht.

Die Herausforderung lautete: Die Notwendigkeit, mit Menschen umzugehen, die wir nicht ewig kennen, war mit dem Risiko in Einklang zu bringen, uns unzuverlässige oder sogar betrügerische Partner oder Partnerinnen einzuhandeln. Dass dieser Druck in beide Richtungen stark war, zeigt sich darin, dass Menschen, die sich kennenlernen und erste Hinweise auf die Vertrauenswürdigkeit des anderen erhalten, beiderseits anfangen, sich zu mögen. Diese Tendenz – in der Sozialpsychologie Homophilie genannt – ist letztlich nur eine Zuspitzung dessen, was wir alle in unserem täglichen Leben tun. Wenn zwei Menschen harmonieren, neigen sie dazu, die Handlungen und Haltungen des anderen zu imitieren und sogar zu synchronisieren. Solche Mimikry ist weit verbreitet, unbewusst und bereits bei Affen zu finden. Mag man jemanden nicht, ist es unwahrscheinlicher, dass man sich auf solch ein Nachahmungsspiel einlässt, Gefühle der Freundschaft entstehen dann keine.

Homophilie und Mimikry sind also natürliche Mittel, um Freundschaften zu schließen und zu erhalten. Militär und Sportteams nutzen das, denn es funktioniert auch, wenn ganze Gruppen ihre Aktionen synchronisieren. Tanz ist da die ursprüngliche gemeinschaftsstiftende Körpertechnik, die, wenn sie noch von Gesang begleitet wird, ein rauschhaftes Gruppengefühl entstehen lässt. Und wie lautet die Anweisung an alle Touristen? *When in Rome do as the Romans do.*

—

Wenn ein Individuum neu in einer sozialen Gruppe ist, steht es unter Druck, aufgenommen zu werden. Bei allen Primatenarten verlässt eines der Geschlechter mindestens einmal im Leben seine Geburtsgruppe und wird zum Einwanderer in eine fremde Gruppe. Das ist ein stark verankertes spontanes Verhalten, um Inzucht zu vermeiden. Da diese Gruppen im Gegensatz zu Menschengruppen nicht befreundet sind, ist die Migration riskant. Das führte zu bemerkenswerten Anpassungen. Einwanderer – wir sprechen hier von einzelnen Individuen – haben klare Verhaltensstrategien, um akzeptiert zu werden.

In sozialer Hinsicht sind die neuen Gruppenmitglieder unauffällig und harmlos und bieten jenen Affen, die bereit sind, sich mit ihnen abzugeben, ihre Fellpflege an, um soziale Nähe herzustellen. In der Regel handelt es sich dabei um rangniedrige, periphere Mitglieder, mit denen die Einwanderer zuerst Kontakt aufnehmen. Mit der Zeit dehnen sie dann ihr soziales Netz aus.

Experimente zeigen, wie sie anfangen, dieselbe Nahrung zu fressen, bestimmte Früchte etwa, die sie vorher nicht anrührten, oder Werkzeuge so zu gebrauchen, wie die einheimischen Affen es tun. Selbst dann, wenn sie das in ihrer Herkunftsgruppe noch anders gehandhabt haben. Äffische Migranten nehmen sogar bedeutungslose Ticks an, die an einem Ort praktiziert werden: Zwei neue Weibchen wurden in die Schimpansengruppe eines Zoos eingewöhnt, wo die alten Weibchen eine ungewöhnliche Art des Gehens erfunden hatten. Die eine ahmte das sofort nach und war rasch von allen akzeptiert. Die andere tat das nicht und verkehrte auch nach mehreren Monaten noch am Rande der Gruppe.

Dutzende von Millionen Jahren haben den Drang, sich an die Gepflogenheiten einer Gemeinschaft anzupassen, zu einem tief verankerten Bestandteil der ersten Natur von Primaten gemacht. Wir nennen das Konformismus. Ein entsprechendes Bedürfnis haben wir alle von unserer Affenverwandtschaft geerbt. Konformismus lässt sich als einseitige, sehr akribische Mimikry bezeichnen, die der biologischen Funktion folgt, Homophilie und damit soziale Akzeptanz bei den angestammten Gruppenmitgliedern hervorzurufen.

Menschenkinder ähneln Einwanderern in mancher Hinsicht: Sie sind neu in der Gesellschaft. Auch sie müssen lernen, wie sie sich in ihrer besonderen sozialen Welt zu verhalten haben und was sie tun müssen, um von denen gemocht zu werden, die schon vor ihnen da waren. Deshalb müssen Kinder so schnell wie möglich all die Gewohnheiten und Einstellungen in sich aufnehmen, die zusammen die zweite Natur bilden.

Es ist daher nicht verwunderlich, dass kleine Kinder sehr begierig darauf sind, alles zu lernen. Sie eignen sich rasch die

Sprache an, einschließlich des entsprechenden Dialekts, die Moden, und – besonders wichtig – sie verinnerlichen die Werte der Gemeinschaft. Wenn sie erst einmal verstanden haben, wie die Dinge laufen, entwickeln sie eine starke Tendenz, das für richtig und Abweichungen für falsch zu halten. Niemand tanzt gerne aus der Reihe. Wir erinnern uns alle: Zu den wirklichen Dramen der Kindheit gehört es, ausgeschlossen zu werden.

Das Konformitätsbedürfnis, unser unbedingter Wille dazuzugehören, das ist eindeutig erste Natur und weit davon entfernt, eine rationale Strategie der dritten Natur zu sein. Wie erstmals vom Sozialpsychologen Solomon Asch gezeigt, wollen Menschen sich zuweilen sogar so sehr anpassen, dass sie bereit sind, Annahmen des gesunden Menschenverstandes aufzugeben, ohne dass sie sich dessen hinreichend bewusst wären.

Diese Tendenz erklärt, warum Menschen anfangen, Dinge zu glauben, von denen sie eigentlich wissen, dass sie unsinnig sind, wie zum Beispiel, dass die Erde flach ist oder es eine satanistische Weltverschwörung gibt, die Kinder tötet, um aus ihnen ein Verjüngungsserum zu gewinnen. Doch die Gruppe, der sie angehören möchten, hält diese nun mal für wahr. Was für einen Außenstehenden wie Heuchelei aussehen mag, ist in Wirklichkeit eine erfolgreiche, meist kaum bewusste Strategie, sich der Ingroup anzunähern: Kopiert man alles, vom Verhalten bis zu den Einstellungen, und verinnerlicht das, erntet man echte Akzeptanz.

—

Bei den beschriebenen Mechanismen handelt es sich um jene, die unsere zweite Natur so dauerhaft werden lassen. Wir machen alles, um dazuzugehören. Und wir vermeiden jeden Verdacht, wir würden eigene abtrünnige Absichten verfolgen. Deshalb tun wir akribisch all das, was wir von Geburt an gelernt haben. Und das gelingt umso besser, umso mehr wir selbst überzeugt sind, dass dies die natürlichste Sache der Welt ist.

Nur als vollständig integriertes Mitglied einer Gruppe war lange Zeit das Überleben möglich.

Das ist auch einer der Gründe, warum wir ein leidiges Faible für Entweder-oder-Kategorien haben, für das Schwarz-Weiß-Denken. Das reduziert nicht nur die unendliche Vielfalt der Welt auf einfache Ja-oder-nein-, Gut-oder-böse-Entscheidungen. Es entspringt auch dem Bewusstsein «Wir hier machen es richtig» – und alle Verstöße gegen unsere Normen sind verurteilens-, wenn nicht verdammenswert.

Doch die Welt hat sich gewandelt. Wir verbringen nicht mehr unsere komplette Existenz in derselben Gruppe, sondern in vielen verschiedenen. Da erweist sich die konservative zweite Natur als hinderlich. Wir erleben das am eigenen Leib: Wissen wir nicht genau, wie die Dinge laufen – in unbekannten Situationen, am neuen Arbeitsplatz, in fremden Ländern –, fühlen wir uns unwohl und erleben sozialen Stress. Wie stark das empfunden wird, ist entsprechend der Plastizität menschlichen Verhaltens sehr verschieden.

Typisch für den menschlichen Konformismus ist deshalb auch, dass wir beständig alle um uns herum beurteilen, inwieweit sie den vorherrschenden Normen entsprechen. In jedem von uns versieht ein kleiner Blockwart seinen Dienst: Wir registrieren sofort Auffälligkeiten und Abweichungen von der Norm. Oft genug müssen wir sie auch kommentieren. Dieser Steinzeit-Konformismus läuft selbst dann ab, wenn wir uns zwischen Tausenden von unbekannten Menschen in einer Großstadt bewegen. Obwohl es kurios ist – wir werden mit all diesen Leuten nie etwas zu tun haben! –, können wir kaum anders, als sie alle zu taxieren.

Auch die heute mitunter geführte Diskussion, ob es nicht latent «rassistisch» sei, Menschen, die anders aussehen als die «Durchschnittseuropäer» des letzten Jahrhunderts, zu fragen, wo sie herkommen, ist ein Beispiel dafür. Unsere erste Natur urteilt eben noch nach dem Steinzeitprinzip «anderes Aussehen

= fremd = vorsichtig sein!». Deshalb braucht es unsere dritte Natur – und das heißt aktive Aufklärung –, die diesem Reflex begegnet und ins Gedächtnis ruft, dass in den globalisierten Gesellschaften von heute jemand, der «fremd» aussieht, uns kulturell viel näher stehen kann, als jemand, der uns äußerlich zu gleichen scheint. Umgekehrt erklärt sich so die Verletztheit vieler Betroffener, sie werden aufgrund banaler äußerlicher Merkmale ausgegrenzt. Da schlägt das uralte Alarmsystem an, weil sie Gefahr spüren, nicht in die soziale Gemeinschaft eingebunden zu sein.

Wie generell bei Mismatch-Phänomenen ist auch diesmal zu konstatieren: Sie liegen nicht in der Schuld der einzelnen Menschen im Sinne einer individuellen moralischen Verfehlung. Es handelt sich um Probleme, die aus einer evolutionären Logik heraus auftreten (und deshalb meist Übergangsphänomene sind). Sobald wir das durchschauen, sollte es leichter fallen, sie aus dem Weg zu räumen oder Gegenstrategien zu entwickeln, als wenn wir uns in moralisch aufgeladenen Anklagen verlieren.

—

Der einst sinnvolle hartnäckige Konformismus erweist sich im modernen Alltag als Belastung. Am deutlichsten zeigt sich das in Migrationsgesellschaften: Einwanderer kommen in der Regel nicht mehr als einzelne Individuen, die alles daransetzen, sich in die bestehende Gesellschaft zu integrieren. Längst existieren eigene Communities innerhalb der Mehrheitsgesellschaften. Es herrscht Konformismus-Konfusion. Anpassen an die neue Kultur oder der alten treu bleiben? Loyalitätskonflikte allerorten sind die Folge. Nach welchen Werten sollen die Menschen leben? Nach denen ihrer Vorfahren, mit denen sie aufgewachsen sind, oder nach denen der neuen Gemeinschaft? Für Kinder sind die Herausforderungen besonders groß, vermitteln doch das soziale Umfeld und das Elternhaus teils widersprüchliche Werte, die nur schwer in *eine* zweite Natur zu integrieren sind.

Tatsächlich besitzen sie zuweilen etwas wie eine doppelte zweite Natur. Einmal mehr: Die menschliche Plastizität ist enorm.

Integration und Desintegration, Aus- und Abgrenzung: Die Gefahr ist gegeben, dass hier – von allen Seiten – essenzielle, das heißt wesensmäßige Gegensätze konstruiert werden. Dabei sind es allein kulturelle Kollisionen, die fast zwangsläufig die Identitätskonflikte unserer Tage hervorbringen. Und zwar, weil die Psychologie aller Beteiligten nun mal in der Steinzeit hängen geblieben ist und wir in Nibelungentreue zu einmal verinnerlichten Werten stehen. Deshalb dürstet etwas in uns nach klaren Identitäten. Die aber gibt es nur noch im Plural.

Hinzu kommt ein weiteres Problem: Wir haben es im Fall unserer konformistischen Ader mit einem der Hauptschuldigen in Sachen Kulturblindheit zu tun. Unsere erste Natur nimmt übereifrig an, dass die Dinge schon so zu sein haben, wie wir sie vorfinden. Was also normal im Sinne von üblich ist, wird auch als das Regelhafte, Vorschriftsmäßige, Erstrebenswerte erachtet. Die Normalität wird als Norm gesetzt. Alles, was ihr nicht entspricht, gilt als Abweichung, wird reflexartig disqualifiziert, abgelehnt. Der Staatsrechtler Georg Jellinek schuf dafür bereits im Jahr 1900 den Begriff der «normativen Kraft des Faktischen». Psychologen sprechen heute vom «Status-quo-Bias»: Wir bevorzugen intuitiv den aktuellen Zustand vor jeglicher Veränderung.

Allein dort, wo die Normalität zu sehr gegen Prinzipien der ersten Natur verstößt, regt sich Zweifel, ob das alles so sein soll. Unsere konformistische Natur adelt also stets den jeweiligen Status quo, mag der auch ungewöhnlich sein. In einer sich kaum verändernden Welt war das sinnvoll. In heutigen Gesellschaften, die nicht nur durch raschen Wandel, sondern auch durch Ungleichheiten und Ungerechtigkeiten verschiedenster Art belastet sind, ist solcher Konservatismus bedenklich.

Tatsächlich sind die Zusammenhänge hochpolitisch: Der Soziologe Pierre Bourdieu wunderte sich schon immer über das Paradox, «dass die Weltordnung, so wie sie ist, mit ihren Einbahnstraßen und Durchfahrtverboten, im eigentlichen wie im übertragenen Sinn, ihren Verpflichtungen und Sanktionen *grosso modo* respektiert wird und dass es nicht zu mehr Zuwiderhandlungen oder Subversionen, Delikten und ‹Verrücktheiten› kommt». Bourdieu weiter: «Oder dass sich, was noch erstaunlicher ist, die bestehende Ordnung mit ihren Herrschaftsverhältnissen, ihren Rechten und Bevorzugungen, ihren Privilegien und Ungerechtigkeiten, von einigen historischen Zufällen abgesehen, letzten Endes mit solcher Mühelosigkeit erhält und dass die unerträglichsten Lebensbedingungen so häufig als akzeptabel und sogar natürlich erscheinen können.» Kurz: Warum wird diese zutiefst sonderbare Welt als normal aufgefasst?

Bourdieu macht dafür die «symbolische Gewalt» verantwortlich, «jene sanfte, für ihre Opfer unmerkliche, unsichtbare Gewalt», welche die Menschen dazu zwingt, die herrschende Ordnung anzuerkennen. Diese ginge auf unterschiedliche Weise von den Mächtigen aus. Eine der Hauptquellen der symbolischen Gewalt ist das, was wir Religion von oben nennen. Wir werden uns ihrer noch annehmen.

Unsere evolutionäre Aufklärung rückt indes einen weiteren, wesentlichen Aspekt in den Fokus: Wir müssen nicht gezwungen werden. In den Menschen selbst existiert als biologisches Erbe die konservative Tendenz, die «bestehende Ordnung» anzuerkennen. Deshalb haben sich Menschen nicht nur von fremder Herrschaft zu emanzipieren. Sie müssen sich auch aus den Fängen ihrer eigenen ersten Natur befreien.

11 Die dunkle Seite

Unsere Gruppenpsychologie ist janusköpfig, sie hat naturgemäß zwei Seiten. Jene nach innen gerichtete haben wir inspiziert. Es ist das freundliche, wenn auch übertrieben konformistische Gesicht. Der nach außen gerichteten Seite sind wir ebenfalls bereits begegnet: dem skeptischen Gesicht mit seinem grundsätzlichen Misstrauen gegenüber Nichtgruppenmitgliedern. Wir müssen uns jedoch seiner genauer annehmen, entgleiten ihm doch immer wieder die Züge. Dann wird es zu einer hässlichen Fratze. Das Freund-Feind-Denken ist eine der unangenehmsten und gefährlichsten Eigenarten der ersten Natur.

—

Auch wenn wir auf dem besten Weg waren, die netten Affen zu werden, sind Aggression und Gewalt bei uns stets latent unter der Oberfläche vorhanden. Hin und wieder kommt es zu explosiven Ausbrüchen. Das teilen wir mit unserer äffischen Verwandtschaft. Aggression ist bei allen Primaten ein hervorstechendes Merkmal ihrer Gesellschaften und gemeinsam mit Gewalt Ausdruck von Konkurrenz. Sie soll helfen, andere von einer knappen Ressource auszuschließen. Primaten konkurrieren um den Zugang zu Nahrung (die Weibchen im Durchschnitt mehr als die Männchen) oder um den Zugang zu Partnern (die Männchen im Durchschnitt mehr als die Weibchen). Bei Menschen indes entfielen durch den gemeinsamen Nahrungserwerb und die Paarbindungen einige dieser Konkurrenzsituationen. Die Aufteilung der Beute oder die Gelegenheit eines Partnerwechsels bargen jedoch immer noch genügend Konfliktpotenzial.

Umso kooperativer unsere Vorfahren wurden, desto besser bekamen sie ihre impulsiven Emotionen in den Griff. Die Allianzen zwischen Individuen konnten nur mit einem gehörigen Maß sozialer Toleranz funktionieren. Man möchte keinen Verbündeten verlieren und gerät deshalb nicht gleich in Rage, falls jemand über die Stränge schlägt. Aggressionsausbrüche sind deshalb nicht gerade reputationsfördernd. Entsprechend sehen wir bei mobilen Jägern und Sammlern kaum Aggressionen innerhalb von Gruppen oder zwischen Gruppen des gleichen Netzwerks. Selbst Kinder spielen dort nicht gewalttätig oder üben sich in Dominanzverhalten.

Jäger und Sammler hassen es, dominiert zu werden, und wehren sich aktiv gegen potenzielle Bullies, die sich aufspielen. Sie verfügen über ein ganzes Arsenal an Strategien. Hohn und Spott kommen zuerst. Helfen diese nicht, einen Möchtegern-Alpha zu disziplinieren, folgen Ausgrenzung oder auch Gewalt. Im Extremfall greifen sie zu Waffen. Als einzige Art unter den Tieren können wir, der kulturellen Evolution sei Dank, effektiv auf Distanz töten. Seither kann ein David jeden Goliath erledigen, insbesondere wenn David sich mit seinesgleichen verbündet.

Anders als das klassische Alphamännchen in der Primatenverwandtschaft kann kein noch so starker Mensch jederzeit wachsam sein und sich gegen Überfälle aus der Entfernung oder einem Hinterhalt verteidigen. Zu den positiven Gründen, freundlich zu sein, kommt also noch dieser dunkle hinzu: Wer sich zu despotisch gerierte, lebte gefährlich.

Das führte dazu, dass die natürliche Selektion unseren aggressiven Wettbewerbstrieb tief in uns verborgen hat, um ihn nur in seltenen Fällen von der Kette zu lassen. Angesichts geringer Bevölkerungsdichten und fehlender Vorräte mangelte es zudem an existenziellen Konfliktstoffen. Auch stand immer die Option offen, einem eskalierenden Streit aus dem Weg zu gehen. Man war nicht an Hof und Acker gebunden.

—

Die Geschichte lehrt uns aber, dass wir das menschliche Gewaltpotenzial nicht unterschätzen sollten. Sobald sich die gesellschaftlichen Rahmenbedingungen ändern, zeigt sich, dass unsere erste Natur weniger friedliebend ist, als es nach dem bisher Gesagten den Anschein haben mag. Begutachten wir zunächst die Dispositionen für das Freund-Feind-Denken, um dann nachzuvollziehen, was in der Vergangenheit schiefgelaufen ist.

Beginnen wir mit einem Verhaltensmuster, das uns gleich als die Affen entlarvt, die wir nun einmal sind: Primaten, die in geschlossenen Gruppen leben, unterscheiden klar zwischen den Angehörigen der eigenen, der Binnengruppe, und denen, die außerhalb stehen. Letzteren verhalten sie sich feindselig gegenüber, insbesondere wenn diese versuchen, in die Gruppe einzudringen. Die Aufrechterhaltung einer bestimmten Gruppengröße und die Vorteile des Zusammenlebens mit bekannten Individuen, die vertrauenswürdig sind oder deren Verhalten zumindest vorhersehbar ist, sind wichtige Gründe für stabile Verhältnisse. Entsprechend werden Fremde gemieden oder sogar angegriffen. Zumal unter Primaten zwischen einzelnen Gruppen Rivalitäten bestehen, die gewaltsam verlaufen können.

Wir haben im letzten Kapitel jene Strategien kennengelernt, mit denen es einzelnen Individuen dennoch gelingen kann, sich in fremde Gruppen zu integrieren. Ist das geglückt, verhalten sich die Migranten so, als wären sie schon seit Jahren selbstverständliche Mitglieder der Gruppe. Das bedeutet auch: Sie treten neuen migrationswilligen Primaten gegenüber genauso feindselig auf, wie das die Alteingesessenen tun. Sie zeigen eine starke Loyalität gegenüber ihrer neuen Binnengruppe – und legen keine Anzeichen von Solidarität mit jenen an den Tag, die das gleiche Schicksal erleben wie sie. Konformismus ist ein überaus mächtiger Mechanismus.

Wie leicht und unbemerkt diese uralten Verhaltensdispositionen noch bei modernen Menschen anspringen, dafür hat Hans Magnus Enzensberger ein eindrückliches Beispiel geliefert: Zwei nicht miteinander bekannte Personen sitzen in einem Zugabteil und haben es sich bequem gemacht. Als an der nächsten Station zwei Passagiere dazukommen, regt sich bei den ursprünglichen Fahrgästen ein «deutlicher Widerwille». Nur zögerlich räumen sie ihre Sachen von den freien Plätzen. Auch wenn sie sich vorher gar nicht kannten, verhalten sie sich dabei «eigentümlich solidarisch». Die neuen sind für sie «Eindringlinge». Am nächsten Bahnhof fragen zwei weitere Passagiere, ob noch Platz im Abteil sei. «Von diesem Augenblick an verändert sich der Status der zuvor Eingetretenen: Eben noch waren sie Eindringlinge, Außenseiter, jetzt haben sie sich mit einem Mal in Eingeborene verwandelt», schreibt Enzensberger. «Sie gehören zum Clan der Sesshaften, der Abteilbesitzer, und nehmen alle Privilegien für sich in Anspruch, von denen jene glauben, dass sie ihnen zustünden.» Erstaunlich sei vor allem das «Fehlen jeder Empathie mit den Neuankömmlingen, die mit denselben Widerständen zu kämpfen, dieselbe schwierige Initiation vor sich haben, der sich ihre Vorgänger unterziehen mussten; eigentümlich die rasche Vergesslichkeit, mit der das eigene Herkommen verdeckt und verleugnet wird.» Wir sind immer noch die alten Affen.

—

Sehen wir uns weitere Dispositionen an, die uns – oder besser gesagt: den anderen – das Leben schwer machen. Zunächst: Es liegt in der Logik der Gruppenpsychologie, die eigene Gruppe für die beste aller möglichen zu halten. Das resultiert aus unserem Konformismus – und geht unumgänglich mit einer latenten Abwertung der anderen einher, die sich ja anders verhalten als die Wir-Gruppe. Die Ethnografie kennt unzählige Beispiele von Ethnien, die sich selbst «Menschen» oder «echte Menschen» nennen und alle übrigen mit einer Bezeichnung belegen, die diesen ein Quantum weniger oder gar kein Menschsein beimisst. Entsprechend ist auch die Tendenz zur Ausgrenzung, zum Othering, erste Natur. Einmal mehr fehlt ein guter deutscher Begriff. Gemeint ist das Konstruieren eines anderen als Fremdem, von dem das Wir sich abgrenzt und dem man sich überlegen fühlt.

Eine weitere Schattenseite unserer sozialen Ader: Wir waren so sehr auf die Zugehörigkeit zu einer eng verbundenen Gruppe von bedingungslos Kooperierenden angewiesen, dass der Erfolg des Kollektivs den Schlüssel zum Erfolg der Einzelnen darstellte. Nahmen wir als Gruppe eine existenzielle Bedrohung wahr, vergaßen wir unsere aktuellen Streitigkeiten, schlossen die Reihen und standen Schulter an Schulter, um gemeinsam der Gefahr zu trotzen. Einzelne Mitglieder einer fremden Gruppe konnten unser Vertrauen gewinnen, aber sobald sie als Horde kamen und wir sie als Bedrohung für Leib und Leben wahrnahmen, waren wir schnell bereit, sie allein deshalb zu töten, weil sie der anderen Gruppe angehörten, ganz gleich, wie nett und kooperativ sie als Einzelne zu uns gewesen sein mögen.

Auch das ist eine Erblast der Natur: Schon von Schimpansen ist bekannt, dass sie in Auseinandersetzungen mit anderen Schimpansengruppen so weit gehen, dass sie diese auf eine so brutale Weise umbringen, als seien sie Beute, die es zu zerfleischen gilt. Auch der *Homo sapiens* ist im Konfliktfall erstaunlich schnell damit, Gegner zu entmenschlichen und alle Tötungshemmungen aufzugeben, die normalerweise gegenüber Vertretern der eigenen Art bestehen.

Nun spielten diese Faktoren die längste Zeit unserer Evolution nur in Ausnahmesituationen eine Rolle. Seit dem Neolithikum jedoch, der Zeit, in der Menschen zunehmend in

Gesellschaften leben, in denen die ursprünglichen engen zwischenmenschlichen Gruppenbeziehungen verloren gingen, gewinnt die dunkle Seite unserer Gruppenpsychologie an Macht.

Da ist allein schon das Bevölkerungswachstum bei den frühen Bauern: Land, Wasser und andere Ressourcen sind nicht beliebig vermehrbar. Konkurrenz war vorprogrammiert. Nur allzu schnell eskalierte das gewaltvoll. Schließlich ging es ums Überleben. Das Weiterziehen war keine Option mehr. «Die Forschung ist sich einig», sagt der Archäologe Harald Meller. «Krieg im eigentlichen Sinn ist eine Innovation des Neolithikums – und keine Konstante des Menschseins.» Krieg wird dabei definiert als geplante und organisierte bewaffnete Auseinandersetzung zwischen autonomen Gruppen, die ein solches Maß an Legitimation besitzt, dass das Töten anderer Menschen nicht als Mord gilt. Die Ursachen liegen, so Meller, in der «neuen produzierenden Wirtschaftsweise und der damit verbundenen Vorratshaltung, der Akkumulation von Werten, den steigenden Bevölkerungszahlen, den festen Siedlungsplätzen, verbunden mit Landbesitz und Besitzgrenzen, sowie der zunehmend stärkeren Hierarchisierung».

Die Stunde männerdominierter Clans hatte geschlagen, mit ihren Warlords und Despoten an der Spitze. Ein toxisch maskuliner Kult des Krieges etablierte sich. Es ist eine der sonderbaren Volten der Evolution, die eindrücklich belegt, dass zumindest der moralische Fortschritt nicht ihr Ziel ist: Was zu Jäger-Sammler-Zeiten «noch ein ausgemustertes Rollenmodell aus tiefster Primatenvergangenheit war, zeigt sich unter gewandelten Lebensbedingungen als zukunftsweisend», haben wir an anderer Stelle geschrieben. «Die Dominanten, die machtgierigen Alphas erhalten eine zweite Chance; ihr Hang zum rücksichtslosen Gewalteinsatz erweist sich als Adaptionsvorteil. Die Gruppen, die sie in Schach hielten, existieren nicht mehr. Jene vom Stamme Kain, das erzählt die Bibel, erweisen sich als äußerst talentiert darin, Besitz, Frauen und Gewalt zu monopolisieren. Sie sind die Keimzelle für Tyrannei und Despotie. Das sollte für die längste Zeit das Erfolgsmodell sein.» Kriege werden zum Signum der zivilisierten Welt. Dort kann sich die dunkle Seite unserer Freund-Feind-Psychologie auf brutalste Weise austoben.

—

Ein integraler Bestandteil jeder Kriegsführung ist es, ein möglichst überzeugendes, also abstoßendes Feindbild zu entwerfen. Herrscher, Populisten, Demagogen verstehen diese Klaviatur virtuos zu spielen. Dem Gegner werden die niedrigsten Motive und finstersten Absichten unterstellt. Spricht man Feinden das Menschsein ab (oder ein «Untermenschentum» zu), fällt es erstaunlich leicht, ihnen das Menschsein auch physisch zu nehmen.

Die Verteufelung der Gegner zieht sich durch die Menschheitsgeschichte. Das stärkte den Zusammenhalt. Der Schulterschluss fällt umso intensiver aus, umso größer die äußere Bedrohung. Sie dient als Rechtfertigung und erleichtert das Töten. Man war im Kampf gegen das Böse unterwegs. Auch das macht das leicht zu aktivierende binäre Freund-Feind-Denken so attraktiv. Die komplexe Welt wird auf einen simplen Gegensatz reduziert: Wir die Guten, dort die Bösen. Das gewann durch die Geschichte hinweg immer wieder eine schreckliche, oft tödliche Realität. Auch das christliche Abendland sah seine Mission darin, überall die Bösen, nämlich die «Kinder des Satans», die «Heiden» und «Teufelsanbeter» zu bekämpfen.

In anonymen Gesellschaften ist solches Freund-Feind-Denken einfach zu etablieren. Es fehlt der direkte Kontakt zwischen gesellschaftlichen Gruppen, der die Vorurteile widerlegen und zu Annäherung und Austausch führen könnte. Es muss gar nicht immer zu Kriegen ausarten; in modernen Gesellschaften ist das allerorten zu beobachten. Und selbst ein *Shitstorm* auf Twitter funktioniert nach diesem Prinzip. «Unsere moralisch aufgeladene Gruppenpsychologie macht uns empfänglich für soziale Spaltung», schreibt der Philosoph Hanno Sauer.

Aber da ist noch mehr am Werk: Es handelt sich um einen fatalen Kompensationsmechanismus für den in anonymen Gesellschaften grassierenden sozialen Horror Vacui. Indem man ein Außen, einen Feind konstruiert, wird eine Anzahl an sich verbindungsloser Menschen überhaupt erst als Gemeinschaft definiert. Das ist die bittere Logik des Freund-Feind-Denkens: Die Abgrenzung nach außen schweißt nach innen zusammen. Tatsächlich jedoch entstehen so kaum mehr als Pseudogemeinschaften. Ihnen fehlt der positive Inhalt.

Besonders gut funktioniert dieser Mechanismus, wenn sich Gesellschaften bedroht fühlen oder in der Krise stecken. Das dann erwachte Schutzbedürfnis führt zur Wagenburgmentalität und zum Abgrenzen gegen andere. Auch die Kunst, ein ordentliches Bedrohungsszenario zu entwerfen, gehört zur Grundausbildung aller Demagogen und Populisten.

—

Halten wir fest: Die adaptive Vorsicht gegenüber Fremden, die in der ersten Natur verankert ist und zuweilen von der zweiten Natur zementiert wird, kann leicht instrumentalisiert werden, um egoistische oder chauvinistische Ziele zu verfolgen. Wir können Regeln der Solidarität für andere ausschalten, sobald diese aus ideologischen oder ökonomischen Gründen als Bedrohung wahrgenommen und als primitiv oder böse, also weniger menschlich ausgegeben werden. Dann springt die Psychologie des Konflikts an: der Schulterschluss in Zeiten äußerer Bedrohung.

Was die Zusammenhänge brisant macht: Es ist ausgerechnet das kühle Kalkül der dritten Natur, jene von Vertretern der Kritischen Theorie so benannte instrumentelle Vernunft, die diesen Mechanismen eine schreckliche, wenn nicht tödliche Dynamik verleihen kann. Das Unterdrücken des urmenschlichen

Impulses, Empathie zu empfinden, geschah in der Geschichte nur allzu oft aus angeblich vernünftigen Gründen. Menschen sind nämlich auch schrecklich pragmatisch. Alles eine Frage der Moral. Und damit wären wir beim nächsten Kapitel.

12 Eine Frage der Moral

Wir können nicht kapitelweise die Aspekte des Sozialen diskutieren, ohne ein Wort über Moral zu verlieren. Es mag überraschen, dass wir das im Kontext der dunklen Seite der menschlichen Kooperation machen, doch das ist nicht der schlechteste Ort dafür.

Über Moral wird oft gesprochen, als sei sie etwas Erhabenes, Geheimnisvolles, vielleicht sogar Gottgegebenes. Etwas, das nur Ethiker, Philosophen oder Theologen erklären können. Das mag im Fall kniffliger moralischer Dilemmata zutreffen, für die es keine einfachen Antworten gibt, da die unterschiedlichen Interessen verschiedener Akteure zu berücksichtigen sind. Doch im Alltag wissen wir alle ziemlich genau, was moralisch ist und was nicht.

Aus der evolutionären Warte ist die Angelegenheit erstaunlich simpel. Bei Moral geht es darum, das Funktionieren sozialer Einheiten wie Paare, Freunde, Gruppen und Gesellschaften zu gewährleisten. Dazu braucht es Verhaltensregeln, die man sich selbst auferlegt und von denen erwartet wird, dass auch die anderen ihr Handeln danach ausrichten. Mit anderen Worten, und das dürfte vertraut klingen, es geht darum, die Stabilität sozialer Arrangements zu gewährleisten, die auf gegenseitiger Abhängigkeit basieren. Das Ziel ist, die Kooperation zu sichern und sie vor Ausbeutern zu schützen.

Der letzte Punkt zeigt, dass es bei Moral nicht allein darum geht, lieb und nett zu sein. Wir haben bereits mehrfach auf unsere Besessenheit in puncto normativer Wertungen hingewiesen: Wir können Handlungen oder auch nur beobachtete

Szenen nicht einfach nur registrieren. Wir beurteilen sie stets, indem wir sie in gut (im Sinne von lobens- oder bewunderns-wert) und schlecht (im Sinne von tadelnswert, verwerflich oder gar abstoßend) einteilen. Der Grund dafür liegt auf der Hand: Wir sind eine hypersoziale Spezies, und unser Überleben hängt seit jeher davon ab, dass wir zuverlässige von unzuverlässigen Mitstreitern unterscheiden können. Faule Trittbrettfahrer müssen wir ebenso wie Unruhestifter erkennen, zur Räson bringen oder bestrafen.

Wenn Sie gerade ein Déjà-vu haben: korrekt. Unsere intuitive Moral ist als eine Anpassung an unsere steinzeitliche Jäger-und-Sammler-Existenz entstanden. Wir verfügen über ein Set an moralischen Präferenzen, die fester Bestandteil unserer ersten Natur sind. Anders als es landläufige Klischees gegenüber unseren Vorfahren behaupten, waren wir keine triebgesteuerten Primitivlinge, die außer dem eigenen Überleben nichts im Sinn hatten, sondern höchst moralische Lebewesen – und sind es noch heute.

Der Sinn für Fairness ist uns tief eingebrannt. Er ist unser moralisches Substrat. Wir erwarten, fair behandelt zu werden und für unsere guten Taten auch eine entsprechende Gegenleistung zu erhalten. Das «Liebe deinen Nächsten» und die Goldene Regel der Reziprozität, die anderen so zu behandeln, wie man selbst behandelt werden möchte, das ist bereits das Grundgesetz der Jäger und Sammler – und keine Erfindung der Religion. Die hebräische Bibel, das Alte Testament, hat erst zu einer Zeit, in der Despoten die Gerechtigkeit mit Füßen traten, die alte Fairness wieder auf die gesellschaftliche Tagesordnung gebracht.

Die Sache mit der Moral hat aber einen Haken: Einmal mehr hat uns die sparsame Evolution nur auf das vorbereitet, womit damals zu rechnen war – und nicht auf das, was sich einmal in ferner Zukunft ergeben könnte. Unsere Moral ist eine Kleingruppen-Moral. Sie ist keine Moral für große Gesellschaften und schon gar nicht für die gesamte Menschheit. Und sie hat einen Hang zur Doppelmoral. Beides stellt uns vor Probleme.

—

Auch hier muss gegen Vorurteile angekämpft werden. Selbst Evolutionsbiologen hatten lange ein Problem mit dem prosozialen Kern der Moral, dem Hang zum Altruismus: also der Bereitschaft, anderen zu helfen, auch wenn es einen selbst etwas kostet. Das passte nicht in ihr Weltbild, nach dem es im sozialen Leben um Wettbewerb geht, um die wilde Natur, in der mit Zähnen und Klauen ums Überleben gekämpft wird.

So galt Moral einigen nur als Heuchelei, als eine Show, die wir veranstalten, um vor anderen gut dazustehen. Moral sei also eine kulturelle Fassade. Richard Dawkins, berühmt für sein Buch *Das egoistische Gen*, ging sogar so weit zu behaupten, dass wir uns gegen unser egoistisches Erbgut auflehnen müssten, um tatsächlich moralisch handeln zu können. Wir haben bereits gesehen, dass dies ein Irrtum war; ein Beispiel dafür, wie Wissenschaftler manchmal von der Eleganz ihrer eigenen Metaphern gefangen sind. Gene sind allein in einem statistischen Sinn egoistisch, können aber sehr wohl prosoziales Verhalten kodieren. Mittlerweile sind solche Positionen aufgegeben worden. Es sollte an dieser Stelle nicht mehr überraschen: Wir sind keine Egoisten. Wir sind zutiefst empathische Lebewesen.

Technisch gesehen ist Empathie die Fähigkeit, sich in andere hineinzuversetzen und ihre Gefühlslage zu verstehen. Das kann zum Guten wie zum Schlechten benutzt werden. Psychopathen etwa tun das Letztere: Sie verzaubern Menschen mit ihrem Einfühlungsvermögen, nur um das zu ihren eigenen Gunsten auszunutzen. Eigentlich wäre es bei Empathie im Guten, also in Verbindung mit dem Drang, jemandem in Not zu helfen, besser von Mitgefühl und Anteilnahme zu sprechen. Aber heutzutage wird Empathie synonym dazu verwendet, und das werden auch wir tun.

Empathie bedeutet, dass wir auf das Leid anderer schließen, selbst dann, wenn sie es nicht offen zeigen. Einfacher ist natürlich, Empathie zu empfinden, wenn die andere Person Schmerz oder Trauer kundtut. Das tun Menschen, weil sie wissen, dass sie von empathischen Wesen umgeben sind. So bleiben nur wenige Menschen ungerührt, wenn jemand weint. Es ist fast unmöglich, Leidende nicht zu trösten; tatsächlich machen das schon zweijährige Kinder. Die Empathie kann so stark und unkontrollierbar sein, dass wir die Stimmung der anderen Person übernehmen. Weinen ist genauso ansteckend wie Lachen.

Empathie gibt es nicht nur bei Menschen. Viele Tiere zeigen sie zumindest in einigen Zusammenhängen, zum Beispiel als Eltern gegenüber ihren Babys. Aber bei unserer Spezies ist sie ein viel umfassenderer und grundlegenderer Bestandteil der ersten Natur, weil sie Kooperation und Bindung ermöglicht. Um aufs Weinen zurückzukommen: Wir reagieren stark darauf. Doch warum weint jemand? Die Person zeigt, dass sie von etwas zutiefst berührt oder, was noch häufiger vorkommt, dass sie verletzt oder betrübt ist. Das wäre ein guter Moment, um ihre Schwäche auszunutzen. Deshalb zeigen wilde Tiere, von Babys abgesehen, kaum Schmerz oder Leid. Bei Menschen ist das anders. Sie wissen, in den allermeisten Fällen können ihre Mitmenschen gar nicht anders, als mit Mitgefühl zu reagieren und zu helfen.

Betrachtet man es so, wird deutlich, dass Empathie eine Schlüsselkomponente jener psychologischen Ausrüstung darstellt, die wir entwickelt haben, um die gegenseitige Abhängigkeit aufrechtzuerhalten – und eng mit der bereits vorgestellten Reziprozität verbunden ist. Wenn eine Person nicht in der Lage ist, ihren Teil der Abmachung einzuhalten, ein Versprechen bricht oder nicht auftaucht, wenn sie gebraucht wird, reagiert man vielleicht mit Verbitterung, dem Meiden der Person oder sogar Bestrafung. Doch wenn die fehlende Hilfe auf eine Unpässlichkeit oder ein Missgeschick zurückzuführen ist, wäre das in einer kleinen Gruppe, in der die Auswahl an Partnern begrenzt ist, keine kluge Reaktion. Dann ist Nachsicht gefragt. In der Annahme, dass die Hilfe wieder aufgenommen wird, sobald es der Person besser geht, hat die Stunde der Empathie geschlagen, sie hält die Beziehungen aufrecht. Das mag psychologisch gesehen altruistisch sein, ist aber letztlich auch ein gutes Geschäft, wenn der Freund sich dadurch schneller erholt, wieder ein produktiver Partner wird – und sich dann dankbar für Trost und Hilfe zeigt. Wie so oft bei psychologischen Adaptionen sind sich die meisten dieses wertvollen Beitrags zur eigenen Fitness überhaupt nicht bewusst. Es handelt sich also um kein kaltes Kalkül.

In uns allen steckt also eine Menge Einfühlungsvermögen, es ist ein wesentlicher Teil dessen, was uns menschlich macht. Ein Teil der Lehren, für die Jesus von Nazareth bis heute selbst von Gegnern des Christentums verehrt wird (es gibt sogar T-Shirts mit dem Slogan «Atheists for Jesus»), stellt schlicht eine Aktualisierung der empathischen Jäger-und-Sammler-Seele dar. Das ist der Grund, warum Geschichten wie die vom verlorenen Sohn oder der Ehebrecherin – «Wer ohne Sünde ist, werfe den ersten Stein» – auch Agnostiker in den Bann ziehen. Das auf Empathie basierende Verzeihen rührt unsere erste Natur – und das noch in jenen großen, anonymen Gesellschaften, die dafür nur wenig Raum bieten.

Auch das ein Mismatch-Phänomen: Obwohl sie der menschlichen Natur innewohnt, überrascht die Existenz einer eigentlich starken Empathie heute viele Menschen. Das liegt an der verbreiteten Ansicht, die «Winner-take-all»-Gesellschaft sei unser natürliches Sozialsystem. Auch hier ist das Evo-Tabu schuld, so konnte sich eine evolutionistische und grundverkehrte Annahme behaupten: Wenn es in der Natur allein um Wettbewerb ginge, sollten wir uns nicht mit Mitleid belasten. Das ist nur etwas für die Schwachen. Ein Gedanke, den etwa Friedrich Nietzsche populär machte. Entsprechend kennt unsere konkurrenzbasierte Gesellschaft weinende Männer nur in Ausnahmefällen. Es ist eine Welt, die allein die eine Seite der Empathie, jene im oben genannten schlechten Sinn, kultiviert hat: nämlich, um Schwächen anderer zu erkennen, die zum eigenen Vorteil ausgenutzt werden können.

Untermauert wird die Fiktion der Empathielosigkeit dadurch, dass in kapitalistischen Gesellschaften der Wettbewerb so viel stärker erfahren wird als die Zusammenarbeit. Wir sind abhängiger als je zuvor und für praktisch alle unsere Bedürfnisse auf andere angewiesen. Doch deren Unterstützung bleibt unsichtbar: Wir zahlen Steuern, ohne je zu sehen, wem oder was wir damit helfen. Zudem ist diese Form der Anteilnahme zwangsverordnet, da gibt unsere erste Natur nicht viel drauf. Empathie hat sich entwickelt, um kleine, persönliche Gruppen am Laufen zu halten. In anonymen Gesellschaften, mit durchrationalisierten und institutionalisierten Beziehungen erleben wir sie nicht mehr als die menschliche Gabe, die sie einst war. Wir sind nur noch Finanziers oder Empfänger von abstrakten «Leistungen» – Geld statt Taten. Auch das ist Entfremdung.

—

Man beachte, dass drei Hauptrichtungen der philosophischen Ethik alle von Jägern und Sammlern vor Abertausenden von Jahren formuliert worden sein könnten. Die Ethik des Aristoteles betont individuelle Tugenden wie Großzügigkeit und Fairness sowie die Erwünschtheit von Wohltätigkeit und Gerechtigkeit auf gesellschaftlicher Ebene. Der Aufklärer Immanuel Kant leitete ein abstraktes und rationales Gebot ab, das er den kategorischen Imperativ nannte: Handle nach derjenigen Regel, die du als allgemeine Maxime akzeptieren würdest. Auch da geht es darum, den sozialen Verpflichtungen und der Gerechtigkeit Vorrang zu geben. Und die utilitaristische oder konsequenzialistische Tradition, die auf Jeremy Bentham und John Stuart Mill zurückgeht, betont, dass moralische Regeln den Bedürfnissen der Mehrheit dienen sollten. Nomadische Jäger und Sammler, die zuweilen gezwungen sind, ihre Kranken oder Invaliden zurückzulassen, können dem nur zustimmen. Insgesamt betonen die philosophischen Systeme also alle verschiedene Aspekte der einen Frage, wie das Überleben lokaler Gruppen voneinander abhängiger Individuen gewährleistet werden kann. Die eigene Gruppe war nun mal die ganze Welt.

Fragt man normale Menschen, was sie unter Moral verstehen, so erhält man im Grunde die gleichen Antworten. Auf der Basis umfangreicher Umfragen hat der Moralpsychologe Jonathan Haidt die folgenden Kategorien ermittelt: Schadensvermeidung, Fürsorge, Fairness, Gegenseitigkeit, aber auch Loyalität gegenüber der Gruppe und Respekt vor Autorität und sogar Reinheit und Heiligkeit. Während die letzten beiden vermutlich die kulturellen Einflüsse der Weltreligionen widerspiegeln, offenbaren die Kategorien Loyalität und Respekt die dunklere Seite der Moral, indem sie die Wichtigkeit der Konformität und Solidarität mit der Gruppe betonen. Ganz so, wie sie in dem chauvinistischen Ausspruch «right or wrong, my country» zum Ausdruck kommen. Das wird zu gerne von oben missbraucht: Herrscher haben zu allen Zeiten die absolute Treue ihrer Untertanen eingefordert.

Die dunkle Seite zeigt, dass die Moral eine Anpassung wie alle anderen war, die dem Zweck diente, das Überleben sicherzustellen. Die Regeln, die besagen, dass man andere nicht verletzen, ihnen helfen und mit ihnen teilen soll, sind klar. Aber wie streng sie gelten, hängt davon ab, wer der andere ist und wie die Umstände gerade sind. Mitglieder der Outgroup können leicht zu einer Ausnahme von dieser Regel gemacht werden, aber auch Alte und Invalide. Kant würde vor einer solchen Engstirnigkeit erschaudern, doch normale Menschen identifizieren sich leicht damit. Es besteht stets ein Misstrauen gegenüber den anderen, die erst beweisen müssen, dass sie unseres

Vertrauens würdig sind. Wir haben gesehen, wie die Freund-Feind-Logik es ermöglicht, den Gegner zu entmenschlichen und damit die Regeln, an die man sich normalerweise hält, außer Kraft zu setzen.

Die Anthropologin Polly Wiessner hat beschrieben, wie sich in Neuguinea die Einstellung gegenüber einem Nachbarstamm schlagartig ändert, sobald eine Beleidigung nach Rache verlangt: «Freunde von gestern werden zu den Untermenschen von heute.» In derselben Region spielten andere Forscher mit Menschen verschiedener Stämme sogenannte Bestrafungsspiele, bei denen ein Spieler einen anderen Spieler (den Geber) dafür bestrafen kann, dass er gegenüber einer dritten Person (dem Empfänger), mit der er eine Gabe teilen soll, zu geizig ist. Die Ergebnisse zeigten eine starke Tendenz zum Schutz von Stammesmitgliedern vor unangemessenem Teilen durch Geber, aber auch, dass Geber erwarteten, weniger hart für Geiz bestraft zu werden, wenn der Strafende ein Mitglied des eigenen Stammes war. Die Menschen differenzieren also ihre moralischen Urteile nach Verwandtschaft oder Zugehörigkeit zur gleichen Gruppe, was die praktischen Grenzen der Solidarität aufzeigt. Die gleichen Muster sind auch anderswo auf der Welt zu beobachten. Die Menschen verhalten sich so, wie es die evolutionären Anthropologen erwarten. Das ist die erste Natur.

Und das ist der Grund, warum es heute von Moralphilosophen entwickelter präskriptiver Regeln bedarf, um in der modernen Welt ethisch akzeptable Normen aufzustellen, die keine Schlagseite haben. Die also nicht nur für kleine Gruppen taugen – sondern für die schwer fassbaren Herausforderungen kulturell heterogener Massengesellschaften in einer globalisierten Welt.

In dieser Hinsicht fehlen uns leider auch die Intuitionen, um zu realisieren, dass unsere Handlungen ebenso im Hier und Jetzt Auswirkungen haben wie an fernen Orten dieses Planeten. Und dass sie weit in das Schicksal späterer Generationen eingreifen können. Wir benötigen also aktuell nicht allein eine Moral, deren Solidaritätsbegriff über unseren eigenen Kreis hinausgeht. Sie muss auch der Welt nach uns gerecht werden. Da wartet harte Arbeit auf unsere dritte Natur, eine ebenso globale wie übergenerationelle Moral zu entwickeln.

—

Mit dem evolutionären Ansatz lassen sich viele Phänomene erklären. Nehmen wir die kulturellen Unterschiede bei den moralischen Normen. Gäbe es nur eine Art und Weise, die Dinge korrekt zu tun, wie können die Menschen dann unterschiedlicher Meinung darüber sein, was richtig und falsch ist? Tatsächlich sind einige moralische Gebote nahezu universell. Die bereits vorgestellten Normen sind die ältesten. Es sind jene, die tief in der ersten Natur verankert sind und auf die ursprüngliche Psychologie der Jäger und Sammler zurückgehen. Andere moralische Gewissheiten spiegeln nur die zweite Natur wider. Oft gehören sie zu den Schleiern der Maya, deren Aufgabe es ist, die Interessen von Macht und Herrschaft zu verhüllen.

Die neolithische Revolution hat eine Explosion solcher Normen und Regeln ausgelöst. Dass denen eine ähnliche Dringlichkeit und Priorität zukommen kann wie jenen der ersten Natur, hat viel mit Konformismus zu tun: Sobald eine neue Regel sich durchsetzt, lernen die Kinder sie von klein auf, verinnerlichen sie und halten dann – abgesehen von denen, die durch sie benachteiligt werden – selten bis nie inne, um sie zu hinterfragen. Ähnliches gilt für Normen, die von oben mit Zwang durchgesetzt wurden.

Die meisten dieser Regeln entstanden, um mit den veränderten sozialen Arrangements umzugehen. Insbesondere mit solchen, die Institutionen wie Eigentum und Erbschaft betrafen, aber auch die patriarchale Wirklichkeit widerspiegelten. Sie sollten die neuen Realitäten legitimieren und sind Ausdruck der sich etablierenden Ungerechtigkeiten. Die Primogenitur etwa, die Bestimmung, dass der älteste Sohn erbt, ist aus der Eigentumsperspektive die sinnvollste, weil sie am sichersten die Weitergabe von Reichtum gewährleistet. Dass sie massive Ungerechtigkeit schafft (Benachteiligung der anderen Kinder wie all derer, die vom Besitz ausgeschlossen sind), stört nicht weiter – zumindest nicht jene, die davon profitieren. Unsere erste Natur hat keine Probleme, sich auf die eigene Ingroup zu beschränken und andere auszugrenzen – Habenichtse etwa. Entsprechend werden Frauen auf absolute Treue verpflichtet, damit nur tatsächliche Söhne des Patriarchen erben. Jeder Verstoß dagegen erzwingt die nun als moralisch korrekt geltende Bestrafung der Frau seitens des männlichen Clans.

In Anbetracht der Variabilität der sozialen Strukturen, die in der Folge entstanden, weisen moralische Regeln zweiter Natur eine entsprechend weite kulturelle Variation auf. Zu welch verqueren Konsequenzen das führt, zeigt die Geschichte. Sie ist voll moralisch akzeptierter oder geforderter sozialer Praktiken wie Kopfjagd, Menschenopfer, Sklaverei, Frauenraub, Genitalverstümmelung, Ehrenmord oder Witwenverbrennung. Alles Beispiele, wie kulturell begrenzt moralische Regeln sein können. Sie sind das Produkt spezifischer Interessen jener, welche die Macht besaßen, sie überhaupt zu etablieren – und die notwendigen Einschränkungen der Empathie mit den jeweiligen Opfern durchzusetzen.

—

Das Problem mit der Moral ist ihre Verpflichtung auf Pragmatismus. Auch Jäger und Sammler wussten, was moralisch richtig war. Trotzdem mussten sie schwerverletzte Menschen töten oder invalide Alte zurücklassen. Ihr hochmobiles Leben ließ ihnen keine Wahl. Wer sich in solchen Fällen für das moralische Gut der Barmherzigkeit entschied, starb aus.

Es handelt sich also bei der Moral nicht, wie früher oft vermutet, um Regeln, die durch sorgfältige rationale Analyse entstanden sind und deren Ergebnisse sich wie in der Wissenschaft anreichern. Es sind zuweilen bewusste Versuche, unsere angeborene Empathie mit Menschen in Not zu unterdrücken. Das können wir, doch brauchen wir ein starkes Motiv dazu, etwa Rache, oder ein überzeugendes Narrativ, demzufolge die eigentlich erbarmungswürdigen Wesen unser Mitleid nicht verdienen.

Die europäische Expansion seit dem 15.Jahrhundert, die angebliche Entdeckung der Welt, ist ein trauriges Beispiel dafür: Die Europäer trafen überall auf Indigene, deren «Unschuld» und Freundlichkeit ihr Herz rührten (die frühen Berichte sind voll davon). Doch rasch galten diese als Kinder des Satans, ging es schließlich darum, ihr Land und ihre Ressourcen in Besitz zu nehmen. Und schon schwanden alle Hemmungen, ihnen das Schlimmste anzutun.

Einige sind schlechter als andere darin, das innere Flüstern, den Splitter im Verstand, zu ignorieren. Die zahlreichen Geschichten über Soldaten, die Feinde nicht töten können, belegen, dass viele Menschen Schwierigkeiten haben, das angeborene Mitgefühl zu überwinden, mögen die rechtfertigenden Erzählungen oder der Zwang noch so groß sein. Dennoch geschah das Negieren des urmenschlichen Impulses, Empathie zu empfinden, in der jüngeren Geschichte nur allzu oft. Und nur allzu oft aus angeblich vernünftigen Gründen.

Auffällig ist, dass im Laufe der Geschichte, von der Ausbeutung versklavter Kriegsgefangener bis zur Unterdrückung von Frauen oder Armen, Vorwände erfunden werden mussten, warum in diesen Fällen die Grundregeln der Fairness und der Empathie außer Acht zu lassen sind. Das war immer dann der Fall, wenn die Herrschaftsinteressen oder Profite so groß waren, dass Gleichstellung aus dieser Perspektive zu unbequem oder kostspielig erschien. Es ist kein Zufall, dass die Sklaverei endete, als Verbrennungsmotoren billig genug waren, menschliche Arbeit kostengünstig zu ersetzen.

Der viel diskutierte moralische Fortschritt spiegelt also den Umstand wider, dass die Einschränkungen, die zu bestimmten historischen Zeiten aus Gründen des Pragmatismus, der Ökonomie oder der Herrschaft zu Kompromissen, also Abstrichen in Sachen Empathie, zwangen, durch den zunehmenden Wohlstand allmählich aufgehoben wurden. Was den moralischen Präferenzen unserer ersten Natur dazu verhalf, wieder zum Ausdruck zu kommen. Neu ist heute nur, dass der Sinn für Gleichberechtigung und Fairness den engen Horizont der eigenen Gruppe transzendiert und im universellen Maßstab gelten soll. Das ist ein gewaltiger Fortschritt; wir verdanken ihn den Einsichten unserer dritten Natur.

Ganz pragmatisch wäre also zu vermuten, dass je wohlhabender wir werden, desto stärker der Kreis derer wächst, denen wir unser Mitgefühl gönnen. Da, zumindest dem Anspruch nach, heute alle Menschengruppen erfasst sind – die Würde eines jeden Menschen ist unantastbar –, stellt sich die Frage, ob der Kreis jener nicht weiter zu expandieren wäre, denen wir Achtung und Verantwortung gegenüber tragen sollten. Tiere, Pflanzen und sogar Flüsse, Meere und Landschaften könnten die nächsten sein. Schließlich bilden wir auf diesem Planeten eine einzige Schicksalsgemeinschaft. Weniger hochgestochen formuliert: Wir sitzen alle im selben Boot.

Unsere erste Natur stünde dem nicht im Weg. Wie wir im nächsten Teil unseres Buchs erfahren werden, stellte die nicht menschliche Umwelt die längste Zeit keine einfach auszubeutende Ressource dar. Sie stand in einer auf gegenseitiger Abhängigkeit beruhenden engen Verbindung zu den Menschen – und war damit selbstverständlicher Gegenstand unserer Empathie. Es gibt in moralischen Angelegenheiten noch viel zu tun.

TEIL 4
DIE WAHRE MACHT DER RELIGION

Mit der Vernunft ist das so eine Sache. Sicher, unsere dritte Natur gefällt sich sehr in ihrer Rationalität. Trotzdem sind wir, das kann heute fast als Allgemeinwissen gelten, auch zutiefst irrationale Wesen. Prismatische Persönlichkeiten einmal mehr. Doch die Angelegenheit ist vertrackter. Was heute unvernünftig erscheint, war einmal zutiefst vernünftig – und umgekehrt.

Als die Psychologie erstmals herausarbeitete, dass in unserem Denken eine Reihe von «Cognitive Biases» verankert sind, sorgte das für Erstaunen, schien das doch nicht zu unserem rationalen Selbstverständnis zu passen. Im Deutschen bezeichnet man sie als kognitive Verzerrungen. Am bekanntesten ist wohl der «Confirmation Bias», der Bestätigungsfehler: Wir wählen aus der Flut der Informationen, die wir erhalten, mit Vorliebe jene aus, die unsere eigenen Ansichten oder Hypothesen bestätigen. Auch der «Correspondence Bias», der Attributionsfehler, macht uns zu schaffen: Das ist die Tendenz, die Ursachen für einen Umstand dem Wesen einer Person oder einer Gruppe zuzuschreiben und nicht der Besonderheit der Situation. Er gehört zu den Ursachen für die hier oft diagnostizierte Kulturblindheit.

Mittlerweile sind diese kognitiven Verzerrungen als einst sinnvolle Anpassungen an jene Lebensumstände identifiziert worden, unter denen sich die längste Zeit unsere Evolution vollzogen hat. Sie sind ein bedeutendes Erbe der Jäger-und-Sammler-Vergangenheit. Tatsächlich handelt es sich um mentale Heuristiken, also um Methoden und Strategien, die es ermöglichen, selbst bei fehlendem Wissen zu praktikablen Lösungen zu kommen. Die müssen nicht wahr sein, sie müssen nur helfen! Unter den radikal veränderten Lebensbedingungen der modernen Welt mit all ihrem wissenschaftlichen Fortschritt indes taugen sie nicht mehr recht oder sind hinderlich geworden. Es handelt sich um klassische Mismatch-Phänomene.

Da aber nun einmal die menschliche Evolution die allermeiste Zeit im Zustand der Unwissenheit über Naturgesetze und Co. stattfand, haben uns diese steinzeitlichen Denk- und Wahrnehmungsstrategien das Überleben gesichert. Heute sollten wir sie als wesentliche Merkmale unserer ersten Natur kennen, um ihnen nicht aus alter Bequemlichkeit auf den Leim zu gehen. Eventuell lassen sich für einige von ihnen zeitgemäße Verwendungen finden.

Uns aber hilft das Wissen um die Existenz solch kognitiver Besonderheiten bei der Beantwortung der Gretchenfrage des modernen Menschseins: «Nun sag, wie hast du's mit der Religion?» Das ist, auch wenn es überraschend klingen mag, eine der am meisten unterschätzten Fragen unserer Gegenwart. Dass diese seltsame Welt, in der wir leben, uns normal erscheint, ist ohne die Religion nicht zu verstehen. Sie ist die Normalisierungsmaschine schlechthin.

13 Wir sind nicht allein

Als im Jahr 2004 der Entdecker der Gletschermumie Ötzi auf die gleiche Weise ums Leben kam wie Ötzi selbst – nämlich im Schnee der Alpen –, orakelte die Boulevardpresse vom «Fluch des Ötzi». Seit dessen Entdeckung seien immer wieder Menschen gestorben, die mit dem Mann aus dem Eis zu tun hatten. Genauso, wie das nach der Öffnung der Grabkammer Tutanchamuns der Fall gewesen sei. Da auch die Chefredaktion einer großen deutschen Wochenzeitung der Ansicht war, dies sei eine Geschichte, die ihre Leser interessieren würde, und es doch eine gute Gelegenheit böte, den aktuellen Forschungsstand über die 5300 Jahre alte Gletschermumie zu referieren, machte sich einer von uns beiden auf den Weg, um dem Fluch des Ötzi auf den Grund zu gehen.

Er reiste zu Wissenschaftlern in Deutschland, Österreich und Italien, die im direkten Kontakt mit dem «Mann aus dem Eis» standen. Faszinierenderweise kam es zum immer gleichen Gesprächsverlauf: «Natürlich glaube ich nicht an den Fluch des Ötzi», lautete die Standardantwort, untermalt mit einer abwinkenden Geste. Jedes Mal aber wurde nach einer kleinen Pause lachend hinterhergeschoben: «Aber ich habe ja auch nichts zu befürchten, ich habe immer nur gut über ihn geredet.» Oder: «Ich habe ihn ja nie berührt.» Oder: «Ich habe ihm nur Gutes getan.»

Jedes Mal meldete sich da die erste Natur zu Wort. Obwohl unsere dritte Natur sicher weiß, dass von einer 5300 Jahre alten Mumie keine negativen Kräfte ausgehen, lässt sich unsere erste Natur partout nicht davon überzeugen, dass Tote wirklich tot sind. Überraschen sollte das nicht, immerhin sprechen wir alle auf Friedhöfen mit den Verstorbenen.

—

Es ist ein bemerkenswertes Paradox (und Paradebeispiel für Kulturblindheit): Einerseits wird immer wieder betont, dass es schier unmöglich sei, eine taugliche Definition von Religion vorzulegen; andererseits wird der Religionsbegriff nur zu gerne in die Tiefe der Vorgeschichte zurückprojiziert, als wäre es das Selbstverständlichste, über die «Religion der Steinzeit» zu sprechen. Wir dagegen sind überzeugt, dass das, was heute unter «Religion» verstanden wird, einen Komplex darstellt, der als typisches Produkt der sich anreichernden kulturellen Evolution aus verschiedenen Komponenten besteht. Diese sind unterschiedlichen Alters und verschiedener Herkunft. In vielen Fällen handelt es sich um erstaunlich junge Erfindungen. Weder Tempeln, Priestern noch Göttern kommt ewige Existenz zu.

Machen wir uns also zunächst frei von all den Vorstellungen, die gemeinhin mit dem Begriff Religion verknüpft werden. Insbesondere von jenen, die heute für Konflikte sorgen. Religion hat den Menschen nicht schon immer vorgeschrieben, wie sie zu leben und die Welt zu sehen haben. Sie ist auch nicht die Herrin der Moral. Ebenso wenig handelt es sich um Aberglauben, den wir endlich hinter uns lassen sollten. Wir haben es mit einer einstmals durchaus rationalen Angelegenheit zu tun. Und verlassen wird sie uns auch nicht. Vor allem geht es um bedeutend mehr als nur um Religion.

Starten wir mit den ursprünglichsten Komponenten, den evolutionären Grundlagen von Spiritualität und Religion. Sie gehören ins Arsenal der eingangs vorgestellten kognitiven Heuristiken und sind damit Bestandteile unserer ersten Natur, wir schleppen sie noch heute mit uns umher.

Da ist zunächst der Umstand, dass Menschen Dualisten sind. Körper und Seele sind für uns getrennte Dinge. Wir sehen da keine Einheit, in unserer Alltagserfahrung nehmen wir uns selbst anders wahr als unseren Körper. In Gedanken wie im Traum können wir in ferne Sphären schweifen, selbst wenn sie unserem Körper verschlossen bleiben. Auch zieht dessen Tod nicht das Ende der Seele nach sich. Diese lässt nur ihre materielle Hülle zurück. Deshalb können wir mit den Toten kommunizieren. Es gibt keine Wahrnehmungen, die dem widersprächen. Niemand von uns hat erlebt, dass der Tod das definitive Ende der Seele wäre. Entsprechend haben Ethnografen den Glauben an das Weiterleben als Geister, Ahnen oder wiedergeboren in anderen Menschen oder Lebewesen in nahezu allen Gesellschaften rund um den Globus nachweisen können. Und deshalb triggert auch das Gerede vom Fluch des Ötzi etwas in uns.

Eine zweite Heuristik ist eng mit dem Dualismus verbunden: unser Animismus, die Neigung, Absichten nicht nur Mitmenschen, sondern auch Tieren und sogar natürlichen Objekten wie Bergen, Flüssen oder den Gestirnen zuzuschreiben. Wir vermuten überall Akteure am Werk, selbst dort, wo physikalische Prozesse ablaufen. Nicht allein Menschen sind also für uns Personen. Die ganze Welt ist beseelt und damit voller Wesen, Geister, die sich in unser Leben einmischen können.

Wir sind diesem Phänomen bereits im Kontext der Diskussion begegnet, dass selbst ein blinder Prozess wie die Evolution als ein von einem Wesen dirigiertes Geschehen wahrgenommen wird, das Absichten und Ziele verfolge. Jeder kennt es aus der Alltagswahrnehmung, wann immer uns etwas zustößt, ist unser intuitiver Gedanke: Da steckt jemand dahinter und hat seine Finger im Spiel.

Wir sind in dieser Beziehung sehr empfänglich. Die kognitive Religionswissenschaft hat bei Menschen ein «Hyperactive Agency Detection Device» (HADD) identifiziert. Dieser hypersensiblen Heuristik zum Aufspüren möglicher Akteure verdanken wir das Überleben, sie ist höchst adaptiv und wurzelt im Tierreich. Da unsere Vorfahren einerseits Gefahr liefen, Raubtieren zum Opfer zu fallen, andererseits angewiesen waren, selbst Beute zu machen, war es überlebensnotwendig, hier äußerst aufmerksam zu sein und jede Spur, jeden Hinweis in der Umwelt als Aktivität zu deuten. «In beiden Fällen ist es weit vorteilhafter, in unserer Umwelt zu viel Aktivität zu erkennen als zu wenig», erklärt der Psychologe Pascal Boyer. Deshalb deuten wir eine Bewegung im hohen Gras spontan als Bewegung eines Tieres und nicht des Windes. Irrten wir uns, hatten wir nichts verloren, lagen wir richtig, entkamen wir dem Tiger.

Der Animismus hat uns in Zeiten gerettet, in denen es an hinreichenden Einsichten in die tatsächlichen Wirkzusammenhänge der Welt fehlte. Er war höchst adaptiv. Die Hypothese, es stecke hinter allem Geschehen ein verursachendes Wesen, hilft die Beobachtungen, Annahmen und Prognosen des Verhaltens des Wetters, eines Berges oder von Krankheiten zu systematisieren, weil man annimmt, die Wesen verfolgten ähnliche Motive, wie es auch Menschen tun.

Auf diese Weise entwickelte man Konzepte, um in Zukunft Unheil abzuwehren. Oft handelte es sich um reine Beschwichtigungsversuche der Geister (Opfer, Beschwörungsformeln). Immer ging das mit besonderer Aufmerksamkeit und Vorsicht einher. Das kann helfen, korrekte Prognosen anzustellen, wann ein Sturm losbricht oder ein Berg Feuer spuckt. HADD hat uns zu hochbegabten, aber eben auch hyperaktiven Beobachtern und Kombinierern gemacht.

Die Geschehnisse in der Realität werden als Handlungen von Akteuren interpretiert, die bewusste Intentionen verfolgen. Anders also, als der bereits angeführte Max Müller dachte, dramatisiert nicht die Sprache. Es ist unser Denken, das unsere ganze Umwelt von Dramatis Personae bevölkert glaubt. Manche davon besitzen nun mal keinen Körper.

In diesen Kontext gehört die teleologische Heuristik (auch ihr sind wir bereits begegnet): Es ist die Neigung, in jedem Organismus oder Objekt einen Sinn zu sehen, sie auf ein Ziel hin verpflichtet zu glauben. Man spricht auch von Funktionalismus oder Finalismus: Dinge sind gemacht oder entstanden, um einen bestimmten Zweck zu erfüllen. Solches Denken macht uns überlebenstauglicher, verstärkt es doch die Tendenz, die Umwelt aufmerksam zu beobachten. Man will schließlich nicht gegen die Intentionen anderer verstoßen, mögen wir sie auch nie zu sehen bekommen. Fehler, die daraus resultieren, bleiben in aller Regel einmal mehr ohne Folgen.

—

Millionen von Jahren nahmen wir die Welt so wahr: Es gab keine physikalischen Ursachen; alle Kausalität war eine soziale. Wie hätte es auch anders sein können? Die Menschen wussten nichts von Mikroben oder Plattentektonik, über Naturgesetze oder biologische Evolution und mussten doch die Welt irgendwie verstehen, um in ihr sinnvoll zu handeln. Sie interpretierten das beobachtete Geschehen als Abfolge miteinander verbundener intentionaler Aktionen und versuchten, sich auf dieser Grundlage zu verhalten. Besondere Ereignisse wie ein Sturm, ein Felssturz oder große Hitze waren immer Aktionen bestimmter Wesen. Sie geschahen nicht einfach so. Gleiches galt für Unfälle oder Krankheiten. Dahinter steckten andere Menschen (böser Blick, Fluch, Zauber) oder Geister, die man erzürnt hatte.

Unsere soziale Kausalität führt dazu, dass wir Akteure am Werk sehen, wo gar keine sind. Es ist unser dualistischer Glauben an die unsichtbare Existenz von Seelen, der dort übersinnliche Akteure ins Spiel bringt, wo sonst keine Ursachen zu entdecken sind. Geister, Dämonen und Ahnen sind die üblichen Verdächtigen, wenn es um Krankheiten, Unfälle oder Naturkatastrophen geht. Sie handeln aus nachvollziehbaren Gründen: Sie schicken Unheil oder Krankheiten aus Rache, Neid oder Eifersucht, weil sie schlecht behandelt oder nicht genügend beachtet wurden. Manchmal auch aus purer Langeweile, und einige sind schlicht abgrundtief böse. Sie sind uns auffallend ähnlich.

So nehmen wir heute noch intuitiv die Welt wahr. Bei erlebtem Leid seufzt unsere erste Natur: «Womit habe ich das verdient?», und startet die Suche nach der eigenen Verantwortung. Tatsächlich ist so die Chance deutlich größer, sich daraus zu befreien oder zu verhindern, dass es einem ein zweites Mal zustößt, als wenn man sich fatalistisch aufs Nichtstun verlegt. Deshalb lassen wir uns leicht einreden, wir trügen selbst die Schuld an einem Unglück. So wie wir hyperaktiv nach Akteuren fahnden, die hinter einem Unheil stecken, so sind wir hyperaktiv darin, nach Gründen zu suchen, warum sie uns damit plagen. Und da drängt sich immer die Vermutung auf, wir hätten sie erzürnt. Der überall zu konstatierende Masochismus, zu glauben, für die eigene Misere verantwortlich zu sein, entspringt also einer einstigen Überlebensstrategie.

Entsprechend kommunizierten wir mit den Geistern, den Seelen der Toten, aber auch der Tiere und den anderen Mächten der Natur. Da wir annahmen, deren Psychologie sei nicht grundsätzlich verschieden von der unseren, galt auch hier ein Sharing and Caring: Wir müssen mit ihnen teilen und uns um sie kümmern. Das ist der eigentliche Trick dieser Heuristiken. Ohne es zu reflektieren, gehen wir davon aus, die ganze Welt funktioniere so wie wir selbst. Wir benutzen unsere eigene Psychologie, formuliert es Boyer, als «Folie» für die Wahrnehmung der Welt und all ihrer Akteure. Wir sind da grenzenlos egozentrisch. Schließlich sind wir die Einzigen, deren Verhalten wir halbwegs verstehen.

Wir sorgten uns also um ein gutes Verhältnis zu allen Wesen und versuchten unsere Beziehungen im Gleichgewicht zu halten. Es galten die Rezepte der Reziprozität: Auch mit den Geistern teilte man Nahrung oder gab den Tieren etwas zurück, wenn man etwas von ihnen genommen hatte. Das Opfer begann als Akt eines gegenseitigen Tausches: Ich sorge für die Geister, damit sie mir wohlgesonnen sind und Gutes tun. Denn enttäuschte oder verärgerte Geister rächten sich mit Krankheiten oder anderem Unheil. Unsere soziale Logik ist immer reziprok.

Geister existierten in keiner Sphäre, die völlig von der menschlichen getrennt war. Deshalb verwenden wir auch nicht den christlich geprägten Begriff des Jenseits, der eine klare Grenze zum Diesseits suggeriert. Insofern war die Kommunikation mit ihnen immer möglich, auch durch simples Sprechen. Besonders effektiv war es aber, in ihre Welt einzutauchen. Das gelang dank besonderer Techniken, wie sich durch Tanz oder bewusstseinserweiternde Substanzen in Trance zu versetzen. Oder an besonderen Orten, mit besonderen Objekten oder zu besonderen Zeiten, die als Schnittstellen zwischen der sicht- und der unsichtbaren Welt dienten. Solche «Interfaces», um einen Begriff des Ägyptologen Jan Assmann zu benutzen, waren Medien und Orte des Übergangs und des Austausches zwischen den Sphären. Generell pflegten alle Menschen den Kontakt mit den Personen nichtmenschlicher Natur. Immer aber gab es Individuen, die in dieser Hinsicht begabter oder erfahrener waren als andere.

—

Damit haben wir die Komponenten beisammen, mit denen die erste Natur die Welt wahrnimmt. Kann man das schon Religion nennen? Nein, es handelt sich um unsere intuitive Form der Weltanschauung und Weltinterpretation. Auch sind deren Akteure nicht übernatürlich, sondern real. Nur eben unsichtbar. Es bildet das Substrat, auf dem sich all das entwickelt, was später Religion genannt werden wird. Von dieser ist jedoch erst dann zu reden, wenn sie sich zu einem gesonderten Lebensbereich entwickelt – mit spezifischen Experten, kanonisierten Praktiken und Institutionen.

Man kann die uns allen eigene erste Natur also als «animistisch» oder sogar «spiritualistisch» bezeichnen. Der Anthropologe Edward B. Tylor, der den Begriff «Animismus» im 19. Jahrhundert schuf, wollte ursprünglich den Terminus «Spiritualismus» verwenden. Um Missverständnisse zu vermeiden: Als führender Vertreter des Evolutionismus sah Tylor darin die erste, primitive Form von Religion, die im Fortschrittsprozess überwunden wird und komplett verschwindet. Wo sie trotzdem noch existierte, konnte es sich nur um rückständigen Aberglauben handeln, der von der Primitivität ihrer Anhänger zeugte. Heute dagegen ist klar, wir haben es mit einem wesentlichen Element unserer psychologischen Grundausstattung zu tun. Sie ist als Teil der ersten Natur die biologische Basis, auf der die Religionen als kulturelle Gewächse sprießen. Dieses animistische Substrat ist also nicht überwunden, wir teilen es mit den Menschen der letzten 300 000 Jahre. Wäre der Begriff nicht durch seine heutige Verwendung heikel, könnte man auch einfach von der «spirituellen» Ader aller Menschen sprechen.

Wir sind eben keine reinen Vernunftwesen. Selbst Atheisten kennen Gefühle der Erhabenheit, einer allbeseelten Verbundenheit, der spontanen Dankbarkeit, sei es inmitten des Waldes, beim Blick in den Sternenhimmel, in Grenzsituationen und bei Geschenken des Lebens. Diese animistische Seite ist es, die noch in unseren rationalen Zeiten von etwas wie dem Fluch des Ötzi zum Klingen gebracht wird. Sie ist überzeugt, dass selbst die Seele eines seit Jahrtausenden Toten im Hier und Jetzt für Unheil sorgen kann – trotz besseren Wissens unserer dritten Natur.

Die erste Natur ist es auch, die es genießt, wenn wir Filme mit Vampiren, Zombies und anderen Monstern, Geistern und Untoten sehen. Wären wir gänzlich rational, wir würden kaum Gefallen finden an all der Fantasy, welche die Alltagskultur dominiert. Dass diese die Blockbuster und Mega-Serien unserer

Zeit liefert – *Herr der Ringe, Harry Potter, Game of Thrones, Stranger Things, Walking Dead* –, zeigt, wie sehr unsere erste Natur übersinnlicher Resonanz bedarf.

14 Totale Religion

Wir betreiben hier keine Religionsanalyse als Selbstzweck. Wir sind überzeugt, die kritische Auseinandersetzung mit der Religion wurde bisher zu sehr auf den Streit mit der Wissenschaft reduziert. Und auf – natürlich wichtige – Themen wie die Diskriminierung von Frauen und die Missbrauchsthematik. Das aber sind Phänomene, die mit dem derzeit zu beobachtenden Niedergang der offiziellen Religion vermutlich bald der Vergangenheit angehören. Dass die Religion uns allen noch umfassendere Probleme bereitet hat, die selbst mit ihrem Verschwinden nicht getilgt sein werden, ist bisher kaum erkannt. Es gibt wenige Bereiche, in denen Aufklärung so nötig ist – und zwar evolutionäre Aufklärung.

Es geht erstens darum, mit der Religion eine der zentralen Säulen gesellschaftlicher Ungerechtigkeit zu identifizieren. Und zweitens darum, einen der womöglich am meisten unterschätzten Eingriffe in die menschliche Natur zu verstehen, dessen Konsequenzen noch tagtäglich zu erleben sind. Deshalb skizzieren wir hier die wichtigsten Entwicklungen in der notwendigen Kürze.

—

Wie alle Dimensionen des Menschseins wurde auch die Sphäre der Geister durch die neue sesshafte Lebensweise revolutioniert. Die übersinnlichen Wesen machten Karriere und eroberten den Himmel. Wir haben es beschrieben, die neue Welt der Landwirtschaft ging mit einer enormen Zunahme an Krankheiten, Konflikten und Katastrophen einher. Und auch hinter diesen mussten übersinnliche Wesen als Verursacher stecken; es gab schlicht keine andere Erklärung.

Hier spielten weitere kognitive Prinzipien eine Rolle. Dem Prinzip der Proportionalität folgend, müssen große Ereignisse große Ursachen haben. Wenn nun in der neuen Welt der Bauern Seuchen, Plagen oder Dürren ganze Landstriche verheerten, konnten nur Verursacher von entsprechender Statur dahinterstecken. Das regelmäßig in außergewöhnlichen Dimensionen auftretende Unheil bescherte also einzelnen Geistern einen gewaltigen Machtzuwachs.

Eine weitere relevante kognitive Heuristik ist das Widerspiegelungsprinzip: Die Vorstellungen, die sich Menschen von der Sphäre der übersinnlichen Mächte machen, korrespondieren mit den Verhältnissen der irdischen Sphäre. Es gilt: im Himmel wie auf Erden. Wir können uns nichts vorstellen, das wir nicht kennen. Je mehr die Ungleichheit unter den Menschen wuchs, desto mehr geschah das auch bei den übernatürlichen Agenten. So wie der Übergang von egalitären Gemeinschaften zu Stammesgesellschaften und frühen Staaten dauerhafte Herrschaft hervorbrachte und sich erst Warlords, später Könige immer höher über ehemals ihresgleichen erhoben, so mauserten sich einige Geister und Ahnen zu Göttern. Diese Entwicklung hin zum Polytheismus mit vielen Gottheiten fand überall dort statt, wo Gesellschaften sich unter dem Einfluss der produktiven Landwirtschaft hierarchisierten und die soziale Schere immer weiter auseinanderklaffte.

Entsprechend musste mehr Aufwand betrieben werden, um das übersinnliche Personal bei Laune zu halten. Die Opfer wurden größer, auch verzeichneten die Experten im Umgang mit den Göttern einen immensen Machtzuwachs. Tempel erreichten himmelsstürmende Dimensionen. Eine weitere treibende Kraft kam hinzu. Die Götter übernahmen neue Aufgaben: Sie spendeten Macht, begründeten Territorialansprüche und legitimierten Herrschaft.

Das begann bereits mit den Ahnen im Zuge des Sesshaftwerdens. Als einzelne Gruppen exklusiven Anspruch auf ein Stück Land erhoben, das zuvor allen gehört hatte, brauchte es eine Rechtfertigung. «Wir waren schon immer hier», lautete das naheliegendste Argument, «das ist das Land unserer Ahnen.» Deren Gräber wurden nicht nur zu Territorialmarkern, die Ahnen wachten nun über das neue Eigentum.

Sobald einzelne Personen die uralten Prinzipien der Gleichheit mit Füßen traten und versuchten, andere zu dominieren, wenn nicht zu unterjochen, war das ein unerhörtes Faktum, ein Affront gegenüber unserer egalitären Natur. Das verlangte anfangs Gewalt. Dauerhaft funktioniert Herrschaft aber nur mit Legitimation, um nicht ständig infrage gestellt zu werden und mit massivem Zwang reagieren zu müssen. Tatsächlich inszenierten sich die frühen Herrscher als Günstlinge oder Abkömmlinge der Götter. In deren Auftrag und Namen beanspruchten sie, über das Volk zu herrschen, Gesetze zu erlassen, Kriege zu führen – und ihre Söhne als Nachfolger zu installieren.

Hier entstand ein überwältigender Staatskult mit institutionalisierten Opfern, Ritualen, Festen und Glaubensinhalten, der endgültig als Religion zu beschreiben ist. Dass das nicht als Fortschritt anzusehen ist, sollte sich von selbst verstehen. Tatsächlich haben wir es mit einer Religion von oben zu tun. Sie spendete jene «symbolische Gewalt», von der Bourdieu spricht. Herrschaft wurde fortan im Namen und im Auftrag der Götter ausgeübt. Widerstand zwecklos.

Wir nennen das Herrschaftsreligion. Diese war, da die frühen Zivilisationen männerdominiert waren, hochgradig patriarchal und kriegsorientiert. Ihre Priester sollten herausfinden, wie man die Götter gnädig stimmt, und mittels Orakel, Weissagung oder Sterndeutung erkunden, ob sie ihren irdischen Stellvertretern wohlgesonnen waren. Imposante Architekturen fungierten als Überwältigungsinstrumente, um das Volk von der göttlichen Größe und damit auch und besonders jener der Herrscher zu überzeugen – und den Untertanen ein Gefühl wesenhafter Unterlegenheit zu geben.

—

Parallel lebte der altbewährte Glaube an Geister und Ahnen fort. Als Produkt der ersten Natur konnte er nicht einfach verschwinden. Auch er hatte vielgestaltige kulturelle Entwicklungen erlebt: Rituale, Opfer, Beschwörungsformeln, Magie, Zaubersprüche, Talismane, heilige Orte und mächtige Objekte. Seine Ausgestaltungen waren nicht so spektakulär, da sich alles um die Bewältigung alltäglicher Angelegenheiten drehte: Geburten, Krankheiten, das Gedeihen von Pflanzen und Tieren, Liebe, Sterben. Das brauchte kein beeindruckendes Brimborium, da hier niemand überzeugt werden musste.

Wir nennen das die Religion von unten, Alltagsreligion. Ihre Praktiken sind uralt und allen zugänglich, auch wenn es Spezialisten und Virtuosen gibt. Diese Sphäre ist sehr weiblich, was an der Wichtigkeit von Geburten liegt, aber auch schlicht daran, dass Frauen von der aktiven Teilhabe an der Herrschaftsreligion ausgeschlossen waren. Zumindest solange es sich nicht um die Frauen oder Töchter der Elite handelte.

Zwischen der Religion von unten und der von oben bestand lange eine Arbeitsteilung. In einer Welt der vielen Götter ist die Existenz anderer übersinnlicher Akteure wie Ahnen und Geister nichts, das logische Probleme bereiten würde. Wieder gilt das Widerspiegelungsprinzip: so hierarchisch die Gesellschaften, so hierarchisch auch ihre religiösen Sphären. Auch hier gab es noch kein Außerhalb der Religion. Das komplette Leben war durchdrungen vom Austausch mit Geistern und Göttern. Für jede Gelegenheit gab es entsprechende Zuständigkeiten. Während die Religion von unten für das normale Leben verantwortlich war, drehte sich in der Religion von oben alles um die Angelegenheiten des Staates.

Der Religionspsychologe William James sprach in seinem längst klassisch gewordenen Werk *Die Vielfalt religiöser Erfahrung* von Religion aus erster und Religion aus zweiter Hand. Idealtypisch gesprochen: Nur die Alltagsreligion verstand sich von selbst, weil sie erster Hand praktiziert wurde und aus den Dispositionen unserer ersten Natur erwächst. James nennt das auch «persönliche Religion»: Sie gründet in subjektiven Erfahrungen der Transzendenz. Die Herrschaftsreligion hingegen muss erlernt werden, schließlich wird den Menschen von Experten vorgegeben, was sie zu glauben haben. Zugespitzt formuliert, müssen sie fremde Dinge glauben, die ihnen aus zweiter Hand präsentiert, wenn nicht eingetrichtert werden.

Die Religion von oben dominierte die Sichtbarkeit mit ihren grandiosen Tempeln, Kirchen und Heiligtümern, gewaltigen Götterstatuen und heiligen Schriften. Selbst über die Jahrtausende hinweg: Auch heute bringt die Archäologie überwiegend Relikte der Herrschaftsreligion ans Tageslicht; die meisten unscheinbaren Objekte der Alltagsreligion überlebten nicht einmal die Zeiten. Und wenn doch einmal, hatten Archäologen oft kaum ein Auge dafür.

—

Die Konsequenz ist ein kolossales Missverständnis: Die Religion von oben erscheint als einzig wahre, als tatsächliche Religion. Das hatte lange den Machthabern jeglicher Couleur in die Karten gespielt, verschleierte es doch, worum es in dieser Staatsreligion wirklich ging: um die Legitimation von Herrschaft der Wenigen über die Vielen, um die Rechtfertigung krasser sozialer Ungerechtigkeit durch das angebliche Gottesgnadentum der Eliten. Die Religion von oben adelte die Ungleichheit der Lebens- und Reproduktionschancen, die Unterdrückung der Frauen und heiligte die Vererbung des Reichtums. Sie vertagte die Gerechtigkeit auf das Jenseits und erklärte damit die Ungerechtigkeit zur diesseitigen Normalität.

Genauer betrachtet, ist das nicht so sehr ein Missverständnis, sondern Ideologie. Und zwar eine, die aus einer der wirkmächtigsten Innovationen resultiert: aus der Erfindung des jüdisch-christlichen Monotheismus, der auf dem Postulat basiert, dass es nur einen einzigen Gott gibt. Der legitime Umgang mit ihm wird durch die Bibel und später im Fall des Christentums durch die Kirche definiert. Der Monotheismus erklärt nicht nur allen anderen Göttern den Krieg, sondern er bekämpft vehement die Alltagsreligion – und damit die erste Natur der Menschen.

Wo es nur einen Gott geben darf, sind nicht nur alle anderen Götter des Teufels, sondern auch die uralten Praktiken der Religion von unten, operieren diese doch mit einer Vielzahl übernatürlicher Akteure. Schon das Alte Testament setzt Magie und Zauberei, Hexerei und Ahnenkult auf den Index: «Die Zauberinnen sollst du nicht leben lassen», heißt es im zweiten Buch Mose. Andererseits zeigt die aufmerksame Lektüre der Bibel, wie vielfältig und lebendig die Alltagsreligion war, wie sehr die Menschen daran hingen (selbst König Saul bittet die Hexe von Endor, den Geist des toten Propheten Samuel zu beschwören) und sich gegen die neue «Es gibt nur einen einzigen Gott»-Religion wehrten. Der Tanz ums Goldene Kalb ist nur die prominenteste Protest-Episode.

Was hier passiert war? Der neue Gott Jahwe ist als ehemaliger Staatsgott der kleinen untergegangenen Königreiche Juda und Israel ein Repräsentant der Herrschaftsreligion (und als einstiger Wetter- und Kriegsgott eindeutig aggressiv-männlich konnotiert). Bibelwissenschaftler wie Othmar Keel, Eckart Frahm oder Konrad Schmid haben herausgearbeitet, dass die größten Despoten der Zeit bei der Ausformulierung dieses Gottesbildes Pate standen: Die Verpflichtung auf absolute Treue und Liebe, wie sie typisch für den Gott der Bibel ist, entstammt den Eidformeln der assyrischen Könige, welche benachbarte Vasallenstaaten schwören mussten. Der imperiale Großkönig stand Modell für den neuen einzigen Gott.

Damit erklärte die Religion von oben der Religion von unten den Krieg und setzte alles daran, diese zu eliminieren. Die Konsequenz ist der Versuch, die Alltagswelt zu kolonialisieren, die Menschen spirituell und religiös zu enteignen und zu zwingen, der neuen Religion zu folgen. Die Religion von oben wird total.

—

Wir dürfen aber nicht übersehen: Was das Alte Testament, die hebräische Bibel, angeht, ist das vor allem ein theoretischer Anspruch, der aus der theologischen Logik des Monotheismus entspringt. Es handelt sich um eine typische Dritte-Natur-Lösung, die sich kaum in die Praxis umsetzen lässt, da sie mit unserer ersten Natur kollidiert. Dieser ist die Idee eines einzigen Akteurs, von dem man sich nicht einmal ein Bild machen darf, viel zu abstrakt. Auch stand sie gegen tief verankerte Zweite-Natur-Praktiken der Alltagsreligion. Der weitere Verlauf der biblischen Geschichten wie auch die Archäologie belegen: Die Kolonialisierung der Lebenswelt durch das neue intellektuelle Konzept des Monotheismus gelingt im alten Israel höchstens partiell.

Diese theologische Innovation – und das ist zentral – entspringt der Defensive und verdankt sich dem Versuch, den Katastrophen der Welt zu entgehen. Sie wird formuliert, als die Menschen im alten Israel in keinem eigenen Staat lebten, sondern immer wieder von den umliegenden Imperien verheert wurden. Wir haben andernorts die große Leistung gewürdigt, die mit dem neuen Monotheismus einherging: Die Moral wurde aus der Verfügbarkeit der irdischen Herrscher in die unantastbare Sphäre des Göttlichen verlegt. Die Innovation des Monotheismus war also ein revolutionärer Akt der verzweifelten Selbstbehauptung eines kleinen schwachen Volkes, das sich gegen die Vernichtung wehrte.

Totalitär wurde der totale Anspruch des Monotheismus erst, als dieser die Seiten wechselte und in die Fänge der Macht geriet. Adaptierte etwa ein römischer Kaiser die Lehren eines jüdischen Wanderpredigers, der von römischen Soldaten ans Kreuz geschlagen wurde, weil er von dessen Lehren der Barmherzigkeit und Feindesliebe begeistert war? Nein, Kaiser Konstantin verstand, dass die Lehre eines einzigen Gottes, die das frühe Christentum dank griechischer Philosophie noch mit der Idee absoluter Macht ausgestattet hatte, die perfekte Legitimation irdischer Herrschaft war. Konstantin erkannte im Christentum die ideale Herrschaftsreligion. Wenn es je einen Fall von kultureller Aneignung durch Unterdrücker gab, dann ist es dieser.

Um es deutlich zu sagen: Vieles wird mit diesem Seitenwechsel ins absolute Gegenteil verkehrt. Jesus von Nazareth predigte Gleichheit, Gewalt- und Besitzverzicht und war ein Freund der Frauen. Die römische Kirche wird die vermutlich hierarchischste, gewalttätigste, reichste und frauenfeindlichste Institution der Menschheitsgeschichte. Was vorher nur in der Theorie angelegt war, kann dank staatlicher Macht in die Praxis umgesetzt werden, nicht zuletzt, um die Herrschaft zu erhalten und auszubauen. Im Namen Gottes führt das christliche Abendland nun Krieg um Krieg gegen die «Ungläubigen»: gegen die angeblichen Ketzer, die Heiden, die Indigenen, die Hexen. Alles Aberglauben und des Teufels – und damit todeswürdig.

Viele Ideen der christlichen Lehre sind als reine Dritte-Natur-Produkte vollkommen sperrig. Wer kann schon die Trinität erklären? Oder die Ursünde von der Erbsünde unterscheiden? Wozu braucht es einen Katechismus, der einem Gesetzbuch gleich in unzähligen Paragrafen die Glaubensinhalte auflistet? Dieser Glaube mit all seinem «Du musst» und «Du darfst nicht» muss erlernt und überwacht werden. Den Menschen wird nicht nur vorgeschrieben, was sie zu glauben und wie sie zu leben haben, es wird ihnen immer wieder aufs Neue eingebläut. Die Kirche wird eine megalomane Indoktrinationsmaschine.

Predigten, Beichten, Bußen: Alles ist ausgelegt, um die Menschen in der Sünderrolle festzuhalten und so Kirche und Herrschaft unverzichtbar zu machen. Denn das ist die Konsequenz monotheistischen Denkens: Der eine und einzige Gott hatte die Welt gut erschaffen. Deren miserabler Zustand resultierte allein aus der Anfälligkeit der Menschen für das Böse. Und wenn wir alle an dem Unheil schuld sind, ist es nur zu unserem Besten, wenn wir mit harter Hand beherrscht werden. Wir müssen unseren Unterdrückern dankbar sein – das ist die zynische Logik der Herrschaftsreligion. Sie erhebt damit den Zustand der Unterdrückung zur einzig akzeptablen Normalität.

Das sogenannte christliche Abendland, das durch eine eher unheilige Allianz von Thron und Altar gekennzeichnet war und versuchte, die Herrschaft einiger weniger absolut zu verankern, wird fast zweitausend Jahre lang einen Krieg gegen die erste Natur der Menschen führen. Ganz normale menschliche Regungen, wie die Sexualität, das Freiheitsstreben von Frauen oder der Glaube an viele übernatürliche Akteure, werden verteufelt. Doch allen Unterdrückungsmaßnahmen zum Trotz hat sich die erste Natur als überaus widerständig erwiesen. Deshalb hat schon das Christentum früh an manchen Stellen nachbessern und mit Maria, den Engeln, Dämonen und Heiligen den strengen Monotheismus aufweichen müssen. Die erste Natur verlangte nach ihrem Recht – und tut das noch heute.

15 Sieben Sünden

Die im letzten Kapitel geschilderten Prozesse haben uns tief in die Misere gestürzt. Einmal mehr verstellt die traditionelle Fortschrittsperspektive die Erkenntnis der Tragweite der daraus resultierenden Schwierigkeiten. Wir schrieben es schon: Es geht um so viel mehr als Religion. Schließlich wurden äußerst vitale Kräfte unserer ersten Natur gekapert, zum Teil auch negiert. Kräfte, die für Jahrhunderttausende eine bedeutende Rolle fürs Überleben spielten. Entsprechend tief sind sie in uns eingegraben, entsprechende Macht haben sie über uns. Egal, ob wir das nun gut finden oder nicht.

Bisher machte man es sich einfach. Der Rückzug der offiziellen Religion galt als Fortschrittsphänomen, als wesentlicher Schritt im Sinne der Aufklärung, der es ermöglichte, dass sich Menschen endlich ihres eigenen Verstandes bedienten und aufbrechen konnten in eine neue Zeit. Übersehen wurde, dass damit die religiöse Ader der ersten Natur nicht verschwindet. Ignoriert wurden auch die massiven Altlasten und Deformationen der Religion von oben, die bisher kaum bis gar nicht aufgearbeitet sind. Dabei kontaminierten sie das Leben auf fundamentale Weise und tun es noch immer.

Sehen wir uns den Schaden an. Wir konzentrieren uns auf jene Phänomene, die aus evolutionärer Perspektive bedeutend mehr Aufmerksamkeit verdient hätten. Die folgenden sieben Sünden der offiziellen Religion verraten eine ganze Menge über das Menschsein.

Sünde 1: Wir wurden um einen Teil unserer Persönlichkeit betrogen

Die Menschen laufen den Kirchen in Scharen davon. Das liegt nicht zuletzt an den demokratischen Zeiten, in denen wir leben: Eine Herrschaftsreligion hat den Menschen nichts mehr zu sagen. Anders aber, als es der Fortschrittsglaube in Gestalt der Säkularisationsthese behauptete, ist die Religion allem wissenschaftlichen Fortschritt zum Trotz nicht verschwunden. Von Esoterik bis moderne Spiritualität, von Neo-Schamanismus bis Zen-Buddhismus: Wir erleben einen bemerkenswerten Boom alternativer Religionsformen.

Uns geht es nicht um ein Plädoyer für oder gegen Religiosität und Spiritualität, sondern allein um die Analyse. Die Angelegenheit ist überaus simpel: Wir schleppen nun einmal die animistisch-spiritualistische Basisausstattung mit uns herum, das Substrat der Alltagsreligion. Das Christentum bot ihr in der Vergangenheit einen Resonanzraum und kanalisierte damit die spirituellen Bedürfnisse der menschlichen Natur, wenn auch eher schlecht als recht. Das fällt nun fort. Die erste Natur sucht nach neuen Möglichkeiten, sich auszuleben.

Mit unserem spiritualistischen Talent verhält es sich wie mit der Musikalität. Auch diese ist Teil unserer genetisch verankerten ersten Natur und damit ein universelles Phänomen, das zu allen Zeiten Bestandteil menschlichen Lebens war. Die ältesten bisher entdeckten Flöten sind fast 40000 Jahre alt. Wie sich aber die Musikalität ausprägt, ob wir unmusikalisch, Rockfans oder Konzertpianistinnen werden, hängt von individuellem Talent, der jeweiligen Kultur, Sozialisation und den Zufällen des Lebens ab. Und niemand ist gezwungen, seine Musikalität auszuleben. Die Zahl derer, die absolut amusikalisch sind, nie Musik hören oder dabei gar nichts empfinden, ist sehr gering.

Die Vielfalt musikalischer Ausdrucksformen ist unüberschaubar: Musikethnologen haben die fantastischsten Rhythmen und Klänge beschrieben. Allein in der westlichen Welt gibt es unendlich viel zu hören: von Klassik über Oper hin zu Jazz, Blues, Rock, Pop, Rap, Techno, um von Volks-, Fahrstuhl-, Kirchen- und Marschmusik, Kinderliedern und dem, was wir so unter der Dusche trällern, gar nicht erst anzufangen. Musikstreaming-Anbieter haben mittlerweile hundert Millionen Titel im Angebot. Die Kreativität der kulturellen Evolution ist atemberaubend und zuweilen auch ohrenbetäubend.

Stellen wir uns vor, hier wäre Ähnliches geschehen wie im Bereich der Religion. Die Musik der griechisch-römischen Welt wäre in der Spätantike zur einzig erlaubten und fortan unabänderlichen Musikform erklärt worden. Jede andere musikalische Äußerung, und sei es das Pfeifen im Walde, wäre verboten gewesen. Was wäre die Folge, wenn dieses Verbot in unserer modernen Zeit nach vielen Jahrhunderten entfiele? Viele Musikinstrumente wären nie erfunden, Musikstile nie ersonnen worden, es gäbe weder Opern noch Clubs. Alles bräche sich plötzlich Bahn: ein wildes Experimentieren, Getöse, von Harmonie erst einmal kaum eine Spur. Alles müsste neu erkundet und komponiert werden. Ein einziges Ausprobieren, reinste Kakophonie. Eine unterdrückte Welt verlangte nach ihrem Recht.

Ebendas erleben wir im Bereich des Spirituellen: Der christliche Gott hat erst die Welt entzaubert und entgeistert; mit seinem eigenen Verschwinden wird die unsichtbare Welt endgültig stumm. Unsere erste Natur aber verlangt nach Resonanz auch in übersinnlichen Belangen. Entsprechend sollte der aktuelle Boom alternativer Glaubensformen nicht verwundern. Mit dem Erodieren der angeblichen Normalität mitsamt ihren regulierenden Institutionen, welche vorschrieben, wie Menschen zu leben und was sie zu glauben hatten, kommt es allerorten zu einer Explosion an neuen Lebens-, Denk- und Glaubensformen. Die so lange unter Verschluss gehaltene oder in ein Korsett gezwungene erste Natur sucht begierig nach

Entfaltungsmöglichkeiten. Da das Christentum die Ausbildung von Alternativen systematisch verhindert hat, fehlt es an zeitgemäßen Ausdrucksformen, erprobten Handlungsmustern und alternativen Resonanzräumen. Ein bunter Wildwuchs ist die Folge, bei dem alles Mögliche unternommen wird, die Welt wieder zu verzaubern und erneut zum Sprechen zu bringen.

Menschen graben nach verschütteten Traditionen wie der Mystik und versuchen, Unterdrücktes aus Märchen, Mythen, aber auch aus archäologischen Funden zu rekonstruieren. Vor allem erfreuen sich die religiösen Überlieferungen traditioneller, insbesondere indigener Kulturen großen Interesses. Sie stammen oft aus staatsfernen Regionen, sind damit unbelastet von der Religion von oben und haben den animistischen Vorlieben der ersten Natur viel zu bieten. Man darf nur nicht den evolutionistischen Fehler begehen, hier kulturelle Fossilien ursprünglichen Lebens zu vermuten. Im Gegenteil, im Bereich der intuitiven Religion sind die entsprechenden Gesellschaften kulturell bedeutend entwickelter als der Westen.

Noch einmal zurück zum Vergleich mit der Musik: Diese kann sehr intellektuelle Ausformungen erleben – man denke an Bachs Kunst der Fuge oder die atonale Musik eines Arnold Schönberg. Doch streng betrachtet ist auch die Musik etwas, das wir aus der Funktionslogik unserer modernen Welt als nicht sehr rational betrachten würden. Sie gehört ins Repertoire archaischer Praktiken, die unsere Vorfahren vor allem abends ums Lagerfeuer herum betrieben: Tanzen, Geschichtenerzählen, Bilder malen. Das sind Dinge, die wir heute zum Menschsein zwingend dazurechnen und als große Errungenschaften feiern, da sie eine enorme kulturelle Blüte entfalteten. Musik, Tanz, Kunst, Literatur, Theater, Film: Alle gelten als Bereicherungen des Lebens.

Auch unsere spiritualistisch-animistische Ader lebte sich damals rund ums Feuer aus – und war eng mit den anderen Praktiken verflochten. Die Frage sei also erlaubt, was ohne die religiöse Enteignung der Menschen durch die Religion von oben geschehen wäre. Die intuitive Religion hätte mannigfaltige Ausformungen erlebt. Und die Alltagsreligion ist, zumindest den Grundprinzipien nach, nicht dogmatisch wie die Herrschaftsreligion. Für sie gälte also, was auch für die Musik gilt: Es ist allen freigestellt, sich der Religion in der ihnen gemäßen Weise zu widmen – oder auch nicht. Könnte es also sein, dass wir um eine besondere Erfahrungsdimension betrogen worden sind? Wir könnten möglicherweise ganzheitlichere Menschen sein. Und das schreiben wir als Agnostiker, die spirituellen Neigungen gänzlich abhold sind.

Es gibt Anthropologen, die für einen modernen Animismus plädieren, der den Anthropozentrismus überwindet und nicht allein Menschen einen Personenstatus zugesteht. Das erleichtere eine dringend notwendige artenübergreifende Solidarität, die alle Lebewesen umfasst. Der Abschied vom unbedingten Hegemonialanspruch der Menschen würde zu einem verantwortungsvollen Umgang mit unserem Planeten führen. Zumindest unsere erste Natur hätte damit keine Probleme.

Sünde 2:
Sie schuf ein bedenkliches Kompensationsbedürfnis

Aber es gibt auch heikle Aspekte. Die sozialen Defizite moderner Menschen haben wir zur Genüge ausgeführt. Unsere erste Natur unterscheidet nicht zwischen Wesen mit Körper und ohne Körper. Unser ursprünglicher sozialer Kosmos war also nicht nur von Wesen aus Fleisch und Blut bevölkert, sondern auch von Geistern, bei denen es sich ja oft nur um Menschen, womöglich Verwandte, in einem anderen Aggregatzustand handelte. Zu ihnen galt es, gute Beziehungen zu bewahren. In der Not haben Menschen schon immer Geister, Ahnen, später auch Götter und Heilige um Beistand angefleht (und tun es noch heute vor jedem Elfmeter).

Die letzten Jahrtausende sind durch mehrere Isolationsprozesse gekennzeichnet. Zunächst sind unsere Vorfahren mit dem Verlust des Gruppenlebens in ein soziales Defizit geraten. Dann eliminierte der Monotheismus auch noch die Geister- und Ahnenwelt. Schließlich schwinden in Zeiten des Individualismus und der Neolokalität die Netzwerke der engeren Verwandtschaft. Zurück bleiben Individuen, die sich allenfalls zu Kleinfamilien zusammenschließen. Daran ist nicht das Geringste auszusetzen, viele genießen solche soziale Unbeschwertheit.

Die erste Natur jedoch leidet auf Dauer an den Phantomschmerzen. Die aktuelle Fülle in Sachen moderner Spiritualität belegt das immense Resonanzbedürfnis. In nicht unbeträchtlichen Teilen sind das Kompensationsphänomene. Die erste Natur vieler Menschen befindet sich im konstanten Alarmzustand, waren einst doch stabile und dauerhafte soziale Beziehungen unsere Lebensversicherung. Materielle Kompensationsversuche beruhigen sie nicht. Deshalb liegt es für spirituell talentierte Menschen nahe, Defizite auf dem Feld sozialer Kontakte zu realen Personen durch Intensivierung der Kontakte zu den nicht real fassbaren Personen zu kompensieren. Sie finden in der Gesellschaft übersinnlicher Wesen und Kräfte Geborgenheit. Das aber ist eine Strategie, die nur allzu leicht weiter in die soziale Isolierung führt. Zumal die Geisterwelt berüchtigt dafür ist, mit Beweisen ihrer solidarischen Unterstützung der Menschen hinterm Berg zu halten.

Andererseits entstehen in den Sphären der sich neu herausbildenden Alltagsreligion Communities, die Menschen zusammenführen. Da die erste Natur nicht dogmatisch ist und keine absolute Treue verlangt, gehören auch ganz lockere Gemeinschaften dazu, wie sie etwa Meditations- oder Yogagruppen darstellen. Deren Unverbindlichkeit beruhigt unser soziales Sensorium meist jedoch nur wenig. Interessanterweise ist das ein Faktor, der all den Kirchenaustritten zum Trotz viele Menschen noch an ihre alten Kirchengemeinden bindet: Man mag zwar absolut nicht einverstanden sein, was «die da oben» in der Kirche tun, an der Basis zählen die stabilen und verlässlichen Bindungen.

Gefährlich wird es, wenn das Kompensationsbedürfnis Amok läuft. Auch die Verschwörungskulte unserer Tage liegen in der Konsequenz der beschriebenen Entwicklungen, zumal diese oft esoterischer Natur sind. Dort sind ebenfalls unsere animistischen Heuristiken am Werk. Die erste Natur glaubt nur zu gerne, dass Akteure im Verborgenen die Strippen ziehen. Dass es keine Belege gibt, stört sie nicht. Geister und Götter hat schließlich auch noch nie jemand gesehen.

Brandgefährlich wird der Verschwörungsglauben, sobald er sich mit weiteren psychologischen Altlasten verbindet: Unsere erste Natur genießt so sehr die neue Zusammengehörigkeit, dass sie nur allzu leicht bereit ist, ihrem Drang nach Konformität folgend selbst die abstrusesten Dinge zu glauben. Verschworene Gemeinschaften sind die Folge. Wie auch Sekten glauben sie sich im Besitz geheimen oder privilegierten Wissens und grenzen sich scharf vom Rest der Gesellschaft ab. Entsprechend leicht springt die alte Freund-Feind-Psychologie an, Gewalt ist zum Greifen nahe. Um noch einmal Emmanuel Todds Sentenz in Erinnerung zu rufen: Menschen fürchten die Einsamkeit mehr als den Tod – und sind deshalb manchmal sogar bereit, eher intellektuellen Selbstmord zu begehen, als einsam zu sein.

Sünde 3:
Uns wurden Heilungsoptionen vorenthalten

In den spirituellen Sphären begegnen wir Dingen, die uns aus unserer heutigen *normalen* Sicht befremden, weil sie als Hokuspokus erscheinen. Aber unsere erste Natur steht nun mal auf Hokuspokus. Insbesondere wenn es um Leben und Tod geht.

Wir haben es erwähnt: Bei Krankheiten wie auch Unfällen waren immer Geister und Co. am Werk. Heilung implizierte deshalb herauszufinden, was die unsichtbaren Akteure dazu gebracht haben könnte, einen Menschen mit Krankheit oder anderem Elend zu plagen. Auch wurden diese bei allen Heilungsaktivitäten miteinbezogen. Ein Großteil der Unternehmungen von animistischen Experten wie Schamanen diente dazu, sich der Unterstützung guter Hilfsgeister zu versichern. Die aufwendigen und teils mehrere Tage dauernden Heilungsprozeduren vermitteln den Patienten immer: «Du bist nicht allein. Es wird alles unternommen, dir zu helfen. Eine ganze Heerschar ist an deiner Seite, um dich gegen die krank machenden Geister zu beschützen.» Dieses Gefühl aktiviert die Selbstheilungskräfte des Körpers – im Falle fehlender Unterstützung wird dagegen alles in die unmittelbaren Überlebensfunktionen investiert, um Hilfe zu finden oder an einen sicheren Ort zu gelangen.

Im Bereich der Gesundheit ist selbst in den hochwissenschaftlichen Zeiten von heute zu beobachten, dass die erste Natur bereit ist, trotz besseren Wissens unserer dritten Natur, nichts unversucht zu lassen, sich Unterstützung selbst zweifelhafter Provenienz zu sichern. Sobald die Schulmedizin an ihre Grenzen stößt, feiern Talismane, Pilgerreisen, Beschwörungen und die erstaunlichsten Wundermittel ihren großen Auftritt. Auch die Placebowirkung gehört in diesen Zusammenhang: Medizinisch wirkungslose Mittel helfen allein dadurch, dass sie den Patienten vermitteln, Unterstützung durch andere zu erhalten. Sie wirken sogar dann, wenn wir wissen, dass sie eigentlich keine Heilwirkung besitzen. Für unsere erste Natur zählen wissenschaftliche Argumente schlicht nicht.

In den letzten Jahren hat auch die Medizin realisiert, wie wichtig weiche, also zwischenmenschliche Faktoren im Heilungsprozess sind – und sei es nur das ausführliche und empathische Patientengespräch. Allein deshalb können bestimmte alternativmedizinische Methoden gegen eine anonyme, ökonomisch organisierte Hightech-Medizin punkten. Sie signalisieren Patienten, dass ihnen «ganzheitlich» und «allumfassend» geholfen wird. Aus einer evolutionären Perspektive ist das keine Überraschung. Als hypersoziale Wesen ist für uns nichts so wichtig wie das Gefühl des Aufgehoben- und Geborgenseins in der Runde sich sorgender Mitmenschen. Entsprechend kontraproduktiv ist ein Gesundheitssystem, das sich dem Effizienzdiktat unterwirft.

Und die Sünde der totalen Religion? Auch hier drängt sich eine spannende Frage auf: In der Alltagsreligion spielte Heilung stets eine zentrale Rolle. Hat deren Verteufelung, die sich ja nicht zuletzt gegen heilkundige Frauen und Geburtshelferinnen wandte, nicht verhindert, dass Methoden, Rituale und Techniken entwickelt wurden, die auch heute noch Gesundungsprozesse unterstützen könnten? Es spricht ja nichts dagegen, die Kräfte unserer ersten Natur in Dienst zu nehmen. Im Gegenteil: Einsamkeit ist schließlich einer der krankheitsfördernden Faktoren überhaupt. Da kann auch die naturwissenschaftliche Medizin Unterstützung gebrauchen.

Sünde 4:
Uns wurde die Angst vor dem Tod eingeimpft

Zu den überraschenden Erkenntnissen unserer evolutionären Bibellektüre gehörte die Einsicht, dass der Religion heute ausgerechnet die Aufgabe zugeschrieben wird, Probleme zu lösen, die sie selbst erst in die Welt gesetzt hat. Immer wieder heißt es, Religion lindere menschliche Kontingenzerfahrungen: Sie nehme den Menschen die Angst vor dem Tod und gebe uns Sinn im Leben. Das ist kurios, hat sie uns doch überhaupt erst den Schrecken vor dem Tod eingepflanzt. Das ist die Todsünde der offiziellen Religion, der Religion von oben.

Wieder ist es ihr gelungen, einen falschen Tatbestand zur Normalität zu erheben. Der Sozialanthropologe Ernest Becker erhielt 1973 für sein Buch *The Denial of Death* den Pulitzerpreis. Er ist der vielleicht einflussreichste in einer langen Reihe von Autoren, welche die Idee propagierten, nichts peinige Menschen so sehr wie die Angst vor dem Tod. Diese sei die «Triebkraft menschlicher Aktivität» überhaupt, all unser Streben ziele darauf, dem Tod den Schrecken zu nehmen – oder doch irgendwie Unsterblichkeit zu erlangen. Das mag für viele moderne Menschen gelten, für den *Homo sapiens* an sich gilt es nicht. Einmal mehr ein klassischer Fall von Kulturblindheit.

Keine Frage, natürlich fürchteten sich Menschen immer schon vorm Sterben. Da hat ja die Biologie in Sachen Fitness ein entscheidendes Wörtchen mitzureden. Aber der Tod war nie dieses absolute Nichts, als das er uns Modernen erscheint. Denn als Dualisten wussten wir intuitiv, dass das Ende des Körpers nicht das Ende der Seele war. Diese lebte im körperlosen Zustand fort oder wurde wiedergeboren in einem Tier oder anderen Menschen. Der Tod war nicht das Ende, er war ein Übergang, eine Schnittstelle zwischen verschiedenen Formen des Daseins. Nur ein Glied in der unendlichen Kette der ewigen Wiederkehr.

Stets konnte man mit der Anderswelt in Kontakt treten. Manchen gelang es sogar, wie Schamanen in Trance, dorthin zu reisen und zurückzukehren. Die Kommunikation war keine Einbahnstraße: Umgekehrt hatten die Wesen der unsichtbaren Sphären stets Einfluss auf das menschliche Leben. Es war die intuitive Religion von unten, die für all die Transferangelegenheiten in die andere Welt zuständig war.

Und hier wird offensichtlich, was dann geschah: Wo die Religion von oben dominant wurde, geriet die Sphäre der Geister und Ahnen unter Druck. Da die Herrschaftsreligion auch die andere Welt nach Herrschaftsprinzipien ordnete, verbreiteten sich in der Antike Vorstellungen von Göttern, die über das Totenreich regierten, in dem Menschen oft nur eine schattenhafte Existenz zugestanden wurde.

Auch das trieb der Monotheismus auf die Spitze. Da er Protagonisten und Praktiken der Alltagsreligion auf den Index setzte, schuf er mit deren Eliminierung in vielen Bereichen ein Vakuum. Die Bibelwissenschaft hat das längst herausgearbeitet, ohne dass diese Erkenntnisse in der breiten Öffentlichkeit angekommen wären: Jahwe als ehemaliger Gott des Wetters, des Krieges und des Staates war ein Gott der Lebenden. Insofern verfügte er ursprünglich über keine Expertise in Sachen Tod. Entsprechend ist die Bibel in Fragen dessen, was nach dem Leben kommt, erstaunlich unklar.

Den Bibelautoren dämmerte nämlich erst langsam, welche Probleme das neue «One God fits all»-Konzept bereitete. Wo es nur einen einzigen Gott gibt, muss der schließlich für alles zuständig sein. Das führte, so die Bibelwissenschaft, zur «Kompetenzausweitung» Jahwes. Er darf keine rechtsfreien Räume entstehen lassen – auch nicht im Jenseits. Doch in der Bibel selbst ist die göttliche Kompetenzausweitung in Richtung Totenreich noch nicht völlig abgeschlossen. Erst seit den Makkabäeraufständen, als jüdische Märtyrer für Gott ihr Leben opferten, wurde das Jenseits zu einem möglichen Ort, an dem sich die göttliche Gerechtigkeit vollzog und Märtyrer belohnt werden konnten. Es ist das Christentum, das vor allem nachbiblisch die jenseitigen Sphären mit Himmel, Hölle und Jüngstem Gericht ausstattete. Dagegen besitzt das Judentum bis heute keine einheitliche Vorstellung vom Sein nach dem Tod.

Passend zum christlichen Sündenkult wurde das Diesseits damit zum irdischen Jammertal, auf das erst nach dem Tod das wahre, das eigentliche Leben folge. Der Höllenglaube sorgte jedoch dafür, dass dem Jenseits mit Bangen entgegengesehen wurde. Er verhinderte, dass sich Menschen zu früh in die bessere Welt, ins Reich Gottes verabschiedeten, denn das wäre auch nicht im Sinn der Kirche gewesen.

Seitdem aber die christliche Weltanschauung wegbricht, klafft hier ein gähnendes, furchterregendes Loch. Der alte

Geister- und Ahnenglauben hat den Hautgout des Aberglaubens, und die Aussagen der Wissenschaft sprechen dafür, dass es das mit dem Leben gewesen ist, wenn der Tod eintritt – für Körper, Geist, Seele und was da noch alles herumspuken könnte. Das ist eine durchaus schreckliche Vorstellung. Es war also die Religion von oben, die durchs Verbot unserer intuitiven Annahmen übers Weiterleben nach dem Tod uns um die ewige Ruhe brachte. Die offizielle Religion spendete also nie Trost! Sie hat uns überhaupt erst das Fürchten gelehrt.

Hier könnte tatsächlich das Wissen um unsere drei Naturen hilfreich sein. Stellen wir uns das Zwiegespräch vor: Die dritte Natur wird zu Recht betonen, dass der Wissenschaft zufolge der Tod aller Wahrscheinlichkeit nach das Ende ist. Aber sie wird auch eingestehen, dass niemand hundert Prozent sicher wissen kann, was geschieht, wenn wir unsere Seele ausgehaucht haben. Deshalb gilt für die dritte Natur Wittgensteins Diktum: «Wovon man nicht sprechen kann, darüber muss man schweigen.»

Die zweite Natur hätte da früher je nach Glaubensrichtung ihre speziellen Ansichten beigetragen, aber heutzutage haben sich noch keine neuen tragfähigen kulturellen Umgangsformen in Sachen Jenseits etabliert, die auf allgemeine Akzeptanz stoßen. Die erste Natur dagegen ist, wenn man sie lässt, relativ entspannt, was das Sterben angeht. Etwas ahnt intuitiv, dass da doch noch etwas kommen wird. Wir räumen ihr ja in Sachen Tod längst ein Mitspracherecht ein: Warum besuchen wir die Toten auf den Friedhöfen? Bringen ihnen Blumen, stellen Kerzen auf und sprechen mit ihnen? Nicht umsonst stoßen Vorstellungen von Wiedergeburt, wie sie sich etwa im Buddhismus finden, im Westen auf großes Interesse.

Tatsächlich stellt sich der Schrecken des Todes erst bei rationalem Nachdenken ein. Da uns aber dieses keine todsichere Antwort liefern kann – warum also nicht auf unsere erste Natur vertrauen, die ja nichts als die geronnene Erfahrung aus Jahrhunderttausenden ist? Der Wahrheit kommen wir damit nicht näher, aber damit können wir die Angst leichter vertreiben. Wir sagten es eingangs: Bei unseren evolutionären Heuristiken geht es nicht um die Frage, ob sie wahr sind. Sie sollen nur helfen.

Sünde 5: Wir wurden zu verzweifelten Sinnsuchern gemacht

Wir können uns kurzfassen, auch wenn das Thema elementar ist. Sünde Nr. 5 ist eine direkte Konsequenz der Todsünde. Weil der moderne Mensch nicht mehr in einer unendlichen Folge von Leben steht, hat diese eine einzige Existenz im Hier und Jetzt die Last zu tragen, «alles» zu sein. Wenn es aber nur das eine Leben gibt, drängen sich automatisch die Fragen nach dem Warum und Wozu auf. Insbesondere wenn nicht nur dem Körper, sondern auch der Seele das ewige Nichts drohen. Wozu also das Ganze? Die Mühen des Alltags, die Plackerei, das Streben nach Glück – ist das nicht alles absurd? Morgen könnte schon das Ende sein. Was ist also der Sinn des Lebens?

Forciert wird die Sinnsuche durch die zunehmende Isolation der Menschen und das, was man in marxistischer Tradition Entfremdung nennt. Wo die nachhaltigen Verbindungen zu anderen knapp werden, wo man nur noch ein beliebiges und jederzeit ersetzbares Rädchen in abstrakten Produktionsprozessen ist, tritt unweigerlich das Gefühl eigener Nutzlosigkeit auf, erscheint die eigene begrenzte Existenz als sinnlos. Ist der Nihilismus nicht die logische Konsequenz?

Auch hier: Dort, wo der Tod nicht das Ende war, sondern der Beginn eines neuen Lebens, stellte sich die Sinnfrage nicht in dieser Vehemenz. Ohnehin waren die Einzelnen eingebettet in die Gruppen, in denen es auf alle ankam, und eingebunden in die viel größere Gemeinschaft der anderen Lebewesen. Mythen, die über Generationen weitergegeben wurden, flochten alles zusammen. Alles verstand sich in größter Selbstverständlichkeit von selbst. Ethnografische Berichte erzählen nichts von grüblerischem Zweifeln an der Existenz. Das mag uns vielleicht nicht helfen, wenn wir an der Absurdität des Lebens leiden. Wenigstens wissen wir jetzt, wer uns das eingebrockt hat – und dass der *Homo sapiens* nicht seit Anfang aller Tage auf der Suche nach dem Sinn des Lebens war. Vielleicht sollten wir auch in diesem Fall auf unsere erste Natur vertrauen, die mit der Frage nach dem Sinn des Lebens herzlich wenig anfangen kann, und unsere Hoffnung darauf richten, dass mit dem Ende des evolutionären Ausnahmezustands mit all seinen Absurditäten sogar ein einzelnes Leben wieder sinnvoller erscheint.

Sünde 6: Wir wurden auf den moralischen Holzweg geführt

Wir haben uns nicht so viel mit Moral beschäftigt, dass wir diesen Punkt unerwähnt lassen dürften: «Wenn es Gott nicht gäbe, müsste man ihn erfinden», lautet das berühmte Zitat des Aufklärers Voltaire. Zur Einhaltung der Moral sei die Religion unverzichtbar. Noch heute sind viele überzeugt, dass es Gott brauche, um die Menschen gut zu machen. Entsprechend werden Religion und Moral synonym gedacht – und selbst säkulare Menschen führen das als einen der letzten Legitimationsgründe der Kirche an.

Nun lauert dahinter wieder das wenig schmeichelhafte Bild vom Menschen und seiner sündhaften Natur: Wir Menschen wüssten uns allenfalls aus Angst vor Bestrafung gut zu benehmen, ansonsten erwache die Bestie in uns. Der Gedanke kann höchstens in der verzerrten Perspektive der letzten 5000 Jahre berechtigt erscheinen, nicht aber wenn wir die weite evolutionäre Perspektive wählen.

Als Instrumente der Herrschaft haben die Religionen von oben den Menschen vorgeschrieben, wie sie zu leben haben, und ihnen mit Bestrafungen gedroht. Das «Auge um Auge,

Zahn um Zahn» des Alten Testaments stammt als sogenanntes «ius talionis» aus älteren mesopotamischen Gesetzestexten. Und sehen wir uns doch die Zehn Gebote an: Da geht es in der Hauptsache darum, die monotheistische Logik («Ich bin der Herr, dein Gott. Du sollst nicht andere Götter haben neben mir.») und die patriarchale Eigentümermoral durchzusetzen («Du sollst nicht begehren deines Nächsten Haus. Du sollst nicht begehren deines Nächsten Weib, Knecht, Magd, Vieh noch alles, was sein ist.»). Die verstößt ja nicht nur gegen unsere moralischen, nämlich egalitären Intuitionen, sondern dient auch der Betonierung sozialer Ungerechtigkeit. Mitleid und Barmherzigkeit suchen wir, vom Gebot, seine Eltern zu ehren, einmal abgesehen, im Dekalog vergebens.

Und selbst der Kern der Bibel, die Nächsten- und Feindesliebe, das ist simple Jäger-und-Sammler-Moral. Wie in der Bibel bezog sie sich aber nur auf die eigene Gruppe. Ironischerweise wird dieser Gedanke erst durch den Transfer ins Weltreich Rom universal – ohne dort aber wirklich beherzigt zu werden. Für Abtrünnige, Ungläubige und politische Gegner galt Feindesliebe nie.

Zusammengefasst: Es ist ein unseliger Mythos, dass wir die Religion brauchten, um uns zu benehmen. Unsere in der ersten Natur wurzelnden moralischen Präferenzen, die das Jäger-Sammler-Zusammenleben für Jahrhunderttausende unter den schwersten Bedingungen ermöglichten, enthalten das meiste, was wir auch heute benötigen, um ein moralisch anständiges Leben zu führen. Allenfalls darin, dass sich unsere Solidarität nicht nur auf eigene und befreundete Gruppen beschränken darf, benötigen wir Nachhilfe. Ebenso um unserem Hang zur Doppelmoral entgegenzuwirken. Voltaires Diktum verewigte lediglich das altbekannte Bild der Menschen als moralisch defizitäre Wesen und verwechselte die christliche Moral mit Moral schlechthin. Einmal mehr machte die Aufklärung ein religiöses Narrativ in der rationalen Welt salonfähig. Auch das verhinderte eine demokratische Diskussion, wie menschengemäße Moral aussehen kann. Denn die kann nur von uns kommen, nicht von den Göttern.

Sünde 7: Sie machte den Ausnahmezustand normal

Die letzte Sünde wiegt am schwersten: Die Religion von oben hat, wie mehrfach angerissen, den Ausnahmezustand normal gemacht. Sie hat die Rechtfertigung für die Ungerechtigkeit der Welt geliefert. Gott habe die Welt gut eingerichtet, die Menschen verscherzten es sich selbst. Deshalb brauche es die Herrschaft von Kirche und Staat, um der Sündhaftigkeit einen Riegel vorzuschieben.

Zugleich brachte die Religion auch den inneren Protest der ersten Natur über die fehlende Reziprozität auf Erden zum Schweigen. Trotz der Existenz eines Gottes zeigt die Alltagserfahrung, dass die Egoisten, Despoten und Gewalttäter ihrer Gier nur allzu oft freien Lauf lassen konnten, ohne dass sie dafür zur Rechenschaft gezogen wurden. Der Gedanke, dass solche Übeltäter aber nach dem Tod von Gott für ihre Prasserei bestraft würden, beruhigte jene, die unter ihnen zu leiden hatten, und trug dazu bei, dass sich die Empörung über diese himmelschreiende Ungerechtigkeit selten in Gewalt entlud.

Auch im Kontext der Geschlechter legitimierte das Christentum die Unterdrückung: Sie schuf das, was wir in unserem *Eva*-Buch die patriarchale Matrix, kurz Patrix, nannten. Eine verzerrte Weltsicht, die behauptete, Frauen seien von Gott bestraft worden, den Männern untertan sein zu müssen (das ist das jüdische Erbe), und zudem das von Natur aus schwache, minderwertige Geschlecht (das ist das griechisch-christliche Erbe). Damit verankerte die Religion gut 2000 Jahre lang nicht nur die weibliche Unterdrückung, sondern auch die Heteronormativität und die Ehe auf Lebenszeit als angebliche Normalität im Denken der Menschen. Denn wo es nur einen Gott gab, der die Welt sinnvoll eingerichtet hatte, erhielt die irdische Geschlechterordnung ihren göttlichen Segen. Und damit sind wir beim nächsten Teil unseres Buchs, wo wir uns anschauen, wie sich das mit Frauen und Männern wirklich verhält.

TEIL 5
SEX UND LIEBE

Die Grundannahme unserer Arbeit lautet: Die Normalität ist alles andere als normal. Deshalb liegen die Schwierigkeiten, die uns der im menschheitsgeschichtlichen Maßstab absolut außergewöhnliche Alltag bereitet, nicht in der persönlichen Verantwortung der Individuen. Nirgends ist die Diskrepanz zwischen dem, was uns als die Regel verkauft wird, und der Realität größer als im Bereich von Sexualität, Liebe und Familie. Und daran ist die Religion alles andere als unschuldig. Wir haben es hier durchaus mit einem weiteren Sündenfeld der offiziellen Religion zu tun. Das wären also schon Sünde Nr. 8 und 9: Hier wurden Menschen ein Leben lang aneinandergekettet und der Sex dämonisiert.

Das traditionelle Ideal lautete: Ein Mann und eine Frau finden die ewige Liebe, gründen eine Familie und leben zusammen, bis der Tod sie scheidet. Wer dem nicht folgen kann oder will, so der Vorwurf, handle moralisch verwerflich und besitze eine sündhafte Persönlichkeit – wenn sie oder er nicht sogar, so die Unterstellung, «widernatürliche» Praktiken pflege. In abgeschwächter Form lebt dieses Ideal noch immer als Normalzustand fort – und wirkt normativ nach.

Um es deutlich zu sagen: Der Mythos der ewigen Treue ist einer der verhängnisvollsten der letzten 2000 Jahre. Und es ist bedenklich, dass er noch immer von mächtigen Institutionen propagiert wird. Nicht allein, weil er Verhaltensweisen erzwingt, die im offenen Widerspruch zu grundlegenden Aspekten unserer ersten Natur stehen, sondern weil er hochgradig patriarchal kontaminiert ist, zutiefst diskriminierend und mitverantwortlich dafür, dass die Welt dem Abgrund entgegentaumelt.

Eine weitere unserer evolutionären Thesen lautet: Alles, was der ersten Natur entspricht, also am nächsten an unserer Biologie ist, zeichnet sich durch mentale Reibungslosigkeit aus. Es erscheint völlig selbstverständlich und bietet allenfalls beschränkten Konflikt- und Gesprächsstoff. Probleme dagegen deuten darauf hin, dass etwas mit den dominanten Normen einer Gesellschaft kollidiert. Wenn wir uns also nun mit Sex und Liebe Themen zuwenden, die zutiefst kontrovers diskutiert werden und jede Menge gesellschaftlichen Sprengstoff besitzen, ist das ein sprechender Beweis, dass es sich um kulturelle Schlachtfelder handelt, auf denen wahre Zweite-Natur-Kriege toben.

Die Debatten rund um Sex und Gender, also biologisches und kulturelles Geschlecht, sind nicht zuletzt deshalb so konfliktträchtig, weil das Evolutionstabu zu einer Überreaktion führte. Da die tatsächlichen Gründe, was zur Schlechterstellung von Frauen geführt hatte, im Dunkel lagen, ging die Angst um, dass ihre gesellschaftliche Schwäche doch in der Biologie begründet sein könnte (Männer sind nun mal stärker) – und die Männerherrschaft «natürlich» sei. Das führte dazu, dass es fast unmöglich war, über biologische Geschlechtsunterschiede zu sprechen, weil das sofort unter Generalverdacht stand, bestehende Ungerechtigkeiten zu naturalisieren.

Hinter diesem Denken stecken so viele Fehlschlüsse, dass wir sie gar nicht mehr aufzählen wollen – und müssen. Wir haben es schon mehrfach berührt (und ein ganzes Buch darüber geschrieben): Auch die Männerdominanz ist eine der Innovationen, die im Kontext der intensiven Landwirtschaft zu verorten sind. Sie stellt nur eine kleine, wenn auch leidvolle Anomalie in der menschlichen Evolution dar. Trotzdem haben diese Zustände zu einer völlig entstellten Weltordnung geführt: der patriarchalen Matrix. Sie ist von größter Penetranz, und zwar zuallererst im Feld der «fleischlichen Lust», wo von erstaunlichen Verzerrungen behauptet wird, sie seien die Normalität.

Umso wichtiger, dass wir die ursprünglichen Verhältnisse und unsere psychologischen Dispositionen in Liebesdingen kennenlernen. Sorgen sollte sich niemand machen; die erste Natur ist – das dürfte sich mittlerweile rumgesprochen haben – nicht dogmatisch. Beginnen wir mit der natürlichsten Sache der Welt.

16 Wir sind schizosexuell

Wären wir normale Tiere, wäre die Diskussion über Sex ein Thema wie jedes andere auch. Also etwas wie Essen oder Schlafen, und es wäre in der Tat deutlich weniger emotional aufgeladen als zum Beispiel das Thema Raubtiere. Aber wir sind nun mal keine normalen Tiere. S–E–X: Allein diese drei Buchstaben jagen Klerikern und Moralisten einen Schauer über den Rücken. In guter Gesellschaft vermeiden wir «es» zu erwähnen, geschweige denn darüber zu diskutieren. Sex ist intim.

Wir möchten nicht versuchen, Sie aus der Reserve zu locken. Sex ist bei Menschen – auch da sind wir eine Besonderheit unter den Tieren – eine sehr private Angelegenheit. Es liegt in unserer Natur, es nicht zu tun, wenn jemand zuschaut, und auch sehr aufzupassen, wem wir davon erzählen. Wir werden sehen, warum das so ist. Das unvermeidliche Ergebnis unserer Zurückhaltung ist, dass die meisten von uns ein überraschend vages Verständnis von unserer Sexualität haben, und vor allem davon, wie ungewöhnlich wir in dieser Hinsicht im Vergleich zu anderen Tieren sind.

Erwähnen sollten wir gleich zu Beginn, dass sich unsere Sexualität dramatisch verändert hat, seit wir sesshaft geworden sind und vor allem seitdem die intensive Landwirtschaft unser natürliches Sozialleben auf den Kopf gestellt hat. Inzwischen dürfte verständlich sein, dass dies lange nach der Formierung unserer evolutionären Dispositionen geschah und die Veränderungen daher kulturell bedingt, ja weitgehend von oben aufgezwungen worden sind.

—

Lassen Sie uns zunächst einmal definieren, worum es hier gehen soll, hat es doch wenig bis gar nichts mit dem zu tun, was gemeinhin mit Sexualkunde assoziiert wird. Unter Sexualität verstehen wir nicht allein unser Sexualverhalten, sondern auch die zugrunde liegende Physiologie und Psychologie sowie die Liebesarrangements (im Evolutionsjargon «Paarungssysteme» genannt), die als Anpassungen nach langen Perioden der Evolution entstanden sind.

Eine gute erste Einordnung wird möglich, vergleicht man Menschen mit anderen Tieren. Bei den meisten Säugetieren ist die Sexualität, wie eingangs angedeutet, keine große Sache. Für jede Befruchtung gibt es nur einen kurzen Zeitraum, in dem eine Paarung überhaupt möglich ist, und dieser kurze Zeitraum (Brunst oder Östrus) wird vom Weibchen durch auffälliges Verhalten oder körperliche Signale wie etwa Geruch oder Schwellungen angekündigt. Ein durchschnittliches Bisonweibchen zum Beispiel paart sich ein- oder zweimal innerhalb von ein oder zwei Tagen für eine Befruchtung, und das war es dann in Sachen Sex bis zur nächsten Schwangerschaft ein Jahr später.

Unabhängig davon, wie häufig oder selten Paarungen sind, lassen sich klare Muster erkennen, wer sich mit wem paart: Monogamie (ein Weibchen und ein Männchen), Polygynie (ein Männchen mit mehreren Weibchen), Polyandrie (ein Weibchen mit mehreren Männchen) oder Promiskuität (beide Geschlechter mit mehreren Partnern). Diese Systeme sind wiederum mit der sexuellen Selektion verknüpft: der Form der natürlichen Selektion, die sich mit dem Geschlecht befasst und sich unterteilen lässt in die Konkurrenz um Partner (in der Regel stärker bei Männchen), die Partnerwahl (in der Regel stärker bei Weibchen) und sexuelle Konflikte (mehr oder weniger universell in allen Arten, egal welches Paarungssystem sie haben).

Im Allgemeinen sind Männchen von Säugetieren viel größer und stärker bei den Arten, bei denen sie Weibchen gegen andere Männchen verteidigen. Die erfolgreichen Männchen paaren sich mit zahlreichen Weibchen (Polygynie), während die meisten anderen Männchen sterben, ohne sich jemals gepaart zu haben. Wo Männchen und Weibchen aber paarweise leben und sich beide um die Jungen kümmern (Monogamie), unterscheiden sie sich kaum in Größe und Stärke.

Irgendwo dazwischen gibt es Systeme, bei denen sich mehrere, manchmal auch viele Männchen mit einem Weibchen paaren (Promiskuität) und auch mit anderen Männchen kämpfen können. Dass sich ein einzeln lebendes Weibchen von zwei oder mehr Männchen begleiten und begatten lässt, ist bei Säugetieren eher selten (Polyandrie). Bei den meisten Arten wirkt sich die Paarungskonstellation viel stärker auf das Aussehen (Ornamente wie prächtige Federn, Waffen wie Hörner), die Körpergröße und das Verhalten aus als auf die Dauer und Frequenz der Paarungen. Mit der Ausnahme, dass die Weibchen in promiskuitiven und polyandrischen Systemen im Allgemeinen bereit sind, sich mit mehr als einem Männchen zu paaren.

—

Bei Primaten wie uns ist das alles noch etwas anders. Der Hauptgrund: Es kommt ein Faktor hinzu, der die Dinge verkompliziert und dafür sorgt, dass es beim Sex um mehr geht als nur um die Befruchtung in einem Augenblick höchster Gefühle. Dieser Faktor ist ein überraschender, insbesondere ein verstörender: Es handelt sich um das Risiko, dass Männchen Babys töten, die sie nicht selbst gezeugt haben. Die Zusammenhänge, die zu Infantizid führen, sind von jener kalten Logik, wie sie die Evolution auszeichnet.

Primaten sind in Sachen Nachwuchs von der langsamen Sorte. Während die Weibchen der meisten Säugetierarten dazu neigen, bald nach der Geburt wieder schwanger zu werden, können Primatenweibchen erst Monate oder sogar Jahre nach der Geburt eines Babys wieder befruchtet werden. Es sei denn, das Baby stirbt. Das führt zu besagtem Infantizidrisiko.

Sobald Männchen einigermaßen sicher sind, dass es sich nicht um ihr eigenes Kind handelt, lohnt es sich für sie, kleine Babys zu töten; vorausgesetzt, dass sie selbst noch da sind, wenn das Weibchen nach einiger Zeit wieder fruchtbar wird, und sie dann ein Kind mit ihm zeugen können. Primatengruppen sind so stabil, dass ein Männchen ziemlich sicher sein kann, dass beides der Fall ist. Um dieses Risiko zu minimieren, haben Primatenweibchen Strategien entwickelt: Sie paaren sich mit vielen Männchen in ihrer eigenen Gruppe und sogar, falls möglich, mit Männchen benachbarter Gruppen. Das führt zu dem, was gerne mit «Pater semper incertus» umschrieben wird: Die Vaterschaft ist immer unsicher.

Deshalb ist der Sex bei Primaten anders. Weibchen paaren sich sehr häufig, was zum Teil daran liegt, dass sie bei den meisten Arten auch kopulieren, wenn sie schwanger sind und stillen und gar nicht befruchtet werden können. Diese Hypersexualität macht es für einzelne Männchen, wie mächtig sie auch sein mögen, schwierig bis unmöglich, den sexuellen Zugang zu Weibchen zu beschränken und zu monopolisieren. Deshalb finden sich in einer Primatengruppe oft mehrere Männchen, was bei anderen Säugetieren seltener der Fall ist.

Alle Männchen haben sich daher irgendwann einmal mit einem Weibchen gepaart und greifen dessen Baby nicht an, da sie der Vater sein könnten. Das ist auch der Grund, warum Primatenmütter sich vor neuen Männchen fürchten, die sie noch nie gesehen haben. Wenn wir sagen, dass sich Weibchen häufig paaren, meinen wir das auch so: Für jedes geborene Baby hat ein durchschnittliches Schimpansenweibchen knapp tausendmal kopuliert, ein Bonoboweibchen sogar doppelt so oft.

Sie paaren sich mit allen verfügbaren Männchen, das können also ein Dutzend oder mehr sein. Aber am häufigsten mit kräftigen Männchen, die damit eine höhere Chance haben, ihr Kind zu zeugen. Das ist die Logik der sexuellen Selektion, sind starke Männchen doch die besten Beschützer des Nachwuchses, falls fremde Männchen auftauchen und eine Bedrohung für die Kinder darstellen.

Nicht unsere ganze Verwandtschaft ist so extrem. Gibbons zum Beispiel sind kleinere asiatische Menschenaffen, die ungewöhnlicherweise unter den Primaten der Alten Welt in Paaren leben. Die Daten deuten auf weniger als hundert Kopulationen hin, meist, aber nicht ausschließlich, mit ihren Partnern. Gorillas kommen sogar nur auf etwa fünfzig Kopulationen, obwohl die männlichen Silberrücken in menschlichen Augen wie übersexualisierte Machos aussehen. Sie leben in polygynen Gruppen (früher Harems genannt), und die Möglichkeit, sich mit Außenstehenden zu paaren, ist wahrscheinlich geringer als bei Gibbons. Wo also die Anzahl der Männchen und damit auch das Infantizidrisiko geringer ist, gibt es weniger Paarungen pro Schwangerschaft.

Und Menschen? Die Schätzungen für Jäger und Sammler liegen bei etwa 350 Kopulationen pro Geburt. Die Zahl der männlichen Partner einer Frau schwankt jedoch stark. Doch die Datenlage ist hier nicht die beste (weil die Menschen das im Allgemeinen nicht von selbst mitteilen und Anthropologen kaum danach fragen). Diese Zahlen stimmen aber recht gut mit Daten aus zeitgenössischen Umfragen in modernen Staaten überein. Wir befinden uns mit unserer Sexualität also auf halbem Weg zwischen den paarweise lebenden Gibbons sowie den im Harem lebenden Gorillas auf der einen Seite (wo sich Weibchen hauptsächlich nur mit einem Männchen paaren) und den höchst promiskuitiven Schimpansen und Bonobos auf der anderen. So viel zur schüchternen Jungfrau aus den viktorianischen Männerträumen.

—

Diese Hypersexualität verrät etwas über uns, das so gar nicht im Sinne der Sexualaufklärung der Vergangenheit liegt – und im krassen Widerspruch zu christlichen Vorstellungen steht. Und das eine schallende Ohrfeige für jene ist, die das Wort «widernatürlich» im Munde führen, wenn es um die Regulierung menschlicher Sexualität geht.

Bei den Primaten dient Sex nicht allein dazu, schwanger zu werden, sondern er soll auch davor schützen, das eigene Kind durch die Ermordung durch ein Männchen zu verlieren. Eine promiskuitive Mutter ist also eine gute Mutter. Aber das ist noch nicht alles. Die hohe Libido beider Geschlechter, die sich als Reaktion auf dieses funktionale Bedürfnis entwickelt hat, ließ Sex in bestimmten Arten zu einem sozialen Instrument werden, das Bindungen herstellt und erhält.

Bonobos sind dafür bekannt, dass sie Konflikte mit Sex lösen, und zwar in allen möglichen Positionen und Kombinationen. Deshalb konnte Sex in unserer Abstammungslinie zu einem essenziellen Mittel werden, das die Beziehungen untereinander stärkte. Sex war ein bindungsfördernder Klebstoff, der uns zu höchstkooperativen Wesen werden ließ. Selbstverständlich ging damit oft der Austausch von Gefälligkeiten einher. Ehen – eine Universalie in unserer Spezies – sind auch, und mancherorts vor allem, wirtschaftliche Einheiten. Dafür war entscheidend, dass alle Geschlechter ihren ökonomischen Beitrag lieferten. Das ist eine evolutionäre Lektion, die man sich merken sollte: Bei Sex geht es nicht allein um Fortpflanzung.

Die Kirche jedoch erlaubte Sex allein innerhalb der Ehe, um Kinder zu zeugen, und untersagte es, ihn zu genießen, weil er sündhaft sei. Sie ignorierte damit lebenswichtige biologische Funktionen und die zugrunde liegenden psychologischen Bedürfnisse. Eine Vernachlässigung, die viel Elend verursacht hat. Die bittere Ironie unseres evolutionären Sexualkundeunterrichts: Viele Religionen propagieren ihrerseits «widernatürliche» Positionen.

Wenn wir schon beim Thema Sex als Bindung sind, können wir den Elefanten im Raum nicht ignorieren: Sex mit gleichgeschlechtlichen Partnern. Biologen wissen seit Jahrzehnten, dass man, wenn man eine bestimmte Spezies lange genug beobachtet, gleichgeschlechtliche Kopulationen findet. Homosexualität ist also natürliches Verhalten. Oft handelt es sich um Folge aufgestauter Libido; sie braucht ein Ventil. Doch bei einer Art, deren Individuen so stark voneinander abhängen wie bei Menschen, kann homosexuelles Verhalten mehr sein als das. In den alten Tagen, da wir allein von der Nahrungssuche lebten, waren alle Optionen hilfreich, die soziale Bindungen stärkten, da sie für das Teilen, die gegenseitige Fürsorge und damit für unser Überleben von entscheidender Bedeutung waren.

Tatsächlich ist Homosexualität eine ethnografische Universalie, auch wenn sie in vielen Agrarkulturen verpönt ist oder sogar bestraft wird. Anekdotische Berichte deuten darauf hin, dass sie im Leben von Jägern und Sammlern einen normalen Bestandteil darstellt, obwohl es kaum Hinweise auf Individuen gibt, die strikt homosexuell sind. Systematische Studien dazu sind uns leider nicht bekannt.

Ausschließliche Homosexualität ist also weder unter Tieren noch bei Jägern und Sammlern geläufig. Sie scheint eine spätere Erscheinung zu sein – möglicherweise als Reaktion auf die Stigmatisierung und Verfolgung in homophoben Gesellschaften. Für die Diskriminierung der Homosexualität mag eine Reihe von Gründen verantwortlich sein. In unserem Bibelbuch haben wir diskutiert, dass die Ausbreitung von Geschlechtskrankheiten eine Rolle gespielt haben mag für das Unter-Todesstrafe-Stellen der Homosexualität im Alten Testament. Zudem grenzte man sich im alten Israel von entsprechenden Praktiken in der hellenistischen Umwelt ab. Nicht zuletzt ist ein homosexueller Sohn eine Bedrohung für das Patriarchat, weil er womöglich keine Erben produziert. Und homosexuelle Frauen könnten sich zusammenschließen, um gegen patriarchale Unterdrückung aufzubegehren. Wie es zur Erfindung der Heteronormativität kam, werden wir im nächsten Kapitel betrachten.

—

Die sehr lange Geschichte der Promiskuität unter unseren äffischen Vorfahren hat sich in die weibliche Eierstockphysiologie und unser Paarungsverhalten eingeschrieben. Man denke nur an den verdeckten Eisprung, der den eigentlich fruchtbaren Zeitpunkt verschleiert, und die Fähigkeit, sich während des gesamten Fortpflanzungszyklus zu paaren, statt eben nur im kurzen fortpflanzungstechnisch relevanten Moment.

In diesen Kontext gehört auch, dass Frauen mit besonderen anatomischen Merkmalen ausgestattet sind, die ihre Attraktivität für Männer permanent signalisieren, anstatt wie bei den meisten Tieren nur temporär den baldigen Eisprung anzudeuten. Sie scheuen sich auch nicht, diese zur Schau zu stellen. Wenn das Klima es zulässt, ist die Kleidungspolitik unter Jägern und Sammlern eher minimalistisch. Umgekehrt ist die männliche Bereitschaft, diese Signale zu registrieren, stets gegeben. Mit anderen Worten: Wir alle sind die Nachkommen einer hochgradig promiskuitiven, Bonobo-ähnlichen Vorfahren-Spezies, in deren Gruppen immer Erwachsene beiderlei Geschlechts lebten. Klingt nicht allzu sehr nach ewiger Liebe, nicht wahr?

Die Überraschung, wenn nicht Irritation, die sich angesichts dieser Schlussfolgerung breitmachen mag, ist berechtigt. Denn unsere biologische Grundlage für Promiskuität geht dennoch einher mit angeborenen Anpassungen an das Leben in Paarbeziehungen. Die Existenz der alles verzehrenden romantischen Liebe ist ein sprechender Beweis dafür. Solche widersprüchlichen Charakteristika in einer Art zur gleichen Zeit sind erstaunlich – und machen das Leben zuweilen so kompliziert.

Diese merkwürdige (und konfliktreiche) Kombination hat sich mit ziemlicher Sicherheit als Reaktion auf den weiblichen Bedarf an größerer Hilfe bei der Kindererziehung entwickelt, der mit der Zunahme der Gehirngröße einherging. Wie wir bereits festgestellt haben, wären die Geburtsintervalle ohne zusätzliche Hilfe so lang geworden, dass sie uns in den demografischen Ruin getrieben hätten. Unsere Rettung war, dass Emotionen die Paare enger aneinanderbanden. Denn Männer, die sich ihrer Vaterschaft sicher sind, helfen mehr als solche, die nur «Friends with Benefits» sind. Das wird durch niedrigere Testosteronwerte von Männern in einer Beziehung erleichtert. Kulturvergleiche zeigen, dass in Gesellschaften, wo die Hilfe eines Mannes unentbehrlich ist, Paarbindungen oft exklusiver sind und Trennungen auch weniger häufig auftreten – und die Aufregung über Untreue entsprechend größer ist.

Promiskuität und Paarbindung: Diese sich scheinbar ausschließenden Merkmale koexistieren bei uns – und machen uns zu einer schizosexuellen Spezies. Natürlich geht das nicht ohne Reibungen ab. Worüber würden Romanautoren sonst schreiben und welche Filme würden Regisseure drehen, wenn es diese Spannung nicht gäbe? Es bleibt jedoch die Frage, wie wir das so lange halbwegs gut hinbekommen haben.

Die Antwort lautet etwas technisch: kontextbezogene Anpassungsfähigkeit, also Plastizität. Es machte uns flexibler. Es gibt zahlreiche Bedingungen, die eine Betonung des einen oder anderen Aspekts erfolgreicher machen, manchmal sogar innerhalb eines einzigen Lebens. Menschen nehmen jene Signale wahr, die in die eine oder andere Richtung weisen, und handeln entsprechend. Das mag abstrakt klingen, um das nachvollziehen zu können, müssen wir einen kleinen Ausflug in die Theorie der sexuellen Selektion unternehmen. Damit lässt sich auch aktuelles menschliches Verhalten besser einschätzen.

—

Die erste Komponente der sexuellen Selektion ist die Konkurrenz der Geschlechter. Bei Säugetieren führt sie dazu, dass erwachsene Männchen größer sind als erwachsene Weibchen, muskulöser und mit Waffen wie Hörnern, Geweihen oder Eckzähnen ausgestattet sind, eine anfälligere Konstitution, etwa in Gestalt eines schwächeren Immunsystems, haben (was den zusätzlichen Investitionen geschuldet ist) und eine im Durchschnitt risiko- und eskalationsfreudigere Psychologie besitzen. Diese Geschlechtsunterschiede (von den Waffen einmal abgesehen) finden wir auch heute noch tendenziell, wenn auch nicht mehr allzu stark ausgeprägt bei Menschen – ein weiteres sicheres Zeichen dafür, dass unsere Vorfahren nicht monogam waren, denn kein monogames Säugetier besäße diese Unterschiede.

Bei männlichen Jägern und Sammlern geht dies jedoch mit keiner wirklich hohen Aggressionsrate einher. Vergleiche zeigen, dass Schimpansenmännchen fast 400-mal häufiger untereinander kämpfen als Jäger-und-Sammler-Männer. Dennoch kommt es zu Gewaltausbrüchen: Sexuelle Eifersucht kann aufflammen, und Morde geschehen. Dass Männer aber im Generellen in der Lage sind, die starke Emotion Eifersucht zu bändigen, hat viel mit dem Kontext zu tun. Unsere Paarung ist im Gegensatz zu anderen Menschenaffenarten diskret und findet im Privaten, um nicht zu sagen: im Geheimen, statt. Insbesondere, wenn es sich um Kopulationen außerhalb der eigentlichen Paarbeziehung handelt. Es mag Spekulationen, Verdächtigungen oder Gerüchte geben, aber keine Beweise und schon gar keine für alle offensichtlichen Provokationen. Diese Geheimniskrämerei, die mit dem Gefühl der Scham einhergeht, erklärt, wie es unserer Spezies gelungen ist, Promiskuität und Paarbindung unter einen Hut zu bringen.

Auch sind viele Männer in Jäger-und-Sammler-Gruppen irgendwie miteinander verwandt oder in engen Allianzen verbunden, weshalb man eher bereit ist, Seitensprünge unter Freunden oder Verwandten zu verzeihen, als wenn große Konkurrenz untereinander herrscht. Schließlich schätzten Frauen zu allen Zeiten ihre Autonomie und ließen sich nicht gerne sagen, was sie zu tun hatten, sodass sich die Männer damit abfinden mussten.

Frauen verfolgten in dieser Hinsicht ja selbst überaus vitale Interessen. In der längsten Zeit der menschlichen Evolution, die eben nicht patriarchal war, standen ihnen die entsprechenden Möglichkeiten offen. Das gilt nicht nur für Jäger-und-Sammler-Kulturen. Auch bei vielen matrilinearen Gartenbau-Kulturen, in denen der Besitz in der weiblichen Linie weitergegeben wird, besitzen die Ehemänner kein sexuelles Monopol über ihre Frauen und akzeptieren das. All das bedeutet, dass die Machtgefälle zwischen Geschlechtern gering bis nicht vorhanden waren: Männer dominieren die Frauen bei nomadischen Jägern und Sammlern nicht – ein ethnografisch bestens dokumentiertes, aber allgemein zu wenig beachtetes Phänomen.

Körperliche Kraft ist eben nicht alles – um ein weitverbreitetes Vorurteil zu widerlegen. Schon unter Männern ist es nie so gewesen, dass der Stärkste das Sagen hatte. Der clevere David war immer dem tumben Goliath überlegen. Zwar könnten die meisten Männer Frauen herumkommandieren, da sie eben über größere physische Stärke verfügen, aber sie ziehen keinen Nutzen daraus. Es gibt drei evolutionär bewährte Strategien, männlichen Dominanzversuchen zu trotzen:

Erstens wären die Verwandten und Freunde der Frau nicht amüsiert, und die Reputation des Mannes würde unwiederbringlich ruiniert (#MeToo ist eine Steinzeit-Strategie). Auch weibliche Allianzen weisen jeden Macho zurück. Es gibt unter Primaten Beispiele, wo kleinere Weibchen, die sich verbünden, die Männchen dominieren. Zweitens sind Frauen, da sie einen fundamentalen Beitrag zum Lebensunterhalt beitragen, unverzichtbare Partner in dem wirtschaftlichen Team, das eine Jäger-und-Sammler-Familie mit ihren hilfsbedürftigen Kindern und manchmal einem oder mehreren Großeltern darstellt. Dominante Männer würden ignoriert oder im Stich gelassen, sodass sie nur dann ihr egoistisches Dominanzstreben eskalieren lassen könnten, wenn sie alternative Partner zur Verfügung hätten – weibliche wie männliche. Doch solch offen gezeigter Machtmissbrauch könnte Letztere zum Umdenken bewegen. Nicht einmal Männer haben ein Faible für Machos.

Diese gegenseitige Abhängigkeit erklärt viele der seltsamen und oft eher seltenen Praktiken, die wir aus der Ethnografie kennen, zum Beispiel dass Männer mit der Frau eines anderen Mannes schlafen dürfen, wenn sie die Familie mit dem Nötigsten versorgen (was die Frau davon hält, wird nicht berichtet; doch auch sie profitiert in Notsituationen). Oder symmetrischer: Wenn mehrere Männer und Frauen eine polyamore Einheit bilden und alles teilen, weil sie sonst verhungern würden. Wir können es nur immer wiederholen: Menschliches Verhalten folgt Logiken, ist aber nicht festgelegt.

Der dritten Quelle weiblicher Autonomie sind wir schon begegnet: Der verborgene Eisprung der Frau macht es kontraproduktiv, sie zu irgendetwas zu zwingen, etwa zur Paarung, weil der Mann praktisch keine Informationen über den Fruchtbarkeitsstatus der Frau besitzt, während Frauen zumindest einen kleinen Anhalt besitzen: Ihre Libido wird rund um den Eisprung höher. Das bedeutet, dass Frauen missbräuchlichen Männern erst recht aus dem Weg gehen konnten, wenn sie fruchtbar waren – was diese gewaltbasierte Männerstrategie kontraproduktiv machte. Frauen waren also nicht nur ökonomisch autonom, sondern auch sexuell. Das ist die dritte Strategie.

Insgesamt sind Männer und Frauen, die als Jäger und Sammler leben, weniger eifersüchtig und besitzergreifend – einfach weil es ihnen nicht viel nützen, geschweige denn etwas an der grundsätzlichen Situation ändern würde. Auch lastet auf den Beziehungen noch nicht der Druck, den der materielle Besitz entfachen wird. Das nimmt jedem Seitensprung die Brisanz. Unter dem späteren Diktat des Eigentums geht es bald um viel mehr als nur um Sex.

—

Die zweite Komponente der sexuellen Selektion ist die Partnerwahl. Bei den meisten Säugetieren sind die Weibchen das wählerische Geschlecht, da sie die Last der Schwangerschaft und der Stillzeit zu tragen haben, während die Männchen weiterziehen können, um sich erneut zu paaren. Deshalb ist die Qualität des Partners von Bedeutung, selbst wenn sie nur eine geringe Verbesserung der Gesundheit und des Überlebens der Jungen bewirkt.

Wo Männchen hingegen ins Nachzuchtgeschäft eingebunden sind, ist zu erwarten, dass Paare entstehen und auch die Männchen wählerisch werden. Bei den meisten Säugetieren helfen Männchen kaum mit – und entsprechend sind paarlebende Arten rar. Die meisten Arten mit Paarbindungen dagegen gibt es bei Vögeln. Dort sind die Weibchen schwer zu bekommen (sie können wegfliegen), was die Männchen dazu zwingt, sich auf die Balz einzulassen. Sie müssen ihre Qualität als Elternteil unter Beweis stellen und tun das deshalb oft durch Balzfütterung, das heißt, sie offerieren dem Weibchen Nahrung.

Was will also eine Jäger-Sammler-Frau? Es kommt darauf an! Es gibt dort nur sehr wenige Belege für Kindstötungen durch Männer. Vermutlich weil die Gemeinschaft alles andere als positiv darauf reagiert. In anderen, moderneren Kontexten, in denen Frauen das soziale Netzwerk fehlt, tritt dies häufiger auf, was bedeutet, dass diese aus den Tiefen unserer Primaten-Vergangenheit stammende Erste-Natur-Tendenz in unserer Abstammungslinie nicht vollkommen verschwunden ist. Trotzdem hat das den weiblichen Drang zur Promiskuität nicht untergraben, da neue Elemente hinzukamen: Männer helfen Frauen, mit denen sie schlafen können, egal, ob sie Kinder mit ihnen haben oder nicht. Sie kümmern sich deshalb auch um Kinder, wenn das die Beziehung verbessert, insbesondere dann, wenn ihr eigener Marktwert nicht allzu hoch ist. Männer ziehen es zwar im Allgemeinen vor, sich nur um ihre eigenen Kinder zu kümmern. Zielführend aber ist das in einer Gesellschaft, in der jegliche Vaterschaft unsicher ist, nicht. Außerdem würde das ihrem Ruf schaden und die Betreuung ihrer eigenen Kinder durch andere gefährden.

Letztlich entscheiden also die Frauen. In einigen Gesellschaften gehen sie ziemlich offen damit um: Dort argumentieren sie, dass Kinder mehrere Väter haben können, was bedeutet, dass die Mutter mit verschiedenen Männern Sex hat. Frauen berichten auch, dass sie absichtlich mit verschiedenen Männern schlafen, sobald sie erfahren, dass sie schwanger sind, um die spätere Unterstützung für ihr Kind zu maximieren. An anderen Orten jedoch ist die Rolle des Ehemanns bei der Unterstützung der Frau und ihrer Familie so wichtig, dass sich die Frauen völlig auf einen einzigen Mann konzentrieren. Wir haben es also mit einem flexiblen Entscheidungsprozess zu tun, bei dem Frauen (und Männer) sich entscheiden, was ihre beste Paarungsstrategie ist – ohne dass das auf der Grundlage bewusster Berechnungen geschähe. Natürlich wird das jeweils kulturell überprägt, sodass die zweite Natur den Spielraum des allgemein Akzeptierten einschränkt.

Dass Männer glauben, sich Frauen «nehmen» zu können, wird erst zum Charakteristikum der Patrix. Die längste Zeit davor mussten Männer sich bemühen, von Frauen auserwählt zu werden. Da sie keine natürlichen Ornamente à la Pfau oder Paradiesvogel haben, auf die sich Frauen bei der Partnerwahl verlassen können, versuchen Männer Frauen durch Taten und

Großzügigkeit zu beeindrucken. Wenn die Geschlechtshormone in Jungen zu wirken beginnen, fangen diese an zu prahlen, sobald Mädchen in der Nähe sind, ohne es zu merken. Das beginnt also lange bevor sie selbst Kinder haben, sodass sie wirklich einüben, ihre Fähigkeiten als Versorger und Beschützer zur Schau zu stellen.

Ein Qualitätssignal wie die Bereitstellung von Nahrung – die menschliche Form der Balzfütterung – ist für alle sichtbar, und selbst weniger offensichtliche Aktionen werden durch die Gerüchteküche schnell zu verbreiteten Informationen. Alle sind daran interessiert, denn oft wird von jungen Männern erwartet, dass sie nicht nur ihre neue Frau versorgen, sondern auch einen Beitrag zu deren Familie leisten. Das könnte der ursprüngliche Grund dafür sein, dass die Eltern der Meinung waren, sie sollten bei der Partnerwahl ihrer heranwachsenden Kinder ein Wörtchen mitreden dürfen.

Halten wir fest: Unsere Schizosexualität lässt die beiden Extreme – dauerhafte Exklusivität wie Promiskuität – und alles dazwischen zu. Doch die ewige Treue ist schwieriger aufrechtzuerhalten. Die romantische Liebe gehört eindeutig ins Repertoire der ersten Natur; sie ist keine Erfindung von irgendwelchen weltlichen oder religiösen Autoritäten. Aber dass sie ein Leben lang währt, ist eher selten und biologisch unerwartet. Sogar in strikt monogamen Systemen würde man in einer Art, bei der Frauen, lange bevor sie sterben, in die Menopause eintreten, also keine Kinder mehr bekommen, erwarten, dass Polygynie oder serielle Monogamie entsteht und ein erfolgreicher Mann, der noch kräftig und zeugungsfähig ist, eine zweite oder neue Frau heiratet. Genau das ist kulturell auch nicht selten – und wird insbesondere unter patriarchalen Bedingungen gepflegt. In den sich heute entwickelnden Gesellschaften jenseits des Patriarchats sieht man indes auch, dass sich Frauen dann ebenfalls neue Partnerarrangements suchen. In Patchwork-Zeiten ist Kinderkriegen längst nicht mehr alles.

Nichtsdestotrotz sind wir alle anfällig für das Narrativ der ewigen Liebe. Wir sind angetan von Geschichten von Ehepaaren, die 50 oder 60 Jahre zusammenlebten, und gerührt, wenn auch die Frau oder der Mann kurz nach dem Ableben des Partners stirbt. Diese Treue, das muss wahre Liebe sein! Oder sind wir nur fasziniert, weil das die große Ausnahme ist?

—

Schließlich sei da noch die dritte, eher dunkle Komponente der sexuellen Selektion erwähnt: der Konflikt. Wo es Partnerwahl gibt, finden sich auch abgelehnte Individuen. Das führt zu Frustration, Aggression und damit zu Konflikten. Immerhin geht es um lebenswichtige Entscheidungen, gerade wenn die Partnerwahl auf eine langfristige Paarbeziehung abzielt und nicht auf eine einzelne Kopulation. Mit anderen Worten: Sexuelle Konflikte gibt es im Tierreich überall; sie sind unvermeidlich. Was aber nicht unvermeidlich sein muss, ist, dass sie mit Gewalt gelöst werden.

Die Gewalt wird im Allgemeinen von der stärkeren Partei ausgeübt, was bei unserer Spezies in der Regel der Mann ist. Bei Jägern und Sammlern ist dieses Phänomen der sexuellen Nötigung selten, wenn auch nicht völlig abwesend, und zwar aus oben genannten Gründen: In vielen Fällen ist der Mann wirtschaftlich von der Frau abhängig, wenn es um die Beschaffung von Nahrungsmitteln und die Zubereitung von Speisen geht. Wenn er sie also so misshandelt, dass sie ihn verlässt, schadet er sich selbst. Und wer möchte ihn schon heiraten, wenn man weiß, dass er seine Frau schlecht behandelt? Zudem hat die Gruppe immer ein Auge darauf, dass niemand über die Stränge schlägt.

Damit also haben wir die drei Prinzipien der sexuellen Selektion beisammen: Konkurrenz, Partnerwahl und Konflikt. Unsere Schizosexualität lässt sich als eine Reaktion auf diese sehr dynamischen Faktoren verstehen. Sie ermöglicht unsere große Flexibilität, sodass Menschen unter verschiedenen ökologischen und ökonomischen Bedingungen trotz gleicher Veranlagung in sehr unterschiedlichen Paarungssystemen leben können. Auch in Sachen Sex sind wir also prismatische Persönlichkeiten. Heteronormativität, das verbindliche Zusammenleben einer Frau und eines Mannes, lässt sich aus der Biologie nicht begründen.

Unter nicht patriarchalen Bedingungen sind folgende Muster zu beschreiben: Wo väterliche Fürsorge überlebenswichtig ist, herrscht Monogamie vor. Trennung und außereheliche Beziehungen werden sozial abgelehnt und treten deshalb relativ selten auf. Sexuelle Eifersucht ist stark ausgeprägt, und Konflikte zwischen Partnern eskalieren leichter. Wo Männer weniger wichtig sind für das Überleben von Frau und Kindern, wird die Sexualität lockerer gehandhabt. Folglich sind auch die sozialen Auffassungen über Ehebruch und die Ausprägungen von Eifersucht entspannter.

Angesichts dieser flexiblen Schizosexualität der Menschen ist es umso erstaunlicher, dass eine einzige Variante, nämlich die lebenslange Treue, zum Ideal erhoben wurde, an dem sich Menschen bis heute abarbeiten. Ein Ideal zumal, für das uns die Evolution alles andere als gut ausgestattet hat. Das werden wir im nächsten Kapitel inspizieren.

17 Ewig treu?

Mögen die im letzten Kapitel vorgestellten Erkenntnisse heute überraschend sein; vor wenigen Jahrzehnten wären sie ein Skandal gewesen. Bevor wir uns ansehen, wie aus der einstigen schizosexuellen Fülle eine zwangsverordnete sexuelle Monokultur wurde, möchten wir noch einmal betonen, dass wir es mit einem eindrücklichen Fall zu tun haben, der illustriert, wie groß die Macht der Kultur ist. Obwohl die evolutionären Dispositionen das kaum hergeben, geben sich bis heute Frauen und Männer mit größter Selbstverständlichkeit ein Eheversprechen, das mit «bis dass der Tod uns scheidet» endet – und versuchen sich dem Diktat ewiger Treue zu unterwerfen. Nicht wenigen gelingt das auch. Fairer indes wäre die Angelegenheit, wenn ihnen zuvor gesagt würde, dass ihre Natur ihnen das nicht gerade einfach machen wird. Was also ist geschehen?

Keine Überraschung, die Ursachen liegen in jener Zäsur, die uns in diesem Buch immer und immer wieder beschäftigt: dem Untergang der von Interdependenz bestimmten Welt der Jäger und Sammler. Es ist bisher viel zu wenig realisiert worden, wie sehr das Eigentum das menschliche Zusammenleben bis in den intimsten Winkel revolutioniert hat. Denn das ist die entscheidende Innovation: die Erfindung von Privateigentum an Land, Vieh und Vorräten – und bald auch an Menschen. Werfen wir einen Blick auf die wichtigsten Etappen der Regulierung der Sexualität. Sie gehen Hand in Hand mit der Unterdrückung von Frauen.

—

Da Besitz verteidigt werden musste, waren die Familien am erfolgreichsten, die ihre Söhne zu Hause behielten. So entstanden in der Männerlinie orientierte Clans, die der Weitergabe von Eigentum und Land dienten. Die Frauen dagegen mussten aus anderen Clans kommen und verloren durch den Umzug ihre angestammten Unterstützungsnetzwerke. Da die Zahl ihrer Schwangerschaften stieg und sie in den fremden Familien schwer zu schuften hatten, verschlechterte sich ihre Gesundheit, was sie weiter in die Defensive brachte.

Auf diese Weise akkumulierten sich Besitz und Macht in der Hand weniger Männer. Viele ihrer Geschlechtsgenossen dagegen verdingten sich als Tagelöhner, nicht wenige endeten in der Sklaverei. Doch jene im Zentrum des Clans profitierten, sie gestalteten die Bräuche, Sitten und Gesetze. In den meisten Fällen erbten nur Männer, weil Frauen an andere Clans weitergegeben, wenn nicht verkauft wurden. Der älteste Sohn erhielt den Löwenanteil, um zu verhindern, dass der Besitz verstreut wurde. Die Erfolgreichsten leisteten sich jetzt mehrere Frauen. Das Patriarchat war geboren.

Die veränderten kulturellen Rahmenbedingungen initiierten eine fatale Entwicklung. Auf der einen Seite schuf das Eigentum neue Anreize und Handlungsspielräume, auf der anderen Seite führte das Verschwinden der Gruppen zu einem Verlust an sozialer Kontrolle. Das eröffnete nicht nur den Egoismen, sondern auch anderen sehr vitalen Interessen der Männer ungeahnte Handlungsspielräume.

Tatsächlich kam hier ein Geschlechterunterschied zum Tragen, der wie alle Geschlechterunterschiede nur statistischer Natur ist, sich aber trotzdem hartnäckig hält. Es betrifft die Tendenz, Einfluss und Reichtum anzuhäufen und damit andere zu übertreffen. Die meisten ahnen, dass dies bei Männern häufiger zu finden ist als bei Frauen. Aber die wenigstens wissen, dass das nicht rein kulturell bedingt ist. Obwohl es die beschriebenen kulturellen Innovationen rund ums Eigentum waren, die diesen heiklen Charakterzug erst aus dem Käfig herausließen, in dem er für die längste Zeit der menschlichen Evolution eingesperrt war.

Die biologische Grundlage dafür hat einen Namen: das Bateman-Prinzip. Es beruht auf einer biologischen Asymmetrie. Da bei Säugetieren nur Weibchen schwanger werden können und nur Weibchen säugen – und damit jeweils eine Weile nicht reproduktionsbereit sind –, steht immer eine weitaus geringere Anzahl von Weibchen als Männchen im Paarungsgeschäft zur Verfügung. Männchen müssen deshalb im Schnitt stärker um den Zugang zu Partnerinnen konkurrieren als Weibchen. Die Konsequenz: Ein erfolgreiches Männchen kann theoretisch massenhaft Nachkommen zeugen, wenn es Zugang zu vielen Partnerinnen hat. Ein erfolgreiches Weibchen dagegen kann seinen Erfolg nicht wesentlich steigern, wenn es das Gleiche täte. Es muss ja die Kinder selbst austragen.

Diese in der Biologie begründete Asymmetrie liegt dem psychologischen Geschlechtsunterschied zugrunde, der auf männlicher Seite zu einer stärkeren Neigung führt, sich auszuzeichnen (um ausgewählt zu werden) und die Konkurrenz auszustechen (um Rivalen auszuschließen). Das geschieht bei vielen Säugetieren: Polygynie ist ein sehr verbreitetes Paarungssystem, erfolgreiche Männchen haben mehrere Weibchen – und bedeutend mehr Nachwuchs.

Die spannende Frage ist nun, ob das auch für Menschen gilt. Immerhin sind Menschen auch Säugetiere. Aber wir sind ungewöhnliche Säugetiere, denn unsere Männer sind, wie wir im nächsten Kapitel genauer erfahren werden, in die Kinderbetreuung eingebunden. Das bedeutet, sie können sich lediglich um eine gewisse Anzahl von Kindern kümmern. Das ist einer der Gründe, warum Jäger und Sammler in der Regel monogam leben. Hinzu kommt, dass die Fortpflanzungsoptionen durch die Jagd- und Sammelkapazitäten des Einzelnen begrenzt sind. Ein Mann konnte nie mehrere Frauen versorgen. Das passierte allenfalls, wenn es in einer Gruppe an Männern mangelte. Außerdem sind männliche Monopolisierungsversuche aus den bereits ausgeführten Gründen in den egalitären Gruppen auf alles andere als Gegenliebe gestoßen.

Sobald aber in der neuen Welt der Landwirtschaft einzelne Männer genügend Land und Vorräte besitzen, um mehrere Frauen und noch mehr Kinder zu unterhalten, ändert sich das. Dann schlägt das Bateman-Prinzip durch. Zumal niemand mehr in der Lage war, mächtige Männer zurechtzuweisen. Die konnten sich mit ihrem Reichtum nun Unterstützung kaufen. Mit anderen Worten, sobald das Patriarchat etabliert war, nutzten erfolgreiche Männer die Gelegenheit, polygyn zu werden und zahlreiche Kinder und noch mehr Enkelkinder durch ihre wiederum polygynen Söhne zu produzieren.

Eine Entwicklung mit gesellschaftlichem Sprengstoff. Die Männerkonkurrenz wurde gewaltig angeheizt. Die erhöhte Müttersterblichkeit in der frühen Landwirtschaft einerseits, die Monopolisierung von Frauen durch einzelne Reiche andererseits verschärften das Frauendefizit zusehends. Während die Herrscher der frühen Hochkulturen mit der Größe ihres Harems prahlen, zeigen archäogenetische Studien, dass in dieser Zeit viele Männer gar keine Kinder zeugten. Ungleichheit herrschte unter Männern also nicht nur in Sachen Besitz, sondern auch in der Reproduktion. Das sorgte für Konflikt- und Gewaltpotenzial ohne Ende.

Wenn man so möchte, ist hier eine Rückkehr zu alten Primatenverhältnissen mit Alphamännchen zu beobachten. Nur ging das viel zu schnell, als dass die Evolution Frauen und jene Männer, die nicht mithalten konnten, mit tauglichen Gegenstrategien versorgt hätte. Das mussten sie kulturell lösen, doch die Befreiung aus der Unterdrückung und damit Rückkehr zu gleichberechtigteren Verhältnissen wird, wie wir sehen werden, annähernd 5000 Jahre dauern.

—

Natürlich war die Etablierung patriarchaler Zustände selbst ein Prozess, der viele Jahrhunderte, wenn nicht Jahrtausende benötigte. Er war überall dort zu beobachten, wo intensive Landwirtschaft nennenswerte Überschüsse produzierte. Die Folgen für Frauen waren verheerend. Mit der Zunahme der Macht von Männern verschwand die Gleichstellung. Frauen wurden in den Familien Männern untergeordnet und verloren ihre öffentlichen Rollen. Sie wurden nicht mehr als Wirtschaftspartner oder autonome Individuen geschätzt, sondern, zugespitzt formuliert, zu Gebärmaschinen, die Erben zu produzieren hatten. Die strenge Patrilokalität, die mit dem Leben in männlichen Clans verbunden war, bedeutete, dass Mädchen eben in andere Clans verheiratet wurden, wo sie Fremde in einer Gruppe von Menschen wurden, die alle mit ihrem Ehemann verwandt und somit Verbündete für diesen waren.

Frauen galten fortan als Eigentum, das von der Familie an den Meistbietenden verkauft werden konnte. Der Preis hing ab vom Alter (jünger ist besser, weil mehr Kinder zu erwarten waren), von der Schönheit (bedeutete auch mehr Kinder), von der Gesundheit (die eng mit der Schönheit verbunden war), von der Jungfräulichkeit (Geschlechtskrankheiten hatten sich inzwischen entwickelt) und davon, inwieweit Clans einander als Verbündete benötigten. Da Polygynie Frauen zum knappen Gut werden ließ, wurden diese nun immer jünger verheiratet.

Um den Reichtum in der eigenen Linie zu halten, etablierte sich eine Form absichtlicher Inzucht. Cousin-Ehen, vor allem der Brauch, dass Söhne die Töchter des Bruders ihres Vaters heirateten, wurden üblich, weil dadurch der Reichtum direkt in der Patrilinie blieb und kein Brautpreis gezahlt werden musste. Solche Vereinbarungen beseitigten den letzten Rest an freier Partnerwahl. Das erhöhte Risiko an Erbkrankheiten wurde in

Kauf genommen. Reichtum steht über Gesundheit, lautet das wenig menschenfreundliche Motto.

Die sexuellen Freiräume von Frauen schwanden. Keine sexuellen Erkundungen mehr in Teenagerjahren. Keine taktischen Techtelmechtel nach der Heirat. Der Patriarch bestand darauf, nur seine eigenen Kinder aufzuziehen. Ehefrauen hatten einen Schleier zu tragen, damit andere Männer nicht auf dumme Gedanken kamen. Frauen wurden aller Möglichkeiten beraubt, ihr erotisches Kapital zu nutzen. Hier nun gelang es Männern, was ihnen zuvor nie gelungen war: Sie monopolisierten Frauen, hielten sie in der Isolation und verhinderten systematisch, dass sich Frauen anderer Unterstützung versichern konnten. Da die erste Natur der Frauen unweigerlich rebellierte, griffen die Männer zu drastischen Maßnahmen, die von Bewachung bis zu Genitalverstümmelung reichten. Männer – so die grausame Logik – mussten ihr Eigentum schützen.

Wo es ausnahmsweise Frauen in herausgehobenen gesellschaftlichen Positionen gab, verdankten diese das in der Regel dem Umstand, dass sie innerhalb des patriarchalen Systems Stellvertreterfunktionen übernahmen: nämlich als Mutter, Frau oder Tochter eines mächtigen Mannes. Als solche profitierten auch sie biologisch vom patriarchalen System, da ihre Söhne ihnen zahlreiche Enkelkinder schenkten. Dass das System schädlich für andere Frauen oder die meisten ihrer Töchter war, kam ihnen kaum in den Sinn. Denn die kulturelle Selektion ähnelt der natürlichen Selektion, die sich auch nicht um Solidarität mit Nicht-Verwandten des gleichen Geschlechts oder um Gerechtigkeit im Allgemeinen kümmert. Sie bevorzugt schlicht das, was den kulturellen Erfolg und meist auch die biologische Fitness maximierte. Entsprechend fokussiert sie auf den kleinen Kreis, universelle Prinzipien sind ihr fremd.

Die soziale Schere öffnete sich gewaltig. Viele Männer gehörten zu den Verlierern – doch es fehlte ihnen an Macht und Möglichkeiten zu rebellieren. Viele der jüngeren Söhne konnten nicht heiraten und zogen in die frühen Städte oder Grenzregionen, in der Hoffnung, reich zu werden und so eine Frau zu heiraten. Unnötig zu betonen, dass die Gewalt zunahm. Die brutale Konsequenz: Für viele Männer waren Krieg und Raubzüge die einzige Option, einem frauenlosen Dasein in Armut zu entgehen. Die Herrschaftsreligion segnete das alles ab.

—

Wie aber nun konnte in einem solchen System die Vorstellung von der ewigen Liebe und der Verpflichtung eines Mannes und einer Frau zur lebenslangen Monogamie aufkommen? Während das «lebenslang» perfekt zur Eigentumslogik passt, ist die Monogamie absolut nicht zu erwarten, steht diese doch im Widerspruch mit den geschilderten Interessen der mächtigen Patriarchen, die von vielen Frauen profitierten. Und diese waren es, welche die gesellschaftlichen Spielregeln festlegten.

Die Antwort: Es handelt sich dabei um ein erstaunliches Produkt der kumulativen kulturellen Evolution, nämlich um eine jüdisch-griechisch-römisch-christliche Koproduktion, die auf sehr verschlungene Weise zustande kam. Wir haben das in *Die Wahrheit über Eva* detailliert rekonstruiert und präsentieren es hier in aller Kürze. Es ist wichtig zu verstehen, wessen Geistes Kind die exklusive Ehe auf Lebenszeit ist. Schließlich stellt sie noch heute das gesellschaftliche und staatlich privilegierte Ideal dar, dessen Nichterreichen von vielen als persönliches Versagen empfunden wird.

Die Ehe als Institution hatte im Altertum nichts mit Liebe zu tun. Sie war ein rechtliches Instrument der legitimen Erbenproduktion und sollte die zuverlässige Weitergabe des Eigentums an die nächste Generation sicherstellen. Dafür wechselte die Frau aus dem Besitz ihres Vaters in den ihres neuen Gatten über; dieser musste einen Brautpreis zahlen. Folglich war die Kinderlosigkeit einer Frau ein Scheidungsgrund oder zumindest die Erlaubnis, sich eine weitere Frau zu nehmen.

Der Eigentumslogik zufolge war jeder sexuelle Kontakt einer Frau außerhalb der Ehe Ehebruch, der oft als todeswürdig angesehen wurde. Ein Mann dagegen konnte nur dann Ehebruch begehen, wenn er sich mit einer verheirateten Frau einließ. Er brach dann die Ehe eines anderen Mannes, er verging sich an dessen Eigentum. Diese Doppelmoral wird durch die Geschichte hindurch gelten, und inoffiziell ist sie auch heute nicht restlos verschwunden: Die absolute Treueverpflichtung gilt allein für Frauen.

Diese Logik lenkte das patriarchale Interesse noch stärker auf junge Frauen, deren Körper signalisierten, dass sie gesund und fruchtbar waren – «und noch keinen Mann kannten». Die «Jungfrau» als Traumfrau des Patriarchats garantierte, dass sie frei von Geschlechtskrankheiten und Beziehungen zu anderen Männern war. Aufgrund des jungen Alters schien sie leicht unter Kontrolle zu halten.

In der Welt des alten Israel hatten Männer die Option, sich einfach von einer Frau loszusagen oder auch eine zweite zu heiraten. Es war Jesus von Nazareth, der das seinen Anhängern untersagte und ihnen auferlegte, dass der Mensch nicht scheiden dürfe, was Gott zusammengefügt habe. So kam das «lebenslang» ins Ehe-Spiel. Doch für den Nazarener hatte das eine andere Bedeutung: Jesus wertete wiederholt die Familie ab und betonte, dass im Reich Gottes die Ehen aufgehoben sein werden.

Das Scheidungsverbot ist deshalb als Akt seiner Solidarität mit den Armen und Schwachen und damit auch den Frauen zu verstehen. Er wollte verhindern, dass Männer sie durch Scheidung in Not stürzten. Zudem war sein Zeithorizont ein sehr begrenzter. Jesus war überzeugt, dass das Reich Gottes zum Greifen nahe sei – und dann werden die Menschen «weder heiraten noch sich heiraten lassen». Ihm ging es also nie darum, den Menschen für alle Ewigkeit ein neues Gebot in Sachen Ehe aufzuerlegen.

Wir haben an anderer Stelle betont, dass der Erfolg der Jesus-Bewegung darin gründete, dass sie, wenn man so möchte, eine Jäger-und-Sammler-2.0-Moral vertrat: Seine Gefolgschaft, die ja mehr Menschen als die zwölf Jünger umfasste, war egalitär, schwor allem Besitz ab und lebte von der Hand in den Mund. Auch predigte er Solidarität und Vergebung. Vor allem übernahmen Frauen zentrale Rollen. Deshalb fasziniert Jesus die Menschen über die Zeiten. Er spricht direkt zu ihrer ersten Natur.

Doch dann geschah etwas, dessen Bedeutung nicht hoch genug eingeschätzt werden kann: die Verpflanzung seiner Lehren in die griechisch-römische Welt. Dort wurden sie an die herrschenden Verhältnisse angepasst. Und damit auch an die dort etablierte Monogamie als Rechtsinstitut, also die ausschließliche Verbindung einer Frau und eines Mannes. Auch wenn das im alten Griechenland oder Rom nur eine Scheinmonogamie war, da den Männern immer die Option offenstand, außerhalb der Ehe sexuell aktiv zu sein. In sklavenbasierten Gesellschaften war das für die Besitzenden überaus einfach. Die offizielle Monogamie zielte allein darauf, Eigentum auf geordnete Weise weiterzugeben.

Im frühen Christentum verschmolzen die genannten Elemente. Der Missbrauch von Sklaven wurde nicht mehr toleriert; hinzu kam das Scheidungsverbot. Vor allem aber gingen die religiöse Begründung der Zweitrangigkeit der Frauen (Evas Griff nach der verbotenen Frucht) und deren wissenschaftlich-philosophische Legitimation (angebliche körperliche und geistige Schwäche von Natur aus) eine unselige Allianz ein. So entstand das exklusive, lebenslange Ehe-Institut, das die Frauen an Heim und Kinderkriegen binden wird. Das galt als ihre wesenhafte Bestimmung, während die Verpflichtung der Männer auf die Treue eher kosmetischer Natur war.

Warum die Monogamie Karriere machte? Sie war überaus nützlich für die patriarchale Matrix: Erstens sicherte sie, zumindest theoretisch, jedem Mann eine Frau zu und wirkte so konfliktreduzierend. Polygynie hatte in den frühen Gesellschaften die Konkurrenz unter Männern angeheizt und ein massives Gewaltproblem geschaffen. Zweitens beseitigte die Monogamie, auch das theoretisch, das Konfliktpotenzial bei der Weitergabe des Erbes (die Geschichte ist voll der Konflikte, in denen sich die Söhne der verschiedenen Frauen eines Mannes an die Gurgel gehen). Drittens forcierte die Kirche die lebenslange Ehe, weil sie sich so im Fall kinderlos bleibender Ehen das Erbe sichern konnte. Viertens stellte die lebenslange Ehe in Zeiten, in denen die Unterstützung der Gruppen verschwunden war und es noch an Rentensystemen fehlte, eine halbwegs funktionierende Alterssicherung dar. Und fünftens galt auch hier eine Doppelmoral. Die Bürde absoluter Treue lastete weiterhin auf Frauen und kaum bis zuweilen gar nicht auf Männern. Zugespitzt formuliert: Die Innovation der exklusiven Monogamie war eine Erfindung des Eigentums. Es versklavte die Menschen, die Frauen zuallermeist.

—

Doch das sind längst nicht alle Bürden, die das Christentum der menschlichen Sexualität auferlegte. Fortan war sie auf die Ehe beschränkt und dem alleinigen Zweck der Fortpflanzung unterworfen. Spätestens damit war offiziell alle Homosexualität geächtet, die in der griechischen Welt kein Problem darstellte, wohl aber schon dem Alten Testament als todeswürdiges Vergehen galt. Doch es sollte noch bedrückender kommen.

Die impulsive Kraft menschlicher Sexualität, die erste Natur in ihrer ganzen Rohheit, wurde immer schon von Menschen als Macht erlebt, die von ihnen Besitz ergriff und nur schwer unter Kontrolle zu bringen war. Wir haben unsere animistischen Neigungen zur Genüge beschrieben. Insofern sollte es nicht überraschen, dass Menschen anfällig sind, anzunehmen, dass es sich bei sexuellen Regungen um das Wirken fremder Wesen in ihnen handelte. Eine dämonologische Deutung der Sexualität leuchtete intuitiv ein. So wie auch anomale psychische Zustände oder Krankheiten als das Werk von Geistern und Dämonen angesehen wurden. Böse Geister führten die Menschen in Versuchung. Auch die Gefühle der Scham, die schon immer aus Gründen der Diskretion mit der Sexualität verbunden waren, passten dazu: Sie ließen sich als Schuldgefühle interpretieren, dass man sich der Dämonen nicht erwehrt hatte.

In der christlichen Tradition wurde die Sexualität spätestens mit Augustinus von Hippo zum Bösen schlechthin: Der Zeugungsakt war es, so der Kirchenvater, der die Erbsünde von Generation zu Generation weitergab und die Menschen anfällig für Teufel und Konsorten machte. Eine perfide Idee: Frauen galten fortan als Werkzeuge des Teufels, weil ihr Anblick in Männern Lustempfinden auslöste.

Wieso das so erfolgreich werden konnte? Wir haben das bereits gestreift: Auch die Sexualität wurde als indirekter Gottesbeweis rekrutiert. Wenn ihre Regungen Werke des Teufels waren, war damit auch die Existenz Gottes bewiesen. Denn wo es die Macht des Bösen gibt, muss auch die Macht des Guten existieren. Da die Menschen aber im Allgemeinen die Existenz Gottes nicht unmittelbar erfahren, wurde die Sexualfeindlichkeit zum unverzichtbaren Fundament der Kirche.

Ein Missbrauch unserer ersten Natur: Sie wurde vom Christentum in ihrer existenziellen Kraft in Dienst genommen, um die Herrschaft der Kirche zu legitimieren. Da alle Menschen die natürlichen Regungen der Sexualität erfuhren, wurde das als Beweis ihrer Sündhaftigkeit gegen sie verwendet. Die Kirche erklärte dem menschlichen Körper den Krieg. Jede sexuelle Regung wurde verteufelt und musste gebeichtet werden. Die Sexualität machte die Menschen nicht nur zu Schuldigen, die der Unterdrückung durch Kirche und Staat ausgeliefert waren; die Kirche verwandelte den Sex in eine hochgradig belastete Angelegenheit.

—

Die Formel lautete fortan: Sex gleich Sünde. Das prägte unsere Kultur in den letzten fast 2000 Jahren. Und doch, obwohl von einer Allianz von Thron und Altar und vielen Männern getragen, wurde die exklusive, lebenslange Monogamie zwar zur gesellschaftlichen Norm und zur Normalität im Sinne von üblich. Sie wurde aber nie menschliche Normalität in dem Sinne, dass sie für unsere Natur selbstverständlich war. Allein ein Blick in die Weltliteratur zeigt, die Irrungen und Wirrungen der Liebe jenseits der Monogamie sind stets das Thema Nummer eins geblieben.

Wären wir rein kulturelle Wesen, wie noch vor wenigen Jahren gerne behauptet wurde, hätten wir uns längst der sexuellen Diktatur unterworfen. Es gäbe keine Seitensprünge, wir wären Muster absoluter Treue. So aber rebellierte stets die erste Natur. Größer konnte der Gegensatz zum christlichen Postulat schließlich nicht sein. Erinnern wir uns: Bei Jägern und Sammlern kamen gut 350 Paarungen auf eine Befruchtung. Die Kirche dagegen erlaubte jetzt nur gerade jene eine, die im Idealfall zur Schwangerschaft führte. Und das auch allein miteinander verheirateten Frauen und Männern. Die erste Natur trotzte dieser sexuellen Hungerkur – und heute können wir beobachten, dass sie auf Dauer am längeren Hebel saß. Nicht nur die Scheidungsrate belegt das. Die Entwicklung in Liebesdingen geht wieder in Richtung der ursprünglichen Lebens- und Liebesverhältnisse des *Homo sapiens* mit dieser schizosexuellen Balance zwischen Promiskuität und Paarbindung.

Es waren nicht nur die wissenschaftlichen, bürgerlichen, proletarischen und demokratischen Revolutionen der letzten Jahrhunderte, die das christliche Weltbild zunehmend pulverisierten und damit die christliche Sexualmoral zum Bröckeln brachten. Es sind auch und vor allem Frauen gewesen. Bei unserer Arbeit hat uns besonders fasziniert, dass es in den letzten zweihundertfünfzig Jahren vor allem die drei altbekannten evolutionären Strategien waren, welche die Befreiung der Frauen voranbrachten und die Unterdrückung und Ausbeutung ihrer Sexualität beendeten: Es waren weibliche Allianzen (Frauenbewegung), wirtschaftliche Autonomie (Zunahme weiblicher Lohnarbeit) und sexuelle Autonomie (Pille und Abtreibung), die die Emanzipation voranbrachten. Das belegt, welche Kraft evolutionär entwickelten Mechanismen innewohnt.

Trotzdem dominierte bis in den heutigen Erfahrungshorizont hinein die Vorstellung, dass Frauen im Prinzip männliches Eigentum waren. Noch vor nicht allzu langer Zeit war der Mann das Oberhaupt des Haushalts, hatte das Recht, über Finanz- und Arbeitsaktivitäten seiner Frau zu bestimmen, es gab offiziell keine Vergewaltigung in der Ehe, die höhere Ausbildung von Mädchen wurde als Zeitverschwendung betrachtet. Das Aufziehen von Kindern und der Dienst als Hausfrau am Herd galten als weibliche Bestimmung. Manche dieser kulturellen Altlasten leben zumindest in einigen Köpfen der westlichen Welt noch fort; und im Weltmaßstab ächzen noch viele Kulturen unter der patriarchalen Bürde. Die zweite Natur ist penetrant.

Wir sehen, wie nötig die evolutionäre Aufklärung ist. Sie zeigt, wie abstrus es ist, dass am Anfang des dritten Jahrtausends noch immer manche der frauen- und menschenfeindlichen Lehren kursieren, die im Unwissen des Altertums gründen und dazu dienten, Herrschaft und Ausbeutung zu legitimieren. Sie werden nicht nur verbreitet, sondern beanspruchen immer noch mit höchster, nämlich angeblich göttlicher Autorität, Menschen als verbindlich vorgeschrieben werden zu dürfen. Verbunden mit Fruchtbarkeitsauftrag und Verhütungsverbot führten sie in die globale Krise. Auch die Religionen sollten sich dringend davon emanzipieren, wenn sie eine Zukunft haben möchten.

Die hier skizzierten Zusammenhänge erklären nicht zuletzt die Konfusionen rund um Sex und Geschlecht, die unsere Gegenwart auszeichnen. Wir können nicht einfach bei null beginnen. Wir kommen aus einer schwer belasteten Situation, die über Jahrtausende jede Menge Ungerechtigkeiten produzierte, entsprechende Geschlechterrollen in Stein meißelte und selbst in der Gegenwart noch für unfaire Spielregeln sorgt. Aus solch einer Malaise in eine für alle akzeptable und gerechte Situation zu gelangen, ist von größter Wichtigkeit. Umso entscheidender, die Situation nicht weiter ideologisch aufzuladen.

Die Gefahr ist gegeben: Die traditionellen kulturellen Lösungen verschwinden, neue müssen sich erst entwickeln – da gibt es jede Menge Konfliktpotenzial. Tatsächlich haben wir es mit einem typischen Transformationsphänomen zu tun. Im Prinzip sind die gleichen Phänomene wie in der Sphäre der Religion zu beobachten. Die offiziellen Normen, die der Herrschaft und Unterdrückung verpflichtet waren, verlieren ihre Macht. Nun drängt das bisher Unterdrückte ans Licht: ein bunter, chaotischer Wildwuchs in Liebesdingen ist die Folge.

Auch die Heteronormativität, die dogmatische binäre Geschlechterordnung von Frau und Mann, löst sich auf. Zahlreiche Lebensentwürfe, die diskriminiert und verfolgt wurden, verlangen nach ihrem Recht. Die sich derzeit herausbildenden Identitäten sind erste Formen einer kulturellen Institutionalisierung, manche werden erfolgreich sein, andere nicht. Um ihre eigene Identität zu definieren, müssen sie Grenzen ziehen und eigene Regeln aufstellen. Das erklärt, warum allerorten Abgrenzungskonflikte aufflammen.

So wie im Bereich des Glaubens heute alles möglich scheint, ist das im Bereich der Sexualität der Fall, die sechzig Facebook-Geschlechter inklusive (auch wenn da vieles dem unbedingten Willen zur Individualität, dem Konformitätsbedürfnis unserer Tage, geschuldet sein mag). Der Wildwuchs resultiert ja daraus, dass die permanente Unterdrückung der ersten Natur dazu führte, dass in der Vergangenheit alle einst existierenden Zweite-Natur-Lösungen zerstört worden sind und hier ein kulturelles Vakuum herrscht, das gefüllt werden will.

Trotzdem wird sich auch in Zukunft die große Mehrheit weiterhin an den Polen Mann und Frau orientieren und Paarbindungen eingehen, wobei das deutlich leichter fallen wird, wenn alle Beteiligten – der evolutionären Aufklärung sei Dank – von der Last befreit sind, immer gleich jemanden *fürs Leben* finden zu müssen.

Natürlich ist die Gefahr eines Backlash gegeben. Gesellschaftliche Transformationsprozesse stoßen stets auf Widerstände. In unserem durchaus delikaten Fall sind sie besonders vielgestaltig. Da sind zunächst die Beharrungskräfte der zweiten Natur. Viele Menschen sind auf die traditionellen Geschlechterrollen eingeschworen. Wir haben geschildert, wie hartnäckig, mitunter auch penetrant kulturelle Prägungen sein können. Dann wirken patriarchale Interessen fort: Manche Männer möchten sich nicht von ihren Privilegien trennen oder fürchten unbewusst, in einer gleichberechtigten Welt kaum mithalten zu können oder überfordert zu sein. Drittens gehören zu modernen Gesellschaften andere Kulturen und Religionen, die wie manche hiesige Kirchenkreise auch noch tief in patriarchale Strukturen verstrickt sind. Und schließlich ist da der Cultural Lag, der Konservatismus der Strukturen, Verhältnisse und Institutionen.

Doch die evolutionäre Aufklärung ist hier spielentscheidend: Sie raubt all den genannten Positionen die Legitimation. Man kann sich weder auf Gott noch die Natur oder Biologie, geschweige denn die Tradition berufen. Anders als konservative Kräfte es den Menschen weismachen wollen, haben wir es in diesen Dingen gerade nicht mit widernatürlichen Regungen zu tun. Und auch mit keinem Werteverfall, es sei denn einem Verfall patriarchaler Werte. Im Gegenteil, unsere alte Natur verlangt bloß nach ihrem Recht. Salopp gesagt, hat sie genug von all der widernatürlichen Unterdrückung durch Herrschaft und deren Handlanger und Nutznießer.

—

Resümieren wir die zehn Erkenntnisse unserer etwas anderen Sexualkunde: 1. Wir sind schizosexuelle Wesen. 2. Temporäre Paarbindungen sind uralt. 3. Sex dient nicht nur der Reproduktion, sondern auch der Herstellung und Pflege von Beziehungen. 4. Sex war nicht immer nur treu (auch wenn Untreue in der Regel für Konfliktstoff sorgte). 5. Gleichgeschlechtlicher Sex ist in der menschlichen Evolution kein Tabu gewesen. 6. Das Versprechen der ewigen Liebe, die lebenslange, exklusive Partnerschaft zwischen einem Mann und einer Frau ist eine relativ junge Erfindung. 7. Die Ehe wurde von einem Institut zur Sicherung des Lebensunterhalts und der Versorgung von Kleinkindern zu einem Institut zur Erbenproduktion und Eigentumsweitergabe. 8. Das ist der Grund, warum die Frage der Treue eine extreme, mancherorts noch immer lebensgefährliche Brisanz erhalten hat. 9. Die heutige Fixierung auf zwei Geschlechter und deren wesenhafte Verabsolutierung sind historische Produkte. 10. Die allermeisten normativen Vorschriften, wie und wen wir zu lieben haben, sind patriarchale Produkte der Religion von oben und sterben mit dieser aus.

Sollte mit diesen evolutionären Erkenntnissen nicht ein einfacheres, zumindest ehrlicheres Beziehungsleben welcher Art auch immer möglich sein? Wer sich ewige Treue schwören möchte, kann das gerne weiterhin tun. Mit dem präsentierten Wissen im Gepäck dürfte man besser darauf vorbereitet sein und Scheitern nicht mehr als moralisches Versagen empfinden. Wir sollten uns nicht weiterhin vom Eigentum versklaven lassen.

TEIL 6
DAS GEHEIMNIS UNSERES ERFOLGES

Nachdem wir Sexualität und Partnerschaft abgehandelt haben, drängt nun – das Wort sei hier einmal erlaubt – «naturgemäß» das Thema Kinder in den Vordergrund. Wir starten damit eine neue Sektion des Buchs. Nicht nur weil die Art und Weise, wie unsere Vorfahren ihre Kinder aufzogen, uns Heutigen schier unvorstellbar erscheint. Nein, wir begegnen dabei dem eigentlichen Geheimnis unseres Erfolgs: dem Kern dessen, was uns zu dem gemacht hat, was wir als Menschen nun einmal sind.

Wir sind die «Teaching Apes»: Als Meister der kulturellen Evolution wurden wir nämlich nicht nur die schlauen, sondern auch die lehrenden Affen. Unsere Vorfahren erfanden das aktive Unterrichten und installierten das Lernen als die Kulturtechnik par excellence. Aus diesem Grund werden wir, nachdem wir uns den Kindern gewidmet haben, einen kleinen Exkurs einlegen, um uns der Eigenart der menschlichen Kreativität zu widmen. Durchaus aus Eigeninteresse. Hoffen wir nämlich, aus der Evolution für die Zukunft zu lernen, sollten wir darüber Bescheid wissen, wie es überhaupt um unsere Möglichkeiten bestellt ist, diese Erkenntnisse in innovative Lösungen umzusetzen.

Abschließen werden wir diesen Teil des Buchs mit dem Alter. Denn auch das ist einer der Gründe unseres Erfolgs. Gerade weil das in unserer Zeit in Vergessenheit zu geraten droht, ist es umso wichtiger dessen evolutionäre Relevanz zu verstehen. Hier lauert zwar heute einiges an Schwierigkeiten – viele der gesellschaftlichen Auseinandersetzungen sind Generationenkonflikte –, doch das brachliegende Potenzial ist bedeutend größer.

18 Kinder, Kinder, Kinder

Wenn es um Kinder und Partnerschaft geht, ist die Lage dieser Tage besonders vertrackt. Und wieder einmal ist wenigen bewusst, wie außergewöhnlich die Situation ist. Stattdessen glauben viele Paare, selbst schuld an der Misere zu sein, suchen nach Lösungen und versuchen, sich besser zu organisieren. Das Gefühl, alleingelassen zu werden, grassiert. Schamgefühle dominieren. Da man glaubt, nicht einmal den normalsten Anforderungen gerecht werden zu können, wird viel investiert, den Anschein einer heilen Fassade aufrechtzuerhalten. Überall sitzen Familien in ihren Wohnungen, teils Wand an Wand – und alle gehen davon aus, sie seien die Einzigen, die ihr Leben kaum in den Griff bekommen.

Deshalb entfaltet die evolutionäre Aufklärung gerade im Bereich der Familie ihre befreiende Wirkung. Sie demonstriert einmal mehr: Die Überlastung der Menschen liegt nicht in deren Verantwortung und ist auch nicht durch eigene Leistungssteigerung zu beseitigen. Die bürgerliche Kleinfamilie ist eine historische Besonderheit, eine patriarchal kontaminierte zumal. Selten werden die Gleichzeitigkeit des Ungleichzeitigen, das Kollidieren der drei Naturen und damit der verschiedensten Zeitebenen sowie die daraus resultierenden Zwänge so greifbar wie rund um den Familientisch. Wir werden uns zunächst auf die Kinder konzentrieren, kehren aber in einem späteren Kapitel noch einmal zur Familie zurück.

—

Die Vergangenheit war komplett anders – und selbst für Primatenverhältnisse überraschend. Starten wir damit, wie Jäger und Sammler ihre Kinder aufzogen. Säuglinge wurden in der Regel bis zum Alter von drei Jahren gestillt, mitunter auch länger. Doch sobald sie von anderen gehalten werden konnten, wurden diese anderen auch aktiv in die Pflege einbezogen. Das konnten ein Dutzend oder mehr Personen sein. Die Babys waren nur etwa die Hälfte der Zeit bei oder in der Nähe der Mutter. Sobald sie laufen konnten, verbrachten sie die meiste Zeit andernorts. Im Alter von drei oder vier Jahren kam dann das nächste Kind.

Der anthropologische Fachterminus dafür lautet: «Cooperative Breeding», das gemeinsame Aufziehen von Kindern. Dabei entfaltete die Teamarbeit ihr ganzes Potenzial. Väter spielten eine große Rolle, ebenso ältere Kinder. Frauen säugten mitunter auch die Babys ihrer Schwestern und Cousinen, was Müttern Bewegungsfreiheit gab. Und da die Vertreterinnen der Art *Homo sapiens* fast einzigartig unter den Säugetieren die Menopause entwickelt hatten, wurden ältere Frauen zu sich aktiv kümmernden Großmüttern. Auch sie stillten ein wenig (die Milchproduktion lässt sich leichter anregen, als die meisten annehmen), aber vor allem sorgten sie für die Kinder und unterstützten die Familie bei der Nahrungssuche. Ihre Rolle war so wichtig, dass darüber spekuliert wird, dass die Menopause sich entwickelte, weil ältere Frauen fast genauso effektiv ihre Fitness durch die Verbreitung ihrer Gene steigern konnten, indem sie aufhörten, selbst zu gebären (was im Alter immer riskanter wird), und stattdessen ihren Töchtern halfen, deren Kinder aufzuziehen. Das erhöhte die Überlebenschancen der Enkel und reduzierte gleichzeitig die Geburtsintervalle der Töchter.

Die Großväter engagierten sich auch, aber deutlich weniger. Der Hauptgrund: Männer verlieren ihre Zeugungsfähigkeit nicht, was ihr Interesse mitunter auf andere Wege führte. Insgesamt gibt es Hinweise darauf, dass auch die Großeltern von ihrem Engagement profitieren. Aktiv am Familienleben beteiligte Großeltern leben zumindest heutzutage tendenziell länger.

—

Bei keinen anderen Menschenaffen gibt es Vergleichbares. Menschenaffenmütter sind alleinerziehend. Sie leisten so gut wie einhundert Prozent der Care-Arbeit. Nicht selten bewachen sie ihr Junges eifersüchtig, fürchtend, dass ein anderes Weibchen es angreifen könnte. Von Schimpansen gibt es Berichte über Weibchen, welche die Babys anderer Mütter töten. So grausam das erscheinen mag, die biologische Logik ist offensichtlich: Da die Weibchen ihre Geburtsgruppe verlassen und sich anderen Gruppen anschließen, sind Weibchen einer Gruppe in der Regel nicht eng miteinander verwandt. Auch kooperieren sie nicht, sondern sind in erster Linie Konkurrentinnen. Und ein Weibchen, dessen Baby von einem anderen Weibchen getötet wurde, würde von da an die Gegend meiden. Vermutlich dulden Weibchen andere Mütter nur in der Nähe, weil sie Fellpflege und Spielpartner für ihr Kleines brauchen.

Auch bei anderen Menschenaffen finden wir keine aktive Beteiligung der Väter an der Kinderbetreuung. Bei Menschen hat die Paarbeziehung – mit ihrem Geben und Nehmen innerhalb der Gruppe – zweifellos eine große Rolle bei der Entstehung unseres kooperativen Familienlebens gespielt. Jäger verbrachten viel Zeit im Lager, die Väter waren also oft in der Nähe ihrer Kinder. Meist verstärkten die Männer die Sammeltätigkeit, wenn ihre Partnerin ein Baby bekam und nicht so viel Zeit mit der Nahrungssuche verbringen konnte.

Männer im Vatereinsatz haben einen niedrigeren Testosteronspiegel, was den angenehmen Nebeneffekt haben kann, dass sie bei der Kindererziehung glücklich sind. Trotzdem litten die Kinder nach einer Trennung der Eltern nicht annähernd so sehr, wie man es erwarten würde, weil das breite Unterstützungsnetz der Gruppe eine abfedernde Wirkung besaß. Man braucht vielleicht nicht wirklich ein ganzes Dorf, um ein Kind großzuziehen, doch es ist sicherlich hilfreich.

Wegen all dieser Betreuer hatten die Babys praktisch ständig Körperkontakt mit jemandem – und sei es nur, um sie vor auf der Erde lauernden Gefahren wie Skorpionen oder Schlangen zu schützen. Sobald sie laufen konnten, war stets jemand in der Nähe und warf ein Auge auf sie. Weinten sie, wurde ihnen praktisch sofort Aufmerksamkeit geschenkt. Auch in der Nacht waren sie nicht allein, denn Gefahren lauerten überall. Die Kinder schliefen im Knäuel, verschlungen mit älteren Kindern oder den Eltern.

Gemeinsames Schlafen ist keine menschliche Erfindung. Bei Affen verbringt eine Mutter die Nacht eng aneinandergekuschelt mit ihren Jungen unterschiedlichen Alters. Menschenaffen bauen sogar jede Nacht ein Nest, und die Babys schlafen mit der Mutter darin, bis sie entwöhnt sind – bei Schimpansen etwa bis zum Alter von vier Jahren und bei Orang-Utans sogar bis sieben Jahre oder mehr. Selbst nach der Entwöhnung versuchen die Kleinen oft, sich wieder in das Nest der Mutter zu schleichen. Das Schlafen in der Nähe einer vertrauten Bezugsperson befriedigt ein tief verankertes Bedürfnis nach Sicherheit.

Die vielfältige soziale Unterstützung, die Kinder von früh an eng an mehrere Bezugspersonen band, führte zur Entfaltung der in der ersten Natur des *Homo sapiens* begründeten Soziabilität und war damit die Grundlage für die Hyperkooperativität der Jäger-und-Sammler-Gruppen. Sie führte auch dazu, dass die korrespondierenden kulturellen Handlungsmuster zur festen zweiten Natur der Heranwachsenden wurden. Anders als heute entstand kein Widerspruch zwischen erster und zweiter Natur. Wie die Resilienzforschung zeigt, sind stabile Beziehungen zu Nichtelternpersonen noch immer ein wesentlicher Faktor für ein widerstandsfähiges Erwachsenenleben.

Sobald die Kinder entwöhnt waren, liefen sie in altersgemischten Gruppen umher, wobei die älteren die jüngeren im Blick behielten. Die Kindheit der Jäger und Sammler war unbeschwert, vor allem frei von Mikromanagement und Zwängen durch Erwachsene. Das mag aus heutiger Sicht wie Vernachlässigung aussehen. Doch es gab Gründe, dass die Gesellschaften nicht so kinderzentriert waren: Einerseits wäre das mit dem Lebensstil des Jagens und Sammelns unvereinbar gewesen. Kinder mussten sich an häufige Lagerwechsel, ab vier bis fünf Jahren auch an lange tägliche Wanderungen und die Abwesenheit eines oder beider Elternteile gewöhnen. Andererseits ist für Jäger und Sammler die Autonomie jedes Einzelnen ein hohes Gut. Und das gilt schon für die Kleinen.

Kinder spielten den ganzen Tag, rannten umher und hatten Spaß. Es mag überraschen, dass ihre sozialen Spiele selten bis nie mit Aggression verbunden waren, also nichts von den Konkurrenzkämpfen und dem Mobbing, wie wir es heute auf Spielplätzen und Schulhöfen beobachten können. Aber Kinder spiegeln das Verhalten der Erwachsenen; das sehen wir auch bei anderen Affen.

Allmählich wurde aus dem Spielen ein Handeln. Kinder halfen früh bei der Nahrungssuche, dem Fallenstellen, der Jagd auf Kleintiere. Je älter sie wurden, desto mehr spielten sie auch erwachsene Geschlechterrollen nach, wobei Jungen den Umgang mit Jagdwaffen und deren Herstellung übten, während Mädchen sich eher dem Tragen ihrer jüngeren Geschwister, der Nahrungssuche und -zubereitung widmeten. Doch auch hier war die Varianz groß.

Die Erwachsenen griffen nur selten ein und schimpften kaum mit den Kindern, geschweige denn bestraften sie diese. Diese Laissez-faire-Haltung implizierte, dass Kinder in Schwierigkeiten geraten und sich selbst verletzen oder Schlimmeres anrichten konnten. Doch besagter Respekt vor der Autonomie der Kinder verhinderte «Helicopter Parenting». Diese Situation blieb bis weit nach der Erfindung der Landwirtschaft vorherrschend. Auch bei heutigen Gartenbau-Gesellschaften sieht es noch ähnlich aus.

—

Wir haben bereits erfahren, dass unsere Menschenaffenverwandtschaft keine gemeinsame Jungenaufzucht betreibt, also auch die gemeinsamen Vorfahren von Schimpansen, Bonobos und uns nicht. Es war das Erfolgsrezept jener Primatenlinie, aus der wir hervorgegangen sind, und damit ein Kernelement unserer sozialen, kooperativen Revolution. Denn die ausgiebige Hilfe durch Nicht-Mütter ist nicht nur wichtig für die gesunde Entwicklung der Kinder, sie wirkt auch stark auf die Psychologie und die kognitiven Eigenarten. Helfen alle mit, sind die Veränderungen enorm. Wie sehr, ist Gegenstand aktueller anthropologischer Forschungen.

Nicht viele Säugetiere betreiben eine solche kooperative Fortpflanzung, vermutlich weil eine grundlegende Bedingung, die Betreuung durch die Väter, selten zu finden ist; dafür tun es einige Vogelarten. Glücklicherweise gibt es eine Familie von Primaten, die eine gute Parallele zu dem bietet, was bei unserer Spezies passiert: die südamerikanische Familie der Krallenaffen – Seidenaffen und Tamarine –, die aus genau diesem Grund sehr genau erforscht werden (unter anderem von einem von uns).

Beginnen wir mit der Psychologie dieser winzigen Affen, die fast alle weniger als ein halbes Kilo wiegen. Um ein effektiver Helfer im Familiengeschäft zu sein, muss man eine prosoziale Einstellung mitbringen. Das heißt, aufmerksam registrieren, wenn ein Junges in der Gruppe Unterstützung braucht, und stets nach Möglichkeiten Ausschau halten, wo man helfen kann. Diese positive Grundeinstellung überträgt sich auch auf andere Bereiche. Schließlich müssen die erwachsenen Tiere unterschiedliche Aktionen koordinieren und einander gegenüber aufgeschlossen genug sein, um zusammenzuhalten. Wohl als Nebenprodukt der Fütterung der Jungtiere neigen Arten, die *Cooperative Breeding* betreiben, auch als Erwachsene dazu, Futter miteinander zu teilen. Das ist bei anderen Arten, also auch unserer Menschenaffenverwandtschaft, welche die Jungen nicht gemeinsam aufziehen, so gut wie ausgeschlossen.

Die meiste Zeit über kommt es bei Krallenaffen zu keinen nennenswerten offenen Konflikten. In deren Gruppen gibt es immer nur ein Weibchen und ein Männchen, die sich fortpflanzen. Die anderen (oft Kinder, aber manchmal auch zugewanderte Tiere) unterstützen das Elternpaar. Sobald aber ein Mutter- oder Vatertier verschwindet, kann ein Wettbewerb um die Übernahme der frei gewordenen Position ausbrechen. Heftige Konflikte entstehen auch, sobald ein anderes Weibchen gebärt. Das Muttertier tötet dann häufig die neuen Babys.

Das alles geschieht bei Menschen nicht. Niemand schreibt anderen vor, ob sie Kinder bekommen dürfen. Das kooperative Kinderaufziehen lieferte also bei unserer Spezies nur sehr wenige Anlässe für Konflikte. Dass die Fortpflanzung anderer Menschen unterdrückt wird, entsteht erst in Gesellschaften mit intensiver Landwirtschaft und hoher Bevölkerungsdichte, wo Kinder im Kloster, als Söldner und Sklaven enden konnten, wenn sie nicht sogar nach der Geburt ausgesetzt wurden.

—

Weniger offensichtlich, aber ebenso wichtig: Das Teamwork bei der Kindererziehung, der Nahrungsbeschaffung und bei allen Aufgaben, die mit dem Lebensunterhalt zu tun haben, überträgt sich auf die Zusammenarbeit bei geistigen Aufgaben. Menschen sind die einzige Spezies, die Probleme gemeinsam angeht. Wir entwickelten die Arbeitsteilung und diskutieren Lösungen und teilen bei größeren Projekten oft Aufgaben auf, schreiben sogar gemeinsam Bücher – was natürlich auch die Erfolgsaussichten erhöht (hoffentlich!).

Darüber hinaus unterstützen wir unsere Kinder aktiv und gezielt beim Erlernen von Fähigkeiten. Wir sind die lehrenden und lernenden Affen. Schließlich sind unsere Gehirne dreimal so groß wie die von Menschenaffen, und unsere Ökologie und unser Sozialleben weitaus komplexer. Ohne Unterstützung wären Menschenkinder deshalb niemals in der Lage, all die Dinge herauszufinden, die wir jeden Tag routinemäßig erledigen: wo, was und wie wir sammeln oder jagen – und vor allem, welche Gefahren dabei lauern. Selbst die alltäglichsten Aufgaben erfordern eine Menge Lernaufwand: die Auswahl der richtigen Holzarten und deren Trockenheit fürs Feuermachen, das Anzünden und Aufrechterhalten des Feuers. Und dann sind da noch all die sozialen Regeln und Gewohnheiten, die verinnerlicht werden müssen.

Junge Menschenaffen lernen, indem sie die Älteren beobachten und dann das Gleiche versuchen. Der Mechanismus ist einfach: Sie identifizieren sich mit ihren Vorbildern und wollen so sein wie diese, und deshalb kopieren sie so viel wie möglich oder versuchen zumindest, die gleichen Ziele zu erreichen. Das ist die tiefe Wurzel des menschlichen Hangs zur Konformität, den wir bereits inspiziert haben.

Mit anderen Worten: Erst schauen die Jungtiere ihrer Mutter zu, dann üben sie. Das ist eigentlich schon alles, aber es ist ein äußerst wirkungsvoller Trick, um alle Fähigkeiten zu erlernen und sich das gleiche Wissen durch eigenes Tun anzueignen: Zuerst macht man es nach, und nach einer Weile erkennt man, warum es so funktioniert, indem man aus Fehlern lernt. Später folgen sie anderen und imitieren diese, wenn es etwas Neues zu sehen gibt. Junge Männchen bevorzugen ältere Männchen, denen sie wie ein Schatten folgen, und beide Geschlechter beginnen, wenn sie in die Pubertät kommen, mehr Zeit mit Gleichaltrigen zu verbringen und gemeinsam die Welt zu erkunden.

Schimpansen- oder Orang-Utan-Mütter gehen ihren Beschäftigungen nach und machen nur selten etwas gezielt vor.

Das genügt. Tatsächlich werden auch grundlegende Fähigkeiten wie Laufen, Greifen, Klettern und Nestbau in etwa auf die gleiche Weise erlernt: unbedingt das Gleiche tun wollen und deshalb abschauen und üben, bis es funktioniert. Auch menschliche Kleinkinder wollen wirklich laufen, wenn sie so weit sind, und lassen sich von der Tatsache inspirieren, dass alle Menschen um sie herum aufrecht gehen.

Ein Großteil der Übungen besteht bei Menschenaffen aus Spielen. Sie verbringen im Alter von zwei bis drei Jahren etwa die Hälfte der Zeit damit. Über die Arten hinweg korreliert der Umfang des Spiels mit der Gehirngröße. Je größer das Gehirn einer Art ist, desto länger verzögert sich das Erwachsenenalter, desto länger die Zeit des Spielens. Der Hauptgrund: Größere Gehirne benötigen mehr Zeit, um die grundlegenden motorischen Fähigkeiten auszubilden. Der Extremfall sind menschliche Babys, die den größten Teil ihres ersten halben Jahres hilflos mit allen Gliedmaßen herumfuchteln. Die Kontrolle über die eigenen Bewegungen bildet die Grundlage für die manipulativen Fähigkeiten, die alle Affen brauchen, um als Erwachsene erfolgreich zu sein. Und das Spielen ist notwendig, um möglichst effiziente neuronale Netze aufzubauen, die schnelle Routinereaktionen ermöglichen.

Wo manuelle Fertigkeiten so kompliziert werden, dass man Hilfe braucht, um sie zu lernen, gibt es eine natürliche Obergrenze. Menschenaffen haben diese Grenze erreicht. Doch wenn Erwachsene den Jungen gezielt helfen, können Fähigkeiten schneller entwickelt und auch in komplexerer Form weitergegeben werden – und diese Obergrenze wird durchbrochen. Wir Menschen unterstützen den Lernprozess aktiv. Bei den Jägern und Sammlern ist das ein subtiler Prozess. Kinder folgen zwar wie bei Menschenaffen ihren Vorbildern und lernen Fähigkeiten durch Beobachten und Üben. Darüber hinaus werden sie aber auch korrigiert oder sanft angestupst. Die Kinder genießen das, wollen sie doch den Älteren gefallen.

Dieses aktive Lehren erfordert elaborierte Formen der Informationsübermittlung. Die Evolution der Sprache ist nur in dem Kontext einer so kooperativen und immer intelligenter werdenden Spezies wie der unseren möglich gewesen. Alles hat sich dabei gegenseitig beeinflusst. Insofern ist die gemeinsame Kinderaufzucht nicht nur der Motor des individuellen Spracherwerbs, sie trug entscheidend dazu bei, uns überhaupt zu sprechenden Affen zu machen. Das wiederum verstärkte das Wachstum des Gehirns. Nicht zuletzt potenzierte die gemeinsame Betreuung der Kinder den sozialen Input und Austausch. Es war also das kollektive Engagement um den Nachwuchs, das uns zu den schlauen Affen machte.

Das eröffnete komplett neue Möglichkeiten: Viele der schwierigeren Fertigkeiten, wie das Reagieren auf seltene Gefahren, werden Kindern durch Geschichten beigebracht, die sie in der Regel viele Male gehört haben, bevor solch eine Situation tatsächlich eintritt. Geschichten und Rituale dienen auch dazu, soziale Regeln und Verwandtschaftssysteme mit ihren Rechten und Pflichten zu vermitteln und zu verinnerlichen.

Jonathan Gottschall hat in *The Storytelling Animal* Geschichten als einen Spielplatz für den Geist, einen Flugsimulator fürs Leben beschrieben. Es sei deshalb keine Überraschung, dass unsere Geschichten alle problemzentriert seien. Entsprechend läuft der Spannungsbogen nach demselben Muster: Ein Problem taucht auf, eine Heldenfigur, mit der wir uns identifizieren, löst das Problem. So können wir die schlimmsten Gefahren und die dramatischsten zwischenmenschlichen Konflikte durchleben, ohne tatsächlich in Not zu geraten. Noch heute tun wir das – Serien schauend oder Romane lesend.

Das Kinderspiel ähnelt zunächst dem der Affen, die rennen, springen und toben, doch ältere Kinder spielen auf eine Weise, die erst durch Sprache möglich ist. Sie versetzen sich in verschiedene Rollen und üben diese ein. Spielerisch erlernten die Menschen einst fast alle ihrer notwendigen Fähigkeiten.

Eine formale Ausbildung, ein regelmäßiger Unterricht waren nicht nötig. Zurechtweisungen, wenn jemand über die Stränge schlug, kamen nur in den allerseltensten Fällen von Erwachsenen. Das regelten die Kinder unter sich. So weit die Steinzeitpädagogik.

—

Wieder einmal stellte die große Zäsur alles auf den Kopf. Während die Jäger und Sammler die Selbstständigkeit ihrer Kinder betonten, pochten die Bauern auf Gehorsam. War die Kindheit früher unbeschwert, drehte sich nun alles ums Schuften, schließlich waren das Bestellen und Ernten der Felder, das Versorgen der Tiere äußerst arbeitsintensiv. Die Erwachsenen brauchten jede Hilfe. Wo früher Zusammenarbeit gelehrt wurde, war das neue Ideal die Aufopferung für Familie und der Wettbewerb mit den Nachbarn.

Mit dem Anwachsen der gesellschaftlichen Gewalt hält das Strafen und die körperliche Züchtigung Einzug in die Kinderwelt. Auch weil Kinder sich jetzt nicht mehr nur selbst schaden, sondern Unglück über den ganzen Hof bringen konnten, etwa wenn sie beim Hüten der Tiere oder beim Spiel mit dem Feuer unachtsam waren. Einmal mehr verlangte das Eigentum sein Recht: Es will geschützt werden. Dazu braucht es Gewalt – selbst wenn es solche gegen die eigenen Kinder ist.

Auch die Sexualerziehung wird sich im Laufe der Zeit zu einer pädagogischen Katastrophe entwickeln. Sie griff zu perfiden Mitteln, um kindliches Experimentieren zu unterbinden und Masturbationsverbote durchzusetzen. Bei Jägern und Sammlern dagegen herrschte in dieser Hinsicht große Entspanntheit.

Der sogenannte Prozess der Zivilisation ist gekennzeichnet durch eine ständige Zunahme der mentalen und physischen Gewalt gegen Kinder. Sie mussten immer mehr Dinge verinnerlichen, die gegen ihre erste Natur waren. Vieles wurde ihnen eingeprügelt. Gerne wird sich in späteren Zeiten auf die

Bibel berufen: «Wer sein Kind liebt, züchtigt es.» Alles, was mit Gewalt vermittelt wurde, entwickelte sich zu einer besonders heiklen zweiten Natur, die durch eine toxische Mischung aus Zwang, Furcht und Neurosen charakterisiert war.

Parallel zur Industriellen Revolution nahm die Ausbeutung von Kindern zu – zumindest die von solchen der unteren Schichten. Sie wurden in den Fabriken als billige Arbeitskräfte eingesetzt (ohne das so verdiente Zubrot konnten viele Familien nicht überleben). Mit ihren zarten Händen waren sie gerade in den boomenden Textilfabriken gefragt. Außerdem waren sie klein genug, um durch enge Bergwerkschächte zu kriechen. Kinder wurden gezwungen, unzählige Stunden am Tag zu arbeiten, routinemäßig bestraft und miserabel ernährt. Die Sterblichkeitsrate war immens.

Sarah Blaffer Hrdy hat betont, wie sehr das bürgerliche Zeitalter auch in gehobenen Kreisen von der Praxis geprägt war, Kinder zu Ammen oder ins Findlingsheim zu geben. Selbst der als großer Pädagoge und Moralphilosoph gefeierte Jean-Jacques Rousseau lieferte jedes seiner fünf Kinder im Waisenhaus ab. Viele überlebten den Aufenthalt nicht.

—

Unter den radikal veränderten Bedingungen der ebenso sesshaften wie patriarchalen Welt entfalteten alte Erste-Natur-Prägungen gefährliche Wirkungen. Die tiefe Verwurzelung der gemeinsamen Kindererziehung in unserer evolutionären Geschichte hat die Psychologie von Müttern nachhaltig beeinflusst. Wenn eine schwangere Frau merkt, dass ihr die nötige Unterstützung durch andere fehlt, steigt das Risiko, dass sie depressiv wird und womöglich sogar das Neugeborene vernachlässigt oder misshandelt. Mitunter gibt sie es sogar auf. In der Großfamilienatmosphäre der Jäger und Sammler konnte so etwas kaum passieren, aber in den isolierten Kernfamilien, die spätestens mit der Industriellen Revolution zum Normalfall wurden, geschah das häufiger. Frauen wurden buchstäblich unter den widrigsten Bedingungen alleingelassen. Es ist kein Zufall, dass die «Kindsmörderin» zu einem Schreckgespenst wurde, das von Goethe und Schiller bis Hauptmann und Brecht durch die Literatur des bürgerlichen Zeitalters geisterte.

Eine solche Vernachlässigung oder Tötung der Kinder wird in patriarchalen Gesellschaften pathologisiert oder kriminalisiert. Die bedingungslose Mutterliebe galt als der «Natur der Frau» eingeschrieben. Doch die gleiche selektive Bemutterung des Nachwuchses in Abhängigkeit von den jeweiligen Lebensumständen findet man auch bei anderen Tierarten mit kooperativer Fortpflanzung. Diese Reaktionsmuster liegen im Spektrum der menschlichen Natur – und waren einst sinnvolle Anpassungen. Eine Frau, die vergebens alles für ein Kind gab, riskierte nur allzu leicht ihr eigenes Leben.

In Zeiten, in denen die materielle Grundversorgung gesichert erscheint, besteht ein geringes Bewusstsein für die Konsequenzen, wenn die zwischenmenschliche Grundversorgung nicht gewährleistet ist. Also die konkrete Unterstützung durch nahestehende Personen, die völlig selbstverständlich ist und auf die man sich absolut verlassen kann. Umso wichtiger ist die Kenntnis der ersten Natur, denn für die zählt allein das soziale und nicht das finanzielle Fundament.

Die Doppelbelastung von Arbeit und Familie, die jegliche Freiräume auffrisst, ständige Gefühle der Fremdbestimmung und Überforderung, fehlende Selbstwirksamkeit, es nie jemandem recht machen können: All das sind Themen, die heute noch Mütter umtreiben. All das führt in die Isolation – und nur allzu leicht in eine Depression. Denn gerade in jener vulnerablen Phase des Kinderaufziehens fehlt es an elementarer Unterstützung. Depressionen sind hier eine natürliche menschliche Reaktion darauf. Werden Frauen mit Medikamenten und Therapien behandelt, wird ihnen einmal mehr die Schuld gegeben (psychisch seien sie schlicht nicht stabil genug) – und damit die angebliche Normalität entlastet. Dabei kann schon allein verlässliche Hilfe eine wirksame Behandlung sein.

—

Angesichts der skizzierten Entwicklungen überrascht es nicht, dass der einflussreiche französische Historiker Philippe Ariès noch in der zweiten Hälfte des 20.Jahrhunderts glaubte, dass das Konzept «Kindheit» eine Erfindung moderner Zeiten sei, zuvor hätten Kinder schlicht als kleine Erwachsene gelebt und gearbeitet. Tatsächlich aber handelt es sich bei der Entdeckung der Schutzwürdigkeit von Kindern nur um eine Rückkehr zu ursprünglichen Zuständen.

Wie in anderen Bereichen gilt auch hier: Die Demokratiebewegungen der jüngeren Vergangenheit führten zu Befreiungen von Herrschaft und deren legitimierender Ideologien. Getrieben wurden sie von mutigen Frauen und Männern, die den Splitter im Verstand spürten und dem Protest der ersten Natur folgend eine Rückkehr zu egalitären Verhältnissen forderten. Sie befreiten nicht nur Sklaven und Frauen, sondern auch Kinder. Seither gilt es als Selbstverständlichkeit, dass Kinder spielen und zur Schule gehen.

Leider ähnelte die Schule bis vor Kurzem der Lernzeit der Jäger und Sammler wie die Nacht dem Tag. Lange dominierten Vorstellungen à la «Nürnberger Trichter»: Kinder wurden als leere Gefäße betrachtet, denen man Wissen auf repetitive Weise eintrichtern muss. Doch auch in der Pädagogik ist heute vielerorts ein buntes Experimentieren mit Konzepten zu beobachten, wie es charakteristisch für das Wegbrechen herrschaftsbasierter Gesellschaftsstrukturen ist. Typischerweise geht das mit weltanschaulichen Auseinandersetzungen einher, da die Frage des Lehrens und Lernens unweigerlich auf bestimmten Vorstellungen vom Menschsein basiert.

Auch repräsentiert die Schule als gesellschaftliche Institution ihrerseits geronnene Geschichte, verkrustete Strukturen.

Überdeutlich leben hier gesellschaftliche Ideen fort, die in jener evolutionären Ausnahmesituation gründen, die uns allen das Leben schwermacht. Die Lernanstalten folgten einer Top-down-Logik, wie sie für Herrschaftszusammenhänge typisch ist: Lange vermittelte eine Autoritätsperson im Frontalunterricht dem Lehrplan folgend von oben verordnetes Wissen in bürokratisch genau getakteten Stundenplänen, die ihrerseits dem Geist der Fabrik und des Fordismus verpflichtet waren. Kindgerecht klingt anders.

Vieles davon ist Geschichte; mittlerweile haben sich reformpädagogische Konzepte durchgesetzt, die auf die Eigenaktivität der Kinder und das handelnde und produzierende Lernen setzen. Trotzdem bestehen alte Strukturen fort und gestalten damit noch immer die Zukunft. Keine Frage, heute ist bedeutend komplexeres und abstrakteres Wissen zu vermitteln als zu Jäger-Sammler-Tagen. Gerade weil vieles davon lebensfern ist, ist es nicht mehr nebenbei wild herumtollend zu lernen. Ebenso fehlen die großen Gemeinschaften enger Vertrauenspersonen jeglichen Alters, die für das spielerische Lernen sorgten. Insofern wird es spannend sein, in welcher Weise sich die Dinge in Zukunft entwickeln.

—

In der Tat erleben wir derzeit die Rückkehr zu sorgloseren Verhältnissen. Doch die Kindererziehung droht zuweilen zu einem Kinderkult auszuarten, mit überfürsorglicher Erziehung und der minutiösen Planung von Aktivitäten, Eltern-Shuttle inklusive. Die Kinder werden wie Prinzen und Prinzessinnen behandelt, haben aber kaum mehr die Freiheit, unbeaufsichtigt auf Entdeckungsreise zu gehen.

Da die realen Netzwerke verloren gegangen sind, ächzen insbesondere Mütter unter der enormen Belastung, müssen sie doch all die Funktionen bis hin zu Spielkameraden übernehmen, die einst auf viele Köpfe verteilt waren. Ebenso fehlen im städtischen Kontext die Umwelten, in denen die freie Erkundung draußen möglich ist. Vielerorts kennen Kinder gar nicht das Gefühl, unbehütet und selbstbestimmt die Welt zu erobern.

Damit fehlt ihnen das soziale Korrektiv. Die Rechnung ist erschreckend simpel: Wachsen Kinder weniger sozial auf, werden sie auch weniger sozial. So gehört die Klage über den Mangel an grundlegenden sozialen Kompetenzen der Schülerinnen und Schüler an Schulen heutzutage zur Standardlitanei. In Klassenzimmern ist immer häufiger zu beobachten, wie sich kleine Tyrannen, narzisstisch und manipulativ, im Ausüben von Herrschaftstechniken üben – Mobbing und Ellenbogeneinsatz im übertragenen wie im wortwörtlichen Sinn. Manchen Eltern gefällt das, glauben sie doch, es handle sich um Kernkompetenzen der Wettbewerbsgesellschaft.

In dieser Situation nun wird Betreuung und Bildung von Kindern weiter an digitale Medien und Geräte ausgelagert. Echte Empathie zeigen diese keine, einmal mehr werden weniger soziale Praktiken eingeübt. Auf die enorme Suggestivkraft der schönen neuen Digitalwelten haben wir hingewiesen, ebenso, dass diese sich in Zukunft durch den Einsatz von künstlicher Intelligenz potenzieren dürfte. Die reale Welt mit ihren Bewohnern aus Fleisch und Blut wird aus Kindersicht immer langweiliger und anstrengender, was die soziale Verarmung weiter befördert. Eine bedenkliche Entwicklung, insbesondere wenn man realisiert, dass die experimentellen Studien von Alessandra Cassar den ethnografisch gemachten Befund bestätigen, dass Menschen, die in ihrer Kindheit auf besonders vielfältige Weise sozialen Austausch und konkrete Hilfe erfahren haben, selbst hilfsbereiter werden und anderen Menschen vertrauensvoller begegnen.

Die Annahme liegt auf der Hand, dass die Zunahme von psychischen Problemen und Störungen mit diesen Veränderungen zusammenhängt. Noch fehlt es an Vergleichsstudien, um das zu untermauern. Einige Zusammenhänge besitzen jedoch eine solche Evidenz, dass systematische Untersuchungen dringend geraten erscheinen. Denn wenn wir herausfinden, welche Auffälligkeiten aus Veränderungen des Lebensstils resultieren, können wir sie leichter verhindern. Vor allem müssten wir nicht von Störungen und Krankheiten reden, weil es sich dann um normale menschliche Reaktionen auf wenig menschengemäße Lebensumstände handelte.

Deshalb ist es nötig, die individualpsychologische Perspektive um eine evolutionäre zu ergänzen. So richtig es ist, dass die Ursachen vieler psychologischer Problematiken in der Kindheit liegen, so richtig ist es auch, dass die Ursache dafür die generelle problematische Situation von Kindheit, Familie und Gesellschaft ist. Um diese zu erkennen, braucht es die Kenntnis der restlichen 99 Prozent Menschheitsgeschichte, die zeigen, dass Kinder heute vermehrt in sozial radikal beschränkten Verhältnissen aufwachsen. Sie mögen materiell unendlich reich sein, sozial aber sind sie verarmt.

—

Bei den meisten der Jäger-und-Sammler-Kinder würden nach heutigen Kriterien Hyperaktivitäts- und Aufmerksamkeitsstörungen diagnostiziert. Lange Stunden in der Schule still an einem Tisch zu sitzen und darauf konditioniert zu werden, nicht auf äußere Reize zu reagieren – das klingt nicht nach natürlichem Verhalten. Da alle aufeinander angewiesen sind, ist die Toleranz viel größer; Mobbing ist bei Jägern und Sammlern nicht zu beobachten. Auch Selbstmord ist extrem selten und manchmal gänzlich unbekannt, da sie nie einsam sind und immer gebraucht werden. Entsprechend treten Depressionen kaum auf, und wenn, dann sind sie vermutlich durch andere Ereignisse ausgelöst als in unseren modernen Gesellschaften.

Wahrscheinlich – aber nur schwer bis kaum wissenschaftlich zu untermauern – existiert also heute eine Reihe von psychischen Problemen, die bei Jägern und Sammlern selten oder gar nicht vorkommen, in unserer Gesellschaft aber weit verbreitet sind und die mit den Veränderungen in der Kindererziehung zusammenhängen. Denn auch und vor allem stellt die zunehmende Isolierung in Kleinfamilien etwas mit den Kindern an. Sie sind auf Geborgenheit angewiesen – mehr als auf alles andere. Überaus spannend die Frage (aber bisher wohl nicht entscheidbar), wie viele Personen es braucht, um ein stabiles Gefühl des Aufgehobenseins entstehen zu lassen. Um es deutlich zu sagen: dass allein Mama sich ums Kind sorgt, ist Schimpansenart, nicht Menschenmanier.

Wir haben bereits Harlows sozial benachteiligte Affen kennengelernt, die als erwachsene Tiere nicht wussten, wie man Kontakte knüpft, Liebe macht oder sich um die eigenen Babys kümmert. Es ist fast so, als ob wir unsere Spezies einem massiven Langzeitexperiment unterziehen, um herauszufinden, wie viele der zahlreichen sozialen Einflüsse, die in der Vergangenheit dazu beigetragen haben, dass sich ein Kind richtig entwickeln konnte, ohne schädliche Anomalien zu verursachen, entfernt werden können, bis das System zusammenbricht.

Gerade im Bereich der Kindererziehung ist zu beobachten, wie sehr die Welt im Umbruch ist – und mit welcher Heftigkeit die Debatten geführt werden. Wenn die zweite Natur herausgefordert wird, sind Glaubenskriege nicht weit, Stichwort Stillen. Um es weder zu vertiefen noch zu empfehlen, hier nur der Verweis auf typische Zweite-Natur-Aversionen: Das öffentliche Säugen von Babys ist mittlerweile weitgehend akzeptiert, aber das mit einem Dreijährigen zu tun, wie das bei Jägern und Sammlern Normalität ist, führt zu eher harschen Reaktionen.

Oder das Thema, das wir eben gestreift haben: Bis vor wenigen Jahren lautete der Ratschlag an Eltern, dass auch Babys ihr eigenes Schlafzimmer haben. Man legte sie zur richtigen Zeit dort hin und ließ sie schreien, bis sie einschliefen. Babys mussten auf das korrekte Verhalten konditioniert werden, auch wenn es wehtat, sie schreien zu hören. Gemeinsames Schlafen war nicht erlaubt, damit man sie nicht versehentlich erdrückte. Und ganz sicher sollte das Kind in den ersten Jahren bei seiner Mutter und nicht bei anderen Erwachsenen sein. Wir haben gesehen, wie radikal sich das von der Vergangenheit unterscheidet. Eltern, die ihre Kinder bei sich im Bett schlafen lassen, sehen sich immer noch skeptischen Blicken, im schlimmsten Fall sogar Unterstellungen ausgesetzt. So als wäre die «natürliche» Weise ein Skandal.

Nur zu gerne wird die Familie als «Keimzelle der Gesellschaft» beschworen. Da steckt mehr Wahrheit drin als gedacht. Die Kleinfamilie ist zugespitzt formuliert durch die letzten Jahrhunderte hinweg eine soziale Entbehrungsmaschine für Kinder und Eltern gewesen, die nach Geborgenheit lechzende Individuen schuf, die sich zu Tode schufteten, um konsumierend zu versuchen, die sozialen Defizite zu kompensieren. Klingt ganz so, als seien sie dem Handbuch entsprungen, wie man den perfekten *Homo oeconomicus* des Kapitalismus produziert. Später mehr dazu.

19 Wie kreativ sind wir?

Nun haben wir so viel davon gehört, was uns zu den smarten Affen machte. Da drängt sich die Frage auf, wie es tatsächlich um die menschliche Kreativität bestellt ist. Also um die Fähigkeit, neue Dinge zu erfinden, auf die andere nicht so einfach kommen. Das ist heute mehr gefragt denn je, insbesondere als Konsequenz der evolutionären Aufklärung. Wie ein roter Faden zieht sich die Beobachtung durch unser Buch, dass es in vielen Bereichen des modernen Lebens neuer Lösungen bedarf, weil uns die derzeit noch üblichen Verhältnisse Probleme bereiten. Wenn wir also die Hoffnung hegen, aus der Kenntnis unserer Evolution für die Zukunft lernen zu können, sollten wir wissen, inwieweit wir überhaupt in der Lage sind, das hier Gelernte produktiv zu nutzen. Wie groß ist also das utopische Potenzial des *Homo sapiens*?

Die Frage mag überraschen. Schließlich ist das Thema Innovation allgegenwärtig und das heutige Tempo des Wandels atemberaubend. Innovationen zu produzieren, ist die Kernaufgabe ganzer Abteilungen in Unternehmen und Universitäten. Und jagen wir selbst nicht jedem neuen Gadget nach und fragen uns ständig, um ein virales Internet-Meme zu zitieren, «wo is the latest shit»? Sind also nicht Neugier, Kreativität und Lust auf Neues tief in unsere Natur eingeschrieben? Ist es nicht eher so, dass etwas nicht stimmt, wenn wir uns in einer schöpferischen Pause befinden?

Zweierlei sollte uns zu denken geben: Was unsere Menschenaffenverwandtschaft angeht, herrscht in Sachen Innovation Flaute. Und auch wenn wir in unsere eigene Vorgeschichte schauen, kommt man beim besten Willen nicht umhin, die Abwesenheit von Neuerungen als Normalzustand zu konstatieren. Es drängt sich der Verdacht auf, dass uns erst der evolutionäre Ausnahmezustand, in dem wir uns befinden, zwang, kreativ zu werden. Das würde bedeuten, dass der Wunsch nach ständigem Fortschritt gar nicht unserem Wesen entspricht.

—

Wenn ein Zeitreisender bis vor nicht allzu langer Zeit einen beliebigen Ort besuchte, um dann ein Jahrhundert später zurückzukehren, stieß er dort zwar auf andere Menschen, aber ansonsten sah alles ziemlich gleich aus. Reist man weiter in die Vergangenheit zurück, verlangsamen sich die Veränderungen noch mehr. Von einzelnen Moden abgesehen, herrschte Stillstand. Wir erwähnten bereits die tropfenförmigen Faustkeile. Sie tauchten erstmals vor gut 1,7 Millionen Jahren auf, und obwohl sie tendenziell eleganter und symmetrischer wurden, blieb die Grundform bis vor etwa 300 000 Jahren dieselbe. Mehr als eine Million Jahre herrschte Konstanz, von Mikroveränderungen einmal abgesehen. Das Markenzeichen unserer Vorfahren war also die Weitergabe des Altbewährten und nicht die Produktion von Neuem. Einmal mehr Status-quo-Bias.

Trotz dieser starken Tendenz zur treuen Tradierung weisen die archäologischen Funde über die letzten zwei Millionen Jahre eine klare Tendenz zur Zunahme von Vielfalt und Komplexität auf. Sehr, sehr langsam vielleicht, aber sicher und auf jeden Fall bedeutend stärker als bei anderen Menschenaffen. Wenn also dieser Trend offensichtlich nicht das Ergebnis eines unbändigen Innovationsdrangs ist, was hat ihn dann ausgelöst?

Beginnen wir einmal mehr bei unserer Verwandtschaft. Normalerweise geht man davon aus, dass Affen neugierig sind und Dinge erforschen. Zumindest ist das der Fall, wenn man sie im Zoo beobachtet. Sie sind überaus intelligent, benutzen Werkzeuge und sind Neuem gegenüber aufgeschlossen. Kanzi, der berühmte Bonobo, lernte mit mehr als 300 Symbolen zu kommunizieren. Er konnte sogar Feuer machen, über dem er sich Marshmallows brutzelte.

Diese Lernfreude fehlt aber, sobald Affen sich in ihrer natürlichen Umgebung befinden – und normal verhalten. Aus den Forschungen von Carels Team können wir berichten, dass Menschenaffen in der Wildnis konservativ sind. Da leben sie strikt nach der Devise: «Ich mache nichts, was ich nicht kenne.» Bei Freilandversuchen mit Orang-Utans hatten die Primatologen im Dschungel Plattformen installiert, auf denen sie fremde Objekte platzierten, künstliche Blumen, Spielzeug oder unbekanntes Futter. Die Affen interessierten sich nicht nur nicht dafür, sie zeigten ein aktives Vermeidungsverhalten. Ganz nach dem Motto: «Hände weg!» Das ist adaptiv: Nicht Vertrautes ist im Dschungel potenziell lebensgefährlich. Unbekannte Nahrung kann giftig sein. Da ist es schlau, die Finger davon zu lassen.

In der Natur mangelt es Menschenaffen an intrinsischer Neugier. Sie gehören zu den langlebigsten Organismen, und wenn nur das geringste Risiko besteht, dass etwas Neues krank macht oder Schwierigkeiten bereiten könnte – warum sollten sie das Risiko eingehen? Der Sinn der großen Intelligenz der Menschenaffen liegt nicht darin, neue Dinge auszuprobieren, sondern sich schnell und verlässlich das lokale Repertoire an Fähigkeiten anzueignen, um sich dann ganz dem Überleben und der Fortpflanzung zu widmen.

Nur in einer kurzen Phase während der Adoleszenz, wenn sie ihre Familie verlassen, in neue Gebiete kommen und möglicherweise auf unbekannte Pflanzen oder Tiere treffen, zeigen sie sich erkundungsfreudiger. Aber selbst das tun sie lieber in Gemeinschaft. Menschenaffen sind zutiefst konservative Kreaturen. Ein eindrückliches Beispiel, wie relativ unser kulturell geprägter Begriff von Intelligenz ist: Unter Affen gilt es als klug, nicht innovativ zu sein.

Neugier ist erst dann okay, wenn sie durch das Handeln erfahrener Artgenossen genehmigt wurde. Die Versuche mit unbekannten Objekten führte man auch in diversen Zoos durch – und siehe da: Die Orang-Utans stürzten sich auf das Spielzeug und zerlegten es in seine Einzelteile. Im Zoo verhielten sie sich wie eine ganz andere Art. Weil Menschen dort von den Orang-Utans als Teil der Familie angesehen wurden, schienen sie die Beschäftigung mit dem Neuen abgesegnet zu haben. Im Freiland verhalten sich Jungtiere ähnlich: Für sie ist die ganze Welt unbekannt. Erst wenn die Mutter durch ihr Handeln das Okay gegeben hat, probieren die Jungtiere Neues aus. Nicht zuletzt haben Orang-Utans im Zoo etwas, das man Muße nennen könnte. Nicht alle Sinne sind dort aufs Überleben gerichtet.

—

Hier wird deutlich: Intelligenz ist nicht gleichbedeutend mit Innovation. Trotzdem existieren auch in einer Affenpopulation eine Reihe von kulturellen Fähigkeiten, etwa bestimmte Werkzeuge einzusetzen. Die meisten Innovationen entstanden, weil bei Routinetätigkeiten etwas Unerwartetes geschehen war – und nicht aufgrund großer Neugier und Erfindungslust. Nehmen wir an, ein Affe hat gelernt, dass man aus Baumhöhlen, in denen Bienen ihre Nester gebaut haben, Honig gewinnen kann, zumindest wenn die Hand hineinpasst. Eines Tages kommt er an einem Baum mit Bienenverkehr vorbei, doch das Eingangsloch ist zu eng. Aber zufällig ist ein Ast hineingeraten. Der Affe zieht ihn heraus, entdeckt, dass Honig daran klebt, und steckt ihn wieder ins Loch zurück. Heureka! Das ist der Moment, in dem ihm ein Licht aufgeht. Solche zufälligen Begebenheiten sind für die Mehrheit der Innovationen bei Affen verantwortlich.

In der Konsequenz bedeutet das, dass die Innovationsmaschine stockt, nachdem die erste Erfindung gemacht ist, weil der Zufall fast nie hilft, diese weiterzuentwickeln. Wirklich komplexe Erfindungen sind die, worauf man nicht in einem Schritt kommen kann. Ein Beispiel: Schimpansen verwenden dünne Zweige oder Grashalme als Stäbchen, um in Termitenhügeln nach Termiten zu fischen. Das sieht man vielerorts. Es gibt aber auch Gruppen, die einen zusätzlichen Schritt eingebaut haben: Sie verwenden diese Technik, um unterirdische Termitennester zu plündern, aber erst nachdem sie mit einem dicken Stock eine tiefe Röhre gebohrt haben, um mit dem Zweig besser ans Nest zu gelangen. Solch komplexe Techniken sind so selten entwickelt worden, dass man deren Verbreitung auf eine einzige Erfindung vor vielen Generationen zurückführen kann.

Diese Erkenntnisse sind nicht so trivial, wie es scheint. Landläufig geht man davon aus, dass Not die Mutter der Erfindung sei. Tiere in einer Zwangslage erkennen ein Problem, das sie lösen müssen, und erforschen und probieren dann so lange Dinge aus, bis es ihnen gelingt. Gelegentlich mag das geschehen, aber es ist nicht die übliche Praxis. Der Grund dafür liegt auf der Hand: Jenseits des Trivialen («Ich habe Hunger und wünschte, es gäbe etwas zu essen») ist es schwer zu erkennen, was nicht in Ordnung ist – das Problem zu identifizieren –, und dann mögliche Lösungen zu entwerfen, die systematisch ausprobiert werden müssen.

Stattdessen entstehen Innovationen tendenziell in Situationen, die weit verbreitet sind. Beispielsweise betreffen Innovationen bei der Ernährung von Primaten meist Früchte oder Insekten, die häufig vorkommen, reichhaltige Nahrungsquellen darstellen und in Gebieten mit hoher Affendichte auftreten. Dagegen leben bei Orang-Utans und Schimpansen die Populationen mit den bescheidensten Technologien in den am wenigsten produktiven Lebensräumen mit der geringsten Populationsdichte. Also genau dort, wo die Affen am meisten von Erfindungen profitieren würden, die ihr Los verbesserten.

Es gibt aber aufschlussreiche Beispiele, dass Tiere in höchster Not erfinderisch werden: Orang-Utans, die als Babys gefangen und später wieder ausgewildert wurden, müssen in einem unbekannten Wald zurechtkommen. Sie wussten fast nichts, was man essen konnte, und wurden so zur Kreativität gezwungen. Manchmal mit fatalen Konsequenzen. Später Ausgewilderte dagegen hatten Glück: Sie konnten sich einiges bei den Pionieren abschauen. Menschenaffen können sich also ihren Konservatismus nur deshalb leisten, weil sie auf den Schultern früherer Generationen stehen.

Gleichzeitig zeigt sich, dass die Schwelle zum eigenständigen Experimentieren aus guten Gründen hoch ist. Und warum erfolgreiche Fälle ungeheuer selten sind. Sie erfordern zuerst eine existenzbedrohende Krise, in der eine Population fast ausstirbt, und danach eine Population, die viele Jahrhunderte stabil bleibt, sodass Erfindungen weitergegeben werden können.

—

Unsere Vorfahren dürften sich vor 2,5 Millionen Jahren genauso wie die heutigen Menschenaffen verhalten haben. Viele der frühen Innovationen sind zufällig gemacht worden. Man denke an die Erfindung der Steinklingen, mit denen das Fleisch von Knochen geschabt oder Pflanzenknollen zerschnitten werden können. Der Erfindungsprozess sah vermutlich so aus: Steine wurden zum Aufschlagen von Knochen benutzt, um an das nahrhafte Mark zu gelangen. Dabei platzen gelegentlich scharfe Splitter ab, mit denen man sich versehentlich die Haut aufritzte. Versuchte der angehende Erfinder dann mit seinen Zähnen Fleisch von einem Knochen abzukratzen, fiel vermutlich bei ihm der Groschen.

Auch spätere Innovationen haben sich sozusagen von selbst erfunden. Muss man ein Genie sein, um die Wärmebehandlung von Steinwerkzeugen zu erfinden, damit sie länger scharf bleiben, oder um Spitzen von Holzspeeren zu härten? Nein, Werkzeuge oder Waffen, die zufällig im Feuer lagen, haben diese Erfindungen für uns gemacht. Auch die Töpferei und die

Metallurgie sind auf diese Weise entstanden – wenn auch erst bedeutend später.

Vermutlich mit der Entwicklung der Sprache vor rund 500 000 Jahren avancierte die Vorstellungskraft zum integralen Bestandteil des Innovationsprozesses. Erfindungen wie perfekt austarierte Speere, Speerschleudern, Netze, Fallen, Textilien, später auch Pfeil und Bogen nebst Pfeilgiften: Das ist alles nicht zufällig entstanden, sondern verdankt sich der wachsenden Kreativität. Auch wenn sich der erste Impuls oft einem glücklichen Zufall verdankte, muss immer häufiger über Lösungen spezifischer Probleme nachgedacht worden sein und wie diese wiederum verbessert werden konnten. Das war immer noch weit entfernt von der heutigen Forschungs- und Innovationskultur, aber ganz anders als das opportunistische Verhalten unserer Primatenverwandtschaft. Affen im Wald kennen keine Langeweile, Menschen schon.

Der Erfolg unserer Vorfahren lässt sich also auf die Kombination mehrerer Faktoren zurückführen. Da ist zuerst die größere Intelligenz, die es ermöglicht, Zufälle rasch zu deuten und auszunutzen und frühere Innovationen systematisch zu verbessern. Zweitens die bessere Weitergabe, weil wir aktiv lehren. Wir helfen und korrigieren, damit die Jungen es schneller und besser verstehen. Gerade in diesen Situationen kommt es zu neuen kreativen Momenten. Und drittens: Wir gehen Probleme gemeinsam an, weil mehrere zusammenarbeitende Menschen nun mal schlauer sind als Einzelkämpfer. Der Dialog ist als sprudelnde Quelle neuer Ideen eine kaum zu schlagende Kreativtechnik.

Diese Kombination bedeutete, dass die Sentenz, Not mache erfinderisch, viel besser zu uns passt als zu anderen Tieren. Wir konnten aktiv Wege entwickeln, uns aus ihr zu befreien. Tatsächlich sind Krisen, die meist klimatischer Natur waren, ein Innovationsmotor gewesen. Ebenso das Leben in neuen Umwelten, das zu kulturellen Anpassungsleistungen zwang. Sicher auch wichtig war, dass die Menschen zahlreicher wurden. Mehr Köpfe bedeuteten nicht nur mehr Ideen. Mehr Köpfe bedeuteten auch, dass einmal gemachte Erfindungen nicht einfach wieder verschwanden, sobald ihre Entdecker starben.

—

Nach dem Ende der letzten Eiszeit, als sich die Landschaft vielerorts veränderte und Menschen begannen, an einigen Orten dauerhafter zu leben, kam es zu ersten Auseinandersetzungen mit Nachbarn. Auch mussten lokale Ressourcen effektiver ausgebeutet werden. Gezielte Innovationen waren die Folge und ließen Werkzeuge und Jagdwaffen immer avancierter werden. Die Archäologie belegt die Zunahme von Spezialisierung. Einzelne Menschen konnten nun Dinge tun oder herstellen, die andere nicht konnten. Man musste eine Zeit lang in die Lehre gehen, um einen Beruf oder ein Handwerk zu lernen.

Es war die neolithische Revolution, die diese Entwicklungen zu einem kreativen Tsunami anschwellen ließ. Konflikte und Kriege, Krankheiten und Katastrophen: Seither befindet sich die Menschheit in einem Innovationswettlauf, um Chaos und Unglück jeglicher Art abzuwenden. Das rapide Bevölkerungswachstum brachte immer mehr kluge Köpfe hervor. Das war der Auftakt zu jenem sagenhaften kulturellen Take-off, der uns die moderne Welt mit all ihren Annehmlichkeiten bescherte. Wichtig aber ist, wir haben es hier nicht mit einem Urknall menschlicher Innovationslust zu tun. Nein, die Menschen hatten schlicht keine andere Wahl. Das neue Dasein schuf jede Menge zuvor unbekannte Herausforderungen, für die es keine bewährten Lösungen gab.

Eine immer mehr Fahrt aufnehmende Spirale war in Gang gesetzt worden: Jede Innovation erhöhte die Tragfähigkeit des Landes, sodass die Bevölkerung wuchs, nur um die Menschen zu zwingen, weitere Erfindungen zu machen, um einen angemessenen Lebensstandard aufrechtzuerhalten. Immer wieder führte das ins Verderben: Große Zivilisationen gingen unter, weil sie ihre Ressourcen übernutzten und nicht schnell genug auf neue Bedingungen reagieren konnten. Die Gefahr des Kollapses baumelte seither wie ein Damoklesschwert über vielen Gesellschaften.

Es war aber nicht das einzige Schwert, das dort hing. Das zweite war die Kriegsgefahr. Auch sie zwang zu ständig neuen Erfindungen. Man konnte Kriege gewinnen, wenn man als Erster Pfeile von Pferden oder pferdegezogenen Wagen schoss, Geschosse durch Katapulte oder mittels Schießpulver abfeuerte, neue Schlachtfeldtaktiken entwarf oder bessere Verteidigungsanlagen baute. Bis in unsere Tage hinein stellen militärische Notwendigkeiten einen zentralen Innovationsmotor dar.

Doch mittlerweile ist der kommerzielle Innovationsdruck stärker geworden als der militärische. Eine auf Wachstum verpflichtete Marktwirtschaft basiert auf immer innovativeren Produkten, die ihrerseits neue Bedürfnisse entfachen. Auch der Wissenschaft wohnt eine Innovationsdynamik inne. Kreativität ist zum Lebenselixier geworden, ohne das die moderne Welt kollabieren würde. Potenziert wird das durch den für unsere globale Existenz unverzichtbaren Zwang, mit dem Verlust der biologischen Vielfalt, dem Raubbau an der Natur und dem Klimawandel und den damit einhergehenden Bevölkerungsverschiebungen fertig zu werden. In allen Bereichen wird händeringend nach Unheil abwehrenden Erfindungen gesucht.

Unser Leben hat sich verändert: kein *Business as usual* mehr. Die Spirale dreht sich immer schneller. Innovieren oder sterben, lautet die Devise. Wir scheinen zur ständigen Beschleunigung verflucht. Das heutige Mantra lautet, dass die wissensbasierte Wirtschaft nicht nur lebenslanges Lernen braucht, sondern eine Innovationselite, die an den besten Einrichtungen zu Profis im Umgang mit Kreativität ausgebildet wird. Alles dreht sich um das Neue, das Überraschende, die coole Idee – das reicht bis in Kunst und Lifestyle hinein. Eine mehr als erstaunliche

Entwicklung für eine Menschenaffenart, die im tiefsten Inneren höchst konservativ war – und es vielleicht noch ist.

—

Halten wir als Lehren der evolutionären Aufklärung fest: Auch wenn wir durchaus absichtlich neue Dinge erfinden können, haben wir es mit einer forcierten Kreativität zu tun, wie sie zum Charakteristikum jenes Ausnahmezustands der letzten Jahrtausende wurde. Es sind die Krisen und Katastrophen, die uns zwingen, innovativ zu sein. Ohne sie säßen wir vermutlich noch immer plaudernd um ein Lagerfeuer.

Die Krisen verwandelten uns in Innovationsmonstren. Unser kreatives Potenzial ermöglichte es, die größten Schwierigkeiten zu bewältigen und die wunderbarsten Erfindungen zu machen. Es verursachte aber auch megalomane Probleme, etwa als im 18. Jahrhundert die europäischen Wälder verfeuert waren und man fortan auf fossile Brennstoffe, namentlich Kohle zurückgriff und damit die Industrielle Revolution entfachte. Mit den bekannten Folgen für Umwelt und Klima, die uns neue gewaltige Anpassungsleistungen aufzwingen.

Das wirft die Frage auf, warum heute der Wandel so rasant abläuft, obwohl es uns in marktwirtschaftlichen Gesellschaften besser geht denn je. Auf die evolutionären Gründe unserer Konsumwut müssen wir hier nicht noch einmal eingehen. Ein weiterer Faktor kommt hinzu: Der Markt mit seinem konstanten Wettbewerb ist im Prinzip eine Dauerkrise (oder simuliert sie zumindest), die zu Innovationen zwingt. Wer nicht verlieren will, muss sich ändern. Einmal mehr ein Teufelskreis: Die Dynamik des Wettbewerbs zwingt zu immer neuen Innovationen, die zu neuen Problemen führen, und, und, und. Ein Aussteigen scheint unmöglich. Man fühlt sich an Goethes Zauberlehrling erinnert: Die Geister, die der Kapitalismus entfesselte, haben längst ihr bedrohliches, nicht zu stoppendes Eigenleben entfaltet.

Die Frage, was diese Krise in Permanenz mit uns als Menschen macht, können wir nicht wirklich beantworten. Unsere psychologische Grundausstattung hat sich in jenen Zeiten evolviert, in denen die Lebensbedingungen über Jahrhunderttausende sehr konstant waren, weshalb erfahrbarer Wandel im Leben eines Menschen so gut wie nie existent war. Das ist heute komplett anders. Wir haben gesehen, wie plastisch das Verhalten der Affen im Zoo ist. Ergeht es uns ebenso? Genießen wir die Abwechslung, das Neue, die Sensationen? Oder leiden wir unter dem Mismatch? Ist das zunehmende Tempo Ursache für zunehmenden Stress und Burnout? Im nächsten Kapitel begegnen wir in jedem Fall Menschen, die Gefahr laufen, durch die rasanten Veränderungen abgehängt zu werden.

Ob wir es gut finden oder nicht, der Wandel, die Innovationen sind weiterhin unser Schicksal. Wenn wir auch erkennen, dass der bisher betriebene Innovationsdruck vor allem der Unersättlichkeit des Marktes entspringt (mit den bekannten Folgen für den Planeten), so wird doch durch die Entlarvung der Normalität als Ausnahmezustand offensichtlich, dass sehr viele Dinge veränderungsbedürftig sind, um authentisches Menschsein zu ermöglichen. Wir sind in einer Situation, in der es Innovationen braucht, um aus der Krise herauszukommen. Wir kennen jetzt die Richtung.

Und um auf die Eingangsfrage zurückzukommen: Ja, unser utopisches Potenzial ist groß. Auch wenn wir womöglich im tiefsten Herzen Veränderungen skeptisch gegenüberstehen, sind wir doch die einzige Primatenart, die sich selbst aus Zwangslagen heraus behelfen kann. Anders als Goethes Zauberlehrling müssen wir nicht um den Beistand höherer Autoritäten flehen: «Herr, die Not ist groß! / Die ich rief, die Geister / Werd ich nun nicht los.» Wir können uns selbst aus der Bredouille befreien.

20 Die Weisheit des Alters

Wir können nicht über Kindheit sprechen und über das Alter schweigen. Denn auch das gehört zum Geheimnis unseres Erfolgs. Zumal dort der Blick in die Vergangenheit zu wichtigen Einsichten über die Besonderheiten und Tücken unserer ersten und zweiten Natur führt.

Anders als viele annehmen, konnten Menschen schon immer sehr alt werden. Das Leben unserer Vorfahren war eben nicht «ekelhaft, tierisch und kurz», wie der Philosoph Thomas Hobbes behauptete. Zwar gab es eine recht hohe Kindersterblichkeit, erreichte aber jemand das Erwachsenenalter, konnte sie oder er über 70, mitunter sogar 80 Jahre alt werden. Auch wenn das deutlich weniger oft geschah als heute. Das Leben war schließlich hart, Unfälle oder Angriffe von Tieren drohten immer. Hungersnöte und Seuchen dagegen werden erst in der neuen Bauernwelt zur Bedrohung.

Zuweilen brachte aber auch Menschenhand den Alten einen verfrühten Tod, genauer gesagt: Verwandtenhand. Jared Diamond listet fünf verschiedene Weisen auf, mit denen Jäger und Sammler das Leben alter Menschen beendeten. Sie reichen von Vernachlässigen über Zurücklassen bis zur gewaltsamen Tötung. Das geschah jedoch nur in Ausnahmesituationen. Entweder wenn der körperliche Zustand den langen Marsch zu einem neuen Lager unmöglich machte oder eine Mangelsituation dazu zwang, sich von den Schwächsten zu trennen, weil ansonsten das Überleben aller gefährdet war.

Die Art und Weise, wie Menschen alt werden, hat sich seither dramatisch verändert. Immerhin fallen sie kaum noch einem

Bären zum Opfer und umgebracht werden sie auch nicht – zumindest nicht aktiv. Doch der Reihe nach.

—

Bei allen Tieren bewegen sich Individuen mit fortschreitendem Alter langsamer. Ihre Körper werden steifer, ihr Fortpflanzungserfolg geringer. Bei sozialen Arten wie Affen vermeiden sie Konkurrenz und werden sozial ungebunden. Sie schauen eher zu, als aktiv am Gruppenleben teilzunehmen. Der Verlust an körperlicher Kraft und Beweglichkeit spiegelt sich im Sinken der kognitiven und verhaltensmäßigen Flexibilität wider.

Solche Veränderungen charakterisieren auch bei Menschen den Prozess des Alterns; bei uns wurden die Alten jedoch immer mehr als nur geduldet. Sie waren respektiert, geachtet – und leisteten wertvolle Beiträge für die Gemeinschaft. Sie halfen bei der Nahrungssuche, übernahmen einfache Arbeiten und erteilten Rat. Insbesondere die Großmütter machten sich nützlich bei der Kinderbetreuung.

Der mit dem Alter einhergehende Konservatismus bot ein wertvolles Gegengewicht zum Ungestüm der Jugend, sodass die Entscheidungsfindungen der Gruppe weniger impulsiv ausfielen. Erst nach reiflicher Abwägung aller Positionen wurden Beschlüsse gefasst. Alte mit besonderer Reputation gaben dabei oft den Ausschlag.

Der Hauptgrund für diese Praxis im Vergleich mit anderen Tieren: Die meisten unserer Lebensgewohnheiten beruhen auf kulturell überlieferten Erfindungen von größerer Komplexität, deren Kenntnis im Laufe eines Lebens allmählich ausgebaut werden konnte. Das machte Senioren zum Hort der gesammelten Erfahrungen und sicherte ihnen die Wertschätzung auch dann noch, wenn sie ihren Lebensunterhalt nicht mehr selbst decken konnten. Als das kollektive Gedächtnis der Gruppen waren sie unverzichtbar, schließlich haben wir es mit Gesellschaften zu tun, die noch keine Schrift besaßen.

Auch wenn es heute kaum vorstellbar erscheint, zeigen aktuelle Forschungen, dass mündlich Überliefertes tief in die Vergangenheit zurückreichen kann. Aus dem eiszeitlichen Europa kennen wir Traditionen, die berühmtesten sind die sogenannten Venus-Statuetten, die über viele Jahrtausende hinweg bestanden. Auch wenn deren Bedeutung sich verändert haben mag, dürfte ihre Kernidee stabil geblieben sein. Dafür brauchte es Menschen, die lange genug lebten, um sich all die Erzählungen einzuprägen und sie verlässlich an die nächste Generation weiterzugeben. Bekannt ist die Geschichte einer alten Frau der australischen Aborigines, die ihren Stamm während einer extremen Dürre zu einer entlegenen Wasserquelle führen konnte – nur weil sie sich noch an ein Lied aus ihren Kindheitstagen erinnerte, in dem der Weg zu dieser Quelle besungen wurde.

Natürlich akkumulierte sich in den Alten auch das Wissen über Pflanzen, die Eigenheiten der Tiere und Geister, die besten Heilmethoden, die Tücken des Wetters. Sie waren wandelnde Lexika und wussten, welche Dinge notfalls essbar waren, wenn sie auch in normalen Zeiten verschmäht wurden. Sich gut um alte Menschen zu kümmern, sei deshalb für die Gruppen, so Jared Diamond, eine «Frage von Leben und Tod» gewesen.

Dennoch gehörte es, wie erwähnt, zur steinzeitlichen Realität, dass Alte in Notsituationen zuweilen zurückgelassen oder eigenhändig umgebracht wurden. Immer dann, wenn ihr Durchschleppen das Überleben der Gruppe gefährdete, etwa weil sie zu alt oder invalide waren. Meist fügten sie sich freiwillig ihrem Schicksal.

Heute erscheint aktive Sterbehilfe allenfalls moralisch akzeptabel, um Menschen auf deren eigenen Wunsch von schweren Schmerzen und langem Leiden zu befreien – und auch das ist umstritten. Alte Menschen umzubringen, gilt ansonsten als Mord. Ein weiteres Beispiel, dass nicht alles, was im Bereich unserer ersten Natur liegt, uns heute noch annehmbar erscheint. Dahinter steckt aber weniger moralischer Fortschritt als der Umstand, dass wir es uns schlicht leisten können, keine Menschen mehr aufzugeben. Auch wenn die Triage-Diskussionen im Zuge der Covid-19-Pandemie belegen, wie schnell sich das ändern kann. Dennoch fällt auf, dass alte Menschen heute mitunter relativ leicht in Pflegeheime abgeschoben werden, ohne dass sich die Angehörigen weiter um sie kümmern.

Unsere intuitive Moral, wir haben das thematisiert, zeichnet sich durch eine situationsabhängige Flexibilität aus: Waren die Bedingungen gut, kümmerten sich die Menschen liebevoll um ihre Alten (auch wenn diese krank waren). Waren die Bedingungen bedrohlich, fügten sich alle ohne große Bedenken in das Unvermeidliche. Einer ähnlichen Doppelmoral sind wir im Umgang mit Kindern begegnet. War das Risiko zu groß, dass ein Baby nicht durchkäme, gaben Mütter es auf.

—

In der neuen Welt der Landwirtschaft veränderte sich das Altsein. Wie bei allen anderen Bereichen auch, unterschied es sich fortan sehr je nachdem, ob man arm oder reich war. Unter harschen ökonomischen Bedingungen schufteten sich alte Menschen oft buchstäblich zu Tode. Die Tatsache, dass die Bibel in den Zehn Geboten daran erinnern musste, dass die Menschen ihre Eltern ehren sollen, spricht dafür, dass das oft gerade keine Selbstverständlichkeit mehr war. In den reichen Familien dagegen sind es die alten Männer, die einen enormen Machtzuwachs erfahren. In ihren Händen lag die Kontrolle über den Besitz. Das Erbrecht sicherte die Autoritätsposition der Patriarchen. Die Jüngeren mussten ihnen mit unterwürfigem Respekt entgegentreten, um nicht enterbt oder vertrieben zu werden.

Die Patriarchen sind es, die nicht nur über den Reichtum verfügen, sondern auch über die Frauen ihrer Familien herrschen und die Töchter verheiraten. Oft war es ihnen erlaubt, sich einfach von ihrer Frau zu trennen – und eine jüngere zu nehmen. Schließlich konnten sie unter den veränderten Spielregeln ihren biologischen Vorteil offen ausleben, nämlich noch im Alter Nachwuchs zu zeugen. Das ist der Kontext, in dem das von Jesus postulierte und bereits erwähnte Scheidungsverbot zu verorten ist. Er wollte Frauen davor schützen, gegen jüngere ausgetauscht zu werden und so im Alter in Armut und Einsamkeit verstoßen zu werden. Wir sehen, die Macht kulminierte in der Hand weniger alter Männer.

—

Schon dieser kurze Überblick über die Wandlungen des Alters sollte Phänomene besser verständlich werden lassen, die heute zu beobachten sind. Betrachten wir einige Punkte, bei denen evolutionäre Zusammenhänge eine Rolle spielen. Natürlich existieren «die» Alten nicht, wie im gesamten Buch geht es uns um grundlegende Tendenzen.

Zunächst eine gute Nachricht: Die alte Wertschätzung des Alters ist nicht verschwunden. Wir haben ein Faible für alte Frauen und Männer – wenn sie weise und am besten noch gütig sind. Wir trauen ihnen zu, an uraltem Wissen teilzuhaben, vertrauen auf ihre Lebenserfahrung. Die Fantasywelten, in die wir so gerne eintauchen, sind voll von ihnen. Da findet unsere erste Natur entsprechende Resonanz. Auch im privaten Umfeld spielen Großeltern jene altbewährten Rollen, die ihnen seit Jahrhunderttausenden in der Unterstützung von Kindern und Familien zukommen. Ohne sie könnten viele Familien nicht den Alltag bewältigen.

Das ist in ihrem ureigensten, auch genetischen Interesse. Wie eh und je tun sich aus den dargelegten Gründen oft Großmütter durch besonderes Engagement hervor (insbesondere die Mütter der Frauen). Um es auf den Punkt zu bringen: Wir lieben die Alten – insbesondere dann, wenn sie uns helfend zur Seite stehen oder sonst wie nützlich sind. Dürfen wir an ihrem privilegierten Wissen teilhaben oder unterstützen sie uns, dann ehren wir sie. Sobald sie aber ihren Nutzen verloren haben, springt leider allzu leicht die schrecklich pragmatische Seite unserer Moral an, und wir lassen es an Empathie missen.

Entsprechend wird heute über Altersdiskriminierung – auf der Höhe der Zeit: «Ageism» – geklagt. Aus unserer Perspektive zeigt sich einmal mehr, dass die Konflikte nicht so sehr individueller Natur, sondern evolutionär vorgespurt sind durch die radikalen Veränderungen der Lebenswelt in den letzten fünf- bis zehntausend Jahren. Inspizieren wir die wichtigsten Problemfelder.

Jung und Alt geraten zunehmend zueinander in Konkurrenz: Auf der einen Seite ist es ohnehin ein Signum der Moderne, auf Fortschritt und damit auf das Neue und die Jungen zu setzen. Auf der anderen Seite waren noch nie so viele Menschen so lang so gesund und aktiv tätig. Umso mehr fühlen sie sich allein aufgrund ihres Alters zurückgesetzt. Wo ein Kult um Jugend und Schönheit betrieben wird, gerät das Alte automatisch in die Defensive und verschwindet aus dem Blickpunkt: Marginalisierung und das Unsichtbarwerden sind Konsequenzen. Auf diesem Boden boomt die Schönheitsindustrie – es wird viel investiert, nur um nicht alt auszusehen. Für diesen Prozess sind nicht zuletzt die Binnenlogik und Eigendynamik der kapitalistisch-digitalen Aufmerksamkeitsökonomie verantwortlich.

Ähnlich verhält es sich damit, dass ein allgemeines Interesse an alten Menschen nur dort herrscht, wo diese über ökonomische Ressourcen verfügen. Tatsächlich gehören die «Best» oder «Golden Ager» zu den am meisten hofierten Konsumentengruppen. In der Hand der wohlhabenden Alten befinden sich enorme Reichtümer. Jene, die durch das Glück der Geburt darauf warten, von diesen zu profitieren, müssen das immer länger tun. Oft erben Menschen, wenn sie selbst schon jenseits der 60 und nicht mehr auf finanzielle Unterstützung angewiesen sind. Wieder einmal zeigt sich, wie eine mehr als diskutable Innovation wie das Erbe zu weiteren Ungerechtigkeiten und Absurditäten führt: Der Reichtum kommt jenen zugute, die ohnehin meist selbst schon Reichtum angehäuft haben. Zudem führt es zu Konflikten. Kinder unterstellen ihren Eltern, die sich im Alter noch ein «schönes», also kapitalintensives Leben gönnen, «ihr» Erbe zu «verprassen».

Interessant ist auch das: Waren die Alten einst wandelnde Horte des Wissens, ist dieses in der Menschheitsgeschichte noch nie so wenig wert gewesen wie heute. Zwar bewirkte schon die Schrift, dass Wissen unabhängig von Menschen existierte und abrufbar war. Trotzdem waren Belesenheit, Kennerschaft und Expertise etwas, das ein gehöriges Investment an Lebenszeit benötigte. Die Digitalisierung und die Mobilisierung der technischen Geräte sorgten jedoch dafür, dass alle Informationen der Welt nur eine Sucheingabe entfernt verfügbar sind. Die Jugend von heute hat stets die verdichteten Erfahrungen früherer Generationen in der Hosentasche. Google erledigt das, wofür es früher die Großeltern brauchte.

Heute sind es die Jungen, die die Alten unterrichten. Der technologische Wandel entwertet in horrender Geschwindigkeit Wissen und Expertise. Was nützt die Erfahrung, wenn die Bedingungen, unter denen die Erfahrung nützlich waren, nicht mehr existieren? In der Tat sinkt das Alter, in dem die eigenen Fähigkeiten auf dem Arbeitsmarkt überflüssig werden, von Jahr zu Jahr. Handwerkliche Fähigkeiten werden nicht mehr geschätzt, sobald neue Maschinen oder Dinge billiger sind als die Kosten für eine Reparatur. Hinzu kommt, dass jemand vielleicht weiß, wie man Farbfernseher oder Faxgeräte repariert – vor einer halben Generation noch Spitzentechnologien –, aber die Geräte, an denen sich diese Fähigkeiten anwenden lassen, sind längst ein Fall fürs Museum geworden. Und wir wollen hier nicht einmal das Schreckgespenst der künstlichen Intelligenz heraufbeschwören.

Infolgedessen hat das moderne Leben mit seiner Besessenheit von Innovation bei den Alten und sogar bei Menschen mittleren Alters eine Krise des Selbstwertgefühls ausgelöst und gleichzeitig die Jungen übermütig gemacht. Ältere Menschen erwarten immer noch, mit Respekt behandelt zu werden, doch junge Erwachsene stellen fest, dass deren Einsichten und Wissen nicht mehr sonderlich nützlich sind. Wie kleine Kinder, die es vermeiden, in Experimenten von unzuverlässigen Informanten zu lernen, hören sie nicht mehr auf die umständlichen Geschichten der Älteren. Diese gelten schnell als vergessliche Narren, die den Anschluss an die Welt verloren haben. Typisches Mismatch-Phänomen: War in jener sozialen Umwelt, an die wir uns evolutionär angepasst haben, der Konservatismus der Alten eine Überlebenshilfe, tendiert er in der neuen, sich rasant ändernden Welt dazu, oft hinderlich zu sein.

—

Diese Problematik lässt sich nicht ohne Weiteres aufheben. Hier erweist sich unsere Biologie unter den veränderten Gesellschaftsbedingungen als Hemmnis: Der Alterseffekt auf die Motivation zum Lernen und Erforschen – die Neugier – hat sich nicht verändert, weil er genetisch verankert ist. Bei anderen Primatenarten erleben wir einen kurzfristigen Höhepunkt der Neugierde und Innovationsfähigkeit, gerade bevor sie das Erwachsenenalter erreichen. Danach ist es damit vorbei. Erwachsene Tiere sind in ihren Gewohnheiten gefestigt: Sie haben bewiesen, dass sie wissen, was sie wissen müssen, um zu überleben, und es ergibt keinen Sinn, Zeit mit dem Erlernen weiterer Fähigkeiten zu verschwenden, wenn diese für die Betreuung des Nachwuchses benötigt wird.

Eine Alltagserfahrung, die vermutlich jeder kennt: Einem Erwachsenen erklären, wie etwas funktioniert oder korrekt zu tun ist, ist eine knifflige Angelegenheit, die oft zu gereizten Reaktionen führt. Der rasche Wandel verlangt eine Flexibilität, die viele Menschen in fortgeschrittenen Jahren nicht mehr leisten möchten. Auch das ist erste Natur. Erinnert sei an den Status-quo-Bias: Grundsätzlich finden wir die Dinge gut, wie sie nun mal sind. Der viel zitierte Altersstarrsinn ist nur eine besonders starke Ausformung dessen. Vermutlich war das einst für das Überleben der Gruppen sogar hilfreich, dass die Alten darauf beharrten, dass die Dinge so gemacht werden, wie sie immer schon gemacht wurden, um dem ebenso viel zitierten Leichtsinn der Jugend etwas entgegenzusetzen.

Tatsächlich befinden wir uns auch in dieser Hinsicht in einer evolutionär vollkommen neuen Situation. Das einmal erworbene Lebenswissen hält nicht ein Leben lang. Das wird subjektiv als Bedrohung aufgefasst, weil damit nicht nur die Lebensleistung entwertet wird, sondern auch die eigene Reputation zerbröckelt. Wie wichtig diese für Menschen ist, haben wir gesehen. Zudem hat uns die Biologie schlecht fürs lebenslange Lernen ausgestattet. Unmöglich ist das nicht – wir sind nicht umsonst die am meisten plastische Art der Erdgeschichte –, nur muss das von allen Seiten kultiviert und kann nicht einfach eingefordert werden.

Diese Zusammenhänge sind von erheblicher Bedeutung, weil viele aktuelle gesellschaftliche Auseinandersetzungen Generationenkonflikte sind. In ihnen ist die Gleichzeitigkeit des Ungleichzeitigen mit Händen zu greifen. Hier treffen tatsächlich Menschen mit verschiedenen Naturen aufeinander – wenn eben auch nur mit unterschiedlichen zweiten Naturen. Doch die ist nun mal besonders heikel.

Vor allem geschieht das in einer zuvor unbekannten Schärfe, da das Tempo kultureller Veränderungen atemberaubend geworden ist und die sozialen Prägungen sich bereits innerhalb weniger Jahrzehnte grundlegend ändern. Jene von Jugendlichen und ihren Großeltern, aber auch ihren Eltern können weiter auseinanderliegen, als das früher bei Menschen unterschiedlicher Kulturen der Fall war. Heikel wird das, da sogenannte Identitäten – und das sind Zweite-Natur-Produkte – zum Kern des individuellen Menschseins erklärt werden. Die Konsequenz ist eine Verabsolutierung der jeweiligen Positionen, was eine gehörige Dosis Konfrontationspotenzial birgt und nur allzu leicht die Freund-Feind-Psychologie der Beteiligten aktiviert.

Wir haben bereits häufiger jenen Wildwuchs konstatiert, der dort zu beobachten ist, wo die alten Herrschaftsskripte wegfallen und eine bunte Vielfalt neuer Lebensentwürfe aufblüht. Das provoziert Zweite-Natur-Konflikte am laufenden Band. Die älteren Generationen haben ja nicht nur die alte Welt verinnerlicht, sondern sind nicht selten deren Repräsentanten. Typische Konfliktfelder sind die Kindererziehung (der Rat der Großeltern ist heute eher nicht mehr gefragt), die Arbeitswelt (die neuen Wünsche nach Work-Life-Balance kollidieren mit der 24/7-Arbeitsmoral), die Klimafrage (die Älteren werden für den miserablen Zustand der Welt angeklagt). Die Liste lässt sich leicht fortsetzen. Da wären die Haltungen gegenüber Migration, Homosexualität, Nicht-Binarität oder «geschlechtergerechte Sprache» versus «Genderwahn».

Alles Stoffe, aus denen die Glaubenskriege unserer Tage sind. Es geht dort kaum mehr um den Austausch von Argumenten. Dabei illustriert das alles vor allem eins: wie variabel und veränderbar Mentalitäten und Maximen sind. Gesellschaftlicher Streit ist deshalb höchst notwendig, aber jegliches fundamentalistische Verabsolutieren eigener Positionen ist mehr als zweifelhaft. Und natürlich – Plastizität! – gibt es auch viele alte Menschen, die in ihren Ansichten bedeutend jünger sind als so manche Heranwachsende unserer Tage.

Schließlich erhält der Generationenkonflikt eine neue, bisher noch nicht völlig ausgelotete moralische Dimension: Da der Zustand der Erde in vielerlei Hinsicht keine allzu hoffnungsvolle Prognose für die Zukunft zulässt, drängt sich die Frage auf, ob bei der Entscheidung von Zukunftsthemen nicht die Interessen jener in den Vordergrund rücken sollten, die noch mehr Lebenszeit auf diesem Planeten verbringen werden. Doch gerade sie sind es, die in Sachen Einfluss und Macht am schwächeren Hebel sitzen. Wenn es ein Thema mit Zündstoff gibt, dann dieses.

Wo Alte «nutzlos» scheinen, weil sie weder über Wissen noch Ressourcen verfügen, die für kommende Generationen hilfreich sind, laufen sie Gefahr, abgeschoben zu werden. Das gehört ins Reich der Möglichkeiten unserer ersten Natur. Die Neolokalität verschärft die Problematik: Die Kinder wohnen häufig nicht mehr in der Nähe ihrer Eltern; beide Seiten können also kaum Unterstützungsarbeit leisten. Ebenso haben nur noch wenige lebenslange Freunde in der näheren Umgebung.

Eine Abwärtsspirale entsteht. Das Gefühl, nicht mehr gebraucht zu werden, und die zunehmende Einsamkeit machen nicht nur für Verbitterung empfänglich, sondern auch für Altersdepressionen und damit einhergehende Krankheiten. Auch in Sachen Demenz spielen diese Faktoren eine Rolle. Alte Frauen leiden oft besonders. Entweder haben sie wegen besserer Gesundheit und längerer Lebenserwartung ihre Männer gepflegt (und überlebt), oder ihre Männer haben sie für eine Jüngere verlassen. Entsprechend leicht verschwinden Menschen in Alters- und Pflegeheimen. Ihre Existenz ist mitunter nur noch ein Warten auf den Tod.

Wir glauben, dass diese kurze evolutionäre Aufklärung zumindest eine Sensibilität für die Eigenart von Generationenkonflikten schaffen kann. Es geht in der großen Tendenz kaum je um Auseinandersetzung zwischen einzelnen Individuen. Die Probleme, die mit nicht so schöner Regelmäßigkeit auftauchen, sind vorprogrammiert. Umso wichtiger ist das Wissen um die Zusammenhänge und die nötige Sensibilität ebenso wie Toleranz. Es sind alles kulturelle Probleme. Kein Grund, sie zu betonieren.

Mögliche Lösungsansätze liegen auf der Hand und weisen alle in Richtung intensiverer sozialer Kontakte und Kommunikation sowie gegenseitige Einbindung. Kreativität ist gefragt, um neue intergenerationelle Austauschnetzwerke und Begegnungsräume zu schaffen, von denen alle profitieren. Denn zumindest Zeit ist etwas, das jene, die aus dem Arbeitsprozess ausgeschieden sind, zur Verfügung haben.

Außerdem gilt es einer Verzerrung entgegenzutreten: Es ist ja längst nicht so, dass all ihr Wissen und ihre Erfahrungen entwertet sind – das trifft auf den technologischen Sektor zu, nicht aber den der Lebenserfahrung und Kultur. Engagieren können sich alte Menschen im Bereich des Lernens, der Bildung, der Integration, des Mentorings, des Natur- und Umweltschutzes, der Kultur, des Sports und vielen anderen elementaren Dingen. Wer sagt denn, dass Netzwerke immer nur verwandtschaftsbasiert sein dürfen. Es braucht neue Konzepte des Austausches, innovative Lebens- und Wohnformen, um die gesellschaftliche Partizipation aller zu gewährleisten. Und damit sind wir angekommen in der öffentlichen Sphäre.

TEIL 7
DIE VIERTE NATUR

Christopher Ryan schreibt in seinem Buch *Civilized to Death*, wir seien die einzigen Lebewesen, die in einem selbst produzierten Zoo leben. Tatsächlich ist unsere ganze Umwelt menschengemacht. Wir haben immer wieder darauf hingewiesen, dass diese künstlichen Umwelten unsere Handlungsmöglichkeiten abstecken und eingrenzen – wie ein recht weitläufiger Zoo eben. Wir müssen diese Rahmenbedingungen in jede Analyse einbeziehen, da sich Menschsein immer nur in einer konkreten Lebenswelt abspielt.

Unsere Wirklichkeit ist gesellschaftlich konstruiert, das ist seit dem gleichnamigen Buch von Peter L. Berger und Thomas Luckmann eine soziologische Binsenweisheit. Darin zeigen sie, wie unsere Lebenswelt als eine fortschreitende Externalisierung entstanden ist und in Institutionen Gestalt annahm, die ab einem gewissen Punkt ein Eigenleben entfalteten. Eigentlich könnte man diese kulturell produzierte Umwelt auch als vierte Natur des Menschen bezeichnen. Es ist die zooartige Umwelt, jene selbst fabrizierte Welt, die zur simulierten Normalität wurde, die wir auch die Patrix nennen. Die vierte Natur wäre also die Unnatur, in der wir leben. Sie hat die tatsächliche Natur, die wilde von einst, verdrängt.

Das Besondere an der vierten Natur ist, dass sie mittlerweile weitgehend außerhalb unserer Verfügungsgewalt liegt. Auch das ein Novum: Früher lebten Menschen eingebettet in ihre Gemeinschaften, an deren Entscheidungen sie aktiv teilnahmen. Sie hatten damit ihr Schicksal selbst in den Händen. In den letzten 5000 Jahren dagegen sind sie immer stärker in Gesellschaften eingebunden worden, an denen sie selbst nicht direkt partizipieren. Sie erfahren sich mehr und mehr anonymen Entscheidungsprozessen ausgeliefert. Vieles geschieht einfach mit ihnen. Diese Fremdbestimmtheit ist eine Quelle der Ohnmacht und Frustration.

Heute sind wir in der historisch glücklichen Situation, dass die Gesellschaften nach dem Herrschaftsintermezzo wieder demokratisch werden und zumindest dem Anspruch nach die Teilhabe aller gewährleisten wollen. Dass es mit unserer Partizipation noch nicht zum Besten bestellt ist, wissen wir alle. Insbesondere kulturelle Altlasten, Institutionen und Mentalitäten, die noch die undemokratische Welt konservieren, stehen dem im Wege. Umso wichtiger, sie aus der Welt zu räumen, um wirklich selbstbestimmtes Leben in jener Weise führen zu können, in der das zum Wohle aller möglich ist, des Planeten inklusive.

Wir werden uns im letzten Teil unseres Buchs jener Schnittstellen annehmen, an denen Menschen dem gesellschaftlichen Einfluss am stärksten ausgesetzt sind und unter der Bürde dieser ihnen äußerlichen vierten Natur zu leiden haben. Da ist zunächst die Arbeitswelt, dann sehen wir uns noch einmal die Familie an, wie sie gerade davon erdrückt wird, auch der Rahmen für das Erwerbsleben sein zu müssen. Schließlich wenden wir uns der Politik, genauer gesagt der Demokratie zu.

Wir denken, dass in all diesen Bereichen die evolutionäre Analyse zeigt, wo Handlungsbedarf für die Zukunft besteht. Denn, da stimmen wir mit Christopher Ryan überein, wir haben es selbst in der Hand, unseren Zoo umzugestalten. Und damit wir das menschenwürdiger hinbekommen, sollten wir unsere eigene Spezies endlich wirklich verstehen.

21 Der Kult um die Arbeit

Allerorten wird über Arbeit diskutiert, insbesondere über ihr mögliches Verschwinden infolge fortschreitender Digitalisierung und flächendeckenden Einsatzes von künstlicher Intelligenz. Schon spukt das Gespenst herum, dass Menschen in Massen arbeitslos werden. Was sollen sie nur anfangen mit der freien Zeit?

Die Aufregung überrascht nicht. Arbeit steht für viele im Zentrum des Menschseins. «Ich arbeite, also bin ich», lautet das Credo der modernen Gesellschaft. Sie entscheidet über unseren Status und definiert, wer wir sind. Eine der ersten Fragen, wenn sich zwei Menschen begegnen, sei: «Was machst du?», schreibt die Autorin Emilia Roig. «Wenn die Antwort lautet: ‹Ich bin zurzeit arbeitslos›, verlieren die meisten Leute jegliches Interesse an dem Gespräch und wenden sich ab. Sie fliehen vor der Person, die ihre größte Angst verkörpert: ohne Arbeit zu sein – wertlos.»

Arbeiten, das meint in diesem Fall bezahlte Erwerbsarbeit. Damit versteht sich auch, um an das letzte Kapitel anzuschließen, warum Menschen, die aufgrund ihres Alters aus der Arbeitswelt ausscheiden, an Achtung verlieren können. Ebenso erklärt es, warum Hausarbeit so schlecht beleumundet ist. Was also, wenn die Masse der Menschen durch den Fortschritt um die Arbeit gebracht werden sollte? Stürzen wir alle in die gesellschaftliche Wertlosigkeit? Werden wir der Mittel beraubt, uns selbst zu verwirklichen? Verlieren wir damit nicht die Grundlage des Menschseins? Nein. Klassischer Fall von Panikmache in der verkehrten Welt.

Nach der bisherigen Lektüre sollte das keine Überraschung sein. Wir haben es mit einem mächtigen Mythos zu tun, um den herum ein Kult um die Arbeit zelebriert wird. Wir können die ewig gleiche evolutionäre Diagnose stellen: Hier ist die Ausnahme zur Normalität erklärt worden – und das nicht zu unseren Gunsten.

Eigentlich sollte uns allen bewusst sein, dass die Dinge in Sachen Arbeit im Argen liegen. Wer wollte schon behaupten, dass David Graeber auf dem Holzweg war? Der jüngst verstorbene Anthropologe schrieb: «Offensichtlich gilt in unserer Gesellschaft die Regel, dass eine Arbeit umso schlechter bezahlt wird, je offensichtlicher sie anderen Menschen nützt.» Und ist nicht gerade umgekehrt dort das meiste Geld zu verdienen, wo sich eher wenig der Kopf zerbrochen wird über die negativen Konsequenzen für Gesellschaft und Planeten?

Erstaunlicherweise registrieren wir aber allenfalls mit gemäßigter Empörung Meldungen wie die des Oxfam-Instituts: «Die acht reichsten Milliardäre – alles Männer – besaßen im Jahr 2016 mehr Vermögen als die gesamte ärmere Hälfte der Weltbevölkerung». Oder wenn Boulevardmedien titeln, wie es gerade der Fall war, als wir uns an dieses Kapitel machten: «Ihr Neuer» – gemeint war der Freund einer jungen Frau aus reicher Familie – «erbt 26 Milliarden!»

Das sind alles Exzesse jenes Kults um die Arbeit, den wir durchschauen sollten. Für die erste Natur der zutiefst egalitären Spezies *Homo sapiens* sind sie ein Skandal. Wir nehmen sie aber – zumindest umso älter wir werden – mit einem Langmut hin, mit denen Menschen einst die Launen der Götter ertrugen. Das ist die Macht der zweiten Natur. Entsprechend sind es junge Menschen, die am stärksten protestieren. Bei ihnen sitzt die zweite Natur, die einer Zwangsjacke gleich Menschen ruhigstellt, noch nicht allzu fest.

Dem landläufigen Verständnis gemäß ist Arbeit das, was wir tun, um bezahlt zu werden, damit wir das kaufen oder bezahlen können, was wir zum Leben brauchen, also Nahrung, Kleidung, Unterkunft. Demzufolge haben Jäger und Sammler nie gearbeitet. Sie tauschten nicht und kauften erst recht nichts. Sie teilten oder verschenkten, anstatt Reichtümer anzuhäufen. Doch natürlich waren auch sie aktiv tätig und sorgten für ihren Lebensunterhalt.

Einmal mehr wird deutlich, wie untauglich unsere modernen Begriffe sind, um das Menschsein zu beschreiben. Bei ihnen handelt es sich um geronnene Kategorien einer beschränkten Weltsicht, die wiederum unsere Wahrnehmung der Realität kanalisieren. Ein anthropologisch sinnvolles Verständnis von Arbeit muss sämtliche Tätigkeiten einschließen, die der Subsistenz, also dem Lebensunterhalt dienen.

Sehen wir uns die Anfänge an: Menschenaffen ziehen umher, um ihre Nahrung zu finden, sie fressen diese (manchmal nach einer gewissen Verarbeitung), sie gehen Raubtieren aus dem Weg, sie bauen jede Nacht ein Nest, sie kommunizieren mit ihren Verwandten und Freunden, sie greifen ihre Feinde an. Doch das sieht für uns eher wie ein Ausflug ins Grüne aus als das, was wir unter Arbeit verstehen. Nur ein bisschen gefährlicher. Für unsere nichtsesshaften Vorfahren galt das genauso, allerdings mit einem großen Unterschied: der hoch entwickelten Verarbeitungskomponente. Sie verbrachten jeden Tag Zeit damit, neben dem Jagen und Sammeln Werkzeuge herzustellen oder zu reparieren, das Dach ihrer Hütten auszubessern, Feuerholz zu suchen, den Boden zu fegen, damit sich keine Schlangen oder Ungeziefer anschleichen konnten, das Feuer zu unterhalten, Knollen und Fleisch zu schneiden und zu brutzeln. Das alles ist Arbeit, auch wenn noch nicht der Art jener Tätigkeit, mit der wir heute unsere Rechnungen bezahlen.

Während des größten Teils unserer Evolution gab es nur diese allgemeine Form von Arbeit. Sie wurde umsonst geleistet und als selbstverständlich angesehen. Jeder erledigte sie, und ein Tauschgeschäft – das heißt die Forderung nach einer Gegenleistung – wäre innerhalb der Familie oder Gruppe mit Verachtung oder Zorn aufgenommen worden. Die Möglichkeit, sich zu kümmern und zu teilen, machte die Arbeit sowohl psychologisch als auch materiell lohnend: Es versorgte einen mit jener Reputation, von der man in Notsituation zehrte, weil sich die anderen mit Hilfe revanchierten.

Waren die Lebensumstände gut, und in warmen Regionen waren sie das oft, bestand keine Notwendigkeit, hart zu arbeiten: Nahrung, Wasser und Unterkunft waren relativ einfach zu beschaffen. Nur das Lager mussten Jäger und Sammler regelmäßig verlegen; das begrenzte ihr Hab und Gut. Der einzige Reichtum, den sie folglich anhäufen konnten, war also nicht materieller, sondern relationaler Natur. Wie gesagt: Sie waren materiell arm, aber sozial reich.

—

Es war eine der Sternstunden der Anthropologie, als Richard Borshay Lee 1966 auf der «Man the Hunter»-Tagung in Chicago von seinen Feldforschungen bei den Ju/'Hoansi in der Kalahari-Wüste berichtete. Er hatte sie mit der Stoppuhr durch den Alltag begleitet. Erwachsene verbrachten etwa 17 Stunden in der Woche mit Nahrungsbeschaffung. Hinzu kamen rund 20 Stunden für die restlichen Tätigkeiten wie Feuerholz sammeln, Essen zubereiten, Werkzeuge produzieren. «Insgesamt summierte sich das zu nicht einmal der Hälfte der Stunden, die ein durchschnittlicher amerikanischer Arbeiter oder Angestellter für seine Erwerbsarbeit und seine häuslichen Pflichten aufwendete», resümiert der Anthropologe James Suzman. Und fügt an, dass Untersuchungen von Jäger-Sammler-Populationen rund um den Globus diese Tendenz bestätigten. Auch wenn man allerorten die Beschaffung sehr gelassen anging, konnten sie «ihren Nahrungsbedarf normalerweise mühelos decken». Den größeren Teil ihrer wachen Stunden verbrachten sie folglich mit sozialem Zeitvertreib.

Es spricht nichts dafür, dass es sich in der menschlichen Vorgeschichte grundsätzlich anders verhielt. Wir können festhalten: Die alte Vorstellung vom urzeitlichen Leben als einem erbitterten und entbehrungsreichen Kampf gegen den drohenden Hungertod kann getrost ad acta gelegt werden. Vor allem aber: 99 Prozent der Menschheitsgeschichte kamen Menschen ohne Hamsterrad, fordernde Vorgesetzte, Bullshit-Jobs, Burnouts, kurz: Lohnarbeit aus.

Natürlich sorgten diese Erkenntnisse in den Tagen von Flower-Power und Hippies für Furore. Der Anthropologe Marshall Sahlins verkündete, man habe es mit der «ursprünglichen Wohlstandsgesellschaft» zu tun. Die Jäger und Sammler seien nicht arm gewesen. Die «Bescheidenheit ihrer materiellen Ansprüche» habe vielmehr den «Zen-Weg zum Wohlstand» ausgemacht. Braucht man nicht viel, sind Bedürfnisse leicht zu erfüllen.

Eine weitere – weniger romantische – Komponente kommt hinzu: Die Verpflichtung zum Teilen bedeutete, dass man es schlicht nicht weiterbrachte, egal wie sehr man sich anstrengte. Was auch immer ein hart Schuftender anschleppte, wurde im Lager von allen anderen mit Freude als Geschenk betrachtet. Das machte jeden Anreiz zunichte, etwas zu erfinden oder zu verbessern. Auch die Utensilien des alltäglichen Lebens blieben im Allgemeinen, wie sie waren. Man war ja bestens angepasst, es fehlte an Optimierungsbedarf. Folglich gab es weder erbitterte Konkurrenz noch nennenswerte soziale Ungleichheit.

—

Die kulturelle Evolution mit ihrer Tendenz zu mehr Komplexität sorgte dafür, dass sich die Angelegenheiten veränderten – wenn auch im absoluten Schneckentempo. In den letzten rund hunderttausend Jahren bezeugen archäologische Funde einen

Trend zur Spezialisierung: Einzelne Individuen wurden so gut in der Herstellung von Lanzenspitzen oder bestimmten Werkzeugen, dass andere diese lieber benutzten, als selbst welche zu produzieren, und dafür die Hersteller mit ihren eigenen besonderen Fähigkeiten belohnten – mit der Heilung von Wunden, regelmäßigem Essen oder gelegentlichem Sex. Auch sehen wir schon früh einen Austausch an besonderen Materialien über weite Entfernungen. Eine zweite Art von Arbeit war entstanden, wie der Begriff Arbeitsteilung anzeigt.

Sie beschleunigte sich, als einige unserer Vorfahren an günstigen Orten der Welt begannen, saisonal länger zu verweilen. Die zumindest partielle Sesshaftigkeit machte es möglich, mehr Hab und Gut herzustellen und anzuhäufen – ausgefeilte Gerätschaften, Kleidung, Spielzeug, Schmuck, Musikinstrumente, Skulpturen, wunderbare Höhlenmalereien. Dennoch ging es bei den damit verbundenen handwerklichen Tätigkeiten oder der Erbringung spezieller Dienstleistungen wie protomedizinischer Behandlungen noch immer um Reputation und Prestige, also um besondere Gunstbezeugungen im Gegenzug für spätere Geschenke oder Gegenleistungen. Die Ungleichheit blieb bescheiden, da es keine Möglichkeiten des materiellen Monopolisierens gab. Auch die «Big Men», «Chiefs», «Häuptlinge» der Clans und Stämme, die mit der Sesshaftigkeit aufkamen, mussten zunächst noch den angesammelten Reichtum in Form von Fellen, Schmuck oder Vorräten umverteilen, wollten sie ihren Status behalten. Die Aversion gegen Ungleichheit wurzelt schließlich tief in der ersten Natur.

—

Einmal mehr stellte die Erfindung des Privateigentums die Verhältnisse auf den Kopf. Nun konnten Nahrungsmittel, Rohstoffe, Güter, sogar Menschen gehandelt werden. Man hortete Reichtümer, statt Prestige zu erwerben, um sozialen Status zu erlangen. Dies geschah zunächst durch Tausch: eine Ware gegen eine andere. Mit der Entstehung von Ungleichheit und Herrschaft etablierte sich die Besteuerung, da die Eliten anderen ihre Forderungen aufzwingen konnten. Aus Führung wurde Zwang. In den frühen Staaten des Altertums wurden die Steuern in der Regel in leicht zu registrierenden Produkten erhoben: Scheffel Getreide, Anzahl Schafe oder Ziegen, Stunden abgeleisteter Arbeit.

Nicht lange danach tauchte jene Universalwährung auf, die es ermöglichte, alles gegen alles zu tauschen: das Geld. Aus dem Tauschhandel wurden Handelsbeziehungen. Materielles ersetzte damit Soziales, Konkretes wurde abstrakt. Erst jetzt konnte eine neue, dritte Art von Arbeit entstehen – jene, die heute allgemein als Arbeit verstanden wird. Es ist eine Arbeit, die weder für sich selbst noch die Familie geleistet wird, sondern um die Muskel- oder Geisteskraft des eigenen Körpers gegen Geld an den Meistbietenden zu verkaufen: bezahlte Arbeit eben.

Lohnarbeit war nicht die erste Art von Arbeit, die ausschließlich für andere verrichtet wurde. Die Sklaverei entstand so gut wie überall, wo man begann, sesshaft zu werden. Später wurden Kriegsgefangene als Sklaven eingesetzt, um die immer prächtigeren Paläste, Tempel und Mausoleen der Herrscher zu errichten. Auch Menschen, die ihr Land verloren hatten, weil sie sich nach Missernten verschulden mussten, und am Ende nur noch Leib und Seele besaßen, endeten als Sklaven oder Zwangsarbeiter. Selbst nach dem offiziellen Ende der Sklaverei im 19. Jahrhundert war die Zwangsarbeit auf den Ländereien von Adligen noch weit verbreitet, und das Leben in den frühen Fabriken unterschied sich davon auch nur graduell.

Irgendwann wurde der Verkauf der eigenen Muskeln für Geld zur häufigsten Beschäftigung für alle, abgesehen von Bauern, Händlern, Handwerkern und den Eliten. Die Monopolisierung der Gewinne, die Entfremdung der Arbeiter vom Produkt ihrer Tätigkeit waren bestimmende Themen über das 19. Jahrhundert hinaus. Zugespitzt formuliert, lebten immer mehr Menschen in isolierten Kleinfamilien als Lohnsklaven mit wenig Freizeit. Spätestens die Gewerkschaften und die Angst vor einer proletarischen Revolution sorgten für humanere Arbeitsbedingungen. Nicht zuletzt war es im ureigensten Interesse der Unternehmer, dass die Arbeiter genügend Zeit und Geld hatten, um den Kapitalismus am Laufen zu halten, indem sie fleißig dessen Produkte konsumierten. Ohne Nachfrage nun mal kein Markt. Auch das ein Grund, warum der Konsum das tatsächliche Opium für das Volk wurde.

—

Bezahlte Arbeit existiert also erst seit relativ kurzer Zeit, ihr Stammbaum ist alles andere als glorreich. Trotzdem hat sich die bezahlte Arbeit in der Mehrheit durchgesetzt. Sie ist an Stelle jener Lebensversicherung getreten, die wir früher durch Reputation und gute Verbindungen besaßen. Jetzt zählt der monetäre Puffer. Glücklicherweise ist die Arbeit im letzten Jahrhundert deutlich weniger anstrengend geworden, und der Verkauf von Muskelkraft hat sich zunehmend in den Verkauf von Intelligenz verwandelt. Heutzutage schuften weit weniger Menschen oder müssen endlos dieselben Handlungen an einem Fließband wiederholen. Zumindest in der reichen Welt. Die Ausbeutung wurde externalisiert.

Doch jetzt, da die meisten von uns den Tag auf einem Stuhl verbringen, während sie auf den Bildschirm starren, und keine Angst mehr vor körperlicher Erschöpfung und Krankheit haben, ist die Arbeit nur begrenzt leichter geworden. Es herrscht hoher psychologischer Druck, und gleichzeitig ist die Arbeit oft nur wenig erfüllend. Es gibt vermutlich mehr Angestellte mit Burn-outs als Bauarbeiter mit Rückenschmerzen. Die Lohnsklaven von heute haben immer noch wenig Kontrolle darüber, was sie tun und wann, wo und mit wem sie arbeiten. Was sie besonders frustriert: dass ihnen ausgerechnet das Sichselbstverkaufen als Selbstverwirklichung verkauft wird.

Ist es da verwunderlich, dass sich nach dem Abklingen der Covid-19-Pandemie eine Welle der Resignation ausbreitete, als die Menschen aus dem Homeoffice in die Büros zurückkehren sollten? Die neu gewonnene Freiheit, sich die Zeit für die eigene Arbeit frei einzuteilen und währenddessen mit Freunden und Familie zusammen zu sein, führte dazu, dass genügend Menschen erkannten, dass sie mehr Kontrolle über ihr Leben haben möchten.

Das ist der Boden, auf dem mal wieder über das Ende der Arbeit spekuliert wird. Seit die ersten Maschinen aufkamen, ist das ein Thema. Gerne wird auf den Wirtschaftswissenschaftler John Maynard Keynes verwiesen, der 1930 prognostizierte, der Fortschritt in der Automatisierung würde den Menschen dazu verhelfen, dass sie nur noch 15 Stunden pro Woche arbeiten müssten. Obwohl die Technologisierung längst Sphären erreicht hat, die für Keynes unvorstellbar waren, erging es dieser Prophezeiung wie den meisten: Sie ist nicht eingetroffen.

Man muss nicht dem mit dem Anarchismus sympathisierenden Anthropologen David Graeber folgen, der dahinter die Absicht des Finanzkapitals witterte, die Menschen mit «Bullshit-Jobs» im System festzuhalten, weil eine «glückliche, produktive Bevölkerung, der viel Freizeit zur Verfügung steht», eine zu große Gefahr darstelle. Soziologen wie Hartmut Rosa weisen auf die schicksalhaft erscheinende Dynamik hin, die einem Turbokapitalismus innewohne, der sich dem unbegrenzten Wachstum verschrieben habe: Ohne die ständige Steigerung und Beschleunigung des «immer Mehr» kollabiere das ganze gesellschaftliche System. Rosa beschreibt die Absurdität: «Wir leben in einem System, in dem wir jedes Jahr schneller werden müssen. Wir müssen beschleunigen, wir müssen innovativ sein, die ersten, die das neue Produkt haben, die ersten, die die besseren Produktionsweisen haben. Wir müssen sozusagen mehr produzieren, damit wir das Bestehende erhalten können.» Das verschärfe sich im globalen Konkurrenzkampf, in dem wir nicht auf der Strecke bleiben dürfen: «Wir müssen uns darauf einstellen, dass alles noch viel härter wird in Sachen Konkurrenz und sich verknappender Ressourcen.» Lautete lange das Mantra der Moderne, mehr schuften zu müssen, damit die Kinder es einmal besser haben, so glaubt man heute, mehr strampeln zu müssen, um den Anschluss nicht zu verlieren.

Nun spricht viel dafür, dass die Glaubenssätze des Kapitalismus uns so sehr zur zweiten Natur geworden sind, dass kaum mehr ein Denken außerhalb des Systems möglich ist. Das erklärt auch, warum alternative Konzepte einmal mehr auf harsche emotionale Widerstände stoßen. Sei es die Work-Life-Balance-Sehnsucht der Generation Z, sei es das «bedingungslose Grundeinkommen». Allein die Erwähnung solcher Themen wirkt auf nicht wenige blutdrucksteigernd. Typische Zweite-Natur-Reaktion. Dabei hat unsere erste Natur mit diesen beiden Konzepten wenig Probleme: Das Sich-ständig-Abrackern ist ein Phänomen der Ausnahmezeit. Intuitiv liegt uns eigentlich der altbewährte Zen-Weg zum guten Leben mehr.

—

Erst die evolutionäre Analyse deckt tieferliegende Antriebskräfte auf. Unser Erstes-Natur-Sensorium meldet dauerhaft Alarm: Wir befinden uns, wie in Kapitel 8 beschrieben, tief im sozialen Defizit. Es fehlt an den das Gefühl der Sicherheit spendenden zwischenmenschlichen Beziehungen. Und diese existenzielle Verunsicherung versuchen wir materiell zu kompensieren. Doch beruhigt uns das Anhäufen von Dingen nicht. Die Evolution hat uns mit keinem Sättigungsgefühl dafür ausgestattet. «Wir haben mehr als genug» – das ist erst ein Privileg unserer Tage. Ein funktionierendes Versicherungssystem ist kaum 150 Jahre alt. Entsprechend stecken wir im Hamsterrad fest, strampeln uns ab, werden zwar materiell immer reicher, aber verarmen sozial oft umso mehr, da Konkurrenz die soziale Isolierung nur noch mehr verschärft. Kein

Wunder, dass das Ende der Arbeit viele schreckt. Gehören doch mitunter die Arbeitskollegen zu den letzten stabilen Sozialkontakten.

Verstärkt wird das dadurch, wie bereits erklärt, dass die Menschen versuchen, sich durch Karriere und Statusobjekte Prestige zu verschaffen. Da auch das bei unserer ersten Natur nicht auf die gewünschte Resonanz stößt, heizt das die Konkurrenz des Mehr! Mehr! Mehr! weiter an. Unter den veränderten Rahmenbedingungen verfällt unsere erste Natur in verzweifelte Hyperaktivität und flüchtet sich in den Konsumrausch. Viele kennen das: Nach einem Stück harter Arbeit, nach einem beruflichen Erfolg, muss man sich shoppend eine materielle Belohnung gönnen: «Das habe ich mir verdient», ist ein verbreiteter Gedanke. Früher erhielt man durch die anderen persönliche Anerkennung. Heute konsumieren wir.

Als wäre das nicht alles schon genug, greift dann noch der Konformitätszwang. Sind wir bei neuen, noch wenig verbreiteten Dingen erst skeptisch, verändern sich unsere Bedürfnisse, sobald genügend Personen, denen wir nacheifern, sie besitzen. Dann müssen wir das auch haben! Während die meisten Erfindungen als *nice to have* beginnen und anfangs vielleicht sogar als albern und überflüssig belächelt werden, mausern sie sich bald zu unverzichtbaren Notwendigkeiten für eine minimal menschenwürdige Existenz.

Einmal mehr stecken wir in der evolutionären Falle: Unter den radikal veränderten Bedingungen erweisen sich evolutionär erworbene Verhaltens- und Reaktionsstrategien als kontraproduktiv. Wir sollten uns solchen Mismatch-Phänomenen nicht weiter ausliefern.

Die beschriebenen Entwicklungen führen dazu, dass es die Armen sind, die sich heute schämen, weil sie nicht mithalten können und der soziale Status auf den materiellen Verhältnissen beruht. Die Reichen dagegen gelten als erstrebenswertes Vorbild. Jede Kritik an deren horrenden Einkünften und Besitztümern wird als Neid abgetan. Es ist die altbekannte Strategie: Der Angriff geht ad personam. Die Kritik wird entwertet, indem sie personalisiert und als Ausdruck schlechten Charakters (Neid) gewertet wird. Doch auch hier: Die Armen sind nicht schuld, sie sind oft nur die schwächsten Glieder eines abstrusen Systems. Einmal mehr Täter-Opfer-Umkehr.

—

Ihnen ist es längst aufgefallen: Wir haben uns treiben lassen und laufen Gefahr, dem Kult um die Arbeit auf den Leim zu gehen. Wir behandelten bisher bezahlte Arbeit als die Regel und verabsolutierten damit den evolutionären Ausnahmezustand. Würden wir es dabei belassen, machten wir uns der Kulturblindheit schuldig. Wir müssen die begriffliche Verengung überwinden.

Erstens ist es ein anthropologischer Grundtatbestand, dass wir im Leben jede Menge Dinge zu erledigen haben, die anstrengend sind – und dennoch unbezahlt bleiben. Und zweitens zeigte unsere Stippvisite in der Vorgeschichte, ursprünglich gab es keinen durch materielle Entlohnung besonders privilegierten Arbeitsbereich. Zur Subsistenz, zum Lebensunterhalt, gehörte alles, was heute als Haus- und Care-Arbeit tituliert wird. Nicht unterschlagen werden soll, dass es schon immer besonders prestigereiche Tätigkeiten gab – nämlich jene, die der Gemeinschaft am meisten dienten.

Kehren wir zurück zu jenem Wendepunkt der Menschheitsgeschichte, an dem sich die Welt wandelte. Die neolithische Revolution ging tatsächlich mit einer Revolution der Produktionsmittel einher (der Terminus stammt vom Marxisten Vere Gordon Childe). Nicht mehr die Natur produzierte unsere Nahrung, die wir dann mal mehr, mal weniger gewaltsam einsammelten, sondern wir nahmen die Produktion selbst in die Hand und betrieben Ackerbau und Viehzucht. Das vervielfachte den Arbeitsaufwand; die Skelette der frühen Ackerbauern erzählen, was für ein Knochenjob das war. Insbesondere Frauen verbrachten viele Stunden damit, Mehl für den täglichen Bedarf zu mahlen, um von der Schufterei des Pflügens, Säens, Jätens, Erntens gar nicht erst zu sprechen. Allein um diesen explodierenden Arbeitsaufwand zu meistern, brauchte es viele Kinder. Die erhielten bis in die Neuzeit hinein für ihre Arbeit kaum je einen Lohn, ebenso wenig die Frauen – und Mägde und Knechte lange Zeit auch nicht.

Jene Arbeiten, die heute der Hausarbeit zugerechnet werden, nahmen ebenfalls enorm zu: Es waren mehr Kinder zu versorgen, die Männer waren nun weniger zu Hause, die Unterstützung durch die Gruppe fehlte. Weil Frauen in aller Regel in fremde Familien eingeheiratet hatten, mangelte es an Hilfe und Unterstützung. Sie erduldeten häufig ein Schicksal, das dem einer Sklavin ähnelte. Die zunehmende Isolierung, die Nichtbezahlung, die Ausweisung als «weibliche Sphäre» führten zur Entwertung dieser Tätigkeiten. Es handelte sich um keine Arbeit, es waren «Pflichten» der Frauen, die aus ihrer «natürlichen Bestimmung» zum Kinderkriegen erwuchsen.

Parallel dazu wurden Frauen aus der Öffentlichkeit gedrängt – und damit auch zunehmend aus den normalen Berufen. Insbesondere in den bürgerlichen Sphären – wieder spielt die Aufklärung eine unrühmliche Rolle – wird das Hausfrauensein als angemessenes Dasein einer Frau von Stand angesehen. Frauen aus den Unterschichten dagegen mussten immer arbeiten, um ihren Familien das Überleben zu sichern. So formierten sich zwei Arbeitssphären, eine bezahlte, eine unbezahlte. Die Ausgrenzung der Frauen war ein patriarchales Zwangsprodukt. Insofern ist es völlig selbstverständlich, dass Frauen ihren Platz dort beanspruchen.

—

All das hat sich in die Kultur eingeschrieben. Diese stützt und normalisiert die historische Ausnahmeerscheinung, was zu dem führt, was wir den Kult um die Arbeit nennen. Wir haben das bereits thematisiert: Die unvorstellbare Plackerei, die mit der Landwirtschaft in die Welt trat, erschien den Menschen nicht natürlich. Und hier kam die Normalisierungsmaschine Religion ins Spiel: Sie behauptete, dass es sich bei der Schufterei nun mal um Schicksal (von den Göttern auferlegte Sklavenarbeit) oder göttliche Strafe (für Evas Missgriff) handelte. Beides zwang die Menschen dazu, die Schufterei widerspruchslos als menschlichen Normalzustand zu akzeptieren.

Wir haben die These formuliert, dass die Bewegung des Jesus von Nazareth sich durch die Wiederbelebung alter Jäger-Sammler-Traditionen auszeichnete – und dass dies ein Grund für ihre gewaltige Faszination sei, der sich selbst Menschen nicht verschließen können, die gar nicht an Gott glauben. Tatsächlich erteilte Jesus den Werten der auf Arbeit, Eigentum, Familie, Hierarchie und Herrschaft gegründeten Ausnahmewelt eine Absage. Er negierte die Kernfamilie und das Eigentum, holte die Menschen aus ihren Berufen zu sich, zog mit ihnen durch Galiläa, man teilte alles und lebte von Geschenken. Frauen spielten eine wichtige Rolle. Keine Frage, die Jesus-Bewegung ist eine der Aussteiger aus der patriarchalen, auf Schufterei basierten Welt. In der Bergpredigt spricht Jesus Klartext: «Seht die Vögel unter dem Himmel an: Sie säen nicht, sie ernten nicht, sie sammeln nicht in die Scheunen; und euer himmlischer Vater ernährt sie doch. Seid ihr denn nicht viel kostbarer als sie?» Jäger und Sammler 2.0.

Das frühe Christentum verkehrte dann vieles davon ins Gegenteil, so auch in diesem Fall. Schon im 2. Brief des Paulus an die Thessalonicher findet sich der ungeheuerliche Satz: «Wer nicht arbeiten will, der soll auch nicht essen.» Weiter heißt es dort: «Denn wir hören, dass einige unter euch unordentlich wandeln und arbeiten nichts, sondern treiben unnütze Dinge. Solchen aber gebieten wir und ermahnen sie in dem Herrn Jesus Christus, dass sie still ihrer Arbeit nachgehen und ihr eigenes Brot essen.» Einmal mehr zeigt sich: Das Christentum machte als Herrschaftsreligion Karriere.

Im Christentum, aber auch vielen anderen offiziellen Religionen, wird der Kult um die Arbeit forciert. Wer arbeitet, kann nicht sündigen. Selbst für Mönche wird sich das «Ora et labora» (Bete und arbeite) durchsetzen. Die Reformation treibt das auf die Spitze und erklärt die Arbeit zur von Gott auferlegten Pflicht. Die «protestantische Arbeitsethik» ist längst sprichwörtlich geworden. Wieder kommt der Aufklärung die unrühmliche Rolle zu, religiöse Doktrinen in den säkularen Kontext transformiert zu haben. Philosophen werden die Arbeit als Kern des Menschseins beschreiben. In der Arbeit verwirkliche sich der Mensch selbst. Der Beruf wird zur Berufung. Nur ist das Seiner-Berufung-Folgen wieder ein Privileg des männlichen Bürgertums, das nicht für das sich formierende Industrieproletariat, die Scharen der Landarbeiter, die Kinder in den Fabriken und natürlich auch nicht für Frauen gilt.

Der Philosoph Søren Kierkegaard bringt das neue Arbeitsphantasma im Jahr 1843 auf den Punkt: «Die Pflicht, zu arbeiten, um zu leben, drückt das Allgemein-Menschliche und zugleich auch in einem andern Sinne das Allgemeine aus, weil es ein Ausdruck der Freiheit ist. Gerade durch die Arbeit macht der Mensch sich frei, durch die Arbeit wird er ein Herr der Erde, durch die Arbeit endlich beweist er es, dass er über der Natur steht.»

Dass die Pflicht zur Arbeit gerade nicht frei macht, sollte sich nach unseren evolutionären Ausführungen von selbst verstehen. Es liegt in der unmenschlichen Herrschaftslogik, dass die Nationalsozialisten über die Eingangstore von Auschwitz, Dachau und anderen Konzentrations- und Vernichtungslagern schrieben: «Arbeit macht frei».

Ziel unserer evolutionären Aufklärung ist es, den Dingen die Normalität zu nehmen. Wollen wir Arbeit neu denken, müssen wir erkennen, wo wir es mit kulturellen Altlasten zu tun haben, um zu verhindern, dass alte Fehlentwicklungen im neuen Gewand reproduziert werden. Wie sehr die profit-, konsum- und statusorientierte Erwerbsarbeit noch immer als allein selig machender Normalfall gilt, zeigt sich nicht zuletzt darin, dass es für viele Feministinnen ein erklärtes Ziel war, sich in dieser Erwerbsarbeitswelt zu etablieren und gleichen Anteil an den Hebeln der Macht zu übernehmen.

Das ist ein durch und durch berechtigter Anspruch. Er verkennt nur, dass die derzeitige Ausgestaltung der Arbeitswelt ein Produkt dessen ist, was wir die patriarchale Matrix nennen und maßgeblich für den miserablen Zustand der Welt, Ungerechtigkeiten inklusive, verantwortlich zeichnet. Der Anspruch von Frauen auf gleichberechtigte gesellschaftliche Partizipation trägt in diesem Fall dazu bei, die Patrix auf ein neues Niveau zu hieven. Sie erhält die feministische Absolution. Deshalb wird von einigen Feministinnen wie der eingangs zitierten Emilia Roig gefordert, die «Quellen der Ungleichheit zu beseitigen, anstatt Arrangements zu finden, die sie lediglich korrigieren». Wir kommen darauf zurück.

Es sollte deutlich geworden sein, dass es dabei nicht allein um Fragen der Geschlechtergerechtigkeit geht. Wir haben es mit einem sich selbst verstärkenden System zu tun, das uns in den Konsumwahn zwingt, mit seinem Ressourcenhunger immer krassere materielle Ungleichheiten produziert und die Welt ruiniert. Deshalb ist es die wohl brennendste Frage unserer Tage, wie wir Arbeit neu organisieren, das heißt menschen- und planetengerecht.

Ohne uns anmaßen zu wollen, konkrete Lösungen zu kennen, ergibt sich anthropologisch betrachtet ein klarer Ansatz: Die Aufteilung in bezahlte und unbezahlte Arbeit ist eine Innovation jenes Herrschaftsintermezzos, das es zu überwinden gilt, da es nicht die geringste Legitimation besitzt und seine schädlichen Auswirkungen offensichtlich geworden sein sollten. Arbeit muss im ursprünglichen Sinn von Subsistenz wieder total gedacht werden und alle Tätigkeiten und Aufwendungen rund um den Lebensunterhalt umfassen – und komplett honoriert werden.

Kein Grund, das Schreckgespenst des real existierenden Sozialismus zu beschwören. Es geht nicht um gleiche Behandlung aller unterschiedslos des Engagements. Es geht allein darum, korrekte Anreizstrukturen zu schaffen. Kriterien für unterschiedliche Honorierung sollten der jeweilige Nutzen für Mitmenschen, Gesellschaft und Umwelt sein sowie tatsächliche Arbeitsleistung und Verantwortung – und nicht der patrixfabrizierte Markt. Wollen wir nicht alle, dass unsere Kinder von den besten verfügbaren Lehrkräften ausgebildet werden? Ist es nicht im ureigensten Interesse eines jeden Menschen, darauf vertrauen zu können, bei Krankheit oder im Alter von perfekt qualifizierten Pflegepersonen in einer menschengemäßen Umgebung betreut zu werden?

Klingt utopisch? Ja, sicher. Gerade wenn wir die Problematik im Weltmaßstab betrachten. Doch das ist kein Anlass zum Fatalismus. Wir sollten die neuen Technologien als Chance verstehen. Als Gelegenheit uns aus alten Unterdrückungs- und Untertanenzusammenhängen zu emanzipieren und zu erkennen, dass wir es mit einer gewaltigen Herausforderung zu tun haben, welche der Kreativität der klügsten Köpfe bedarf. Sind wir es nicht unseren Privilegien schuldig, Visionen zu entwickeln, anstatt Profiten nachzujagen?

Doch bevor wir noch zu predigen beginnen, werfen wir einen Blick auf jene, die besonders mit der traditionellen Arbeitsordnung zu kämpfen haben.

22 Schöner scheitern: Familie heute

Erinnern wir uns an die Ausführungen zu Sexualität und Kindern. Damit dürfte klar sein, dass die um das Rechtsinstitut der monogamen Ehe auf Lebenszeit herum organisierte Kleinfamilie ein anspruchsvolles Arrangement ist, um das Leben und die Fortpflanzung von Individuen der schizosexuellen und multipädagogisch begabten Menschenaffenart *Homo sapiens* zu organisieren. Ein großes Kompliment an all die Vertreterinnen und Vertreter unserer Spezies, denen es dennoch gelingt.

Was die Situation erschwert: Die traditionelle Kleinfamilie gibt nicht nur den Rahmen vor, wie zwei Menschen miteinander leben und ihre Kinder aufziehen. Sie liefert auch das Korsett, wie diese ihre Arbeit zu organisieren haben. In all den Bereichen, das haben wir gezeigt, sind die Verhältnisse radikal anders als die längste Zeit der Evolution. Die Realitäten sind aber auch nicht mehr so, wie sie das während des von Kirche und Staat getragenen Ausnahmezustands waren. Die klassisch-patriarchale Arbeitszuweisung – Frau kümmert sich um die Kinder und macht den Haushalt, Mann verdient das Geld und macht Karriere –, gilt nicht mehr. Restlos beseitigt ist sie aber auch noch nicht. Deshalb haben Familien gleich mit drei Belastungen zu kämpfen, die alle das Erbe des patriarchalen Intermezzos sind: dem lebenslangen exklusiven Treuediktat, der mutterfixierten Kindererziehung und dem klassischen Arbeitsverständnis.

Viele haben sich davon schon verabschiedet. Die Zahl der Scheidungen steigt, es wird mit neuen Formen in Sachen Sexualität, Partnerschaft und Familie experimentiert, diverseste

Identitäten boomen. Schon wird mancherorts das Ende der Heteronormativität und das Zusammenbrechen der binären Geschlechterordnung ausgerufen. Einmal mehr ist der für unsere historische Situation typische Boom an Lebensentwürfen zu beobachten. Alle gehen damit einher, neue Wege des Arbeitens zu suchen.

Dennoch stellt die Kleinfamilie immer noch die übliche Form menschlicher Reproduktion dar – und wird es auf absehbare Zeit auch bleiben. Deshalb konzentrieren wir uns hier auf sie, handelt es sich doch um ein eindrückliches Beispiel dafür, wie sehr Menschen den Tücken der Gleichzeitigkeit des Ungleichzeitigen ausgesetzt sind. Hier werden die Spannungen der verschiedensten gesellschaftlichen und individuellen Ansprüche, Rollenerwartungen und Vorgaben, kurz der Kampf der drei Naturen, mit Händen greifbar.

Der Kleinfamilie wird aufgebürdet, den Verlust der Gruppenbeziehungen zu kompensieren. Was früher auf vielen Schultern ruhte, muss nun von einer Frau und einem Mann allein getragen werden. Zudem sind sie gezwungen, das mit der Arbeitswelt in Einklang zu bringen. Kein Wunder, dass viele ächzen und immer häufiger der drohende Kollaps des Systems Kleinfamilie beschworen wird.

Entsprechend engagiert wird in den Medien, in Büchern, Podcasts und Blogs diskutiert. Sosehr alle mit der Problematik ringen, Arbeit und Familie zu vereinbaren (schon ist die Rede von Familien-Burnouts), sind sich doch die meisten Menschen kaum der Außergewöhnlichkeit ihrer Lage bewusst. Sie gehen davon aus, dass das Setting ein Mann, eine Frau ein Leben lang die natürliche und selbstverständliche Weise sei, wie Menschen nun mal leben, arbeiten und Kinder aufziehen.

Und schon sind sie in die Normalitätsfalle getappt: Gelingt es nicht, die allgemeinen Erwartungen an das angeblich normale Leben zu erfüllen, kann die Schuld nur bei ihnen liegen. Folglich strengen sie sich noch mehr an, dem Familienideal zu genügen. Dabei spielen sie, ohne es zu wissen, ein Spiel, das kaum zu gewinnen ist. Schöner scheitern ist allzu oft die einzige Option.

Ist man sich indes der tatsächlichen Zusammenhänge bewusst, sind Diskussionen konstruktiver zu führen. Man kann auf die Lösungsfindung fokussieren, ohne sich in Schuldzuschreibungen zu verlieren. Dann lassen sich auch die nötigen institutionellen Korrekturen einfordern. Wenden wir uns exemplarisch einigen Verkrustungen an der Schnittstelle von Arbeit und Familie zu.

Wir starten mit den Frauen, stehen sie bei dieser Thematik doch im Rampenlicht. Es sind biologische und kulturelle Altlasten, die ihnen heute das Leben besonders schwer machen.

—

Kann eine Bürde schwerer wiegen als der Muttermythos? Insofern sind es Frauen, die sich am stärksten von den Lasten des patriarchalen Ausnahmezustands freistrampeln müssen. Keine Überraschung also, dass die aktuelle Debatte über die Zukunft der Familie und des Arbeitens von Frauen dominiert wird. Die alten Modelle taugen nicht mehr; neue sind in Arbeit, haben sich aber noch nicht dauerhaft bewähren können. Entsprechend bunt ist der typische Wildwuchs, entsprechend groß ist für Frauen das Reibungs- und Konfliktpotenzial mit alten Strukturen sowie den Mentalitäten in den Köpfen ihres sozialen Umfelds und ihrer Partner, mitunter aber auch den eigenen.

Dass der Anspruch von Frauen, ein genauso freies und selbstbestimmtes Leben zu führen, das Arbeiten umfasst, ja, das Ziel, Karriere zu machen, eine Selbstverständlichkeit ist, die keiner weiteren Begründung bedarf, versteht sich allein aus einer Gerechtigkeitsperspektive von selbst. In der verkürzten, von Kulturblindheit bestimmten Perspektive erscheint das aber als ein Novum, als ein plötzlich auftauchender und damit willkürlicher, wenn nicht gar unangemessener Anspruch einer neuen Generation. Damit sehen sich Frauen oft unter Begründungszwang gesetzt, warum sie anders als ihre Mütter oder Großmütter «alles» auf einmal haben wollen – Karriere und Kinder. Zugleich werden sie von jenen kritisch beäugt, die noch traditionellen Lebensentwürfen verpflichtet sind und sich provoziert fühlen. Dass diese Debatte verkennt, dass in den unteren Schichten Frauen schon immer gezwungen waren zu arbeiten, sei nur am Rande erwähnt.

Einmal mehr stellt die evolutionäre Perspektive ihre Stärke unter Beweis: Es ist der menschliche Normalfall, dass Frauen wie Männer ihren unverzichtbaren ökonomischen Beitrag zum gemeinsamen Lebensunterhalt leisten. Sie haben das Jahrhunderttausende getan. Wie wir im letzten Kapitel gesehen haben, sind Frauen aktiv und gegen ihren Willen aus der öffentlichen Arbeitssphäre gedrängt worden. Die Beschränkung auf Haushalt und Kinder ist alles andere als ihre Bestimmung, sie ist das Produkt einer Unterdrückung. Evolutionär betrachtet ist es ebenso falsch zu behaupten – Stichwort Cooperative Breeding –, dass die Kindererziehung allein in der Hand der Mütter liege und es den Kindern schade, wenn sie von diesen keine Rundumbetreuung erhalten.

Nein, bei den aktuellen Entwicklungen handelt es sich um eine Rückkehr zu den ursprünglichen Verhältnissen. Dass Frauen nicht mehr bereit sind, die Beschränkungen und Benachteiligungen hinzunehmen, ist also weder anomal, vermessen noch gar widernatürlich, wie gewisse konservative oder klerikale Kreise unterstellen. Im Gegenteil: Es ist die «natürlichste» Sache der Welt. Exakt das, was in der evolutionären Perspektive zu erwarten ist. Nun, da die Unterdrückungsmechanismen nicht mehr funktionieren, bricht sich die erste Natur Bahn.

Doch damit tut sich eine ganze Büchse der Pandora voller Probleme auf. Das liegt in erster Linie am beschriebenen Cultural-Lag-Phänomen: Die institutionellen Rahmenbedingungen wie die Konventionen und Mentalitäten sind noch nicht auf der Höhe der Zeit. Aber es gibt auch die eine oder andere biologische Erblast, die unter den veränderten Lebensbedingungen besonders schwer wiegen.

Anstatt diese Zusammenhänge herauszuarbeiten und entsprechend konstruktive Lösungen zu entwickeln, die gesellschaftliche Veränderungen verlangen, werden Frauen (und ihre Familien) mit Optimierungsangeboten ohne Ende bombardiert. Sie sollen es mit Self Care, Fitness, Achtsamkeit, Resilienztraining versuchen oder sich «kleine Oasen» im Alltag schaffen. Dann wird das schon irgendwie.

Die Konsequenz: Frauen werden mit noch mehr Ansprüchen überschüttet und tiefer in die Krise gestürzt – denn wo soll man das in einem ohnehin zu kurzem Tag unterbringen? Das führt zu mehr Frustrationen, mehr Schuldgefühlen und Versagensängsten und damit zu einem Mehr an masochistischer Bereitschaft, sich zu perfektionieren. Wir sagten es bereits: Das ist ein Teufelskreis, an dem mittlerweile eine ganze Industrie verdient. Dabei trifft Frauen keine persönliche Schuld, und mit individueller Optimierung ist nur wenig zu gewinnen. Umso mehr sie sich als Einzelkämpferinnen versuchen, desto mehr halten auch sie das System am Laufen. Begutachten wir flinken Schritts einige Konfliktfelder.

—

Die Problematik in Sachen Arbeitswelt wird am deutlichsten, wenn man sich diese in Erinnerung an unser letztes Kapitel als ein Gesellschaftsspiel vorstellt, das als Produkt einer von Männern dominierten Welt bestens an Männer angepasst ist. Entsprechend haben sich diesem Spiel die Prinzipien der patriarchalen Matrix eingeschrieben. Zwar hat sich in den letzten Jahren viel geändert (mancherorts schlägt das Pendel sogar zuungunsten der Männer aus), aber in der Hauptsache haben wir es mit jenen Umständen zu tun, die wir hier kurz holzschnittartig skizzieren möchten.

Es handelt sich um ein unfaires Spiel: Die Spielregeln sind männergemacht und männererprobt und setzen Anreize, die für Männer größer sind als für Frauen und auf typisch männliche Strategien abgestimmt sind. Auch spielen Männer es bereits seit vielen Generationen, sind folglich bestens darin geübt und verfügen über wohlerprobte Hilfsmittel und Netzwerke. Trotzdem wird diese Spielverzerrung kaum registriert, weil die Regeln nun mal als selbstverständlich angesehen werden.

Keine Überraschung also, dass es Frauen bisher schwerer hatten in diesem Spiel. Sie sind nicht nur vom Start weg benachteiligt. Vielen fehlt es an Motivation, weil das Arbeitsspiel nun mal auf typisch männlichen Anreizen basiert. Ebenso mangelt es durch die geringere Spielpraxis an Erfahrung, Übung und Strategien. Frauen sind zudem stärkeren Frustrationserlebnissen ausgesetzt, da sie es in der direkten Konkurrenz schwerer haben – und bei gleicher oder sogar größerer Anstrengung öfter den Kürzeren ziehen.

Falsches Spiel also. Das aber ist kein großes Thema. Stattdessen wird gerätselt, warum Frauen nicht so karrieregetrieben scheinen wie viele Männer. Und schon lugt wieder der Verdacht um die Ecke, Frauen wollten doch lieber ihrer «wahren Bestimmung» folgen und zu Hause bleiben. Dabei ist es eine recht banale Einsicht: Ein Spiel, das Frauen systematisch benachteiligt – wie ist da zu erwarten, dass Frauen es mit derselben Hingabe spielen wie Männer? Natürlich gibt es, wie in allen hier thematisierten Dingen, Ausnahmen, und auch viele Männer haben mit diesem Spiel arge Probleme.

Wenn Frauen sich dazu entschließen, keine Karriere zu machen, dann bedeutet das eben keinesfalls automatisch, dass sie generell keine Karriere machen möchten. Dann möchten sie das nur nicht in einem System, das sie diskriminiert und ihnen nicht einmal attraktive Anreize bietet. Insofern spricht allein deshalb viel dafür, die Arbeitswelt grundsätzlich zu verändern und nicht mit Macht zu versuchen, Frauen in ein männlich kontaminiertes Spiel zu drücken. Ein Spiel zumal, dessen Zukunft – wie im letzten Kapitel herausgearbeitet – mehr als fraglich ist; zumindest wenn man die evolutionäre Aufklärung ernst nimmt. Die Antwort auf die Frage, Anpassung der Frauen an bisher männliche Rollen- und Karrieremuster oder Entwicklung neuer weiblicher Strukturen, kann eigentlich nur lauten: neue Wege für alle.

—

Wir befinden uns in einer historisch einzigartigen Situation, deren Experimentalcharakter noch nicht in aller Deutlichkeit erkannt wurde: Erstmals begegnen sich die Geschlechter in einer konkurrenzbasierten Arbeitswelt auf derselben Hierarchieebene. In den Generationen davor gab es zwar auch berufstätige Frauen, in aller Regel aber waren diese in subalternen Positionen tätig. Allein das sorgt heute für genügend Reibungspunkte.

Frauen suchen sich jetzt ihre je eigenen Wege. Entsprechend ist eine Vielzahl verschiedener Strategien zu beobachten. Oft ist noch unklar, welche etwas taugen – und welche in Sackgassen führen. Die unterschiedlichen Konzepte geraten aufgrund ihrer Neuartigkeit leicht in Konkurrenz, etwa wenn Frauen im gleichen Unternehmen verschiedene Strategien verfolgen – oder von jenen kritisch beäugt werden, die noch dem klassischen Rollenbild verpflichtet sind. Da all das gehörigen Neuigkeitswert besitzt, wird auch viel darüber gesprochen. Jede Menge Zweite-Natur-Konfliktstoff also.

Aufgrund des fehlenden Bewusstseins für die Besonderheit der Situation – Kulturblindheit – werden die Ursachen naturalisiert und wieder *den* Frauen selbst zugeschoben. Dann wird angesichts verständlicher Unsicherheit, mangelnder Selbstverständlichkeit oder realer Benachteiligungen von «weiblicher Führungsschwäche» orakelt oder über «Stutenbissigkeit» gespottet. Einmal mehr werden einzelne Fälle, die der ungewohnten Situation und der Kollision unterschiedlicher Konzepte geschuldet sind, generalisiert und der «weiblichen Natur» zugeschrieben. Im besten Fall basiert so etwas auf Unwissen, im schlimmsten wird absichtlich die alte patriarchale Karte gespielt, dass die Frauen doch am Herd und bei den Kindern am besten aufgehoben seien.

Wir haben es mit den Beharrungskräften der Normalität, der patriarchalen Matrix, zu tun. Es frustriert Frauen nicht nur, es hält sie in der Defensive. Tatsächlich drängt das nicht wenige zurück in die traditionelle Rolle. «Da mache ich nicht mit», ist in vielen Variationen auf Social Media zu lesen: «Da bleibe ich lieber zu Hause bei den Kindern.» Damit halten sie wiederum die Patrix am Leben. Wie auch im Fall der umgekehrten Entscheidung, trotzdem in der Arbeitswelt zu reüssieren. Das ist das Fatale an der Normalität: Sie offeriert keine akzeptablen Alternativen, die sie selbst infrage stellen. Zum Glück gibt es viele Versuche, diese Verkrustungen aufzubrechen – von innen wie von außen.

—

Nun haben Frauen die biologische Eigenart, Kinder bekommen zu können. Die Arbeitswelt als historisches und damit patriarchales Produkt kannte aber die längste Zeit die Option nicht, dass verantwortliches Personal schwanger wird. Auch das ist gemeint, wenn von «struktureller» oder «systemischer» Benachteiligung von Frauen gesprochen wird. Die Anpassungen laufen zwar, doch die Arbeitswelt ist noch weit davon entfernt, dass diese biologische Tatsache sich nicht zum Nachteil von Frauen auswirkt. Solange aber ihnen wie bisher die Hauptlast der Kinderfürsorge aufgebürdet wird, diskriminiert sie der Markt.

Die Problematik vergrößert sich, weil auch die gesellschaftlichen Bedingungen in Sachen Kinder auf dem Stand des 20. Jahrhunderts stehen geblieben sind. Selbst wenn sich dort enorm viel getan hat: Arbeitende Mütter gelten noch immer nicht als selbstverständlicher Normalfall. Einmal mehr Cultural Lag: Die Kinderbetreuung, die Schulen, aber auch die Ansichten der Väter und des sozialen Umfelds, die gesellschaftlichen Strukturen und rechtlichen Regeln stecken häufig im Vorgestern fest und rechnen damit, dass Mama sich schon kümmert.

Der Grund, warum nicht unter Hochdruck die entscheidenden Modernisierungen vorgenommen werden, liegt darin, dass an entscheidenden Stellen immer noch alte Denkmuster dominieren, die arbeitende Frauen als Luxusphänomen betrachten und nicht als das, worum es sich tatsächlich handelt: den tatsächlichen Zustand des Menschseins. Wie im Kapitel über Kinder gezeigt, ist es ein patriarchales Ammenmärchen, dem leider nicht wenige Frauen wie Männer auf den Leim gehen, dass Kinder ständig «ihre Mama» brauchen. Die Betreuung durch engagierte und verantwortungsvolle Personen, der möglichst vielfältige soziale Input während weiter Strecken des Tages kommt den ursprünglichen Verhältnissen näher als das symbiotisch-exklusive Mutter-Kind-Verhältnis, das vielerorts zu sehen ist.

Verkrustungen sind aber nicht nur institutioneller Art, als alte Zweite-Natur-Prägungen wirken sie selbst in moderne Familien hinein. Auch wenn diese kaum noch patriarchal organisiert sind, haben Frauen in aller Regel noch im gesamten Haushaltssektor, Kinder inklusive, die Führung inne. Da lebt in den Köpfen der Männer, aber eben auch in denen vieler Frauen der alte Muttermythos und jener von der «guten Hausfrau» fort: ein perfektionistisches Selbstbild als Mutter und Hausfrau, das noch aus dem letzten Jahrhundert stammt. Das führt zum sogenannten Gate Keeping – Frauen beanspruchen die familiäre Kompetenzhoheit – und trotz eigentlich bester Absichten zur weiteren Perpetuierung traditioneller Rollenmuster, die damit wiederum den Kindern vermittelt werden. Und Männer? Hier unterwerfen sie sich dann doch vielfach nur zu gerne dem weiblichen Führungsanspruch.

Frauen fechten nicht selten einen inneren Konflikt zwischen ihren drei Naturen aus. Sie möchten gerne so viel Zeit wie möglich mit den Kindern verbringen (die Liebe zu den Kindern ist erste Natur) und haben das Gefühl, dass sich das «so gehört» (der Muttermythos ist zweite Natur), während ihr feministisches Bewusstsein ihnen die Leviten liest, dass sie als emanzipierte Wesen doch längst wieder im Beruf ihre Frau stehen müssten (dritte Natur).

—

Neue kulturelle Faktoren beeinflussen zuweilen die alte Biologie: Auch wenn die Anthropologin Sarah Blaffer Hrdy wiederholt darauf hingewiesen hat, haben die folgenden Zusammenhänge noch nicht die nötige Resonanz erfahren. Wir haben thematisiert, dass Primatenmütter stets beurteilen, wie es um die Überlebenschancen ihres Nachwuchses bestellt ist – und dass sie durchaus bereit sind, diesen aufzugeben, schätzen sie die Chancen, ihn erfolgreich großzuziehen, als zu gering ein. Deshalb sind auch angehende Primatenmütter «karriereorientiert», sagt Hrdy. Sie setzen alles daran, eine gute soziale Position zu erreichen, um die Überlebenswahrscheinlichkeit des Nachwuchses zu erhöhen. «Konkurrenzdenken und Ehrgeiz sind keineswegs unvereinbar mit Mutterschaft», so die Anthropologin. «Im Gegenteil: Sie sind miteinander verbunden.»

Die längste Zeit der Evolution hatten Menschenfrauen es nicht in der Hand, ihre Schwangerschaft über Jahre, wenn nicht gar Jahrzehnte hinauszuzögern. Hier sind Pille und Co., aber auch die Emanzipation Gamechanger gewesen. Erstmals sind Frauen in der Lage, selbst zu entscheiden, wann der ideale Zeitpunkt für ein Kind gekommen ist. Und damit fangen die Probleme an. Denn wann ist der richtige Zeitpunkt? Es kann immer noch besser werden, und, wie bereits thematisiert, die Natur hat uns mit keinem Sättigungsgefühl in Sachen materieller Versorgung ausgestattet. Da ist bekanntlich nichts, was signalisieren würde: «Es reicht! Bestens vorgesorgt!» Die ohnehin schon schwierige Entscheidung für ein Kind wird weiter erschwert, weil sie heute immer öfter auch bedeutet: Wann ist ein guter Zeitpunkt, den Job pausieren zu lassen? Und so tickt die biologische Uhr lauter und lauter.

Noch ein Faktor spielt eine Rolle: Die Isolierung von Frauen und Familien schreitet weiter fort, es fehlt an sozialer Unterstützung durch vertraute und verlässliche Personen. Diese stellt nun aber die einzige Währung dar, die für unsere erste Natur wirklich zählt. So herrscht ständig ein Gefühl des Defizits. Entsprechend wird alles investiert, um dem Kind wenigstens das perfekte «Nest» zu bieten. Was wiederum dafür sorgt, das Kinderkriegen weiter hinauszuschieben. Entsprechend steigt in der westlichen Welt das Alter, in welchem Frauen ihr erstes Kind bekommen, kontinuierlich an. In der Bundesrepublik lag es in den 1970ern noch bei unter 25 Jahren, 2020 betrug es im Durchschnitt 30,2 Jahre. Wieder ein Phänomen, auf das die Evolution uns nicht vorbereitet hat: Früher wurden Frauen einfach irgendwann schwanger.

Späte Geburten erhöhen jedoch das Risiko für die Gesundheit von Frauen und Kindern. Mitunter sind sie nur durch medizinische Unterstützung, insbesondere künstliche Befruchtung möglich. Das bedeutet zudem jede Menge Stress und Belastung für angehende Eltern. Einiges deutet zudem darauf hin, dass sich das Verhältnis der Mütter zu ihren Kindern verschiebt: Von Primatenmüttern weiß man, so Hrdy, dass sie sich nicht für ihre Kinder aufopfern (wieder die harte Chancenabwertung der Natur) – es sei denn, sie sind so alt, dass sie keine mehr bekommen können. Spielt das auch bei Menschenfrauen eine Rolle, führt das zu einer größeren Abhängigkeit der Frauen von ihren Kindern.

Allein die flüchtige Inspektion dieser Problematiken erklärt, warum Frauen in den sozialen Medien, Blogs und Podcasts so aktiv sind. Wo es ihnen die Bedingungen der analogen Welt schwermachen, suchen sie nach digitaler Unterstützung. Hier zeigt sich das Potenzial der sozialen Medien, die Isolation der Menschen zu durchbrechen und Solidarität zu schaffen. Das Problem ist jedoch, dass auf digitalem Wege wirklich stabile Beziehungen, die einen nachhaltigen Einfluss auf die konkrete reale Lebenssituation haben, nicht allzu leicht zu finden sind.

Als Nebenwirkung kommt hinzu, dass auf digitalem Weg der Informations- und Ratschlags-Overkill droht – einmal mehr *Lost in Perfection*. Die oft beklagte «Mental Load» wächst und wächst – was muss nicht alles berücksichtigt werden! Was sollte man nicht alles kaufen! Das führt dazu, dass die dritte Natur in der Suche nach der besten Lösung heiß läuft. Und welche mal mehr, mal weniger subtile Kritik findet sich in den Kommentaren.

Keine Generation junger Eltern war besser informiert, doch auch keine Generation dürfte verzweifelter gewesen sein angesichts der Vielfalt sich widersprechender Empfehlungen. Es schürt Frustrationsgefühle – die Erkenntnis, dass die eigene Realität all dem nie gerecht werden kann. Unser Hang zur Konformität führt dazu, dem trotzdem nachzueifern; insbesondere, wenn das moderne Familienleben so wunderschön inszeniert wird wie auf Instagram. Schöner scheitern eben.

Kurzum, die Situation ist offensichtlich: Emanzipation und wirtschaftliche Unabhängigkeit haben Frauen immer näher an die Gleichberechtigung gebracht. Bloß ist die Welt, in die sie nun nach 5000 Jahren Ausgrenzung wieder zurückkehren, noch voll patriarchaler Verkrustungen: Ob Familienstrukturen, Kinderbetreuung oder Arbeitswelt – sie hinken zeitgemäßen Anforderungen hinterher. Und immer noch suchen viel zu viele Frauen die Schuld bei sich selbst.

—

Eine ganze Reihe der diskutierten Punkte gilt auch für Familienväter. Die Isolation in den Kleinfamilien, die schwierige Lage in Sachen Kinderbetreuung, die unbefriedigende Vereinbarkeit von Familie und Arbeitswelt betreffen sie ebenso. Insgesamt aber sind Männer dem Konflikt der drei Naturen bedeutend weniger ausgesetzt, zumal sie aus der von der patriarchalen Matrix bisher privilegierten Position kommen. Und sie haben nicht die biologischen Belastungen durch Geburt und Stillen zu tragen.

Außerdem stehen ihnen in der allgemeinen Wahrnehmung auch eher Lebenswege außerhalb der Ehe offen. Frauen dagegen werden noch heute seltsam angesehen, wenn sie verkünden, in keiner dauerhaften Partnerschaft leben zu möchten. Wenn sie zudem öffentlich erklären, keine Kinder bekommen zu wollen, finden sie sich nicht selten Anfeindungen ausgesetzt. Als würden sie ihrer Pflicht nicht nachkommen. Solche Reaktionen sind die letzten Zuckungen der Patrix.

Für viele Männer ist gelebte Gleichberechtigung heute eine Selbstverständlichkeit. Trotzdem werden sie als Familienväter ebenso Opfer der veralteten Strukturen und leiden unter der Doppelbelastung. Da sie Kinder nicht zur Welt bringen, scheinen sie disponiert erst einmal ihre Rolle als Versorger weiterzuspielen. Das fällt ihnen umso leichter, weil die Arbeitswelt noch immer eher auf Männer ausgelegt ist und ihnen mehr «Erfüllung» und «Selbstverwirklichung» offeriert. Da ihr Einkommen oft noch das höhere ist und das ohnehin den Gesellschaftserwartungen entspricht, dominiert dieser klassische Weg, der je nach Land zumal durch steuerrechtliche Weichenstellungen oder Elternzeit-Regelungen vorgespurt ist. Das sind die Beharrungskräfte der vorgeblich normalen Verhältnisse, der gewachsenen Strukturen.

Auch in einer Partnerschaft ist im Verhältnis von Mann und Frau oft die Problematik der Gleichzeitigkeit des Ungleichzeitigen zu konstatieren. Zwar sind die Partner Kinder derselben Zeit und besitzen sehr ähnliche Zweite-Natur-Prägungen. Doch da Frauen meist die Töchter von bereits feministisch inspirierten Müttern waren und diese Wert darauf legten, dass ihre Töchter ein emanzipierteres Leben führten, verlief hier die Sozialisation anders. Söhne dagegen waren dem feministischen Einfluss weniger ausgesetzt (das ändert sich erst mit der jüngsten Generation). Hinzu kommen die konkreten Benachteiligungserfahrungen der Frauen. Insofern existiert eine kulturelle, also nicht persönlich bedingte Diskrepanz.

Wenn also auch nur in abgeschwächter Form, leben patriarchale Rollenmuster dennoch fort, nach denen Männer sich immer noch in der Verantwortung als Versorger sehen und Karriere machen – und Frauen dafür den Lead in Sachen Haushalt und Kinder zugestehen. Da das für Männer, je nach ihrem Beruf, eine bequeme Lösung sein kann, erwächst bei ihnen kaum der Impuls, dieses «normale» Arrangement infrage zu stellen. Sie versuchen zwar, ihren Frauen zu *helfen*; ihr Selbstverständnis ist es aber seltener, dass sie im Familienbusiness schlicht ihren Teil der Arbeit zu erledigen haben.

Die gesellschaftlichen Verhältnisse sind nun mal immer noch so, dass die alten Rollenmuster leichter zu denken und zu leben sind, weil es sich eben um die üblichen handelt und sie somit nicht für Verwunderung oder erstaunte Nachfragen sorgen. Einmal mehr die normative Kraft des Faktischen, der Status-quo-Bias.

Auch die entsprechenden Sensibilitäten werden sozialisiert: Wann besteht Handlungsbedarf, weil etwas zu schmutzig, zu unordentlich ist, Kinder zu wild oder zu laut sind? Wie erwähnt: Es gehörte generationenlang zur zweiten Natur der Frauen, sich durch hohe Kompetenzen in diesen Bereichen auszuzeichnen, was sie heute immer zuerst handeln lässt – obwohl die Männer es auch täten, nur ist deren Reaktionsschwelle noch nicht erreicht, weil diese ein weniger anspruchsvolles Erziehungs- und Haushaltsideal verinnerlicht haben. Schon solche kleine Diskrepanzen im Selbstverständnis führen zu größeren Diskrepanzen im Alltag – und damit zu Reibungspotenzial.

Was in vielen Partnerschaften Auseinandersetzungen provoziert und in persönliche Vorwürfe mündet, ist also nichts Individuelles. Wir haben es mit klassischen Zweite-Natur-Kollisionen zu tun. Mit dieser eigentlich recht banalen Einsicht sollten entspannte Diskussionen möglich sein, um gerechte Lösungen zu finden. Kein Anlass für große Emotionen, da man es mit ererbten, nicht persönlich zu verantwortenden Problemen zu tun hat.

Nun ist mitunter auch die erste Natur hinderlich. Stichwort Reputation. Der Glamourfaktor eines Putzschwamms ist gering, und wer einen Staubsauger bändigen kann, hat nicht ebensolchen Mut bewiesen wie jener, der ein wildes Tier erlegt. Was eigentlich ein klassisches Zeitschriften-Thema ist, hat einen evolutionären Kern: Der Hausmann wartet mit Minuspunkten im Bereich Sex-Appeal, also Reputation, auf. Deshalb ist die intrinsische, die Erste-Natur-Motivation bei Männern in dieser Hinsicht nicht sonderlich ausgeprägt.

Typischer Fall für die dritte Natur, die mit dem Verweis aufs Fairnessprinzip appelliert, sich über antiquierte Prägungen zu erheben. Wir haben es mit Übergangsphänomenen zu tun: Irgendwann greifen die Konformitätsbedürfnisse unserer Natur. Wenn alle es so machen, will keiner mehr zurückstehen. Aber es ist auch an den Frauen, ihre erste Natur in die Schranken zu weisen und die erotische Attraktivität des fensterputzenden Mannes zu entdecken. Klingt nach Klischees? Sind es auch, aber als geronnene kulturelle Muster gestalten sie nun mal unsere Realität. Es handelt sich um nicht mehr passende, jedoch immer noch wirksame Schablonen für Geschlechterrollen. Und eben nicht um individuelle Vorlieben oder Aversionen.

Halten wir fest: Männer befinden sich – im Durchschnitt – immer noch in einer privilegierteren Position und haben in der Regel mit bedeutend weniger Mismatch-Problemen zu kämpfen, da sie in einer traditionell auf Männer zugeschnittenen Welt leben. Sie sind sich dessen häufig nicht einmal bewusst, weil es als die «selbstverständliche Ordnung der Welt» erscheint. Für sie fühlt sich alles gut oder zumindest «okay» an. Der Splitter im Verstand regt sich leider meist nur bei eigener Benachteiligung. Deshalb fokussieren sie eher auf die eigenen Belastungen oder Überforderungen, welche ihnen die moderne Welt ja auch aufhalst. Und reagieren empfindlich, wird von ihnen mehr gelebte Gleichberechtigung eingefordert.

Auch das ein vertrauter Trick der Patrix: «Divide et impera». Teile und herrsche. Das gesellschaftliche Problem, die real existierende Belastung durch die patriarchale Matrix, wird unsichtbar gemacht, indem es individualisiert und in die Verantwortung der Einzelnen abgeschoben wird – wo es nicht selten zu Streit führt. Umso wichtiger ist die Lehre der evolutionären Aufklärung: Die gleichberechtigte Kooperation, Solidarität und Loyalität der Geschlechter stellten das eigentliche menschliche Erfolgsgeheimnis dar und sind Schlüssel zu einer gerechteren Welt. Dieser Verantwortung möchten sich auch Männer sicher nicht entziehen. Und überhaupt: Wer will sich schon auf unverdienten Privilegien ausruhen?

—

So weit unsere kursorische Bestandsaufnahme der Lage an der Schnittstelle Familie-Arbeit. Die leidenschaftlichen Debatten, die augenblicklich geführt werden, illustrieren: Wir leben in einer Umbruchzeit. Was wir aus unserer evolutionären Perspektive beitragen können, ist die Erkenntnis, dass alle Gedanken «Ich bin allein damit», «Ich bin selbst schuld daran» fehl am Platz sind. Es sind keine individuellen, keine Frauen-, Männer-, Familienprobleme. Als kulturell gewachsene Komplikationen liegen sie in der gesellschaftlichen Verantwortung. Alle müssen zusammen neue visionäre Wege einschlagen – und die Rahmenbedingungen auf den aktuellen Stand bringen. Das sollte eine gesellschaftliche Aufgabe oberster Priorität sein: das Terrain von Überresten alter Ungerechtigkeitsproduzenten freiräumen und, wie im vergangenen Kapitel geschildert, das Konzept Arbeit neu und umfassend gestalten. Schließlich geht es um das Wohl aller.

Wir wollen keine Zukunftsprognosen abgeben, doch aus evolutionärer Perspektive spricht nichts gegen fluidere und vor allem kooperativere Formen der Beziehungsarrangements, die über das enge Setting der Kleinfamilie hinausgehen; entscheidend ist, dass sie vertrauensvoll, verlässlich und strapazierfähig sind. Auch Kinder würden davon profitieren. Wir haben gesehen, wie sehr sich heutige Kindererziehung von der evolutionär praktizierten unterscheidet. Die Gleichung ist einfach: Umso sozialer wir unsere Kinder groß werden lassen, umso sozialer werden sie und umso sozialer unsere Welt. Und hier ist alle gesellschaftliche Kreativität gefragt. Denn um es auf den Punkt zu bringen: Die Familien sind es, in denen sich die Zukunft der Menschheit entscheidet.

In jedem Fall gilt: Das historische Intermezzo, in dem Götter und Herrscher, Kirchen und Staaten den Menschen vorschrieben, wie sie zu leben haben, ist an ein Ende gekommen. Wir haben unser Schicksal selbst in der Hand und sollten diese historisch einmalige Chance nutzen. Und damit betreten wir politisches Terrain.

23 Zurück zur ersten Natur: Demokratie vollenden

Viele von uns haben in der Schule gelernt, dass es die Griechen gewesen seien, die im Athen der Antike die Demokratie erfanden. Und dass deren Wiederentdeckung in Humanismus und Renaissance die Welle der demokratischen Revolutionen der Neuzeit auslöste, deren Produkt unsere moderne Welt ist. Das klingt, als hätten die klassischen Philosophen eine großartige Idee gehabt: ein Mann (wohlgemerkt nicht eine Frau, nicht ein Sklave, nicht ein Fremder), eine Stimme. Und als sei das eine Idee gewesen, auf die zuvor noch nie jemand gekommen war. Das machte die Demokratie zur triumphalen Errungenschaft der Zivilisation.

Nur weil etwas oft wiederholt wird, ist es noch lange nicht wahr. Sowohl die Athener als auch die Denker der Neuzeit gruben da lediglich eine uralte Idee aus, die mindestens so alt ist wie die Menschheit. Die Gemeinschaften der mobilen Jäger und Sammler waren egalitär und demokratisch. Die Vorliebe für Gleichberechtigung und Fairness liegt buchstäblich in unseren Genen.

Diese zentrale Erkenntnis der evolutionären Aufklärung verändert alles. Denn damit haben wir es nicht mit einem Fortschritt zu tun. Es handelt sich um eine Rückkehr zu alten Verhältnissen – wenn auch auf neuem Niveau. Die erste Natur der Menschen feiert ein Comeback, sie emanzipiert sich aus den Unterdrückungszusammenhängen der letzten 5000 Jahre und verlangt nach ihrem Recht.

Tatsächlich zeigt der Verlauf der Geschichte eine generelle Tendenz, die sich über die vergangenen Jahrhunderte verfolgen lässt: Herrschaftsstrukturen erodieren, immer mehr Menschen partizipieren an den Entscheidungsprozessen. In vielen Lebensbereichen ist eine Renaissance von Jäger-und-Sammler-Prinzipien zu erleben. Wenigstens für die westliche Welt gilt: Die Emanzipation der Frauen und damit die Rückkehr zur alten Gleichberechtigung ist dafür ebenso ein Beispiel wie Anpassungen der Arbeitswelt an die menschlichen Bedürfnisse. Der Kampf gegen ausbeuterische Arbeitspraktiken war erfolgreich. Auch die Sklaverei ist abgeschafft und der Kolonialismus an ein Ende gekommen. Und die Welt ist deutlich demokratischer geworden. Keine Frage, das alles ist noch längst nicht perfekt, Rückschläge sind zu beobachten, und zuweilen scheint sogar der Verdacht gerechtfertigt, dass sich nur subtilere Formen von Herrschaft und Ausbeutung etablieren. Trotzdem ist dieser fundamentale Prozess nicht zu leugnen.

Für die Letzten, die noch an der Existenz der menschlichen Natur zweifeln: Wir haben es mit einem eindrucksvollen Beleg ihrer Macht zu tun. Wäre die im 20. Jahrhundert dominierende Überzeugung korrekt, dass Menschen allein durch Kultur geprägt sind, ließe sich die politische Emanzipation nach 5000 Jahren Unterdrückung nicht erklären. Wir alle wären demütige Untertanen, nirgends ein kleines Gefühl der Empörung. Nein, es ist wie bei der Frauenemanzipation die auf Fairness setzende erste Natur, die zu allen Zeiten protestierte, weil der Splitter im Verstand piesackte. Die erste Natur ist ein ständiges Unruhemoment, das die Emanzipation vorantrieb, zumindest immer dann, wenn die jeweilige Herrschaft schwächelte. Die Gleichberechtigung aller ist nun mal evolutionär betrachtet der tatsächliche Normalzustand des *Homo sapiens*. Selbst Kinder reagieren höchst emotional auf Unfairness.

Wir skizzieren in groben Zügen den Verlust und die Wiederkehr demokratischer Verhältnisse, um zu enthüllen, warum die Demokratisierung Gefahr läuft, heute auf halbem Weg steckenzubleiben.

—

Erinnern wir uns: Jäger und Sammler teilen Nahrung und unterstützen sich in allen Belangen. Sie mögen daher niemanden, der sich über die anderen erhebt. Ein Möchtegern-Diktator wird schnell zurechtgewiesen. Fügt er sich nicht (in aller Regel waren es Männer), findet er sich bald alleingelassen. Aus der Gesellschaft verbannt zu werden, kommt einem Todesurteil am nächsten.

Da die Gruppen nur gemeinsam überleben können, streben sie stets Konsens an. Etwa wenn sie entscheiden, wann und wohin sie ihr Lager verlegen. Aus dieser Konsensdemokratie folgt, dass dem Prinzip nach alle gleich sind. Doch das Votum erfolgreicher Jäger, erfahrener Alter und effektiver Heiler (das können auch Frauen sein) hat aufgrund ihrer Reputation mehr Gewicht als das der anderen. Weil sie entscheidend zum Überleben beitragen und deshalb besonders wichtige Gruppenmitglieder sind, neigen die anderen dazu, ihren Wünschen zu folgen, damit sie nicht die Gruppe verlassen. Da aber auch besondere Individuen auf Hilfe anderer angewiesen sind, um zu überleben, hält sie das bescheiden. Und weil Reputation jeweils selbst erworben wird, gibt es kaum Möglichkeiten, diese über Generationen hinweg zu akkumulieren und größere Ungleichheit zu etablieren. Zwar hat man es als Kind einer wichtigen Person leichter; doch wird man dem nicht durch entsprechende Leistungen gerecht, ist man schnell wieder untendurch.

Die Jäger-und-Sammler-Demokratie ist in gewisser Weise das Produkt der gebündelten Macht der weniger Mächtigen. Gemeinsam sitzen sie am längeren Hebel, um tyrannische Anwandlungen talentierterer Kollegen in Schach zu halten. Einfach ausgedrückt: Die Schwachen bevorzugen die Demokratie, und die potenziell Mächtigen schlucken sie. Den Nutzen haben alle. Es gibt weder Gewinner noch Verlierer.

Die ursprüngliche Demokratie ist in den letzten Jahrtausenden verblüffender Ungleichheit gewichen. Eine solch radikale Veränderung der sozialen Organisation innerhalb einer Art und in so kurzer Zeit ist im Tierreich ohne Parallele. Das ist nur zu verstehen, wenn man realisiert, dass es da einen in unserer Natur verankerten Haken gibt: Wir mögen im Herzen Demokraten sein, doch wir neigen auch zur Heuchelei und behalten unser eigenes Interesse durchaus im Blick. Daher auch unsere Wachsamkeit, nicht betrogen zu werden. Solange wir von anderen abhängig sind, ziehen wir es vor, dass alle gleich sind. Schließlich ist das für unser eigenes Überleben unerlässlich. Sind die Umstände jedoch günstig, bricht unser Egoismus als altes Primatenerbe durch. Salopp formuliert: Wir wären ja schön doof, uns eine gute Gelegenheit entgehen zu lassen.

In der Zeit der Nahrungssuche und des Zen-Wohlstands blieb diese weniger schmeichelhafte Seite der menschlichen Natur unter Verschluss. Das Herumziehen schränkte die Möglichkeiten ein, beträchtlichen Besitz anzuhäufen. Auch sorgten die soziale Kontrolle dafür sowie entsprechende Zweite-Natur-Lösungen, die das Teilen privilegierten und jede Eigensucht schmähten. Selbst nachdem wir begonnen hatten, unsere eigenen Lebensmittel zu produzieren, dauerte es eine Weile, bis der Widerstand tief verwurzelter Traditionen überwunden war. Doch mit der Zeit erodierten sie, da die Gruppen verschwanden und die neuen Spielregeln den alten Egoismus zur Gewinnerstrategie beförderten.

Mit der neolithischen Revolution schwand die gegenseitige Abhängigkeit. Die ersten Bauern, Frauen waren hier die Pionierinnen, arbeiteten noch als Kollektiv, besaßen das Land gemeinschaftlich und lagerten ihre Lebensmittel gemeinsam. Irgendwann ging man dazu über, die Lebensmittel verstärkt in privaten Speichern aufzubewahren. In den größer werdenden

Gemeinschaften war das praktischer, nicht zuletzt, um Streit zu vermeiden.

In einem nächsten Schritt teilten die Menschen das Land in private Parzellen auf. Damit hatte sich das Privateigentum endgültig etabliert. Einige Haushalte waren erfolgreicher, sei es durch Glück, Geschick oder Gewalt. Konkurrenz und Konflikte machten sich breit; das gute Land war endlich. Man brauchte die anderen nicht mehr als Versicherung für Notzeiten. Entsprechend schwand die Bereitschaft zu teilen. Nicht alle setzten auf diese zunehmend gewaltsame Karte; doch unter den veränderten Lebensbedingungen avancierte das zum Erfolgsrezept.

Eigentum erzeugte Reichtum – und Armut. Wer mehr Land hat als sein Nachbar oder dessen Boden ertragreicher ist, wird nach der Ernte mehr zu essen haben. Weniger erfolgreiche Familien müssen sich in schwierigen Zeiten Lebensmittel von ihren reicheren Nachbarn leihen und am Ende einen Teil ihres Landes oder ihre eigene Arbeitskraft hergeben oder sogar ihre Kinder als Sklaven verkaufen. Mit der Erfindung des Geldes konnte dieses System über Land und Nahrung hinaus ausgedehnt werden. All dies bedeutete das Ende demokratischer Verhältnisse: Die Reichen sind mächtig, denn sie können sich Gefolgschaft kaufen. Die Erfindung des Eigentums ist also die eigentliche Erbsünde. Sie verändert die Spielregeln und produziert soziale Ungleichheit.

Den meisten Folgen sind wir bereits in vergangenen Kapiteln begegnet, insbesondere der Dominanz von Männern. Die neuen Rahmenbedingungen eröffneten ihnen ein neues Spielfeld für jenen weit über unsere Primatenvergangenheit in die Tiefen der Urzeit hinaus reichenden Hang, in der Konkurrenz um knappe Ressourcen andere auszustechen. Wir haben das Bateman-Prinzip diskutiert: Männer können ihren reproduktiven Erfolg massiv steigern, indem sie mehrere Frauen ihr Eigen nennen. Eine Frau dagegen, die dieser Strategie folgt, erreicht bestenfalls einen bescheidenen Zuwachs an Enkelkindern.

Entsprechend ist diese psychologische Disposition stärker bei Männern ausgeprägt.

In den alten auf Kooperation ausgelegten Gruppen der Jäger und Sammler und der mangelnden Möglichkeit, erstens nennenswertes Eigentum zu besitzen und zweitens mehrere Frauen auszuhalten, spielte diese Tendenz keine bedenkliche Rolle. Im Gegenteil: Sie tobte sich auf dem Spielfeld der Reputation aus. Und die gewann man, indem man die anderen durch seinen möglichst großzügigen Beitrag zum Wohl der Gruppe übertrumpfte – ohne aber zu triumphieren. So stand der Drang, sich auszeichnen zu wollen, im Dienst aller.

Das neue Privateigentum spielte einzelnen Männern voll in die Karten. Das Bateman-Prinzip avancierte zur Killerapplikation der neuen Welt. Die alten Gruppen mit ihrem bewährten System der *Checks and Balances*, welches egomane Anwandlungen unterband, waren verschwunden. Männer konnten damit diesem Impuls ihrer ersten Natur freien Lauf lassen, Reichtümer anhäufen und nach Macht streben. Die Erfolgreichsten hatten fortan das Sagen. Männerclans übernahmen die Herrschaft. Innerhalb dieser Clans entwickelten sich Hierarchien, die auf dem Alter und der Verwandtschaft mit dem Patriarchen basierten. Wo einige viel gewannen, mussten viele verlieren – das ist die bittere Logik. Die Konsequenzen sind bis heute spürbar.

—

Wo die besten Böden Bauern Wohlstand bescherten, sahen diese sich bald von weniger erfolgreichen Landwirten, mitunter auch noch von Jägern und Sammlern umgeben. Um sich vor Überfällen zu schützen, organisierten sie wehrhafte Gemeinschaften. Die Patriarchen waren dabei federführend, brauchten aber auch die Hilfe der ärmeren Stammesmitglieder.

In Zeiten großer Bedrohung für Leib und Leben sind Menschen seit eh und je bereit, anderen zu folgen. Selbst die egalitären Jäger und Sammler ernennen in Konfliktfällen einen

Anführer und übertragen ihm die Befugnis, Befehle zu erteilen. Wenn die Auseinandersetzung vorbei ist, ist er jedoch wieder ein normales Mitglied der Gruppe. Zweifellos prestigereicher für den Fall, dass er den Konflikt erfolgreich beendet hat, aber nicht mehr in der Lage, andere herumzukommandieren.

Menschen sind also bereit, sich beherrschen zu lassen, wenn sie glauben, dass dies ihre einzige Chance zum Überleben ist. In den neuen konfliktreichen Zeiten verfingen diese Mechanismen immer öfter. Die Menschen scharten sich um die Clanchefs. Diese wiederum erkannten bald die einigende Kraft, eine äußere Bedrohung heraufzubeschwören. Unsere dunkle Freund-Feind-Psychologie haben wir zur Genüge analysiert.

Mit der Zeit explodierte die soziale Ungleichheit innerhalb der Gesellschaften. Die Macht beruhte nicht allein auf Charisma, Prestige oder Erfolg, sondern immer mehr auf blanker Gewalt. Lokale Despoten konnten Truppen unterhalten, die von ihren Dörfern mafiöse Schutzgelder erpressten. Staaten waren die erste Gesellschaftsform in der Menschheitsgeschichte, die nicht auf einer Art Verwandtschaftsorganisation beruhte, sondern lediglich auf einer großen Gruppe von Menschen, die in demselben Gebiet lebten und denselben Regeln folgten, die ihnen von einer selbstsüchtigen Elite auferlegt wurden. Dazu gehörten Steuern und abzuleistende Arbeitsdienste. Die Religion von oben sicherte die Herrschaft.

Dies alles geschah nicht, weil Menschen sich zusammentaten und gemeinsam entschieden, wie die Gesellschaft am besten zu organisieren sei. Es handelte sich um spontane Prozesse, in denen jeder seine eigenen Interessen verfolgte und Optionen abwog. Hier erst etablierte sich das Recht der Stärkeren, der strategisch Geschickteren und des rücksichtslosen Gewalteinsatzes. Auf der einen Seite differenzierte sich die Elite aus. Neben den real Mächtigen gab es jene, die auf Basis ihrer Funktionen sekundäre Macht – Status – erhielten (Bürokraten, Heerführer, Priester). Sie alle profitierten und begehrten deshalb eher selten auf. Den Armen auf der anderen Seite mangelte es an Möglichkeiten und Waffen. Das verlieh Staaten Stabilität, selbst wenn es an der Spitze zu häufigen Macht- oder Dynastiewechseln kam.

Irgendwann war die mit einem bestimmten Stand der Technik verbundene Tragfähigkeit eines Landes erreicht, und es lebten dort mehr Menschen, als zu ernähren waren. Früher oder später drohten große Agrargesellschaften deshalb in eine Kleptokratie abzugleiten. Erfolgreiche Kriegsherren sorgten mit der Verteilung der Beute dafür, dass ihre lokalen Verbündeten zufrieden waren und die Bevölkerung bei der Stange halten konnten. Zugleich etablierten sie eine einlullende Herrschaftsideologie, welche die Bevölkerung zum Schweigen brachte, obwohl sie ausgebeutet wurde. Gerne inszenierten sich Herrscher als von Göttern eingesetzte Hirten, die das Volk mit ihrem Stab gegen jegliche Gefahr schützten. So appellierten sie an uralte Instinkte der inneren Solidarität gegen böse Feinde und schürten – bewusst oder unbewusst – die Furcht vor den Göttern, um Dissens zu unterdrücken.

Die frühen Staaten fanden sich bald mehr oder weniger im permanenten Krieg miteinander. Reiche entstanden, bald auch Imperien. Die Despotie nahm insbesondere dort zu, wo Wüsten oder Gebirge, wie in Ägypten oder Mesopotamien, die Menschen davon abhielten zu fliehen. So kamen die Staaten mit der Ausbeutung ihrer Insassen davon, die Herrscher inszenierten sich bald selbst als Götter. Ihre Kriege versorgten das Land mit Sklaven.

Zugleich verhinderten die Monarchen, dass sich das Volk organisierte, und eliminierten jeden, der einen Aufstand anführen könnte. Das Ergebnis waren soziale Gebilde, die eher an Insektenstaaten erinnern, in denen Unmengen von Arbeitern zum Wohle einer Königin schuften, denn an die gleichberechtigten Gruppen der Urzeit. In den christlichen Staaten schließlich schlossen Thron und Altar ihre unheilige Allianz und bläuten den Menschen ein, Sünder zu sein, die sich nicht auf ihre ureigensten moralischen Regungen verlassen können und deshalb die starke Hand brauchen. Die tatsächliche Dreifaltigkeit des Abendlandes war geboren: der strenge Vater am Familientisch, auf dem Thron und im Himmel.

—

Seit dem ausgehenden Mittelalter aber kommt es zu einer bemerkenswerten Verschiebung. Städte mit Handwerkern und Kaufleuten avancieren zu Wirtschaftsmotoren. Eine Form des Handels etabliert sich, der Landesgrenzen überwindet und innovative Formen entwickelt, den internationalen Strom von Geld zu organisieren. Eine neue Sphäre tut sich auf, in der Reichtümer zu erwirtschaften sind, ohne dass die Akteure selbst politische Herrschaft ausüben müssen. Die Welt des Bürgertums entsteht. Seine Macht werden Kapital, Besitz und Bildung sein.

Universitäten, Buchdruck, internationaler Austausch lassen einen neuen Geist aufkommen, eine neue Ethik, in der sich der Protest der ersten Natur Bahn bricht. Man ist nicht mehr gewillt, sich der despotischen Willkür eines Herrschers zu unterwerfen. Das führt paradoxerweise dazu, dass in der Folge der Renaissance zwar neue Formen des absoluten Staates entstehen, diese aber nur auf einer Vielzahl von Funktionseliten, also gut ausgebildeten Beamten, reibungslos funktionierender Verwaltung und Armeen, beruhen können. Die Herrschaft muss zurückgebunden werden an rationale, bürokratische Regeln. Zumal die Herrscher, die sich in Prachtentfaltung und Kriegsführung auszustechen versuchen, auf sprudelnde Steuereinnahmen angewiesen sind und deshalb sicherstellen müssen, dass die Wirtschaft des Landes, die Manufakturen, die Geldgeschäfte, der internationale Handel, aber auch die kriegerischen Expansionen bestens funktionieren – und das ist der Fall, wenn man die intellektuelle Freiheit der Akteure befördert.

Zusammen mit den im Zuge der europäischen Expansion gemachten Erfahrungen, dass rund um den Globus Menschen auch ohne Herrschaft leben und von den europäischen Entdeckern als überraschend glücklich und zufrieden beschrieben werden, führt das zu jenen Diskursen, denen wir bereits am Anfang des Buchs begegnet sind. Sie drehen sich um die Fragen nach der ursprünglichen Natur des menschlichen Zusammenlebens, dem Wesen des Rechts, der Legitimität des Staates, dem Recht auf Freiheit.

Das ist der Boden, auf dem das aufklärerische Denken erblüht und revolutionäre Bewegungen wachsen werden. An aufgeklärten Höfen, in Salons und Debattierclubs, in Vereinen und Zeitungen nimmt eine neue bürgerliche Öffentlichkeit Gestalt an, die bis heute ihre Dominanz besitzt. Hier können sich alle austauschen, hier bündeln sich die individuellen Ungerechtigkeitserfahrungen zu intellektuellen und politischen Bewegungen. Hier ist die rationale dritte Natur in ihrem Element.

Das gipfelt in jenen Prinzipien, wie sie sich in der Unabhängigkeitserklärung der Vereinigten Staaten von 1776 niedergeschlagen: «Wir halten diese Wahrheiten für ausgemacht, dass alle Menschen gleich erschaffen worden, dass sie von ihrem Schöpfer mit gewissen unveräußerlichen Rechten begabt worden, worunter sind Leben, Freiheit und das Bestreben nach Glückseligkeit.» Oder der Erklärung der Menschen- und Bürgerrechte der Französischen Revolution von 1789: «Die Menschen sind und bleiben von Geburt frei und gleich an Rechten.» Das sind Sätze, die allen Jägern und Sammlern einleuchten (wenn sie sich auch fragen, wer dieser «Schöpfer» sein soll).

In den letzten Jahren indes ist das Bewusstsein gewachsen, dass die bürgerliche Aufklärung an ähnlichen Geburtsfehlern krankte wie die athenische Demokratie. An der neuen Gemeinschaft hatten nicht alle teil, genauer gesagt nur die besitzenden Männer. Und eben nicht jene, denen diese ihre Privilegien überhaupt erst verdankten, weil sie deren Arbeit ausbeuteten. Auch das ist unsere erste Natur: Das eigentliche Menschsein beschränken wir nur allzu gerne auf die eigene Gruppe. Dennoch, in den letzten zweihundert Jahren bezieht die Demokratisierung immer mehr Bevölkerungskreise ein – respektive haben immer mehr Kreise darauf gepocht oder darum gekämpft, im gleichen Maß gesellschaftlich zu partizipieren: Frauen, Arbeiter und die anderen Ausgebeuteten dieser Erde.

Tatsächlich emanzipieren sich Staaten seither vielerorts aus den Fängen der herrschenden Klasse: Aristokratie, Monarchie und Diktatur sind weitgehend Vergangenheit. Wir können also einen universellen Prozess des Zurück-zur-ersten-Natur, das Comeback der Jäger-Sammler-Konsensdemokratie konstatieren. Die aktuellen Identitätspolitiken fügen sich in diesen Rahmen: Die letzten marginalisierten Gruppen verlangen ihren Platz rund ums gesellschaftliche Lagerfeuer. Der Splitter im Verstand lässt auch ihnen keine Ruhe. Die sozialen Medien eröffnen die Möglichkeit, die Isolation zu durchbrechen und lautstark ihre Rechte einzufordern.

Diese Rückkehr zu demokratischen Verhältnissen, die Überwindung des historischen Intermezzos, in dem die Ungleichheit der Menschen als gott- oder naturgegeben angesehen wurde, ist die eigentliche zivilisatorische Errungenschaft. Und für uns ein eindrücklicher Beweis für die Richtigkeit des evolutionären Ansatzes und die immense Stärke unserer ersten Natur mit ihrem Sinn für Fairness.

—

So weit einmal Ungerechtigkeit und zurück. Zumindest so, wie man sie in einem traditionellen Demokratieverständnis nachzeichnen würde. Damit bleibt aber letztlich unklar, warum die demokratischen Zustände (und der Zustand der Welt) heute doch noch eine ganze Menge zu wünschen übrig lassen.

Nun könnte man auf den Umstand verweisen, dass die Herausforderung, vor der wir stehen, riesig ist. Wir leben nicht mehr in den Gruppen der Jäger und Sammler, wo jeder jeden kannte. Keine Frage, in den anonymen und heterogenen Massengesellschaften von heute ist gerechte politische Willensbildung alles andere als einfach. Entsprechend lebhaft sind die Diskussionen um die Zukunft der Demokratie. Doch die tatsächliche Problematik gründet tiefer.

Sie zeigt sich in der evolutionären Perspektive: Aufklärung und Emanzipation waren unvollständig, mehr noch, sie sind auf einen Holzweg geraten. Sie rehabilitierten zwar dem Prinzip nach die Teilhabe aller an der politischen Entscheidungsfindung (auch wenn da wiederholt nachgebessert werden musste), aber sie versäumten es, die eigentliche mit dem Sesshaftwerden in die Welt getretene Sünde zu eliminieren: die Möglichkeit, übermäßig Eigentum anzuhäufen.

Das ist der Kardinalfehler: Die demokratischen Bewegungen der Vergangenheit haben nicht die alte Gerechtigkeit wiederhergestellt. Sie haben zwar die traditionelle – sichtbare – Herrschaft beseitigt, nicht aber die unsichtbare des Eigentums. Insofern blieb das Spiel des Lebens weiterhin eines mit gezinkten Karten: Einige wenige haben qua Zufall der Geburt alle Trümpfe in der Hand; den vielen dagegen bleibt qua Zufall der Geburt nur das Nachsehen.

Eine Welt, die keine Chancengleichheit ermöglicht, kann auch nicht demokratisch sein. Ein faires Spiel setzt voraus, dass alle die gleiche Ausgangsposition haben. Für unsere erste Natur – und die edlen Worte in den Präambeln von Verfassungen und Menschenrechtserklärungen – ist das eine Selbstverständlichkeit, auch wenn es viele Zweite-Natur-Strategien gibt, die behaupten, die da unten und die da oben hätten ihr Schicksal verdient.

Die Formierung der bürgerlichen Welt ging, wie angedeutet, mit dem Entstehen des Kapitalismus einher. Dieser eröffnete ein neues, viel größeres Handlungsfeld auch für all jene, denen vorher der Zugang zur Herrschaft versperrt war (weil nicht adlig), sich nun doch Reichtum und damit gesellschaftliche Macht zu sichern. Dass Geld zur idealen Währung wurde, um die Reputationsbedürfnisse zu erfüllen, nämlich indem man sich Status kaufen konnte, haben wir ausgeführt. Es stellte eine fatale Anreizstruktur dar, die dem Egoismus einzelner Männer ein ideales Betätigungsfeld bot – unter dem alle anderen zu leiden hatten.

Tatsächlich war finanzieller Reichtum das sicherste Mittel, die eigene Fitness und damit eben auch den eigenen Reproduktionserfolg zu steigern. Und zwar nicht nur den persönlichen, sondern auch jenen der eigenen Kinder, zumindest solange diese als legitime Erben anerkannt wurden. Die Zahl der «Bastarde» aber, der unehelichen Kinder, denen dies glückliche Schicksal verwehrt blieb, war immens.

Das Bateman-Prinzip erklärt, warum Männer einen zusätzlichen Anreiz zur Akkumulation von Ressourcen besaßen. Die patriarchale Matrix kultivierte das. Den Impuls, das soziale Defizit mittels materiellen Konsums zu kompensieren, teilten sie dagegen mit Frauen, denen aber in der traditionellen Männerwelt nur beschränkte Möglichkeiten offenstanden, diesen Drang selbst auszuleben. Am Ende entstand so die heutige Welt, in der von über 2000 Milliardären weltweit nur gut zehn Prozent weiblich sind, von denen die meisten ihren Reichtum wiederum nur von Männern geerbt haben.

—

Es handelt sich um ein und denselben Prozess, der mit dem In-die-Welt-Treten des Eigentums Fahrt aufnahm. Der erreicht nur ein neues Level. Zuvor führte der Weg für Männer vor allem via Herrschaft zum Alphatum, zur Dominanz. Das neue, weite Feld des Kapitalismus war dagegen bald so attraktiv, dass es viel mehr Männern Chancen bot, weil es so viel ungefährlicher war als der traditionelle Weg, der mit Gewalteinsatz und konkreten Gefahren verknüpft war.

Kein Wunder, dass sie die neuen Möglichkeiten mit Begeisterung nutzten. Im Gegensatz zu den früheren Staaten mussten Männer nicht mehr als Kriegsherren oder Potentaten reüssieren, indem sie die Menschen dazu zwangen, einen Teil ihrer Erträge oder Einkünfte in Form von Abgaben oder Steuern abzugeben. In der Neuzeit war es die harmlosere Form der unternehmerischen Handelstätigkeit, die es Männern ermöglichte, Reichtum anzuhäufen und sich so Fitnessvorteile zu sichern. Wir sehen es ja noch heute: Das Leben von Staatschefs erscheint nicht wirklich erstrebenswert. Dagegen frönen die meisten Milliardäre ihr absolutes Luxusdasein ohne nennenswerte Anfeindungen im Verborgenen – obwohl sie mitunter reicher als manche Staaten sind.

Vom Risiko her stellt der Kapitalismus also den perfekten Rahmen dar, um Männern, ohne dass sie das wissen, ihren aus dem Bateman-Prinzip resultierenden Impulsen möglichst freien Lauf zu lassen. Das Ziel ist dasselbe: Sie können ihr ökonomisches Kapital einsetzen, um mehr Frauen zu versorgen (Polygynie oder zumindest serielle Monogamie), oder sie können auf die Art eines Sugar-Daddys attraktiv werden. Der Kapitalismus ist der wahre Männertraum.

Kurzum, Frauen mögen die Landwirtschaft erfunden haben, aber Männer schufen die Diktatur und den Kapitalismus. Und auch dass sich das Patriarchat nicht merklich verändert hat, nachdem wir von Patriarchen als Kriegsherren und Adligen zu Patriarchen als Industriellen oder milliardenschweren Investoren übergegangen sind, liegt an ebendiesem Prinzip, dass Männer mehr von extravagantem Reichtum profitieren als Frauen – und das funktioniert als Motivation selbst noch in unseren Tagen, in denen es für die zweite und dritte Natur der Reichsten nicht mehr das Erstrebenswerteste ist, möglichst viele Kinder in die Welt zu setzen. Dass diese erstaunliche Kontinuität bisher nicht in der nötigen Weise realisiert wurde, ist auch eine Folge des Eva- und Evo-Tabus.

—

Insofern haben die Aufklärung und die mit ihr einhergehenden bürgerlichen Revolutionen nur versucht, die eine Hälfte der Ungerechtigkeitsfaktoren aus dem Weg zu räumen: die undemokratische Herrschaft. Die andere Hälfte aber, die undemokratische Vermögens- und Machtverteilung, blieb unangetastet. Die Revolutionen haben zwar zur Abschaffung der Adelsprivilegien geführt, aber konservierten die Eigentumsprivilegien. Sie wurden sogar zum unantastbaren Menschenrecht geadelt. Seither kann man sich eine Welt ohne sie kaum mehr vorstellen.

Der Schutz des Eigentums sollte die Menschen gegen die Willkür der Herrscher und des Staates schützen – doch dieser Akt normalisierte damit auch bestehende Reichtümer und wusch all die Vermögen von ihrer vielfach zweifelhaften Herkunft rein. Die des Adels stammten aus der Ausbeutung der einfachen Menschen über Generationen, und die Vermögen der Industriellen Revolution verdankten sich der Ausbeutung der Arbeiter und Sklaven, der Kolonien und der Natur. Indem Besitz zum Menschenrecht erklärt wurde, wurde die Enteignung der Besitzlosen zementiert. Einmal mehr ist das mächtigste Legitimationsinstrument der Ungleichheit zu beobachten: die Normalität. Dem Besitz ist es gelungen, sich selbst als historische Ausnahmeerscheinung unsichtbar zu machen – und so zu tun, als sei er Teil der Conditio humana.

Man war blind für die daraus erwachsende Unfairness der Lebenschancen, die über Generationen hinweg vererbt wurde. Im Gegenteil: Lange dominierten im Westen Zensuswahlrechte, die den Stimmen der Reichen mehr Gewicht beimaßen (und Nichtbesitzende ausschlossen, um von Frauen gar nicht zu reden). Die Aristokratie wechselte also nur das Medium: Nicht mehr das Blut, die Verwandtschaftslinie war entscheidend, sondern das Geld, das Erbe. Es entschied über die Fitness der Individuen. Eine rein kulturelle Erfindung übernahm das Ruder. Die neue Aristokratie ist eine Plutokratie. Chancengleichheit bleibt unter diesen Bedingungen eine Farce.

Tatsächlich wurde das lange 19. Jahrhundert zur Blütezeit des Kapitalismus. Die Vermögensschere klaffte riesig auseinander. Reich wurde Europa auch mit der bedenkenlosen, militärisch abgestützten Ausbeutung der Welt – was Menschen wie Naturressourcen angeht. Die Zeit der großen europäischen Entdeckungen und die Herausbildung des Kapitalismus gingen von Anfang an Hand in Hand. Das alles führte zu jenem chauvinistisch-aggressiven Nationalismus, der dann 1914 zum Weltenbrand des Ersten Weltkriegs führte.

Die beiden Weltkriege erwiesen sich als große Gleichmacher, das haben Historiker und Ökonomen wie Walter Scheidel und Thomas Piketty herausgearbeitet. Auch der Ausbau des Sozialstaats und der gezielte Einsatz von progressiven Steuern reduzierten die Vermögensunterschiede nach 1945 wieder. Trotzdem ist zu beobachten, dass spätestens seit der neoliberalen Wende in den 1980er-Jahren, die mit den Namen Margaret Thatcher und Ronald Reagan verbunden ist, die Schere wieder weiter auseinandergeht – und im Zeichen von Turbokapitalismus und unkontrollierten globalen Finanzströmen jegliche Gleichheitsprinzipien ad absurdum geführt werden.

—

Das eigentliche undemokratische Element ist eben nicht allein die offensichtliche Monopolisierung der Herrschaft; es ist auch und vor allem die Konzentration des Eigentums. Mit ihren Medienbeteiligungen, Think-Tanks und Heerscharen an Lobbyisten haben die Reichsten heute einen absolut disproportionalen Einfluss auf die Entscheidungen in Demokratien. Die ungleiche Verteilung der materiellen Ressourcen ist der tatsächliche Ungerechtigkeitsfaktor Nummer eins auf der Welt. Er verhindert die gleichberechtigte Teilhabe aller.

Da ohne evolutionäre Aufklärung Gesellschaften stets zur Kulturblindheit neigen und ihre Lebensumstände als Normalität verklären, folgen daraus die typischen Schuldzuweisungen. Wieder einmal wird den Opfern, den Verlierern dieses unfairen Spiels die Schuld zugewiesen. Solche Narrative sicherten seit dem Aufkommen des Kapitalismus den Status quo ideologisch ab. Da ist jener calvinistisch-protestantische Mythos, dass sich im wirtschaftlichen Erfolg die Gunst Gottes manifestiere. Die Armen haben also entweder Pech, weil sie nicht von Gott auserwählt waren, oder sie waren wegen ihrer Sündhaftigkeit selbst schuld. Auch in weltlicher Form lebte das Victim Blaming fort: Die Armen sind arm, weil sie faul, disziplinlos, primitiv oder genetisch mangelhaft sind (das alles wurde ihnen vorgeworfen). Dabei entstand Reichtum vor allem dort, wo Reichtum vorhanden war, und jene anderen hatten schlicht keine Chance im Wettbewerb. Bitter, wenn ihnen dieses Pech noch als Stigma auferlegt wird.

Und schließlich ist da das bereits erwähnte Mephisto-Prinzip, das mit dem Namen Adam Smith verbunden ist, demzufolge das freie Ausleben des wirtschaftlichen Egoismus, die ungehemmte Entfaltung der Marktkräfte wie mit unsichtbarer Hand zum Wohle aller wirke und grenzenloses Wachstum ermögliche. Abgerundet wurde das von jenem Mythos, der versprach, der Weg zum Reichtum stünde jedem offen. Hauptsache, man strengt sich nur genügend an und ist sich für nichts zu schade. Damit konnte man ruhigen Gewissens seinem Egoismus freien Lauf lassen, da das ja letztlich auch den Armen helfe. Die Konsequenz: Viele Männer verfielen dem kapitalistischen Traum, weil sie sich selbst materiellen Erfolg ersehnten, und heizten die Konkurrenz erst so richtig an.

Doch das kapitalistische Heilsversprechen – vom Tellerwäscher zum Millionär – ist allenfalls in Umbruchszeiten eine

Option, insbesondere wenn es Neuland zu erobern gibt. Deshalb stellen erst die Computer-, dann die Internet- und jetzt die Social-Media-Pioniere die letzten Manifestationen dieses Mythos dar. Doch letztlich handelt es sich um das Produkt einer verzerrten Wahrnehmung, genauer des Survivorship-Bias, wie ihn Nassim Taleb popularisiert hat: Wir überbewerten die wenigen, die es tatsächlich ins Rampenlicht schaffen, im Vergleich mit den Unzähligen, die gescheitert sind – von denen aber niemand je spricht.

Das ursprüngliche System der Jäger und Sammler war damit auf den Kopf gestellt: Im Kapitalismus des 19. Jahrhunderts waren jene am erfolgreichsten, die ebenso hemmungs- wie skrupellos ihrem Egoismus freien Lauf ließen und auch vor Zwang und Gewalt nicht zurückschreckten. Und hier wird es geradezu skurril, kommt an dieser Stelle doch der Missbrauch der Evolution ins Spiel. Der evolutionistische Sozialdarwinismus, der behauptete, dass das unbedingte Recht des Stärkeren den Fortschritt voranbrachte, avancierte zur Ideologie des Kapitalismus – und ist das mitunter noch heute.

Es ist zwar nur ein Hollywood-Film, doch hat Oliver Stones bereits erwähnter Klassiker *Wall Street* von 1987 das so idealtypisch auf den Punkt gebracht, dass noch heute Manager-Magazine den Investment-Banker Gordon Gekko zitieren, der in seiner berühmt-berüchtigten Rede behauptete, Gier sei richtig und gut, denn Gier stelle die «Essenz des evolutionären Geistes» dar. Sie sei es, die den Aufstieg der Menschheit vorangetrieben habe.

Auch in unseren Tagen feiert ein Jordan B. Peterson große Erfolge, wenn er die Evolution beschwört: Der kanadische Psychologieprofessor propagiert die Überzeugung, «Dominanzhierarchien» stellten das «ewige Funktionsprinzip» der Evolution dar, dem wir uns unterwerfen müssen. In seinem jüngsten *Konservativen Manifest* verkündet er: «Absolute Armut ist nicht in erster Linie Folge individueller Sünden oder Folge des Versagens von Sozialsystemen. Sie ist vielmehr eine brutale und unabänderliche Naturgegebenheit.»

Die Botschaft solcher Apologeten des Kapitalismus ist deutlich: Die Natur erteilt dem hemmungslosen Egoismus und der daraus resultierenden Unterteilung der Welt in Arm und Reich die Absolution. Wir haben keine andere Wahl, als uns zu fügen. Entweder investieren wir alles für unseren eigenen Erfolg – oder wir gehen unter. Dass solche Behauptungen jeder wissenschaftlichen Grundlage entbehren, sollte unser Buch deutlich gemacht haben.

Solange aber das Evolutionstabu weiterbesteht, wird dem ideologischen Missbrauch Tür und Tor geöffnet sein. Einmal mehr zeigt sich, wie unverzichtbar die evolutionäre Aufklärung für gesellschaftliche Emanzipation ist. Sie entlarvt solche Narrative als das, was sie sind: nackte Ideologie des Kapitalismus, um anomale Zustände massiver sozialer Ungleichheit zu legitimieren.

—

Wie immer protestierte die erste Natur jener dagegen, die unter der unfairen Situation zu leiden hatten. Lange kanalisierten das die diversen linken Strömungen in der Tradition von Karl Marx und Friedrich Engels. Doch die waren auch nur Kinder ihrer Zeit und folgten der im 19. Jahrhundert vorherrschenden evolutionistischen und fortschrittsgläubigen Doktrin. Sie behaupteten, dass der gesellschaftliche Weg mit wissenschaftlicher Konsequenz ins Reich der Gleichheit, des Kommunismus, führen würde – und dass dies mit Zwang und Gewalt verbunden sei. Das endete in der totalitären Katastrophe des real existierenden Sozialismus. Mit dessen Untergang 1989 waren linke Positionen diskreditiert. Der liberale Kapitalismus schien als glänzender Sieger der Systemkonkurrenz alternativlos geworden zu sein. Mit der fatalen Konsequenz, dass die härteste Kritik an der Ungleichheit heute von rechts außen kommt.

Der Eindruck, dass Demokratie und Kapitalismus eins geworden sind, bringt die Demokratie in Teufels Küche. Damit erscheint es akzeptabel, um nicht zu sagen: demokratisch gewollt, dass einzelne Menschen unvorstellbar mehr verdienen als andere und dass die da unten viel stärker unter der Steuerbelastung leiden als die da oben. Es hat den Anschein, als protegiere die Demokratie den kapitalistischen Traum, der wenige Gewinner, dafür umso mehr Verlierer produziert. Und als legitimiere sie Ungerechtigkeit in unerträglichen Dimensionen. Das nutzen nun die Kräfte vom politischen rechten Rand, um die Demokratie zu diskreditieren. Wir sollten uns das kurz ansehen, gelingt es den Populisten doch, typische Erste-Natur-Reaktionen für ihre Zwecke zu rekrutieren, um aus bisher isolierten Individuen eine «Bewegung» zu machen.

Dass sich unsere erste Natur über Unfairness empört (zumindest solange sie selbst nicht davon profitiert), ist eine normale Reaktion. Tatsächlich zeigen Ländervergleiche, dass hohe gesellschaftliche Ungleichheit zu einer Reduktion des allgemeinen Wohlbefindens führt. Es spricht viel dafür, dass der wahrgenommene Mangel an Fairness für die Unzufriedenheit verantwortlich ist. Der lässt als Splitter im Verstand nun mal keine Ruhe. Ändert sich daran nichts, führt das zur Demokratiemüdigkeit, die mit ein wenig Manipulation in Demokratieverachtung umschlagen kann.

Ausgangspunkt ist also die Empörung, dass manche in Saus und Braus leben, während man selbst trotz aller Schufterei ein eher bescheidenes Dasein führt. Verschärft wird das durch die Angst, den eigenen mühsam erarbeiteten Wohlstand verlieren zu können. Das wird nun ausgenutzt, indem die populistischen Rattenfänger die erste Natur ködern und jenes hyperaktive Sensorium aktivieren (HADD, wir erinnern uns), das besonders leicht davon zu überzeugen ist, dass in unübersichtlichen Situationen jemand seine Finger im Spiel hat und in der Regel finstere Absichten verfolgt.

Dies führt zu altbekannten Ressentiments, die unterstellen, dass «die Politiker» offensichtlich nicht gewillt seien, den teils himmelschreienden Ungerechtigkeiten Grenzen zu setzen, weil sie eigene Interessen verfolgen («Die da oben machen sich doch nur die Taschen voll»). In der verschärften, verschwörungstheoretischen Version wird die Demokratie sogar zum Schattenkabinett dunkler Mächte (ausländische Kräfte, Weltjudentum, George Soros, Bill Gates und Co.).

Zugleich wird der ersten Natur mittels Othering ein Feind präsentiert und damit ein Bedrohungsszenario aufgebaut, das Ängste schürt: Die «Ausländer» und «Flüchtlinge» seien schuld, lautet das Feindbild, «die bekommen alles» und wollen es sich nur im Wohlfahrtsstaat bequem machen («und unsere Frauen nehmen sie auch»), um ihn letztlich zu unterhöhlen. Sie stellen eine Gefahr für Leib und Leben dar («alles Terroristen», «Messerstecher»). Damit werden die Einzelnen zu einer Pseudogemeinschaft, zu einem «Wir», dem «Volk» verschmolzen. Das müsse sich gegen die «von oben» initiierte «Überfremdung» oder den geplanten «Bevölkerungsaustausch», so entsprechende Narrative, zur Wehr setzen.

Wie gezeigt, führt das Freund-Feind-Denken in empfundenen Krisenzeiten zu einem Schulterschluss und einer Wagenburg-Mentalität sowie zur Bereitschaft, den als Feinden Identifizierten das Menschsein abzusprechen. Es geht auch mit der Bereitschaft einher, sich «Führern» zu unterwerfen. Zugleich wird dem «System», der Demokratie, die dafür verantwortlich sei, der Kampf angesagt. Entsprechend lautet das altbekannte Propagandakonzept der Rechtspopulisten einmal mehr: Starke Männer sind die Rettung (die heute durchaus auch einmal weiblich sein dürfen). Damit wird der Bock zum Gärtner gemacht und der Despotie zur Wiedergeburt verholfen.

Wir sehen, wie die erste Natur der Menschen, ihre Empörung über gesellschaftliche Unfairness, ausgebeutet und gegen sie selbst verwendet wird, weil letztlich neue Unterdrückungsformen und Gewaltszenarien die Konsequenz wären, in denen Menschen, das sollte mittlerweile klar sein, erst recht nicht glücklich werden. Auch sonst werden hier urtümliche Erste-Natur-Reaktionen instrumentalisiert: HADD und die Freund-Feind-Psychologie.

Dass die Demokratie auf die Anklagebank gerät, liegt an einem typischen Fall von Kulturblindheit: Es wird übersehen, dass das Problem der fehlenden Fairness nicht die Demokratie an sich ist. Es ist allein die unvollständige Demokratisierung! Es braucht mehr Demokratie, nicht weniger. Das Ziel muss die Vollendung der Demokratie auch in Sachen Chancengleichheit sein und damit die Reduzierung massiver sozialer Ungleichheit, nicht die Abschaffung der Demokratie. Für uns ist das ein Paradebeispiel, wie unverzichtbar evolutionäre Aufklärung ist.

—

Die fundamentalste und fundierteste Analyse der real existierenden Ungleichheit hat Thomas Piketty vorgelegt. Der französische Ökonom konstatiert, dass eine «langfristige historische Tendenz zu mehr sozialer, ökonomischer und politischer Gleichheit» existiere, wenn auch «Ungleichheiten in erheblichem und ungerechtfertigtem Maße» fortbestehen. Da Pikettys Betrachtungszeitraum kaum mehr als die letzten 200 Jahre umfasst, deutet er diese Entwicklung als einen «Kampf um Gleichheit», der aus einer «Reihe folgenreicher Aufstände, Revolutionen und Mobilisierungen» bestand. Dieser Kampf, das ist Pikettys Überzeugung, werde sich im 21. Jahrhundert fortsetzen.

Einmal mehr zeigt sich, wie wichtig die evolutionäre Ausweitung der Perspektive ist. Sie erst verdeutlicht, dass wir es in Sachen Fortschritt in Richtung Gleichheit mit keiner gesellschaftlichen Innovation zu tun haben, der als solcher immer ein Maß Beliebigkeit innewohnen würde. Wir haben es auch hier mit einer Rückkehr zum Normalzustand des *Homo sapiens* zu tun, mit demselben Prozess, den wir bereits in den Bereichen Religion, Geschlechter, Kinder und Arbeit diagnostizierten. Das erhöht aus unserer Perspektive die Chancen, dass sich Gleichheit leichter auf einem Weg der politischen Einsicht durchsetzt. Und es eben keine weiteren «Aufstände, Revolutionen und Mobilisierungen» benötigt. Denn dann wird für alle einsichtig, dass die Ungleichheit eine historische Fehlentwicklung wie die Sklaverei oder Frauendiskriminierung war, die es endlich zu korrigieren gilt. Die ungleiche Vermögensaufteilung verliert damit jegliche Legitimation.

Man geht also nicht fehl, zu behaupten, dass der uns immer wieder beschäftigende Ausnahmezustand im Zeichen der Herrschaft eine plumpe, dafür äußerst brachiale Ausgestaltung der Ungleichheit war. Die aktuellen Verhältnisse gehen dagegen bedeutend subtiler zu Werk: Nach außen hin erscheinen sie demokratisch, lassen aber dem Besitz freies Spiel. Ein Spiel, das weiterhin vor allem von Männern gespielt wird, die unter diesen zu ihren Gunsten veränderten Spielregeln ihren aus dem Bateman-Prinzip gespeisten Motivationen freien Lauf lassen – ohne Gefahr, wie früher angefeindet zu werden. Insofern kann vollständige Demokratisierung nur erfolgen, wenn die Ungleichheit generierenden Faktoren eingeschränkt werden.

Wir befinden uns alle in der Patrix, in jenem Gesellschaftsspiel, in dem sich in den letzten fünftausend Jahren die Spielregeln massiv zuungunsten der meisten Menschen (und des Planeten) verschlechtert haben. Höchste Zeit, die unfairen Regeln zu korrigieren. Wie bei allen Rechten sollte auch in Sachen Eigentum gelten, dass die Freiheit des Einzelnen dort endet, wo die Freiheit der anderen beschnitten wird und die Kosten für Gesellschaft und Umwelt zu groß werden. Und das tut der Reichtum durch Ressourcenübernutzung, einen gewaltigen ökologischen Fußabdruck, Verminderung der Bildungschancen der anderen, politische Einflussnahme und manches mehr.

Wir müssen uns vor uns selbst beschützen: Wir verfügen in materiellen Angelegenheiten nun mal über kein Sättigungsgefühl, es braucht kulturelle Schranken.

Auf der Basis der evolutionären Aufklärung werden Konflikte à la Piketty überflüssig. Denn dann kann, so zumindest unsere Hoffnung, wahrlich demokratisch aus Einsicht gehandelt werden, um eine menschengerechte Gesellschaft zu schaffen, in der alle gleiche Chancen haben, unabhängig vom finanziellen, sozialen und kulturellen Kapital ihrer Eltern. Auch wenn noch manche antiquierten Zweite-Natur-Prägungen dagegen protestieren, befinden diese sich doch auf verlorenem Posten. Solche Fairness leuchtet nicht nur unserer ersten Natur sofort ein, es ist auch für unsere dritte Natur die einzig akzeptable Position: Jeder Mensch muss die gleichen Chancen haben. Alles andere ist indiskutabel – und evolutionär betrachtet unmenschlich.

Das bedeutet keinesfalls, alle gleichzumachen. Menschen sind verschieden, auch bei Jägern und Sammlern haben wir gesehen, dass es Unterschiede in der Reputation und damit in der Stellung in den Gruppen gab. Gerade die Motivation, sich auszuzeichnen, ist heute unverzichtbar für die Zukunftsfähigkeit von Gesellschaften – und das kann und darf sich auch in materiellem Erfolg niederschlagen. Ohnehin wäre es naiv – und totalitär – zu glauben, dass sich das verhindern ließe. Wohl aber liegt es im Interesse aller, zu große Ungleichheit einzuschränken und vor allem sicherzustellen, dass jeder einzelne Mensch, der ins Spiel des Lebens eintritt, eine realistische Chance erhält, seinen eigenen Weg zu gehen.

—

Es handelt sich hier nicht um politische Befindlichkeiten, sondern um wissenschaftlich beschreibbare Zusammenhänge, deren Berücksichtigung für die Entscheidungsfindung unverzichtbar sein sollte. Gesellschaften sind nun mal formbar. Wie bei Tieren haben sich menschliche Gesellschaften in aller Regel auf der Grundlage der gewachsenen Präferenzen und strategischen Entscheidungen der Individuen einer Population organisiert. Soziale Einheiten entstanden spontan, von unten nach oben. Die hier beschriebenen Entwicklungen im vom Eigentum geprägten Zeitalter hatten etwas Unvermeidliches.

Wenn wir es den Individuen überlassen, ihren Interessen zu folgen, was in der Regel bedeutet, dass sie sich um sich selbst und ihre Verwandten kümmern, dann werden die Gesellschaften die grundlegenden Möglichkeiten der Wohlstandsakkumulation widerspiegeln, welche die Subsistenz bietet. Unkontrollierte Prozesse, wie Unterdrückung innerhalb der Gesellschaften und Kriege zwischen ihnen, schaffen große Ungleichheiten bei Einkommen, Wohlstand und Gesundheit.

Dass dieses Potenzial für unbegrenzte Ungleichheit unantastbar in der menschlichen Freiheit begründet liegen soll, ist ein Mythos – in die Welt gesetzt worden von jenen, die davon profitieren. Unsere Art, der *Homo sapiens*, machte Karriere durch die Entdeckung des Wir. Wir wurden zur erfolgreichsten Spezies, weil unsere Vorfahren es vor Abertausenden Jahren lernten, das alte Primatenerbe, den Hang zum Alpha- und Bullytum, zu unterdrücken und den Egoismus so weit zu sublimieren, dass Individuen ihren kompetitiven Drang zur Besonderheit in den Dienst der Gruppe stellten. Die größte Reputation verdankte sich dem Einsatz für alle. Es kann nicht oft genug betont werden: Teilen machte reich.

Das können wir aus der Evolution für die Zukunft lernen: Wir dürfen es nicht zulassen, dass die beschriebenen spontanen Prozesse ihren Lauf nehmen und die Vielen unter den Wenigen leiden. Es sei denn, dass wir in einer Welt leben wollen, in der wir ehrfürchtig zuschauen dürfen, wie die Superreichen sich mit ihren Superjachten, Weltraumabenteuern und gekauften Fußballclubs zu übertrumpfen versuchen und per Hyperkonsum den Planeten ruinieren, während wir schon ein schlechtes

Gewissen haben, wenn wir im Supermarkt für unser Gemüse ausnahmsweise einmal einen Plastikbeutel benutzen.

Wir müssen den in die Irre führenden Freiheitsmythos korrigieren. Unsere Jäger-und-Sammler-Vorfahren waren frei in dem Sinne, dass sie keine Herrschaft über sich duldeten und sich vor niemandem verbeugen mussten. Das sollte unser Ziel sein. Sie waren aber nicht frei in dem Sinne, dass jeder Einzelne tun konnte, was er oder sie wollte, ohne Rücksicht auf die Allgemeinheit. So wie das heute der gerade in den USA zelebrierte «Rugged Individualism» und das «I did it my way» beanspruchen. Diese Art von Freiheit, die das Individuum isoliert über alles stellt, ist eine Erfindung des Kapitalismus und die Grundvoraussetzung der grenzenlosen Bereicherung. Zu diesem kapitalistischen Narrativ gehört die stete Betonung der individuellen Rechte, die mit einer Zurückweisung von Pflichten gegenüber der Gesellschaft einhergeht. Viel zu lange berief man sich dabei auf das angeblich in der Evolution begründete Recht des Stärkeren. Doch da würden unsere hypersozialen Vorfahren aus dem Staunen nicht herauskommen. Das Wissen, dass niemand allein überleben kann, war die Grundessenz ihrer Existenz.

Weder Privatbesitz noch Ungleichheit sind in absehbarer Zeit aus der Welt zu schaffen. Demokratische Gesellschaften können jedoch die Ungleichheit durch eine progressive Besteuerung von Einkommen, Kapital und Erbschaften – alles Produkte des Patriarchats – begrenzen, ohne in eine lähmende zentralisierte Planung zu verfallen, die uns in den Jäger-und-Sammler-Gesellschaften von Angesicht zu Angesicht gute Dienste geleistet hat, für die die Welt aber längst viel zu komplex geworden ist. Und niemand schreibt den demokratischen Gesellschaften vor, sich international agierenden Konzernen, Oligarchen und freien Finanzströmen auszuliefern, die jene globalen Ungerechtigkeiten befördern, gegen die unsere erste Natur aufbegehrt.

Solange demokratische Gesellschaften die Ungleichheiten zulassen, die überdies mit der Ausbeutung und Übernutzung weltweiter Ressourcen und der globalen Belastung des Klimas und der Umwelt einhergehen, machen sie sich angreifbar. Solche Ungerechtigkeiten liefern die Munition für die Populisten der Welt wie auch für den fundamentalistischen Terrorismus, der die westlichen Demokratien als eine Form des Neokolonialismus dämonisiert. Wer die Demokratie verteidigen möchte, muss sich zuallererst für ihre Gerechtigkeit und Fairness einsetzen. Das leuchtet selbst unserer ersten Natur ein. Die muss nur verstehen, dass unsere Gruppe heute alle umfasst und die Parole des Tages lautet: Wir sind #TeamWorld!

EPILOG: WIE MENSCH SEIN?

Wir haben das Ende unserer evolutionären Expedition durch die Jahrhunderttausende erreicht. Angetrieben hat uns der Wunsch, einen elementaren Beitrag zu leisten, um die Aufklärung zu vollenden. Dafür versuchten wir jene Wissenslücken zu schließen, die bisher verhinderten, Klarheit über uns selbst, unsere aktuelle Existenz und die zukünftigen Möglichkeiten des Menschseins zu erlangen.

Wir haben eine Menge erfahren. Da waren erstaunliche Charakteristiken der menschlichen Natur dabei wie unsere prismatische Persönlichkeit oder die Schizosexualität. Allein sie genügen, zu begreifen, warum es zuweilen so kompliziert ist, Mensch zu sein. Doch der eigentliche Ursprung unseres Gefühls, mit dem Leben stimme etwas nicht, ist ein anderer: Wir leben tatsächlich in einer außergewöhnlichen Situation, für die uns die Evolution nicht vorbereitet hat.

Die Besichtigung der tiefen menschlichen Vergangenheit hat aber auch mehr positive Eigenschaften ans Tageslicht geholt, als viele erwartet haben dürften. Menschen sind lange nicht so schlecht, wie von alters her behauptet wird. Anders als der Fortschrittsmythos uns weismachen wollte, müssen wir uns für unsere Anfänge nicht schämen. Sie waren weder primitiv noch brutal oder barbarisch.

Tatsächlich sind wir hochsoziale Wesen, empathisch, hilfsbereit und lieben es, mit anderen zu teilen und gemeinsam Herausforderungen anzugehen. Wir sind Meister der Kooperation. Wir wollen respektiert, wenn nicht sogar geliebt werden. Dafür spielen wir schon mal den Helden; das Urteil der anderen ist uns wichtig. Wir hassen Ungleichheit und Despoten, und das Konzept der Gleichberechtigung leuchtet uns ein. Nicht zuletzt sind wir kreativ, wenn wir es sein müssen, und kinderliebend. Das alles ist genetisch veranlagt und damit Teil der ersten Natur des *Homo sapiens* und universell verbreitet. Darauf sollte sich aufbauen lassen, wenn es darum geht, für menschenwürdigere Verhältnisse zu sorgen. Wir bringen das meiste bereits mit; man muss uns das nicht aufzwingen. Wir sind eben keine Sünder.

Heilige aber auch nicht. Menschen besitzen eine Reihe problematischer bis unangenehmer Charakterzüge. Wir haben eine eigensüchtige Ader und einen Hang zur Doppelmoral. Wir unterscheiden allzu leicht zwischen Wir und Ihr, Freund und Feind. Wir sehen überall Akteure am Werk, auch wenn es keine gibt, und erklären uns so, zumindest intuitiv, die Welt. Wir verschwören uns, sobald wir eine Bedrohung spüren, und verlieren dann leicht jegliche Beherrschung.

Doch in 99 Prozent der menschlichen Evolution sorgten diese Eigenschaften nicht für sonderliche Schwierigkeiten. Dank sozialer Kontrolle und der nicht existenten Option, Hab und Gut anzuhäufen, hatten die Menschen ihre dunkle Seite weitgehend im Griff. Unter ungünstigen Bedingungen indes, wie in Krisenzeiten oder bei veränderten gesellschaftlichen Spielregeln, kann das bedenkliche, zuweilen toxische Potenzial der menschlichen Natur eine unerfreuliche Dynamik entfalten.

Und damit sind wir beim Kern unseres Problems. Wir dürfen uns von all den technischen Wundern und kulturellen Errungenschaften der modernen Welt nicht blenden lassen: Wir leben permanent unter ungünstigen Bedingungen. Für unsere erste Natur herrscht ständig Krise. Die Welt befindet sich in jenem Ausnahmezustand, der von Dominanz und Ausbeutung, Herrschaft, Ungleichheit und ökologischen Krisen bestimmt wird. Die wiederholt thematisierte Plastizität menschlichen Verhaltens lässt uns halbwegs klarkommen in dieser bizarren Welt. Auch wenn stets der Splitter im Verstand schmerzt.

Doch wir haben Glück: Die letzten 12000 Jahre, in denen die Hemmungslosigkeit immer mehr Fahrt aufgenommen hat, stellen in der evolutionären Perspektive nur eine Verirrung dar. Besser noch, es handelt sich um ein Intermezzo, dessen Ende wir derzeit erleben. Ohne dass es den meisten bewusst ist, sind wir Zeugen eines Umbruchs menschheitsgeschichtlichen Ausmaßes.

Steter Tropfen höhlt den Stein. Von Anfang an rebellierte unsere erste Natur gegen die Eskapaden jener, die andere Menschen unterjochen. Bereits im ältesten überlieferten Epos der Menschheitsgeschichte, der Geschichte des Königs von Uruk, Gilgamesch, beschweren sich die Frauen bei der Göttin Ischtar über die ebenso despotischen wie ausbeuterischen Praktiken des Herrschers. Heute, mehr als 4000 Jahre später, zeigt der Protest auf ganzer Breite Erfolg. Herrschaftsstrukturen sind ermüdet, ihre Legitimation weggebrochen. Diesen Erfolg konnten die Menschen allein deshalb erzielen, weil sie keine reinen Kulturwesen sind. Wären sie das, lebten wir längst glücklich und zufrieden ein von Kadavergehorsam geprägtes Untertanendasein.

In allen Bereichen sind, zumindest in der westlichen Welt, erfolgreiche Emanzipationsprozesse zu konstatieren: Menschen haben sich aus Sklaverei und anderen Unterdrückungszusammenhängen befreit und Frauen die Gleichberechtigung erkämpft. Wir lassen uns nicht mehr von Göttern vorschreiben, was wir zu glauben, wie wir zu leben und wen wir zu lieben haben. Wir verweigern uns undemokratischen Herrschaftsformen. Nur aus den Fängen des Eigentums haben wir uns noch nicht gänzlich herauswinden können.

Hier liefert die evolutionäre Aufklärung eine Einsicht höchster Wichtigkeit: All diese Emanzipationsbewegungen sind keine isolierten Einzelphänomene. Das ist alles ein und dieselbe Welle. Einmal Ungleichheit und zurück! Wo die Emanzipation also bisher nicht vollständig erfolgte, wie wir das an den Beispielen

Arbeitswelt oder auch Demokratisierung beobachteten, hinken diese Gesellschaftsbereiche den tatsächlichen Entwicklungen hinterher.

Es handelt sich nicht um Fortschrittsphänomene, also nicht um die Erfolge einer linearen, rationalen Entwicklung aus dunklen Anfängen heraus, wie das so gerne unter dem Stichwort «Modernisierung» vom kapitalistischen Westen für sich beansprucht wurde. Das war nur eine Ideologie, um die eigenen Positionen zu legitimieren und sich über den Rest der Welt, unsere Vorfahren inklusive, zu erheben. Die evolutionäre Perspektive verdeutlicht dagegen: Wir sehen allerorten eine Rückkehr zu jenen Prinzipien des Zusammenlebens, die unserer ersten Natur entsprechen und sich deshalb richtig anfühlen. Es ist das eigentliche Menschsein, zu dem alles derzeit zurückdrängt. Und das dürfen wir in diesem Fall begrüßen, korrespondiert das doch mit dem Geist der Menschenrechte und der Demokratie, der jedem Individuum gleiche Rechte und Entfaltungsmöglichkeiten zugesteht. Wir können die Kraft unserer ersten Natur nicht hoch genug einschätzen. Es wäre eine Farce, sie weiter zu leugnen.

Die frohe Botschaft der evolutionären Aufklärung lautet also: Freiheitliche Verhältnisse entsprechen uns, das ist der universelle Kern des Menschseins. Sie müssen nicht mit Zwang eingebläut werden; Menschen sind schlicht vom Zwang zu befreien. Dank der auf vielen Wissenschaften basierenden evolutionären Erkenntnisse dürfen wir endlich dem Splitter im Verstand vertrauen und haben damit die Chance, die letzten Schleier der Maya zu lüften und die Aufklärung zu vollenden.

—

Doch das Projekt, die Gesellschaft wieder menschentauglicher zu gestalten, ist kein Selbstläufer. Die Lage ist heikel, sie steht auf Messers Schneide. Wir haben immer wieder den Wildwuchs diagnostiziert, der typisch für das Ende des Ausnahmezustands ist. Überall, wo die alten Regulierungen wegbrechen, ist ein Aufblühen verschiedenster Lebensentwürfe zu beobachten. Es wird herumexperimentiert, Neues erprobt, wir sind dem in Bereichen wie Liebe, Sexualität, Familie, Spiritualität, Arbeit oder politischer Partizipation begegnet. Ähnliches gilt für den Umgang mit Ressourcen (Abschied von fossilen Energieträgern) oder Nahrungsmitteln (Umbau von industrieller zu ökologischer und nachhaltiger Landwirtschaft).

Doch diesen Wildwuchs gilt es so zu kultivieren, dass es zu keinen neuen Fehlentwicklungen kommt. Es ist ja nicht so, dass sich automatisch alles zum Guten wendet. Zwar verschwinden Herrschaftsstrukturen und patriarchale Matrix, doch wir erhalten nicht die alte Umwelt zurück, als deren perfekte Anpassung sich unsere erste Natur geformt hat. Es gibt keine Rückkehr in die kleinen Gruppen umherziehender Jäger und Sammler. Mismatch ist und bleibt unser Schicksal.

Deshalb stehen wir vor einer Herausforderung, deren Ausmaß bisher nicht einmal in Ansätzen realisiert wurde: Wir müssen unsere Umwelten und Lebenspraktiken so formen, dass sie auf der einen Seite besonders gut mit unserer ersten Natur harmonieren. Auf der anderen Seite sind sie aber so zu gestalten, dass die dunklen Seiten unserer ersten Natur nicht getriggert werden. Wir haben gezeigt, dass für die Ressentiments jener, die den Populisten folgen, Erste-Natur-Reaktionen verantwortlich sind. Und auch das Bateman-Prinzip ist ein Merkmal der männlichen ersten Natur. Wenn ihm keine gesellschaftlichen Schranken gesetzt werden, entfaltet es eine fatale Dynamik. Die erste Natur ist ja nicht per se lobenswert. Auch unsere Freund-Feind-Psychologie ist hyperaktiv. Wir müssen uns dahingehend korrigieren, dass wir unsere Empathie nicht allein auf das eigene kleine Umfeld konzentrieren. Das ist ein Dritte-Natur-Job. Wo wir bei gesellschaftlichen Entwicklungen jedoch die erste Natur auf unserer Seite haben, fällt es bedeutend leichter, das Ziel zu erreichen.

Ebenso müssen wir dem Umstand ins Auge blicken, dass wir unsere aktuelle menschengemachte Umwelt nicht austauschen können. Wir haben Praktiken, Regeln, Gesetze und Institutionen aller Art geerbt, und zwar als kulturell gewachsene Produkte und damit geronnene Geschichte. Christopher Ryan nannte das unseren selbst fabrizierten Zoo. Der Ausnahmezustand lebt darin in mal mehr, mal minder stark konservierter Form fort. Damit werden die Gestaltungsmöglichkeiten unserer Zukunft eingehegt, oft genug massiv beschränkt.

Allein in der evolutionären Perspektive sind entsprechende Altlasten verlässlich zu identifizieren und Entscheidungen zu treffen, wo Korrekturen bei laufendem Betrieb vorzunehmen sind. Und zwar auf Basis der demokratischen Grundprinzipien, dass die Würde eines jeden Menschen unantastbar und es ein Gebot der Fairness ist, allen die gleichen Startbedingungen wie auch die Teilhabe an demokratischen Prozessen zu gewährleisten. Und als neue moralische Herausforderung ist hinzuzufügen, dass wir Verantwortung für den gesamten Planeten über die Gegenwart hinaus tragen.

—

Die Aufgaben klingen so gewaltig – da drängt sich der Gedanke auf, ob nicht der Evolution ein R voranzusetzen sei, um all die Verkrustungen zu beseitigen. Doch das Gute an der Geschichte ist, dass man aus ihr lernen kann. Nämlich wie man es nicht macht: (R)Evolution ist kein taugliches Rezept. Das hat die Vergangenheit überaus eindrucksvoll (und noch leidvoller) demonstriert. Lösungen können nicht von oben verordnet, sie können nicht einmal von oben konstruiert werden. Das ist das Denken der alten herrschaftsbasierten Welt.

So funktioniert auch die kulturelle Evolution nicht. Erinnern wir uns: Menschliche Kreativität ist kumulativ. Ausgehend von einem Problem, einer Krise kommt es zu ersten Lösungsversuchen. Doch unsere planerische Vernunft ist nie so gut, dass ihr im ersten Anlauf der große Wurf gelingt. Also wird weiter probiert, getüftelt, herumgebastelt, ergänzt und erweitert, gemeinsam diskutiert, gestritten und gefeiert, wenn es endlich halbwegs zufriedenstellend funktioniert. Viele versuchen ihr Glück. Hier ist Konkurrenz nützlich. Es geht also darum, innovative Prozesse zu initiieren, die umso produktiver sind, desto offener sie gestaltet werden, desto freier die Diskussionen sind, desto mehr Menschen daran rumwerkeln. Und dafür braucht es gesellschaftliche Freiräume, institutionelle Rahmen, Anreize. Kreativität ist ein Prozess und harte Arbeit, kaum je ein Geniestreich.

Aus diesem Grund hat die evolutionäre Aufklärung auch keine neuen, evolutionsbasierten Zehn Gebote zu verkünden. Ebenso wenig haben wir als Autoren konkrete Lösungen im Angebot. Das liegt jenseits unserer Kompetenz, da brauchte es mehr und klügere Köpfe. Wohl aber möchte dieses Buch den Wettstreit der Ideen, das gute alte Palaver entfachen, bietet sich doch die einmalige Chance, die Fehler der Aufklärung zu beheben. Erstmals verfügen wir über das nötige Wissen und dürfen mit vollem Recht von uns verlangen, den Mut zu haben, uns unseres eigenen Verstandes zu bedienen. Dieses Leben ist nicht normal – und wir sind in der Lage, das zu ändern. Und zwar auf eine Weise, wie das Menschen die längste Zeit getan haben: gemeinsam durch Überzeugung und nicht gewaltsam von oben herab.

Wir versprachen, zumindest einen Kompass zu liefern. Den verdanken wir der ersten Natur. Nicht weil sie immer im Recht wäre, sondern weil Lösungen, die sich an ihr orientieren, den Vorteil haben, dass sie von allen Menschen als selbstverständlich empfunden und mitgetragen werden – zumindest wenn die Widerstände alter Zweite-Natur-Prägungen überwunden sind. Deshalb formulieren wir zum Abschluss eine Reihe von Prinzipien, die als Navigationshilfe dienen können. Maximen, um den menschengemachten Zoo, in dem wir nun mal alle leben, menschenwürdiger zu gestalten. Keine Zehn Gebote also, lediglich die evolutionären Zwölf. Nichts zum Gehorchen, wohl aber zum Debattieren und Weiterdenken.

Prinzip 1: Lasst uns wieder sozial reich werden

Wir sind hypersoziale Wesen, Kooperation ist für uns alles. Ohne reale und tragfähige persönliche Beziehungen sind wir nichts. Schlimmer noch, wir leiden an den sozialen Defiziten und versuchen, das materiell zu kompensieren. Einsamkeit ist eine der größten Bedrohungen der Gegenwart. Wir müssen in stabile und vertrauensvolle Beziehungen zu Menschen investieren. Übernehmen wir Verantwortung für andere, werden sie es auch tun. Das gibt uns nicht nur das Gefühl der Geborgenheit, das spendet Glück. Und es verhindert, dass uns die sozialen Defizite weiter in den Hyperkonsum treiben. Es ist eines der wichtigsten Rezepte, dem Fluch des Materiellen zu entgehen und unseren Planeten doch noch zu retten. Die Investition in zwischenmenschliche Beziehungen ist die beste Klimaschutzmaßnahme.

Prinzip 2: Investiert ins reale Leben

Nichts gegen die Digitalisierung. Was wären wir ohne sie. Aber sie droht uns und unser Leben aufzufressen. Die Zeit, die wir auf Bildschirme starren, ist Zeit, die wir nicht selbst gelebt haben. Unsere erste Natur kann nur etwas anfangen mit Menschen aus Fleisch und Blut, mit Dingen, die wir berühren können, und mit allen Sinnen erfahrbaren Erlebnissen. Alles andere sind für sie Ersatzstoffe. Das muss uns nicht gefallen, lässt sich aber nicht ändern: Unsere erste Natur hängt nun mal in der Steinzeit fest. Dafür müssen wir Verständnis haben. Das

Konkrete, Analoge und Lebendige macht sie glücklich – und darum uns auch.

Prinzip 3:
Es braucht neue Lagerfeuer

Nichts läge uns ferner als ein neuer Kollektivismus. Individualismus und Anonymität sind das Signum unserer Zeit. Doch mittlerweile haben sie solche Ausmaße erreicht, dass wir ihnen etwas entgegensetzen müssen. Es benötigt dringend institutionalisierte Austausch- und Begegnungsorte, um der zunehmenden Isolierung und dem Abstrakt- und Digitalwerden zwischenmenschlicher Beziehungen zu begegnen. Die alten Lagerfeuer brennen nicht mehr. Salons, Vereine und Parteien, aber auch Kirchen, Museen oder Theater sind als Begegnungsorte in die Jahre gekommen und standen ohnehin nie allen offen. Es braucht neue Räume, Orte, Etiketten, die Menschen miteinander in unmittelbare Gespräche und konkrete Interaktionen bringen. Und diese dürfen nicht kommerziell sein, sondern müssen öffentlich finanziert sein. Wir brauchen reale Netzwerke, um unserer sozialen Natur freien Lauf zu lassen und der viel zitierten Kaltherzigkeit der modernen Gesellschaft etwas entgegenzusetzen.

Prinzip 4:
Es lebe die Vielfalt

In den steinzeitlichen Gruppen fanden ums Lagerfeuer alle zusammen, erst so entstand Gemeinschaft. So vielfältig heute die Gesellschaften sind, müssen wir für Durchmischung und Integration sorgen – und zwar sozial, kulturell, intergenerationell, ethnisch. Und dafür die institutionellen Rahmenbedingungen und finanziellen Grundlagen schaffen. Nur so lässt sich verhindern, dass es zu Grabenkämpfen der zweiten Naturen kommt.

Allein dadurch kann das Othering, das Konstruieren, Ausgrenzen und Anfeinden von anderen in Zaum gehalten werden. Wir haben gesehen, wie viel Konfliktpotenzial hier lauert. Umso besser Menschen einander kennen, desto mehr schwindet es. Der persönliche Kontakt und das direkte Gespräch sind die vertrauensbildenden Maßnahmen schlechthin. Wir mögen unterschiedliche zweite Naturen haben, die universelle erste Natur teilen wir alle. Und auf deren Sinn für Fairness können wir uns einigen.

Prinzip 5:
Lasst alle Verantwortung tragen

Bevor der Ausnahmezustand die Welt veränderte, haben Menschen Entscheidungen gemeinsam getroffen, basisdemokratisch. Es ging stets um ihre Angelegenheiten, das war das gelebte Wir. Insofern sollten wir die Partizipation aller massiv ausbauen, und zwar von der Nachbarschaft bis hin zur höchsten politischen Ebene. Menschen müssen erleben, dass sie die eigene Welt gestalten und kontrollieren können und nicht nur anonymen Entscheidungen von oben ausgeliefert sind. Das verhindert Ohnmachtsgefühle und die daraus resultierenden Ressentiments. Es stärkt zudem das Immunsystem gegen Anfälle von Populismus. Menschen müssen Verantwortung spüren und erkennen, es ist ihre Sache, um die es da geht. Dann folgen sie bedeutend leichter ihren Verpflichtungen und – was ebenso unabdingbar ist – den gesellschaftlichen Spielregeln. Umgekehrt bedeutet das auch, dass wir alle Verantwortung übernehmen und uns engagieren sowie Zivilcourage zeigen. Es ist an uns, den Verlust der Gruppen als demokratische Kontrollinstanzen zu kompensieren. Wir sollten uns persönlich für den menschenwürdigen Zustand unserer Lebenswelt einsetzen. Das impliziert, jene zu kritisieren, die diese Prinzipien mit Füßen treten. Manches ist in der Erprobung (Basisdemokratie,

Bürgerräte, runde Tische, soziale Jahre etc.), doch es bleibt viel zu tun. Wir müssen wieder gemeinsame Sache machen.

Prinzip 6: Reduziert materielle Ungleichheit

Menschen akzeptieren ein gewisses Maß an Ungleichheit, wenn es in ihren Augen leistungsbasiert ist. Sobald die Ungleichheit in keiner Relation zur Leistung steht oder sich die Schere in Sachen Reichtum zu weit öffnet, regt sich der Protest der ersten Natur. Zu große Ungleichheit spaltet nicht nur die Gesellschaft und bedroht die Demokratie, sondern führt auch zu immer stärkerer Statuskonkurrenz mit einhergehendem Konsumwahn. Wir müssen das Überschießen des Eigentumsprinzips unterbinden – wenn es eine patriarchal kontaminierte Erfindung gab, dann ist es diese. Und überhaupt: Wenn wir sozial wieder reicher werden und damit unsere persönliche Reputation wächst, sinkt der unstillbare Hunger nach Materiellem und Status. Das kommt nicht nur uns allen zugute, weil es tatsächlich glücklich macht, sondern auch dem Klima und der Welt.

Prinzip 7: Schafft Chancengleichheit

Natürlich muss unsere Solidarität mit den Schwachen sein. Sie sind in den meisten Fällen die Opfer der skizzierten Ungerechtigkeitsprozesse. Und die Ungleichheit vererbt sich. Die soziale Position und die Herkunft der Eltern stellen noch immer den entscheidenden Faktor für den Erfolg der Kinder dar. Chancengleichheit ist deshalb kaum mehr als ein frommer Wunsch. Das ist unfair und weder für eine aufgeklärte Gesellschaft noch für unsere steinzeitbasierte erste Natur akzeptabel. Das Spiel des Lebens muss allen dieselben Chancen einräumen. Außerdem können wir es uns gar nicht erlauben, so viel Talent links liegen zu lassen. Zumal die Gefahr besteht, dass sich einige dann andere wenig gesellschaftsfreundliche Wege suchen, um sich das zu erkämpfen, was sie für ihr Recht halten.

Prinzip 8:
Denkt Arbeit neu

Auch die derzeitige Organisation der Arbeit ist ein patriarchales Produkt. Höchste Zeit, sie neu zu denken. Insbesondere ist alle Arbeit zu entlohnen. Wir sollten das nicht dem von Profitstreben angetriebenen Markt überlassen. Es gilt, die richtigen Anreizstrukturen zu schaffen und Arbeit in erster Linie nach ihrem Nutzen für die Menschen, die Gesellschaft und die Umwelt zu honorieren. Das Ziel kann nicht sein, den Konsum zu erhöhen. Keine Bange, das hat nichts mit Verzichtüben zu tun, ist das Ziel der neuen Arbeit doch eine Steigerung der Lebensqualität. Und die basiert – keine Überraschung – auf sozialem Reichtum und einer gesunden Umwelt. Auch davon profitieren wir alle.

Prinzip 9:
Emanzipiert die Liebe

Wir sind eine schizosexuelle Spezies. Unsere Flexibilität ermöglicht vieles, trotzdem treten Paarbeziehungen bei Weitem am häufigsten auf. Viel zu lange wurde die menschliche Sexualität reguliert und den Menschen vorgeschrieben, wie sie ihr Liebesleben zu organisieren haben. Dabei ist es allen selbst überlassen, nach ihrer Façon glücklich zu werden. Regeln und Gesetze braucht es allein dort, wo die Freiheit und Integrität anderer berührt werden und alte Diskriminierungen aus der Welt zu räumen sind. Verantwortungsvolle Bindungen verdienen Unterstützung. Menschen sollten nie wegen Beziehungsdingen in ökonomische Abhängigkeiten geraten. Die vornehmste Aufgabe ist zu gewährleisten, dass Kinder adäquat, sicher und unbeschwert aufwachsen.

Prinzip 10:
Sorgt für Kinder

Kinder sind nicht nur die schwächsten Mitglieder der Gesellschaft, Kinder sind die Zukunft. Ihnen hat das besondere gesellschaftliche Interesse zu gelten. Ihre Sicherheit ist in jeder Hinsicht zu gewährleisten und die Betreuung auf viele Schultern zu verteilen. Dabei sind stabile und verantwortungsvolle Beziehungen entscheidend. Das entspricht der Praxis, wie Menschen seit Jahrhunderttausenden groß geworden sind. So kann gewährleistet werden, dass sie soziale und eigenverantwortliche Wesen werden, die sich in Gemeinschaften produktiv einbringen und Vertrauen in sich und andere setzen. Zudem entlastet das die Familien. Nicht zuletzt ist es eine gute Möglichkeit, soziale Ungleichheiten aufzufangen, Bildung bestmöglich zu gestalten und für weitgehende Chancengleichheit zu sorgen. So können Kinder zu selbstbewussten Mitgliedern der Gesellschaft werden, die ihrerseits Verantwortung übernehmen. Deshalb ist es sinnvoll, auch Jugendliche früh in die gesellschaftliche Partizipation einzubinden. Ihnen wird diese Welt am längsten gehören.

Prinzip 11:
Befreit den Glauben

Unsere erste Natur hat den Hang, überall Akteure zu wittern, selbst solche, die nicht zu sehen sind. Die Religion wird also nicht verschwinden. Wollen die offiziellen Religionen indes eine Zukunft haben, müssen sie sich von allem patriarchalen und despotischen Ballast befreien und aufhören, Religionen von oben zu sein. Sie haben kein Recht, Menschen vorzuschreiben, wie sie zu leben oder was sie zu glauben haben. Sie sollten sich auf das besinnen, was ihre besten Vertreter schon immer waren: Anwälte der Menschen zu sein, insbesondere der Armen und Schwachen. Die Kirchen haben ihre Ressourcen und Infrastruktur in den Dienst der Gesellschaft zu stellen, Kommunikations- und Interaktionsräume fürs Menschsein zu bieten und Gemeinschaft zu zelebrieren. Was wäre ansonsten ihre Daseinsberechtigung? Und selbstverständlich sind Menschen frei, auch an rein gar nichts zu glauben.

Prinzip 12: Schafft Spielwiesen für Konkurrenz

Unsere anthropologische Bestandsaufnahme hat gezeigt, wie wichtig Menschen ihr Ruf, ihre Reputation ist. Sie sehnen sich nach Anerkennung und haben deshalb ein Faible für Konkurrenz und Wettbewerb, um sich vor anderen auszuzeichnen. Da müssen wir dem alten Affen in uns sogar einmal Zucker geben, damit er sich keine falschen Betätigungsfelder sucht. Schaffen wir uns neue gesellschaftliche Räume, auf denen wir den Drang, uns auszuzeichnen, mit ganzer Leidenschaft ausleben dürfen. Wir sollten deshalb den Sport aus den Fängen des großen Geldes befreien. Und warum nicht das derzeit aussterbende Vereinswesen, das einst der ganzen Fülle menschlicher Tätigkeiten Raum gab, entstauben und auf eine neue Ebene heben? Vor allem sollten wir Konkurrenzen schaffen, die wie in den alten Zeiten im Dienst und zum Besten der Gemeinschaft stehen. Denn dann gewinnen wir alle. Wir brauchen Arenen und Foren, in denen wir uns im direkten Austausch mit den besten Ideen, wunderbarsten Geschichten oder größten Visionen messen können.

—

Keine von unseren zwölf Maximen sollte nach der Lektüre des Buchs überraschen. Manches mag naiv und weltfremd klingen. Aus heutiger Perspektive zumindest. Die ist aber nun einmal scheuklappenbewehrt. Und der Wachstums- und Eigentumsfixierung der Marktwirtschaft ist vieles des hier Dargestellten ein Graus und erscheint im gewohnten Rahmen schlicht nicht zu realisieren. Doch der gewohnte Rahmen ist ja gerade zu überwinden, weil er evolutionär betrachtet eine Fehlentwicklung darstellt.

Das ist die eigentliche Leistung der evolutionären Aufklärung: Sie bringt die letzten ideologischen Stützen der alten herrschaftsbasierten Gesellschaftsordnung zum Einsturz. Allen Formen massiver sozialer Ungleichheit fehlt fortan die Legitimation. Sie sind weder gott- noch naturgegeben. Sie können sich auch nicht auf die Evolution oder die Tradition berufen. Es handelt sich schlicht um Produkte eines kolossalen menschlichen Irrwegs. Wie gut, dass wir nun einen Kompass besitzen, der uns auf altbewährte Wege zurückführen kann.

Nun lässt sich die Aufklärung endlich vollenden und ausrufen: «Sapere aude!» Wir müssen den Mut haben, uns unbeschwert auszumalen, wie wir leben möchten – und zwar befreit von aller normativen Kraft des Faktischen. Ein «Weiter so» kann und darf es nicht geben. Es würde die Welt nur noch ungerechter machen und sie endgültig zugrunde richten. Und wozu überhaupt? Die aktuellen Verhältnisse machen die Menschen nicht einmal halbwegs glücklich (nicht einmal die Reichen). Längst wird vielerorts auf eine Weise kommuniziert, als seien wir auf bestem Weg, zu einer pavianartigen Spezies zu werden. So viel zum Thema zivilisatorischer Fortschritt.

Wir lassen unsere eigentlichen Stärken verkümmern: Kooperation und Kommunikation – und das bedeutet, auch streitend zueinanderfinden. Es lebe das Palaver! Wir sind überzeugt, dass unsere evolutionären zwölf Maximen kein Patentrezept sind, dass sie aber wohl helfen, Menschen im ursprünglichen Sinn reicher, zufriedener und glücklicher zu machen. Und dass sie uns dazu bringen, dass wir stolz sein dürfen, zu einer ebenso spannenden wie spektakulären Art wie dem *Homo sapiens*, den einsichtigen Menschen, zu gehören.

«Homo homini lupus», der Philosoph Thomas Hobbes, dem wir oft genug begegnet sind, hat den Satz, der Mensch sei des Menschen Wolf, berühmt und berüchtigt gemacht. Ironischerweise hat Hobbes diese Sentenz aus einer Komödie des römischen Dichters Plautus übernommen und sie in seinem Sinn umgebogen und entstellt. Bitte verzeihen Sie das Latein, aber im Original heißt es: «Lupus est homo homini, non homo, quom qualis sit non novit.» Der Mensch ist dem Menschen ein Wolf und kein Mensch. Und dann kommt bei Plautus die entscheidende Präzisierung: Zumindest solange man den Menschen nicht kennt.

Jetzt aber kennen wir den Menschen und wissen, was evolutionär korrekt ist. Einst waren wir dem Menschen ein Mensch. Und das sollten wir in Zukunft wieder sein.

DANK, EVOLUTIONÄR GEDACHT

Kreativität ist ein zentrales Thema in diesem Buch. Selbst Orang-Utans überleben im Dschungel nur, weil sie von den Erfahrungen und Erfindungen ihrer Vorfahren profitieren. Wie sehr gilt das für Menschen. Und um wie viel mehr für Buchautoren. Ohne jene, die vor uns waren, sind wir nichts.

Kreativität ist ein Prozess, der sich der Kooperation unzähliger Menschen verdankt. Vorstellungen von Einzelkämpfern oder einsamen Genies im Bereich des Geistigen sind veraltet, wenn es sie denn überhaupt je gab und sie nicht nur in den Bereich der Mythen jenes evolutionären Ausnahmezustands gehören, an dessen Ende wir hoffentlich angelangt sind. So wie unsere Bücher in der ständigen Diskussion miteinander entstehen, so verdanken wir die Anregungen für unsere Gedanken dem Austausch mit zahllosen anderen.

Es ist jedoch ein Signum der modernen Welt, dass vieles davon nicht registriert wird und somit ungedankt bleibt. Aus unserer Perspektive ein Beispiel mehr, wie persönliche Beziehungen abstrakt werden und damit zur sozialen Verarmung von heute führen. Denn wer wäre da nicht alles zu nennen: Da sind die unzähligen Personen, von denen wir je etwas gelernt haben. Dann sind da auch jene, die eine unserer vielen Veranstaltungen besuchten und uns in den Diskussionen oder allein durch ihr Erscheinen inspirierten. Oder auch all die Autorinnen und Autoren, die auf Wikipedia höchst engagiert ihren Beitrag leisten, wo wir schließlich alle mittlerweile ganz selbstverständlich mal schnell etwas nachschauen. Die Liste ließe sich leicht fortsetzen.

Und wenn man dann noch an jene denkt, die sich engagierten, damit Sie als Leserin oder Leser dieses Buch in den Händen halten: von den Menschen, die an Produktion und Beschaffung des Papiers beteiligt waren, über den Verlag, die Setzerei, die Druckerei, die Buchbinderei, den Vertrieb, die Vertreter, die Buchhandlungen, all die Transporteure bis hin zu jenen, die halfen, das Buch bekannt zu machen, zu empfehlen, es kauften oder verschenkten. Welch ein Wunder an Kooperation – und ein Beweis, dass wir alle für uns selbst genommen verloren sind.

So wie wir als Individuen an der heutigen Misere wenig bis keine Schuld tragen, gilt das auch für die positiven Dinge. Unser tatsächlicher Anteil an unseren Erfolgen ist viel geringer, als wir gerne wahrhaben möchten. So ein Buch ist das Werk der sich unendlich anreichernden kulturellen Evolution, geschaffen von Abertausenden unsichtbaren Händen. Das Dilemma: Würden wir versuchen, allen persönlich zu danken, die in der einen oder anderen Weise einen Beitrag geleistet haben – die Danksagung wäre vermutlich länger als der gesamte Text. Deshalb müssen wir uns hier mit der lapidaren, aber mit großem Nachdruck ausgesprochenen Formel begnügen: ein herzliches Dankeschön an Sie alle!

Um wenigstens einem dieser ansonsten im Unsichtbaren Bleibenden ein Gesicht zu geben, sei stellvertretend der Künstler Franz Wilhelm Seiwert genannt. Zum einen, weil sein Schicksal ein tragisches Zeugnis für das ist, was der evolutionäre Ausnahmezustand mit Menschen anstellte. Zum anderen, weil es ein Beispiel für die Gleichzeitigkeit des Ungleichzeitigen ist, wirkt doch sein gut hundert Jahre altes Werk in unsere Gegenwart hinein – und erhält damit eine Anerkennung, die ihm in seiner Zeit verwehrt wurde.

Franz Wilhelm Seiwert verdanken wir unser wunderschönes Cover, das einen Ausschnitt eines seiner Gemälde ziert. 1894 geboren, wurde Seiwert als Siebenjähriger für Röntgenexperimente missbraucht, sein Leben lang quälten ihn die zugefügten Wunden und Verbrennungen. Er wurde ein expressionistischer Maler, floh 1933 vor den Nazis, musste jedoch wegen seiner schlechten Gesundheit zurückkehren und starb 1934 im Israelitischen Krankenhaus in Köln. Im Zuge der Aktion «Entartete Kunst» entfernten die Nazis seine Gemälde aus Museen und vernichteten sie. Wir sind Franz Wilhelm Seiwert zu tiefem Dank verpflichtet.

Natürlich gibt es auch eine Reihe von Menschen, denen wir für ihre besonders nachhaltigen Inspirationen und erhellenden Diskussionen während der letzten Jahre persönlich danken möchten. Ihr Einfluss auf uns war immens und ist besonders herauszustellen. Das sind: Balthasar Bickel, Redouan Bshary, Judith Burkart, Alessandra Cassar, Jared Diamond, Michael Griesser, Adrian Jaeggi, Julia Kunz, Laurent Lehmann, Harald Meller, Anna Michel, Katharina Michel, Nikolai Michel, Andrea Migliano, Sagar Pandit, Gauri Pradhan, Simon Powers, Marietje Roëll-Kardaun, Marcelo Sanchez-Villagra, Konrad Schmid, Gert Scobel, Hans-Konrad Schmutz, Sabine Stoll und Maria van Noordwijk. Wir stehen tief in eurer Schuld.

Bedanken möchten wir uns auch bei unseren Agenten Max Brockman, Russell Weinberger und Michael Healey. Und natürlich bei allen im Rowohlt Verlag: Nicola Bartels und erst Moritz Schuller, dann Johanna Langmaack haben das Buch mit großem Engagement gefördert. Antje Röttgers hat einmal mehr mit ebenso hoher Professionalität wie Empathie uns unterstützt, inspiriert, das Buch lektoriert und alles Drumherum bestens organisiert. Zu Dank sind wir auch Andreas Feßer, Nora Gottschalk, Andrea Luck, Tessa Martin, Coco Meurer, Christian Möller, Birgit Rohrbach und Imke Schuster verpflichtet und all den anderen, die ihren Teil zum Gelingen dieses Buchprojekts beigetragen haben und es noch tun.

Dankbarsein ist Teil unserer ersten Natur. Es ist das gute Gefühl der gegenseitigen Verpflichtung, das uns mit anderen zusammenbindet. Wie sich auch an dieser Stelle zeigt, ist die Welt so ungeheuer komplex und anonym geworden, dass es schier unmöglich ist, all jenen zu danken, denen wir das schuldig sind. Das ist schade – und tut uns allen nicht gut. Wir sollten nach neuen Wegen suchen, Dankbarkeit zu kultivieren. Ohne die anderen sind wir schließlich aufgeschmissen. Das ist die vielleicht banalste Wahrheit des Menschseins.

LITERATUR

Wir haben auf Fußnoten verzichtet, um die Lesefreundlichkeit zu erhöhen. Deshalb listen wir hier die für die einzelnen Teile des Buchs verwendete Literatur auf, ohne dass wir aber Titel doppelt nennen. Da *Mensch sein* zu einem gewissen Teil auf eigenen Vorarbeiten beruht, haben wir uns entschieden, die Literaturangaben schlank zu halten. So wie wir in unseren anderen Büchern einige der hier präsentierten Themen detaillierter behandeln, finden sich dort auch ausführlichere Literaturangaben.

Für die anthropologischen Zusammenhänge grundlegend ist Carels 2016 erschienenes Werk *The Primate Origins of Human Nature*. Hoboken, NJ: Wiley-Blackwell. Unsere Religions- und Bibelausführungen beruhen auf unseren gemeinsamen Büchern *Das Tagebuch der Menschheit: Was die Bibel über unsere Evolution verrät* und *Die Wahrheit über Eva: Die Erfindung der Ungleichheit von Frauen und Männern*. Sie sind 2016 und 2020 bei Rowohlt erschienen. Letzteres thematisiert zudem im Detail, wie die Patriarchalisierung der Welt vonstattenging.

Aufschlussreich hinsichtlich der Entstehung von Macht und Herrschaft, aber auch für die Anfänge von Religion und Spiritualität sind Kais Bücher, die er gemeinsam mit dem Archäologen Harald Meller geschrieben hat: *Die Himmelsscheibe von Nebra: Der Schlüssel zu einer untergegangenen Kultur im Herzen Europas* und *Griff nach den Sternen: Nebra, Stonehenge, Babylon: Reise ins Universum der Himmelsscheibe* (2018 und 2021 bei Propyläen) sowie *Das Rätsel der Schamanin: Eine archäologische Reise zu unseren Anfängen*, 2022 bei Rowohlt erschienen.

WIR SIND NICHT SCHULD

Camus, A. (2011). Der Mythos des Sisyphos: Ein Versuch über das Absurde. Reinbek: Rowohlt.

de Beauvoir, S. (2017). Das andere Geschlecht: Sitte und Sexus der Frau. Reinbek: Rowohlt.

Freud, S. (2010). Das Unbehagen in der Kultur: Und andere kulturtheoretische Schriften. Frankfurt/M.: Fischer.

Fromm, E. (2005). Die Pathologie der Normalität: Zur Wissenschaft vom Menschen. Berlin: Ullstein.

Kant, I. (1999). Was ist Aufklärung? Ausgewählte kleine Schriften. Hamburg: Meiner.

King, V./Gerisch, B./Rosa, H. (Hg.), (2021). Lost in Perfection: Zur Optimierung von Gesellschaft und Psyche. Frankfurt/M.: Suhrkamp.

Lessing, G.H. (2014). Emilia Galotti: Ein Trauerspiel in fünf Aufzügen. Reclam: Stuttgart.

Marx, K. (2005). Ökonomisch-philosophische Manuskripte. Hamburg: Meiner.

Maté, G./Maté, D. (2022). The Myth of Normal: Trauma, Illness, and Healing in a Toxic Culture. New York: Avery.

Purser, R.E. (2021). Wie Achtsamkeit die neue Spiritualität des Kapitalismus wurde. Frankfurt/M.: Mabuse.

TEIL 1 BLIND FÜR DIE WAHRHEIT

Adorno, T.W. (1997). Minima Moralia. Frankfurt/M.: Suhrkamp.

Ardrey, R. (1961). African Genesis: A Personal Investigation into the Animal Origins and Nature of Man. New York: Atheneum.

Augustinus von Hippo (2003). Bekenntnisse. München: Deutscher Taschenbuch Verlag.

Augustinus von Hippo (2007). Vom Gottesstaat. München: Deutscher Taschenbuch Verlag.

Barnard, A. (2014). Defining Hunter-Gatherers: Enlightenment, Romantic, and Social Evolutionary Perspectives. In: Cummings, V./Jordan, P./Zvelebil, M. (Hg.). The Oxford Handbook of the Archaeology and Anthropology of Hunter-Gatherers. Oxford: Oxford University Press, 43–54.

Blom, P. (2011). Böse Philosophen: Ein Salon in Paris und das vergessene Erbe der Aufklärung. München: Carl Hanser.

Boehm, O. (2022). Radikaler Universalismus: Jenseits von Identität. Berlin: Propyläen.

Darwin, C. (2002). Die Abstammung des Menschen. Stuttgart: Kröner.

Darwin, C. (2018). Der Ursprung der Arten durch natürliche Selektion oder Die Erhaltung begünstigter Rassen im Existenzkampf. Stuttgart: Klett-Cotta.

Dawkins, R. (1976). The Selfish Gene. Oxford: Oxford University Press.

Die Bibel nach Martin Luthers Übersetzung – Lutherbibel revidiert 2017: Standardausgabe (2016). Stuttgart: Deutsche Bibelgesellschaft.

Graeber, D./Wengrow, D. (2021). Anfänge: Eine neue Geschichte der Menschheit. Stuttgart: Klett-Cotta.

Heinrich, A.C. (2022). Der babylonische Weltschöpfungsmythos Enuma Elisch. München: C.H.Beck.

Henrich, J. (2022). Die seltsamsten Menschen der Welt: Wie der Westen reichlich sonderbar und besonders reich wurde. Berlin: Suhrkamp.

Hesiod (1999). Theogonie. Stuttgart: Reclam.

Hesiod (2007). Werke und Tage. Stuttgart: Reclam.

Hobbes, T. (1984). Leviathan oder Stoff, Form und Gewalt eines kirchlichen und bürgerlichen Staates. Frankfurt/M.: Suhrkamp.

Homer (1994). Ilias. Düsseldorf/Zürich: Artemis & Winkler.

Horkheimer, M./Adorno, T.W. (1988). Dialektik der Aufklärung: Philosophische Fragmente. Frankfurt: Fischer.

Hoßfeld, U. (2016). Geschichte der biologischen Anthropologie in Deutschland: Von den Anfängen bis in die Nachkriegszeit. Stuttgart: Franz Steiner.

Locke, J. (1977). Zwei Abhandlungen über die Regierung. Frankfurt/M.: Suhrkamp.

Lorenz, K. (1973). Die acht Todsünden der zivilisierten Menschheit. München: Piper.

Pease, A./Pease, B. (2007). Warum Männer nicht zuhören und Frauen schlecht einparken: Ganz natürliche Erklärungen für eigentlich unerklärliche Schwächen. Berlin: Ullstein.

Pečar, A./Tricoire, D. (2015). Falsche Freunde: War die Aufklärung wirklich die Geburtsstunde der Moderne? Frankfurt/M.: Campus.

Pies, I. (2009). Hayeks Diagnose der Moderne: Lessons (to be) learnt für das ordonomische Forschungsprogramm, Diskussionspapier, No. 2009–5, Halle: Martin-Luther-Universität Halle-Wittenberg, Lehrstuhl für Wirtschaftsethik.

Platon (2011). Der Staat. Zürich: Tusculum.

Rousseau, J.-J. (1981). Schriften. Berlin: Ullstein.

Reinisch, D. (Hg.), (2012). Der Urkommunismus: Auf den Spuren der egalitären Gesellschaft. Wien: Promedia.

Sarasin, P./Sommer, M. (2010). Evolution: Ein interdisziplinäres Handbuch. Stuttgart: J. B. Metzler.

Schopenhauer, A. (2020). Die Welt als Wille und Vorstellung. Hamburg: Meiner.

The Matrix (1999). Film der Wachowski Brothers.

van Schaik, C. (2019). Cultural Anthropology's Love-Hate Relationship with Evolution. In: Zeitschrift für Ethnologie 144, 77–92.

Wilson, E. O. (1975). Sociobiology: The New Synthesis. Cambridge, MA: Belknap Press.

Wilson, E. O. (1978). On Human Nature. Cambridge, MA: Harvard University Press.

TEIL 2 DIE DREI NATUREN DES MENSCHEN

Barthes, R. (2016). Mythen des Alltags. Berlin: Suhrkamp.

Benjamin, W. (2015). Ausgewählte Werke. Darmstadt: WBG.

Berbesque, J.C. u.a. (2014). Hunter-Gatherers Have Less Famine than Agriculturalists. Biology Letters 10, 8–53.

Bloch, E. (1985). Erbschaft dieser Zeit. Frankfurt/M.: Suhrkamp.

Blum, D. (2010). Die Entdeckung der Mutterliebe: Die legendären Affenexperimente des Harry Harlow. Weinheim: Beltz.

Bourdieu, P. (2011). Die feinen Unterschiede: Kritik der gesellschaftlichen Urteilskraft. Frankfurt/M.: Suhrkamp.

Boyer, P. (2004). Und Mensch schuf Gott. Stuttgart: Klett-Cotta.

Cummings V./Jordan, P./Zvelebil, M. (Hg.), (2014). The Oxford Handbook of the Archaeology and Anthropology of Hunter-Gatherers. Oxford: Oxford University Press.

Diamond, J. (1987). The Worst Mistake in the History of the Human Race. In: Discover Magazine, May, 64–66.

Diamond, J. (2005/2000). Arm und Reich: Die Schicksale menschlicher Gesellschaften. Frankfurt/M.: Fischer.

Fischer, M. S. u.a. (2019). Jenaer Erklärung: Das Konzept der Rasse ist das Ergebnis von Rassismus und nicht dessen Voraussetzung. Abrufbar unter: https://www.uni-jena.de/190910-jenaererklaerung.

Finlayson, B./Warren, G.M. (2010). Changing Natures: Hunter-Gatherers, First Farmers and the Modern World. London: Duckworth.

Flannery, K., Marcus, J. (2012). The Creation of Inequality: How Our Prehistoric Ancestors Set the Stage for Monarchy, Slavery, and Empire. Cambridge, MA: Harvard University Press.

Foucault, M. (2005). Archäologie des Wissens. Frankfurt/M.: Suhrkamp.

Fritz, A. (2009). Der naturalistische Fehlschluss: Das Ende ei-

nes Knock-Out-Arguments. Freiburg i. Ü: Herder/Academic Press.
Gaudzinsky-Windheuser, S./Jöris, O. (Hg.), (2022). Menschliches Verstehen: Die Archäologie der menschlichen Verhaltensevolution. Mainz: Verlag des Römisch-Germanischen Zentralmuseums.
Giphart R./van Vugt, M. (2018). Mismatch: How Our Stone Age Brain Deceives Us Every Day (And What We Can Do About It). London: Little Brown.
Gluckman, P./Hanson, M. (2007). Aus dem Tritt geraten: Warum unsere Welt nicht mehr zu unseren Körpern passt. Berlin: Spektrum Akademischer Verlag.
Harari, Y.N. (2015). Eine kurze Geschichte der Menschheit. München: Pantheon.
Henrich, J. (2009). The Evolution of Costly Displays, Cooperation and Religion: Credibility Enhancing Displays and Their Implications for Cultural Evolution. In: Evolution and Human Behavior 30, 244–260.
Henrich, J. (2016). The Secret of Our Success. How Culture Is Driving Human Evolution, Domesticating Our Species, and Making Us Smarter. Princeton, MA: Princeton University Press.
Heying, H./Weinstein, B. (2022). A Hunter Gatherer's Guide to the 21st Century: Evolution and the Challenges of Modern Life. New York: Faber and Faber Ltd.
Hrdy, S.B. (2002). Mutter Natur: Die weibliche Seite der Evolution. Berlin: Berliner Taschenbuchverlag.
Kelemen, D. (2004). Are Children «Intuitive Theists»? Reasoning about Purpose and Design in Nature. Psychological Science 15, 295–301.
Kelly, R.L. (2013). The Lifeways of Hunter-Gatherers: The Foraging Spectrum. Cambridge, UK: Cambridge University Press.
Krause, J./Trappe, T. (2019). Die Reise unserer Gene: Eine Geschichte über uns und unsere Vorfahren. Berlin: Propyläen.

Krause, J./ Trappe, T. (2021). Hybris: Die Reise der Menschheit zwischen Aufbruch und Scheitern. Berlin: Propyläen.

Lévi-Strauss, C. (2012). Traurige Tropen. Frankfurt/M.: Suhrkamp.

Meller, H./Puttkammer, T. (Hg.), (2017). Klimagewalten: Treibende Kraft der Evolution. Halle/S.: Landesamt für Denkmalpflege und Archäologie Sachsen-Anhalt, Landesmuseum für Vorgeschichte.

Musolff, A. (2017). F. Max Müllers Konzeption der Metapher als Teil seiner Sprach- und Mythologiekritik. In: Aptum. Zeitschrift für Sprachkritik und Sprachkultur 13, 274–288.

Parzinger, H. (2014). Die Kinder des Prometheus: Eine Geschichte der Menschheit vor der Erfindung der Schrift. München: C.H.Beck.

Piaget, J. (1992). Das Weltbild des Kindes. München: Deutscher Taschenbuch Verlag.

Richerson, P.J./Boyd, R. (2005). Not by Genes Alone: How Culture Transformed Human Evolution. Chicago, IL: University of Chicago Press.

Richerson, P.J./Christiansen, M.H. (Hg.), (2013). Cultural Evolution: Society, Technology, Language, and Religion. Cambridge, MA: MIT Press.

Voland, E. (2007). Die Natur des Menschen: Grundkurs Soziobiologie. München: C. H. Beck.

Volker-Saad, K. (2021). Sklavin, Prinzessin, Geliebte, Naturkind, Reisegefährtin? Die Abessinierin Machbuba in der Literatur des Fürsten Pückler-Muskau Mitte des 19.Jahrhunderts. In: Orbis Aethiopicus. Beiträge zur Geschichte, Religion und Kunst Äthiopiens XVII, 45–69.

TEIL 3 UNSERE SOZIALE ADER

Anderson, B. (2005). Die Erfindung der Nation. Zur Karriere eines folgenreichen Konzepts. Frankfurt am M./New York: Campus.

Asch, S.E. (1956). Studies of Independence and Conformity: I. A Minority of One Against a Unanimous Majority. In: Psychological Monographs: General and Applied 70, 1–70.

Baerends, P. P./Drent, R.H. (1982). The Herring Gull and Its Egg. Part II: The Responsiveness to Egg-features. Behaviour 82, 1–416.

Boehm, C. (2012). Moral Origins: The Evolution of Virtue, Altruism, and Shame. New York: Basic Books.

Bourdieu, P. (2013). Die männliche Herrschaft. Frankfurt/M.: Suhrkamp.

Bregman, R. (2020). Im Grunde gut: Eine neue Geschichte der Menschheit. Hamburg: Rowohlt.

Clark, D.P. (2010). Germs, Genes & Civilization: How Epidemics Shaped Who We Are Today. Upper Saddle River, NJ: FT Press.

de Waal, F.B.M. (2009). Das Prinzip Empathie: Was wir von der Natur für eine bessere Gesellschaft lernen können. München: Hanser.

de Waal, F.B.M. (2015). Der Mensch, der Bonobo und die Zehn Gebote: Moral ist älter als Religion. Stuttgart: Klett-Cotta.

Diamond, J. (2012). Vermächtnis: Was wir von traditionellen Gesellschaften lernen können. Frankfurt/M.: Fischer.

Dunbar, R. (2002). Grooming, Gossip, and the Evolution of Language. Cambridge, MA: Harvard University Press.

Dyble, M./Migliano, A.B. (2015). Sex Equality Can Explain the Unique Social Structure of Hunter-Gatherer Bands. Science 348, 796–798.

Enzensberger, H.M. (1992). Die große Wanderung: Dreiunddreißig Markierungen. Frankfurt/M.: Suhrkamp.

Fest, J. (1997). Die großen Stifter: Lebensbilder – Zeitbilder. Berlin: Siedler.

FOMO: Was kann man gegen die Angst, etwas zu verpassen, tun? (2021). Abrufbar unter: www.aok.de/pk/magazin/koerper-psyche/psychologie/jomo-gegen-fomo-tipps-gegen-die-fear-of-missing-out.

Gabriel, M. (2022). Der Mensch als Tier: Warum wir trotzdem nicht in die Natur passen. Berlin: Ullstein.

Hertz, N. (2021). Das Zeitalter der Einsamkeit: Über die Kraft der Verbindung in einer zerfaserten Welt. Hamburg: HarperCollins.

Jensen, M./Lee, J. (2019). Social Evaluation: Status and Reputation. Doi: 10.1093/obo/9780199846740-0167.

Jellinek, G. (1976). Allgemeine Staatslehre. Kronberg/Ts.: Athenäum.

Kallhoff, A. (2022). Der Mensch – das moralische Tier. Berlin: Suhrkamp.

Lee, R.B. (2018). Hunter-Gatherers and Human Evolution: New Light on Old Debates. Annual Review of Anthropology 47, 513–531.

Marlowe, F.W. (2010). The Hadza: Hunter-Gatherers of Tanzania. Berkeley: University of California Press.

Mauss, M. (1996). Die Gabe: Form und Funktion des Austauschs in archaischen Gesellschaften. Frankfurt/M.: Suhrkamp.

Meller, H./Schefzik, M. (Hg.), (2015). Krieg: Eine archäologische Spurensuche. Halle/S.: Landesamt für Denkmalpflege und Archäologie Sachsen-Anhalt, Landesmuseum für Vorgeschichte.

Michel, K. (2017). Werk des Feuers: Wie sich die Menschen mit der Zähmung der Flammen selber zähmten. Eine Expedition in unsere leuchtende Vergangenheit. In: Meller, H./Puttkammer, T. (Hg.). Klimagewalten: Treibende Kraft der Evolution. Halle/S.: Landesamt für Denkmalpflege und Archäologie Sachsen-Anhalt, Landesmuseum für Vorgeschichte, 230–239.

Pelluchon, C. (2021). Das Zeitalter des Lebendigen: Eine neue Philosophie der Aufklärung. Darmstadt: WBG.

Rosa, H. (2016). Resonanz: Eine Soziologie der Weltbeziehung. Frankfurt/M.: Suhrkamp.

Samuelson, W./Zeckhauser, R.J. (1988). Status Quo Bias in Decision Making. In: Journal of Risk and Uncertainty 1, 7–59.

Sandel, M.J. (2013). Gerechtigkeit: Wie wir das Richtige tun. Berlin: Ullstein.

Sartre, J.-P. (1987). Geschlossene Gesellschaft. Reinbek: Rowohlt.

Sauer, H. (2023). Moral: Die Erfindung von Gut und Böse. München: Piper.

Schmidt-Salomon, M. (2013). Jenseits von Gut und Böse: Warum wir ohne Moral die besseren Menschen sind. München: Piper.

Smith, A. (1982). The Wealth of Nations: Books I-III. London: Penguin.

Smith, A. (2010). The Theory of Moral Sentiments. London: Penguin.

Spitzer, M. (2019). Einsamkeit: Die unerkannte Krankheit. München: Droemer.

Suzman, J. (2017). Affluence Without Abundance: The Disappearing World of the Bushmen. New York: Bloomsbury.

Todd, E. (2018). Traurige Moderne: Eine Geschichte der Menschheit von der Steinzeit bis zum Homo Americanus. München: C. H. Beck.

Turchin, P. (2006). War and Peace and War: The Rise and Fall of Empires. New York: Plume.

van Schaik, C., u.a. (2014). Morality as a Biological Adaptation: An Evolutionary Model Based on the Lifestyle of Human Foragers. In: Christen, M./van Schaik, C., u.a. (Hg.). Empirically Informed Ethics: morality between facts and norms. Cham: Springer International Publishing.

van Schaik, C./Burkart, J.M. (2021). «Othering» bei nichtmenschlichen Primaten: Gruppenwechsel, Immigration und

soziale Integration. Vortrag Leopoldina, Halle/S.: Tagungsband in Vorbereitung.
Veblen, T. (2000). Theorie der feinen Leute: Eine ökonomische Untersuchung der Institutionen. Frankfurt/M.: Fischer.
Waldinger, R./Schulz, M. (2023). The Good Life: Lessons from the World's Longest Study on Happiness. London: Rider.
Wiessner, P. (2019). Collective Action for War and for Peace: A Case Study among the Enga of Papua New Guinea. Current Anthropology 60, 224–244.

TEIL 4 DIE WAHRE MACHT DER RELIGION

Assmann, J. (2000). Herrschaft und Heil: Politische Theologie in Altägypten, Israel und Europa. München: Hanser.
Assmann, J. (2016). Totale Religion. Wien: Picus.
Barrett, J.L. (2013). Exploring Religion's Basement: The Cognitive Science of Religion. In: Paloutzian, R.D./Park, C.L. (Hg.). Handbook of the Psychology of Religion and Spirituality. New York: The Guilford Press, 234–255.
Barrett, J.L. (2004). Why Would Anyone Believe in God? Walnut Creek, CA: AltaMira Press.
Barrett, J.L. (2011). Cognitive Science, Religion, and Theology: From Human Minds to Divine Minds. Conshohocken, PA: Templeton Press.
Becker, E. (1973). The Denial of Death. New York: Free Press.
Becker, U. (2005). Von der Staatsreligion zum Monotheismus: Ein Kapitel israelitisch-jüdischer Religionsgeschichte. In: Zeitschrift für Theologie und Kirche 102, 1–16.
Bering, J. (2011). Die Erfindung Gottes: Wie die Evolution den Glauben schuf. München: Piper.
Bronner, L.L. (2011). Journey to Heaven: Exploring Jewish Views of the Afterlife. Jerusalem: Urim Publications.
Brown, P. (2017). Der Schatz im Himmel: Der Aufstieg des Chris-

tentums und der Untergang des Römischen Reichs. Stuttgart: Klett-Cotta.

Descola, P. (2011). Jenseits von Natur und Kultur. Frankfurt/M.: Suhrkamp.

Frahm, E. (2011). Mensch, Land und Volk: Assur im Alten Testament. In: Renger, J. (Hg.). Assur: Gott, Stadt und Land. Wiesbaden: Harrassowitz, 267–285.

Frahm, E. (2013). Geschichte des alten Mesopotamien. Stuttgart: Reclam.

Greenblatt, S. (2018). Die Geschichte von Adam und Eva: Der mächtigste Mythos der Menschheit. München: Siedler.

Guthrie, S. (1995). Faces in the Clouds: A New Theory of Religion. New York/Oxford: Oxford University Press.

Harvey, G. (2017). Animism: Respecting the Living World. London: Hurst & Company.

Harvey, G. (2019). Indigenous Religions. London: Routledge.

Harvey, G. (Hg.), (2013). The Handbook of Contemporary Animism. Durham: Routledge.

Harvey, G./Astor-Aguilera, M.A. (2018). Rethinking Relations and Animism: Personhood and Materiality. London: Routledge.

Humphrey, N./Skoyles, J. (2012). The Evolutionary Psychology of Healing: A Human Success Story. In: Current Biology 22, 695–698.

Insoll, T. (Hg.), (2011). The Oxford Handbook of the Archaeology of Ritual and Religion. Oxford: Oxford University Press.

Jacobsen, T. (1976). The Treasures of Darkness: A History of Mesopotamian Religion. New Haven, CT/London: Yale University Press.

James, W. (2014). Die Vielfalt religiöser Erfahrung: Eine Studie über die menschliche Natur. Berlin: Verlag der Weltreligionen.

Knoblauch, H. (2009). Populäre Religion: Auf dem Weg in eine spirituelle Gesellschaft. Frankfurt/New York: Campus.

Konner, M. (2019). Believers: Faith in Human Nature. New York: W.W. Norton & Company.
Lauster, J. (2014). Die Verzauberung der Welt: Eine Kulturgeschichte des Christentums. München: C.H. Beck.
Madigan, K.J./Levenson, J.D. (2008). Resurrection: The Power of God for Christians and Jews. New Haven, CT: Yale University Press.
Maul, S. (2013). Die Wahrsagekunst im Alten Orient: Zeichen des Himmels und der Erde. München: C.H. Beck.
Michel, K. (2004). Der Fluch des Ötzi. In: Die Zeit vom 22.12.2004.
Murdock, G.P. (1980). Theories of Illness: A World Survey. Pittsburgh, PA: University of Pittsburgh Press.
Peoples, H.C./Duda, P./Marlowe, F.W. (2016). Hunter-Gatherers and the Origins of Religion. In: Human Nature 27, 261–282.
Pettitt, P. (2011). Religion and Ritual in the Lower and Middle Palaeolithic. In: Insoll, T. (Hg.). The Oxford Handbook of the Archaeology of Ritual and Religion. Oxford: Oxford University Press, 329–343.
Pettitt, P. (2011). The Palaeolithic Origins of Human Burial. London: Routledge.
Rosa, H. (2022). Demokratie braucht Religion. München: Kösel.
Schmid, K./Schröter, J. (2019). Die Entstehung der Bibel: Von den ersten Texten zu den heiligen Schriften. München: C. H. Beck.
Tylor, E.B. (1973). Die Anfänge der Kultur: Untersuchungen über die Entwicklung der Mythologie, Philosophie, Religion, Kunst und Sitte. 2 Bde. Leipzig: C.F. Winter'sche Verlagshandlung.
van Schaik, C./Michel, K. (2019). Wie aus Zorn Liebe wird: Die Evolution Gottes. In: E. Klempt (Hg.). Explodierende Vielfalt. Wiesbaden: Springer, 201–211.
Wright, R. (2009). The Evolution of God. New York: Little, Brown and Company.

TEIL 5 SEX UND LIEBE

Bailey, N.W., & Zuk, M. (2009). Same-sex Behavior and Evolution. In: Trends in Ecology and Evolution 24, 439–446.

Betzig, L. (2008). Despotism and Differential Reproduction: A Darwinian View of History. New Brunswick/London: AldineTransaction.

Betzig, L. (2012). Means, Variances, and Ranges in Reproductive Success: Comparative Evidence. In: Evolution and Human Behavior 33, 209–317.

Brown, P. (1994). Die Keuschheit der Engel: Sexuelle Entsagung, Askese und Körperlichkeit im frühen Christentum. München: Deutscher Taschenbuch Verlag.

Foucault, M. (2000). Dispositive der Macht. Über Sexualität, Wissen und Wahrheit. Berlin: Merve.

Foucault, M. (2017–2019). Sexualität und Wahrheit. 4 Bde. Berlin: Suhrkamp.

Fox, R.L. (2017). Augustinus: Bekenntnisse und Bekehrungen im Leben eines antiken Menschen. Stuttgart: Klett-Cotta.

Goody, J. (2002). Geschichte der Familie. München: C.H. Beck.

Goody, J. (2016). Die Entwicklung von Ehe und Familie in Europa. Frankfurt: Suhrkamp.

Henrich, J./Boyd, R./Richerson P.J. (2012). The Puzzle of Monogamous Marriage. In: Philosophical Transactions of the Royal Society B 367, 657–669.

Karmin, M., u.a. (2015). A Recent Bottleneck of Y Chromosome Diversity Coincides with a Global Change in Culture. In: Genome Research 25, 459–466.

Konner, M. (2015). Women After All: Sex, Evolution and the End of Male Supremacy. New York: W.W. Norton.

Lerner, G. (1995). Die Entstehung des Patriarchats. Frankfurt: Campus.

Muller, M.N./Pilbeam, D.R. (2017). The Evolution of the Human Mating System. In: Muller, M.N./Wrangham, R.W./Pil-

beam, D.R. (Hg.). Chimpanzees and Human Evolution. Cambridge, MA: Harvard University Press.
Prall, S.P./Scelza, B.A. (2020). Why Men Invest in Non-biological Offspring: Paternal Care and Paternity Confidence among Himba Pastoralists. Proceedings Royal Society B 27, 20192890.
Rivollat, M., u.a. (2023). Extensive Pedigrees Reveal the Social Organization of a Neolithic Community. In: Nature. https://doi.org/10.1038/s41586-023-06350-8
Ryan, C./Cacilda, J. (2010). Sex at Dawn: The Prehistoric Origins of Modern Sexuality. New York, N.Y.: Harper.
Saini, A. (2023). Die Patriarchen. Auf der Suche nach dem Ursprung männlicher Herrschaft. München: hanserblau.
Saxon, L. (2012). Sex at Dusk: Lifting the Shiny Wrapping from Sex at Dawn. Lexington, KY: Createspace.
Scelza, B.A. (2013). Choosy but not Chaste: Multiple Mating in Human Females. Evolutionary Anthropology 22, 259–269.
Scelza, B.A., u.a. (2020). Patterns of Paternal Investment Predict Cross-cultural Variation in Jealous Response. Nature Human Behaviour 4, 20–26.
Scheidel, W. (2009). A Peculiar Institution? Greco-Roman Monogamy in Global Context. In: The History of the Family 14, 280–291.
Smuts, B. (1992). Male Aggression Against Women. In: Human Nature 3, 1–44.
Smuts, B. (1995). The Evolutionary Origins of Patriarchy. In: Human Nature 6, 1–32.
Smuts, B.B., & Smuts, R.W. (1993). Male Aggression and Sexual Coercion of Females in Nonhuman Primates and Other Mammals: Evidence and Theoretical Implications. In: Advances in the Study of Behavior 22, 1–63.
van Schaik, C., u.a. (2022). Male Anti-predation Services in Primates as Costly Signaling: A Comparative Analysis. Ethology 128, 1–14.
van Schaik, C./Kunz, J.A. (2022). The Evolution of Our Sexuality

and Our Mating System. Vortrag Leibniz-Zentrum für Archäologie (LEIZA), Mainz: Tagungsband in Vorbereitung.
Weingrill, T./van Schaik, C. (2011). Sexueller Zwang bei Primaten: Evolutionäre Ursachen und Gegenstrategien der Weibchen. In: Zeitschrift für Sexualforschung 24, 111–133.

TEIL 6 DAS GEHEIMNIS UNSERES ERFOLGES

Ariès, P. (1996). Geschichte der Kindheit. München: Deutscher Taschenbuch Verlag.
Baales, M./Terberger, T. (Hg.), (2016). Welt im Wandel: Leben am Ende der letzten Eiszeit. Darmstadt: Theiss.
Bailey, G./Spikins, J. (Hg.), (2008). Mesolithic Europe. New York: Cambridge University Press.
Boyette, A.H., u.a. (2023). Associations between Men's Reputations for Fathering and Their Reproductive Success among BaYaka Foragers in the Congo Basin. Evolution and Human Behavior 44, 110–119.
Burkart, J.M., u.a. (2014). The Evolutionary Origin of Human Hypercooperation. Nature Communications 5, 4747.
Cassar, A., u.a. (2022). It Makes a Village: Allomaternal Care and Prosociality. UNSW Economics Working Paper 2022–06.
Chaudhary, N./Swanepoel, A. (2023). Editorial Perspective: What Can We Learn from Hunter-Gatherers about Children's Mental Health? An Evolutionary Perspective. Journal of Child Psychology and Psychiatry, https://doi.org/10.1111/jcpp.13773.
Conrad, N.J./Rau, S. (Hg.), (2009). Eiszeit: Kunst und Kultur. Ostfildern: Thorbecke.
Diamond, J. (2005). Kollaps: Warum Gesellschaften überleben oder untergehen. Frankfurt/M.: Fischer.
Forss, S.I.F., u.a. (2017). Explaining the Paradox of Neophobic Explorers: The Social Information Hypothesis. International Journal of Primatology 38, 799–822.

Gettler, L.T., u.a. (2020). Sharing and Caring: Testosterone, Fathering, and Generosity among BaYaka Foragers of the Congo Basin. Scientific Reports 10, 15422.

Gottschall, J. (2012). The Storytelling Animal: How Stories Make Us Human. Boston: Houghton Mifflin Harcourt.

Heldstab, S.A./Isler, K./Burkart, J.M./van Schaik, C. (2019). Allomaternal Care, Brains and Fertility in Mammals: Who Cares Matters. Behavioral Ecology Sociobiology 73, 71.

Hrdy, S.B. (2010). Mütter und Andere: Wie die Evolution uns zu sozialen Wesen gemacht hat. Berlin: Berlin Verlag.

Konner, M. (2010). The Evolution of Childhood: Relationships, Emotion, Mind. Cambridge, MA: Harvard University Press.

Liedloff, J. (2020). Auf der Suche nach dem verlorenen Glück: Gegen die Zerstörung unserer Glücksfähigkeit in der frühen Kindheit. München: C.H. Beck.

Marzec, A. (2020). Innovations and Social Barriers in Orangutan Culture. PhD Dissertation Universität Zürich.

Montgomery, S.H. (2014). The Relationship between Play, Brain Growth and Behavioural Flexibility in Primates. Animal Behaviour 90, 281–286.

Schuppli, C., u.a. (2016). Observational Social Learning and Socially Induced Practice of Skills in Immature Wild Orangutans. Animal Behaviour 119, 87–98.

Terashima, H./Hewlett, B.S. (Hg.), (2016). Social Learning and Innovation in Contemporary Hunter-Gatherers: Evolutionary and Ethnographic Perspectives. Tokyo: Springer Japan.

van Schaik, C., u.a. (2003). Orangutan Cultures and the Evolution of Material Culture. In: Science 299, 102–105.

van Schaik, C. (2004). Among Orangutans: Red Apes and the Rise of Human Culture. Cambridge, MA: Belknap Press.

van Schaik, C., u.a. (2016). The Reluctant Innovator: Orangutans and the Phylogeny of Creativity. Philosophical Transactions Royal Society B 371, 20150183.

TEIL 7 DIE VIERTE NATUR: ARBEIT, FAMILIE, DEMOKRATIE

Abulafia, D. (2008). The Discovery of Mankind: Atlantic Encounters in the Age of Columbus. New Haven, CT: Yale University Press.

Adams, A./Adams, W.P. (Hg.), (1987). Die Amerikanische Revolution und die Verfassung 1754–1791. München: Deutscher Taschenbuch Verlag.

Allmendinger, J. (2021). Es geht nur gemeinsam! Wie wir endlich Geschlechtergerechtigkeit erreichen. Berlin: Ullstein.

Berger, P.L./Luckmann, T. (1998). Die gesellschaftliche Konstruktion der Wirklichkeit: Eine Theorie der Wissenssoziologie. Frankfurt/M.: Fischer.

Blattmann, C. (2023). Warum wir Kriege führen: Und wie wir sie beenden können. Berlin: Ch. Links Verlag.

Boehm, C. (1999). Hierarchy in the Forest: The Evolution of Egalitarian Behavior. Cambridge, MA: Harvard University Press.

Bücker, T. (2022). Alle_Zeit: Eine Frage von Macht und Freiheit. Berlin: Ullstein.

Bujard, M. (2022). Die Ursachen der Geburtenentwicklung. In: Informationen zur politischen Bildung, Nr. 350/2022. Abrufbar unter: https://www.bpb.de/shop/zeitschriften/izpb/demografischer-wandel-350/507788/die-ursachen-der-geburtenentwicklung.

Carneiro, R.L. (1973). Eine Theorie zur Entstehung des Staates. In: Eder, K. (Hg.). Seminar: Die Entstehung von Klassengesellschaften. Frankfurt/M.: Suhrkamp, 153–174.

Childe, V.G. (1964). Man Makes Himself. London: Watts.

Criado-Perez, C. (2020). Unsichtbare Frauen: Wie eine von Daten beherrschte Welt die Hälfte der Bevölkerung ignoriert. München: btb.

Fibiger, L. (2023). Conflict, violence, and warfare among early farmers in Northwestern Europe. In: PNAS, https://doi.org/10.1073/pnas.2209481119.

Frey, B.S./Zimmer, O. (2023). Mehr Demokratie wagen: Für eine Teilhabe aller. Berlin: Aufbau.

Gauchet, M. (1991). Die Erklärung der Menschenrechte: Die Debatte um die bürgerlichen Freiheiten 1789. Reinbek: Rowohlt.

Giridharadas, A. (2020). Winners Take All: The Elite Charade of Changing the World. London: Penguin.

Graeber, D. (2018). Bullshit Jobs: Vom wahren Sinn der Arbeit. Stuttgart: Klett-Cotta.

Habermas, J. (1975). Strukturwandel der Öffentlichkeit: Untersuchungen zu einer Kategorie der bürgerlichen Gesellschaft. Neuwied/Berlin: Luchterhand.

Kierkegaard, S. (1988). Entweder – Oder. München: Deutscher Taschenbuch Verlag.

Keynes, J.M. (1932). Economic Possibilities for our Grandchildren. In: Essays in Persuasion. New York: Harcourt Brace, 358–373.

Knoch, H. (2023). Im Namen der Würde: Eine deutsche Geschichte. München: Hanser.

Lee, R.B. (1979). The !Kung San: Men, Women, and Work in a Foraging Society. Cambridge: Cambridge Univ. Press.

Meller, H., u.a. (Hg.), (2016). Arm und Reich: Zur Ressourcenverteilung in Prähistorischen Gesellschaften. 2 Bde. Halle/S.: Landesamt für Denkmalpflege und Archäologie Sachsen-Anhalt, Landesmuseum für Vorgeschichte.

Neuhäuser, C. (2018). Reichtum als moralisches Problem. Berlin: Suhrkamp.

Oxfam (2017). 8 Männer besitzen so viel wie die ärmere Hälfte der Weltbevölkerung. Abrufbar unter: https://www.oxfam.de/ueber-uns/aktuelles/2017-01-16-8-maenner-besitzen-so-viel-aermere-haelfte-weltbevoelkerung.

Peterson, J.B. (2018). 12 Rules for Life: Ordnung und Struktur in einer chaotischen Welt. München: Goldmann.

Peterson, J.B. (2023). Konservatives Manifest. Basel: Fontis.
Piketty, T. (2016). Das Kapital im 21.Jahrhundert. München: C.H. Beck.
Piketty, T. (2022). Eine kurze Geschichte der Gleichheit. München: C.H. Beck.
Precht, R.D. (2018). Jäger, Hirten, Kritiker: Eine Utopie für die digitale Gesellschaft. München: Goldmann.
Roig, E. (2022). Das Ende der Ehe: Für eine Revolution der Liebe. Berlin: Ullstein.
Ryan, C. (2019). Civilized to Death: The Price of Progress. New York: Avid Reader Press.
Sahlins, M. D. (2017). Stone Age Economics. London: Routledge.
Scheidel, W. (2017). The Great Leveler: Violence and the History of Inequality from the Stone Age to the Twenty-First Century. Princeton, NJ: Princeton University Press.
Schutzbach, F. (2021). Die Erschöpfung der Frauen: Wider die weibliche Verfügbarkeit. München: Droemer.
Scott, J.C. (2017). Against the Grain: A Deep History of the Earliest States. New Haven, CT/London: Yale University Press.
Specht, H. (2022). Die Ersten ihrer Art: Frauen verändern die Welt. München: Piper.
Suzman, J. (2021). Sie nannten es Arbeit: Eine andere Geschichte der Menschheit. München: C. H. Beck.
Taleb, N.T. (2013). Der Schwarze Schwan: Die Macht höchst unwahrscheinlicher Ereignisse. München: Deutscher Taschenbuch Verlag.
Thielscher, C. (2022). Wirtschaft und Gerechtigkeit: Was ist gerecht und wie beeinflussen Wirtschaftstheorien die Verteilung von Gütern? Wiesbaden: Springer.
Wall Street (1987). Film von Oliver Stone.
Weber, M. (2016). Die protestantische Ethik und der Geist des Kapitalismus/Die protestantischen Sekten und der Geist des Kapitalismus: Schriften 1904–1920. Tübingen: J.C.B. Mohr.

Windmüller, G. (2019). Weiblich, ledig, glücklich – sucht nicht: Eine Streitschrift. Hamburg: Rowohlt.
Wittfogel, K.A. (1981). Die orientalische Despotie: Eine vergleichende Untersuchung der Macht. Berlin: Ullstein.

EPILOG: WIE MENSCH SEIN?

Das Gilgamesch-Epos (2015). München: C.H. Beck.
Eisler, R./Fry, D.P. (2019). Nurturing Our Humanity: How Domination and Partnership Shape Our Brains, Lives, and Future. New York: Oxford University Press.
Plautus (2008). Asineria. In: Komödien. Bd. 1. Darmstadt: WBG, 109–190.